RAYMOND DEVOS

IL N'Y A PAS DE QUOI RIRE !

cherche midi

Conception graphique : Corinne Liger

Vous aimez l'humour ? Inscrivez-vous à notre newsletter
pour suivre en avant-première toutes nos actualités :
www.cherche-midi.com

23, rue du Cherche-Midi
75006 Paris

Préface

Présence de Raymond Devos

S'engloutir dans les taillis du langage pour y débusquer des pièges aussi nombreux qu'inattendus, nager à la dérive parmi le foisonnement d'homonymes qui fait régner l'ambiguïté dans toutes les langues, et singulièrement en français, se heurter aux expressions toutes faites dont l'analyse révèle d'insondables contradictions, c'est là une expérience que chacun peut faire, à ses dépens et en s'efforçant d'en réduire les effets, redoutables pour qui a le culte de la clarté dans la communication quotidienne. Mais tirer de ces mystères accumulés par les langues humaines un effet comique en offrant, tandis qu'on profère ces mots qui s'entrechoquent, un visage de douloureuse perplexité et d'imploration d'une aide charitable, c'est là un art que seul Raymond Devos possédait, et qui lui assurait la complicité de spectateurs secoués de rire. Pourquoi possédait-il cet art ? J'espère ne pas schématiser à l'excès en disant que la raison m'en paraît simple. C'est que, je crois, Raymond Devos, dès le premier jour où il se produisit sur les planches, fut un clown de génie.

À un certain moment de sa carrière, après avoir illuminé la scène du music-hall français comme une apparition totalement inédite, une sorte de miracle, qu'on ne revit plus jamais, de gesticulation ludique, d'imagination débridée et de fantaisie sans exemple, il prit le parti d'exploiter la vertu comique inhérente aux traquenards de toutes espèces que recèlent les vocabulaires des langues. C'est alors que, justement parce qu'il était un clown de génie, il se hissa jusqu'au trône de prince de la langue en folie, et qui plus est, un prince sans rire, comme je le lui disais au cours de notre dialogue de décembre 1985. Car loin de rire de cette folie, il affichait, au contraire, une mine de Pierrot consterné et écrasé, non plus, cette fois, par des incidents matériels – chutes d'une corde de funambule, bousculades, chocs inopinés avec des êtres ou des choses – mais par l'absurdité des joutes entre les mots.

C'est une expérience très rare que ma rencontre avec lui lors d'une émission littéraire, dont l'animateur, Bernard Pivot, l'avait invité pour la raison évidente qu'il souhaitait tempérer par la présence d'un bateleur de la grammaire celle du linguiste que je suis, c'est-à-dire d'un homme qui, même s'il est très sensible à l'humour naturel des langues hérissées d'ambiguïtés, fait profession d'étudier des sujets austères, à savoir potentiellement ardus pour une émission destinée au grand public, même cultivé. Parmi ces sujets austères figure l'étude d'un effort que font depuis les origines toutes les sociétés. Cet effort tend, non pas à tirer parti de l'homonymie, non pas à admettre comme allant de soi les expressions contenant des étrangetés ou des suites de mots inexplicables, mais précisément, et tout au contraire, à démolir les obstacles à la compréhension, et notamment, à bannir l'homonymie comme une hydre hideuse qui rend tous les mots identiques et signe par là la mort de la communication. Ce que, par conséquent, font les langues, au cours de leur histoire, pour conjurer les maléfices de cette hydre effrayante, c'est de multiplier les moyens de différencier les mots, que l'usure des sons a rendus dangereusement semblables.

Ce dont Raymond Devos tirait son comique tout à fait singulier, c'était, très exactement, l'inverse de tout cela : il jouissait, avec une malice infinie, des attrape-nigauds où nous font choir les mots analogues, apparentés, identiques ou inopinément rapprochés. Il adorait déconstruire, voire décortiquer, les formules constituées de mots qui paraissent se narguer d'être si hardiment associés, ou dont le voisinage est aberrant ou, au moins, très surprenant. Au moment où l'on parle, on n'analyse plus ces formules, bien qu'elles aient été autrefois motivées. Car au cours de leur histoire, elles se sont figées, et leur mécanique bien huilée les a rendues opaques. Mais Raymond Devos, artiste de l'absurde, s'arrêtait, interdit, atterré, face à la mer démontée qu'il faut remonter, au doute que l'on reconnaît à son ombre, à l'oie qui oit ou fait ouah ouah, aux épargnants qui galopent derrière leur compte puisqu'il est courant, au monde fou qui fait gagner au banquier un argent fou, à l'objet de mes désirs qui, bien qu'objet, refuse d'être ma chose, au «pas ti» du ch'timi, qui pâtit d'être un patois et patati et patatois.

Deux autres artistes regrettés, Boby Lapointe et Jean Yanne, possédaient, eux aussi, ce talent de la dérision face à la forêt de pièges que fait foisonner la langue, et savaient y dénicher les innombrables calembours qu'elle suggère aux plus subtils. Certains soutiendront que Devos devait aussi quelque chose à un aristocrate du merveilleux et de la fantaisie dénichée dans la platitude du quotidien, c'est-à-dire Marcel Aymé, ainsi qu'à un maître de la satire humoristique faisant exploser les médiocrités ambiantes, c'est-à-dire Alphonse Allais. Mais Devos était unique par tout ce qu'il réunissait en sa personne. Son visage et sa gestuelle clownesques ajoutaient une touche qui n'était qu'à lui, et qui produisait un effet de haute stupeur se résolvant en irrépressible puissance comique. Lui seul arborait un faciès de poignant désarroi, ou bien un visage déconfit d'ingénu, devant les félonies de la langue se jouant de notre ivresse de clarté et surexcitant son sens créatif aigu. Car Raymond Devos était un poète, un poète de l'incongru. Du renard dont il portait le nom (*de vos* signifie «le renard» en flamand) il avait la finesse et le flair infaillible. De par cette grâce qu'il possédait, son génie, en dernier ressort, était, non pas de se laisser saisir par la langue en locuteur inconscient et ignare, mais de la confondre en dénonçant ses noirs desseins, en démaillant les rets où elle veut nous emprisonner. De cette façon, il nous enseignait l'art de conjurer l'indicible par l'exaltation du risible.

Mais ce rire dont il avait trouvé un des secrets les plus profonds, il en connaissait aussi les périls, d'ordre purement technique. Dans «Le rire physiologique», il met en garde contre le défaut d'expiration au moment ou l'on rit. C'est, proprement, «étouffer de rire», ou, pire encore, «crever de rire». Ce n'est donc pas une simple platitude que de dire, comme Musset de Molière notamment, que le rire possède un fondement de tristesse, et d'aller jusqu'à soutenir qu'il n'est pas éloigné de la tragédie. Ce n'en est pas une non plus que de soutenir que les clowns sont des gens tristes. J'ignore ce que fut la vie privée de Raymond Devos, et si elle fut généralement heureuse ou non. J'inclinerais à penser que même si Devos, au moins pour l'essentiel de son existence, ne fut pas malheureux, il avait, néanmoins, cette mélancolie fine et presque sereine, parfois, qui est enfouie dans les plis et les nervures des êtres habités. Car il était un être habité, tout comme le sont les passionnés fous de peinture, de langues, de rugby ou de menuiserie. Ce qui l'habitait, c'était le sens de l'absurde, qui l'obséda toujours davantage à mesure que s'avançait son destin, et dont les étrangetés des langues sont une des expressions les plus achevées. Ce n'est donc pas par hasard qu'elles devinrent de plus en plus présentes dans son inspiration. Mieux qu'aucun avant lui, il les traita par la dérision. Quelque chose de plus ambigu que la franche hilarité vibrait en lui, peut-être. Mais ce qu'il nous a laissé, c'est l'enchantement d'un comique ailé, qui, pour tous ceux qui l'ont vu sur scène, semblait faire voler vers les rivages très hauts d'un royaume de magie son corps massif, comme celui d'un être surnaturel.

Claude Hagège
(septembre 2015)

LES SKETCHES INÉDITS

LE DÉDOUBLEMENT

La survie du squelette

Souvent, les gens me disent :

– Pourquoi ne faites-vous pas de cinéma ?

Ce ne sont pourtant pas les propositions qui m'ont manqué.

Récemment, je reçois un coup de fil d'un metteur en scène de cinéma fort connu. Il me dit :

– Voilà ! Je tourne un film sur la préhistoire intitulé *La Survie d'un squelette*. J'ai pensé à vous pour le rôle du squelette.

– Vous ne m'avez pas bien regardé…

– Si ! Et plus je vous vois, plus je trouve qu'il y a en vous quelque chose de primitif… quelque chose de l'homme de Cro-Magnon, je ne sais quoi de néandertalien…

– Ah, ai-je dit, vous me l'apprenez.

– Voulez-vous entrer dans la peau de mon squelette ?

J'ai dit :

– Écoutez… en tant que comédien, je suis souvent entré dans la peau d'un personnage, mais comment peut-on entrer dans la peau d'un squelette qui, précisément, n'a pas de peau… ?

Il me dit :

– Lorsque vous voulez entrer dans la peau d'un personnage, comment vous y prenez-vous ?

– J'emploie la méthode Coué.

Il me dit :

– La méthode quoi ?

– Coué ! Coué, c'est l'inventeur de la méthode… Exemple : supposez que je veuille entrer dans la peau de ce monsieur Coué… Je me dis et redis inlassablement : je suis Coué ! Je suis Coué ! Et à force de répéter avec conviction : « Je suis Coué », je deviens ce « Coué ».

– Eh bien, voilà ! me dit-il. Employez la même méthode pour le squelette ! Au lieu de dire : « Je suis Coué », vous n'avez qu'à répéter : « Je suis un squelette ! Je suis un squelette ! » et vous deviendrez un squelette !

– Le squelette de qui ?

– Le squelette d'un chasseur de peaux qui a vécu à l'époque des cavernes… (Il y a deux millions d'années.) Il chassait les animaux sauvages afin de se vêtir de leurs peaux… Les bisons, les taureaux, les ours… Il avait même réussi à mettre quelques peaux de côté pour ses vieux jours. Il est mort à la fleur de l'âge… Seul son squelette a survécu… parce que, à l'époque, il n'y a que les squelettes qui faisaient de vieux os.

Je lui dis :

– Mais comment ce squelette a-t-il pu s'échapper aux fouilles ?

– C'est tout le sujet du film ! Je vous explique la scène : le paléontologue, une vraie peau de vache celui-là… entre dans la caverne… pour faire main basse sur le squelette et crie : « Sors de là, squelette, tu es fait comme un rat ! Tes abattis sont numérotés et j'ai noté les numéros. » Aussitôt, le squelette s'empare d'une peau de bête, s'y glisse dedans et fait la bête !

Je lui dis :

– S'il ne s'agit que de faire la bête, je suis votre homme !

Il me dit :

– Venez demain matin au studio… 8 heures précises !

Dans la nuit qui a suivi, j'ai rêvé que j'étais un squelette. Je me tenais sur le bord de la route… Je faisais du stop… Avec l'os de mon pouce, je faisais signe à toutes les peaux de bêtes qui passaient que j'allais dans leur direction. Aucune ne s'arrêtait. Et de loin, qui je vois venir vers moi ? Le squelette d'un petit bout de femme… d'un mètre cinquante environ… un squelette en parfait état de marche… C'était la petite Lucy… Elle avait une allure… la démarche souple, élégante… j'étais subjugué… Moi, tout homme de Cro-Magnon que j'étais, je lui ai emboîté le pas… Je la voyais se déhancher devant moi… Tout mon squelette en frémissait. Je sentais monter en moi la moelle de mes os. Arrivé à sa hauteur, je lui ai envoyé une petite tape sur le sacrum… Là, j'ai réalisé que j'étais tombé sur un os ! Comme elle semblait m'ignorer… pour attirer son attention, je me suis mis à rouler des mécaniques… et un squelette qui roule les mécaniques… cela fait du bruit ! Mais la petite Lucy ne voulait rien entendre. Peut-être a-t-elle accentué légèrement son déhanchement ? Mais… je ne le jurerais pas. Alors, je me suis mis à danser autour d'elle en claquant des doigts. Chaque fois que je claquais des doigts, il y en a un qui tombait sur le sol. Au bout de quelques claquements, je n'avais plus que deux moignons. Avec mes deux moignons, je me suis frappé la poitrine. « Arrête de faire le singe, gros moignon ! Ce n'est plus de ton âge ! » Là-dessus, qu'est-ce que j'entends venir de loin ? Bison futé ! Enfin… la peau du bison futé… avec ses gros sabots ! J'ai voulu lui faire signe de s'arrêter mais, avec mon poing, je n'avais aucune chance. C'était plutôt une menace ! Pendant que je cherchais parmi les bouts de doigt qui jonchaient le sol l'os de mon pouce, je vois la petite Lucy qui jouait du fémur… La peau de bison futé s'est arrêtée… Il avait dû se délester de son squelette parce qu'il rentrait à vide. Il n'avait gardé que ses gros sabots.

– Vous êtes libre ?

Il l'était. Aussitôt, la petite futée a glissé son squelette dans la peau de bison.

– Au musée de l'Homme ! dit-elle.

– Que vas-tu faire au musée de l'Homme ? lui dis-je.

– Je vais faire don de mon squelette à la science.

– Dites-leur bien que c'est à partir d'une côte d'Adam que Dieu créa le squelette de la femme.

Elle a retiré une de ses côtes. Elle me l'a lancée comme on jette un os à un chien…

– Maintenant, nous sommes quittes !

Là-dessus, je me suis réveillé.

8 heures. Je me précipite au studio. Le metteur en scène me dit :

– Mettez-vous tout de suite en tenue de squelette ! Allez voir l'habilleuse pour qu'elle vous donne une peau de bête qui vous aille !

– Où ça ?

– Là ! Où il est écrit « Dépôt des peaux » !

Je m'y rends… j'entre. L'habilleuse me dit :

– Dépiautez-vous !

Bon ! Je me dis et me redis : « Je suis un squelette. Je suis un squelette. » Et à force de répéter… Ah, dis donc ! Je me vois dans la glace… J'étais devenu un squelette… Cela fait un drôle d'effet. Il faut avoir le cœur bien accroché. Au-dessus de la ceinture, cela allait encore. Mais sous la ceinture ? Je ne me reconnaissais ni d'Ève ni d'Adam. Le néant, le Neandertal ! Parce que d'aucuns prétendent qu'à cet endroit, il y a un os… il y a peau de balle !

L'habilleuse ramasse ma dépouille, l'accroche à un cintre avec les accessoires… Je lui ai fait observer qu'habituellement… ce genre d'accessoires ne se portait pas autour du cou… Elle décroche une peau de bête, une peau de zèbre…

– Tenez !

J'y glisse mon squelette. Elle me dit :

– Ça ne vous va pas. Vous avez l'air d'un bagnard en cavale dans son petit costume rayé !

Elle me tend une peau de taureau…

– Essayez celle-ci !

Je prends la peau de taureau par les cornes et je fonce tête baissée.

Je me regarde dans la glace. Ah, dis donc ! Il manquait les deux oreilles et la queue ! Là, j'ai dit :

– Je veux bien jouer les taureaux mais… entiers !

Elle me tend une peau d'ours… J'y glisse mon squelette…

– Rrr ! Rrrr !

– Ah, me dit-elle, vous êtes entré facilement dans la peau de l'ours ?

J'ai dit :

– Non ! C'est l'ours qui n'en est pas encore sorti !

Elle dit :

– Ah, les salauds ! Ils m'ont vendu la peau de l'ours avant de l'avoir tué !

À ce moment-là, le haut-parleur :

– On demande le squelette sur le plateau avec sa peau de bête.

Je dis à l'habilleuse :

– Vite ! Passez-moi une peau !

– Vous les avez toutes essayées. Elles ne vont pas.

– Bon ! Alors, rendez-moi ma peau !

Je prends la peau sur le bras et j'arrive sur le plateau. Le metteur en scène me dit :

– Allez, on tourne ! Action !

Le paléontologue entre et crie :

– Sors de là, squelette ! Tu es fait comme un rat !

Aussitôt, je glisse mon squelette dans ma peau. Le paléontologue, qui s'attendait à voir un type avec une peau de bête et qui tombe sur un type à poil, s'étonne :

– Qui es-tu toi ?

Je dis :

– Coué… ?

– Qui es-tu toué ?

– Moué ?

Le metteur en scène :

– Arrêtez ! Qu'est-ce que vous faites ? Vous êtes fou ? Vous devez dire : « Je suis un squelette. Je suis un squelette. »

Et il commence à me secouer…
Moi :
– Je suis se… coué… je suis secoué…
Le metteur en scène :
– Ce type est secoué. Trouvez-moi un autre squelette !
Je retourne au dépôt des peaux. Je dis à l'habilleuse :
– Vous avez oublié de me rendre les accessoires…
Elle était en train de les repasser. Je lui dis :
– Passez-les-moi !
Elle me les repasse… Elle me les met autour du cou…
Ce n'étaient pas les miens ! C'étaient les accessoires de l'ours !
Comme j'y gagnais, je n'ai rien dit !

Le penseur

Récemment, je suis allé au musée Rodin. On y exposait les œuvres du célèbre sculpteur Auguste Rodin. Je voulais voir en particulier son *Penseur*, le fameux *Penseur* de Rodin.

Pourquoi *Le Penseur* ?

Parce qu'étant penseur moi-même, je voulais confronter nos deux façons de penser, nos différentes attitudes…

Parce que *Le Penseur* de Rodin, lui, pense assis, tout nu… – il faut le faire ! – et les yeux baissés.

Et le penseur de Devos…

Je pense debout, tout habillé… – il faut le faire aussi ! – et les yeux levés vers le ciel.

Deux attitudes diamétralement opposées.

Laquelle de ces deux attitudes était la plus favorable à l'exercice de la pensée ?

C'est ce que je voulais vérifier. Je me rends au musée Rodin.

Tout de suite, dans le hall, je vois trois danseuses nues qui se tenaient par la main et qui dansaient immobiles... trois corps d'albâtre superbement moulés !

Comme j'avançais la main pour voir en quelle matière elles étaient faites, le gardien me dit :

– On ne touche pas, monsieur ! On ne touche pas ! Ou alors il y a un petit supplément !

Et tout de suite, le gardien leur a adressé la parole comme à des êtres de chair :

– Plus haut la jambe, mes petites chattes ! Plus haut la jambe !

Je lui dis :

– Gardien, je ne suis pas venu ici pour tenir la jambe à des danseuses nues, fussent-elles de Rodin, je suis venu pour voir *Le Penseur.*

Il me dit :

– Vous auriez pu le dire plus tôt que vous étiez un intellectuel ! *Le Penseur* est dans le parc. Suivez-moi !

On traverse des salles pleines de sculptures de toutes sortes... que des nus !

Et devant chaque nu connu, il me dit :

– On ne touche pas, monsieur ! On ne touche pas ! Ou alors il y a un petit supplément.

Finalement, je n'ai rien touché et lui non plus !

Et l'on arrive dans le parc. Il me dit :

– Le voilà, votre *Penseur* ! Je vous laisse en tête à tête.

Monumental !

Le Penseur de Rodin, sur son piédestal, au milieu d'un parterre de pensées...

Il était fait de matière grise... intouchable !

Pour mieux l'observer, je suis allé m'asseoir sur le banc de pierre qui lui faisait face. Et insensiblement, par mimétisme sans doute, j'ai pris la pose...

Et là, il s'est passé quelque chose... Nos regards se sont croisés...

Tout de suite, ça a été l'épreuve de force, le bras de fer entre deux éminents penseurs.

C'était à celui qui ferait baisser les yeux de l'autre. Et tout à coup, j'ai vu son petit doigt remuer. Manifestement, il me faisait un appel du pied. Je m'approche… Il me dit :

– Pouvez-vous me remplacer un moment ? Je dois me rendre au musée de l'Homme ; j'ai une déclaration importante à y faire…

Je lui dis :

– Quel genre de déclaration ?

Il me dit :

– La déclaration des droits de la statue ! Je veux que chaque statue puisse finir ses jours allongée sur une dalle, les mains jointes, dans la position d'un gisant. Je veux pour chaque statue une dalle, comprenez-vous ?

– Une dalle, dalle, dalle, réclamait comme en écho le chœur des statues.

– Vous l'aurez, votre dalle, a dit le penseur. Faites confiance à votre délégué syndical !

Il est descendu de son piédestal. Il m'a dit :

– Allez, échangeons nos vêtements !

Je lui passe les miens. Lui, il ne me passe rien ! Je dois dire que lorsque j'ai vu le penseur s'éloigner dans mon petit costume… Il avait perdu de sa stature… Un petit bonhomme quelconque, insignifiant presque, qui traînait les pieds dans mes sandales… dales… dales… alors que moi, j'étais entré de plain-pied dans la peau du penseur…

Le nu me seyait… oui, madame !

La preuve que je ne déparais pas, c'est que le chœur des statues :

– Bienvenue parmi nus !

Je suis monté sur le piédestal… Je me suis assis sur la pierre encore chaude… et j'ai pris la pose… Et là, je me suis surpris à penser que, dans cette posture, on ne pensait à rien ! Mais à rien ! À rien ! Pas la plus petite pensée même simpliste dans le style « Je pense donc je suis » ou « Être ou ne pas être » ! La question ne se posait même pas.

Ainsi donc, cette posture était une imposture. Ah, l'énorme supercherie ! Le fabuleux canular ! *Le Penseur* de Rodin donnait peut-être à penser mais il ne pensait pas par lui-même ! La seule pensée qu'il reflétait était celle du génial sculpteur qui avait dû la lui enfoncer dans le crâne à grands coups de maillet et de burin. J'ai crié :

– C'est un scandale… dale… dale… dale !

C'est alors que je vis pénétrer dans mon champ visuel les trois danseuses nues qui exécutaient une danse lascive… des plus suggestives !

Aussitôt, j'ai senti mon esprit se remettre en mouvement. Incontestablement, ces trois corps d'albâtre superbement moulés me donnaient des idées. Enfin… je pensais…

Je ne pensais même plus qu'à ça ! Je me suis surpris à crier :

– Plus haut la jambe, mes petites chattes ! Plus haut la jambe !

Elles se sont immobilisées. Nos regards se sont croisés. Tout de suite, ça a été l'épreuve de charme. Elles sont venues me contempler sous le nez avec une insistance qui frisait l'indécence.

– Regarde, dit l'une, il a remué le petit doigt !

Ce n'était pas le petit doigt ! Aussitôt, j'ai remué tous les autres doigts… pour brouiller les cartes… noyer le poisson ! Mais elles n'étaient pas dupes, les petites chattes ! Elles se sont jetées sur moi comme des furies… J'avais beau crier :

– On ne touche pas ! On ne touche pas !

Elles ont payé le supplément ! Elles m'ont renversé, déboulonné ; devrais-je dire… jeté à bas…

Ah, les vandales… dales… dales…

Là, j'ai dû perdre conscience parce que lorsque j'ai recouvré mes esprits…

Que faisais-je là dans ce parc, allongé sur ce banc de pierre, dans la position d'un gisant ? Tout nu… et les mains jointes ?

D'un seul coup, tout m'est revenu en mémoire… Aussitôt, j'ai compté mes doigts…

Onze ! Ils étaient tous là, Dieu merci ! Je lève la tête. Qui je vois sur son piédestal ?

Le penseur qui avait repris sa pose initiale… comme s'il ne s'était rien passé !

Mais s'était-il réellement passé quelque chose ? Il fallait le croire puisque mon costume était là, soigneusement plié au pied du penseur.

– On ferme !

C'était la voix du gardien. Je me suis habillé rapidement et, avant de quitter les lieux, je n'ai pas pu m'empêcher de poser la question au penseur :

– Finalement, est-ce que vous pensez ou est-ce que vous ne pensez pas ?

Il m'a répondu :

– Je ne pense pas. Je boude !

Je lui dis :

– Un dernier mot. Avez-vous au moins obtenu quelque chose auprès du musée de l'Homme ?

Et la réponse est tombée comme une pierre :

– Que dalle !

Un petit coin de paradis

Je connais quelqu'un qui cherchait un petit coin au paradis…

Au paradis, il n'y a pas de petit coin.

Avant de mourir… il sentait qu'il allait mourir… il avait envie…

Qu'est-ce que vous voulez ? Ça peut arriver !

Il voulait quitter ce bas monde proprement, aussi propre qu'il l'avait trouvé en arrivant.

– Il faut que j'y aille, murmura-t-il. Il faut absolument que j'y aille.

Et il se mit en devoir d'y aller. Était-il en mesure ?

Il s'extirpa de son lit tant bien que mal ; la tête lui tournait.

Il sortit de sa chambre en titubant…

– Voyons, où est le petit coin ?

Il vit dans un couloir, dessinée sur le mur, une main dont l'index tendu indiquait une direction à suivre.

– Il faut que j'y aille, dit-il en suivant cette main secourable !

Soudain, la main changea brusquement de direction… passant de l'horizontale à la verticale !

Il comprit alors que ce doigt, cet index pointé vers le ciel était celui de la main de Dieu.

– Il faut que j'y aille… Puisque je n'ai plus le temps d'y aller ici-bas, j'irai là-haut !

– Où faut-il que tu ailles ? lui dit une voix caverneuse qui semblait venir d'outre-tombe.

– Au petit coin ! dit-il.

– Tu as dû te tromper de lieu, lui répondit la voix… Ici, c'est le paradis… Il n'y a pas de petit coin. Il n'y a que des anges !

– C'est bien ce que je craignais, dit l'homme !

Le malheureux était là…

– Il faut que j'y aille !

Soudain, il vit un petit nuage qui ressemblait à s'y méprendre par sa forme à un chalet de nécessité. L'illusion était complète d'autant qu'il y avait en son milieu une trouée en forme de cœur…

– Il faut que j'y aille, cria-t-il en se précipitant, la tête la première, dans le nuage…

Il passa au travers…

La chute fut vertigineuse, terrifiante, cauchemardesque, interminable.

Il lui sembla soudain avoir touché le fond.

Quand il reprit ses esprits, il vit le bleu du ciel de son lit… Il était dans son lit.

Alors là, il a dit :

– Il faut que j'y aille !

Et là, il y est allé !

Quand il eut regagné son lit, il se dit que sur terre, ce n'était peut-être pas le paradis, mais que l'on pouvait encore y trouver un petit endroit écarté où…

Ouf !

Comme plus rien ne le retenait, l'âme légère, il rendit volontiers son dernier soupir !

Cauchemar

Cette nuit, j'ai fait un affreux cauchemar. J'ai rêvé que mon nom était écrit en grosses lettres sur le fronton d'un théâtre.

Et tout à coup, sans raison apparente, une des lettres est tombée… puis une deuxième, puis une troisième… comme des feuilles mortes…

Aussitôt, je suis allé chercher une échelle, j'ai remonté les lettres et je les ai remises à leur place.

Mais, au fur et à mesure que je les remontais, d'autres lettres tombaient !

Je ramassais les lettres tombées et retombées, remontais rapidement en haut de l'échelle, les raccrochais tandis que d'autres lettres retombaient.

Un peu comme les artistes qui font tourner des assiettes au bout de tiges et qui sont obligés de courir d'une assiette à l'autre quand celles-ci menacent de tomber, afin de relancer leur mouvement giratoire.

De plus, dans ma hâte, je ne me suis pas aperçu que je remettais les lettres dans le désordre. Si bien qu'après avoir replacé toutes les lettres, je ne m'appelais plus Raymond Devos !

Je regrimpai rapidement en haut de l'échelle lorsque quelqu'un qui se tenait au pied se mit à la secouer en criant :

– Qu'est-ce que vous faites ?

– Je remets les lettres de mon nom dans l'ordre !

Et tout à coup, est-ce le hasard ? Est-ce un coup du sort ? Est-ce un coup de vent ?

L'S de mon nom s'est détaché du fronton et a chuté sur mon front.

Cela aurait pu m'endormir pour le compte.

Mais comme je dormais, cela m'a réveillé…

La cuisse de Jupiter

Récemment, je traversais une crise d'identité… Je ne savais plus trop qui j'étais.

J'avais besoin d'une confirmation par écrit.

Je me rends à la mairie de ma ville natale et là, je sollicite un extrait de naissance.

On me fait entrer dans une salle où l'on me dit d'attendre.

Il y avait là deux individus, deux hommes qui tenaient des propos étranges :

– Savez-vous, monsieur, d'où je sors ? dit l'un.

– Non ! dit l'autre.

– De la cuisse de Jupiter !

– Pardon ?

– De la cuisse de Jupiter !

– Qui vous a mis cette idée dans la tête ?

– Mes sœurs !

– Vous avez des sœurs ?

– Oui !

– Sont-elles aussi sorties de la cuisse de Jupiter ?

– Non ! Elles… c'est de son bras, du bras de Jupiter qu'elles sont sorties. Il faut dire qu'il avait le bras long.

– Alors, de la cuisse, il n'y a que vous ?

– Oui ! Me l'ont-elles assez reproché, mes sœurs, d'être né sous la ceinture !

Là, j'ai cru bon d'intervenir :

– Excusez-moi si je m'immisce dans la conversation mais savez-vous seulement, monsieur qui avez l'outrecuidance de prétendre être sorti de la cuisse de Jupiter, savez-vous qui était Jupiter ? Un dieu, monsieur ! Le dieu du Ciel et de la Lumière ! De la Foudre et du Tonnerre !

– Je n'en ai pas honte, monsieur !

– De plus, il était le protecteur de la cité et de l'État romain...

– Et dire qu'il ne m'a rien laissé à part une boutique d'antiquités !

À ce moment-là, la porte s'ouvre. Un huissier entre :

– Monsieur Lacuisse ?

Lacuisse *(précisant)* :

– De Jupiter, monsieur ! Lacuisse de Jupiter... Je tiens à la particule... *(En sortant.)* Quand ils vont voir que c'est encore moi, ils vont se taper sur les cuisses, comme d'habitude !

Lacuisse étant sorti, je dis à celui qui restait :

– Se croire sorti de la cuisse de Jupiter, il ne se mouche pas du coude ! Quelle prétention !

– Je dois dire, me dit l'autre, que lorsque j'entends cela, je me félicite d'être né modestement... dans une étable... sur la paille... de parents normaux, de gens simples et croyants...

J'ai tout de suite compris que, comme moi, il traversait une crise d'identité.

– Tout de même, dis-je en entrant dans son jeu, entre un âne et un bœuf !

– C'était notre seul luxe, monsieur !

La porte s'ouvre. L'huissier entre :

– On demande Jésus aux extraits de naissance.

– Jésus... *(Précisant.)*... de Nazareth, monsieur ! Jésus de Nazareth ! Je tiens à la particule !

En sortant, il me dit :

– Quand ils vont apprendre que c'est encore moi, ils vont me faire signer d'une croix, comme d'habitude !

Resté seul, je me suis surpris à penser…

Heureusement qu'ils ne savaient pas qui j'étais !

Ils n'auraient même pas osé m'adresser la parole !

La porte s'ouvre. L'huissier entre :

– On demande monsieur Charles aux extraits de naissance !

Je me levai :

– De Gaulle, monsieur ! Charles de Gaulle ! Je tiens à la particule !

Quand ils m'ont revu, ils se sont tous mis au garde-à-vous, comme d'habitude !

– Repos ! dis-je.

Il était temps. Nous en avions tous besoin !

Les deux côtes fêlées

Mesdames et messieurs, voici un exploit unique au monde : je vais sauter à pieds joints sur le piano et redescendre en saut périlleux arrière ! *(Le pianiste fait signe à l'artiste que ce numéro a été coupé.)*

Ah oui ! Ce numéro-là, je ne le fais plus ! Il a été supprimé ! Parce que je suis tombé ! Je me suis fêlé deux côtes.

Le lendemain, une dame se précipite dans ma loge :

– Rien de cassé ?

– Non, madame… simplement deux côtes de fêlées !

– Ah, tant mieux ! J'étais au premier rang, je vous ai vu tomber… Autour de moi, tout le monde riait en se tenant les côtes de rire… sauf moi !

– Pourquoi ne vous teniez-vous pas les côtes comme tout le monde ?

Elle me dit :

– Parce que je n'ai pas de côtes… je n'ai pas de côtes !

– Comment ça, pas de côtes ?

– Je suis née sans côtes !

– Ce n'est pas possible… ?

– Si ! Tenez, regardez !

Elle ouvre son trench-coat. Effectivement, elle ne portait pas de soutien-côtes. Je lui dis :

– Écoutez, madame ! Bien que je ne vous connaisse ni d'Ève ni d'Adam… si je peux faire quelque chose pour vous ?

– Oui ! Si vous pouviez me céder quelqu'une de vos côtes ?

– Madame ! Vous ne pouviez pas mieux tomber… ni moi non plus ! J'ai un excédent de côtes !

– Comment ça un excédent ?

– Oui ! Je suis né avec trente-six côtes au lieu de vingt-quatre.

– Ce n'est pas possible ?

– Si ! Tenez, regardez !

J'ouvre mon duffle-coat. Elle me dit :

– Mais vous êtes bourré de côtes ?!

– Oui, madame ! On m'appelle le trop-plein de côtes. Des côtes, j'en ai à revendre. Alors, combien ?

– Je ne sais ! Vous vous méprenez…

– Je veux dire : combien de côtes voulez-vous ?

Elle me dit :

– Deux… deux côtes…

– Alors, deux côtes… heu… deux côtes… du même côté ?

– Non ! Une côte de chaque côté !

Et elle m'explique pourquoi une côte de chaque côté c'était mieux que deux côtes du même côté.

– Parce que, me dit-elle, avec une côte de chaque côté, si je ris… je peux me tenir les deux côtes !

– Madame, vous prenez la chose du bon côté.

Elle s'est mise à plaisanter…

– Et puis, avec une côte de chaque côté, je pourrais tricoter…

– Ha ! Ha !

– À condition que les côtes m'aillent !

– Ha ! Ha !

Et j'ai ajouté :

– Et qu'il y en ait une à l'endroit et l'autre à l'envers… Ha ! Ha !

Elle me dit :

– Dites-moi, lorsque vous riez là, est-ce que vous vous tenez toutes les côtes ? Ou bien en laissez-vous de côté ?

– Je me tiens seulement les côtes d'un même côté.

– Et les côtes de l'autre ?

– Elles se tiennent toutes seules ! Voyez… *(Il rit.)* Ha ! Ha !… Elles n'ont pas bronché. Alors, je vous mets deux côtes de côté ?

Elle me dit :

– Cela me gêne de vous les ôter. Monsieur, il faut penser au mauvais côté.

– Quel mauvais côté ?

– Cela vous fait tout de même deux côtes d'ôtées !

– Madame, une côte de plus, une côte de moins… de toute façon, personne ne viendra les compter ou alors un toqué ! Et puis, madame, je n'ai de côtes à rendre à personne. Alors, je vous mets deux côtes… de côté… deux belles côtes taillées… dans l'échine ?

Elle me dit :

– Non ! Je préfère les deux côtes fêlées.

– Ah ? Pourquoi voulez-vous les fêlées ?

– Parce qu'étant fêlée moi-même… La question du rejet ne se posera pas !

Le fantôme

Depuis quelque temps, tous les soirs, alors que, après une journée bien remplie, je gagnais ma chambre afin d'y prendre un repos bien mérité, je trouvais, couché dans mon lit, un fantôme !

Au début, je croyais que c'était le fantôme d'un gisant, tant il semblait immobile et tant son profil était noble, bien qu'il fût recouvert d'un drap !

Mais quand j'ai vu son sceptre se dresser sous le drap, j'ai compris que ce fantôme était bien vivant. Je lui ai dit :

– Je vous demanderai d'aller dormir ailleurs, parce que moi, j'ai sommeil…

Il ne se fit pas prier. Il se leva… et lentement, mollement, se dirigea vers la porte…

– Hé, lui dis-je, alors qu'il était sur le point de s'estomper, puis-je savoir de qui vous êtes le fantôme ?

– D'un roi !

Et, en prêtant l'oreille, soudain j'entendis un bruit de grelots…

Aussitôt, je flairai la supercherie… Prenant mon courage à deux mains, je retirai d'un geste rapide le drap… Stupeur !

Savez-vous ce qu'il y avait sous ce drap royal ?

Un gros édredon !

Un gros édredon plein de plumes qui portait sur ses épaules, en guise de tête, un oreiller et à la place du sceptre, une marotte qui s'agitait…

J'ai tout de suite compris qu'il y avait usurpation d'identité…

La maison natale

Je me nomme Max, Max Ortosa.

Je suis né en France de père grec et de mère italienne. Si bien que j'ai parlé le grec avant le latin et le latin avant le français, mes parents ayant émigré dans ce beau pays qui est devenu le mien, la France !

Étant attiré tout jeune par les choses du spectacle et plus spécialement celui des rues, j'appris très vite à mimer les choses avant de les nommer.

C'est ainsi que je devins le créateur du mime parlant.

Il y a un autre événement qui a joué un rôle important dans mon existence, mes premiers engagements sous le chapiteau des Gruss.

Je voulus m'implanter beaucoup plus profondément dans cette terre d'accueil qu'était encore la France à cette époque.

Et un jour que je passais devant une agence immobilière, moi qui n'avais connu que les chambres d'hôtel, je m'attardai devant la vitrine pleine de petites photos représentant des maisons à louer.

Je pénétrai à l'intérieur :

– Que cherchez-vous ? me dit l'employé.

– Je cherche une maison.

– Quel genre de maison ?

– Une maison natale.

– Comment, vous n'avez pas de maison natale ?

– J'en ai eu une comme tout le monde, mais comme ma maison natale ne plaisait pas à mes parents, ils l'ont revendue à des jeunes mariés qui attendaient un heureux événement. Et nous sommes allés vivre en Grèce où se trouvait la maison natale de mon père.

– Ah, s'écria le vendeur, naître en Grèce, un de mes rêves prénatals !

– Oh, vous auriez vite déchanté… En Grèce, il n'y a que des ruines… superbes mais des ruines… mais quelles ruines ! À part la salle de séjour qui tenait debout… parce que classée Monument historique…

le reste, monsieur, n'était que ruines et éboulis ! « Voilà, me dit mon père, l'endroit précis où j'ai vu le jour ! » Il me désigna un petit tas de pierres. « Là-dessous ! » J'ai balbutié : « Tu ne t'en es pas mal sorti... » Et puis, comme la maison natale de mon père ne convenait pas à ma mère, nous sommes allés vivre en Italie !

– Ah, s'écria le vendeur, naître en Italie ou en Grèce... les deux berceaux de l'humanité ! Mais, monsieur, me permettez-vous une observation ?

– Je vous en prie.

– Pourquoi diable voulez-vous, à votre âge, acheter une maison natale ? Comptez-vous y refaire votre vie ? Repartir de zéro ?

– Non ! Je voudrais simplement y apposer au-dessus de la porte une plaque commémorative indiquant que c'est dans cette maison que je suis né.

– Si c'est pour y apposer une plaque... pardonnez-moi, monsieur, mais il serait plus simple d'apposer cette plaque sur le mur de votre authentique maison natale ! L'actuel propriétaire ne peut pas vous le refuser...

– C'est ce que j'avais pensé faire ! Je me suis rendu dans ma maison natale. Savez-vous ce qu'elle est devenue, depuis que nous en sommes partis ? Une maternité !

– Je ne vois pas ce qui empêcherait...

– Il y a tellement de personnalités connues qui sont nées dans cette maison natale depuis que je l'ai quittée que les murs sont tapissés de plaques commémoratives, serrées les unes contre les autres, comme les photos de vos pavillons dans la vitrine, à tel point qu'il n'y a plus de place pour la mienne ! Mais j'y pense... êtes-vous né dans cette maison ? Est-ce votre maison natale ?

– Hélas, non, monsieur, dit le vendeur ! Je suis né dans le quartier. Comme il n'y avait plus de place pour y enterrer les décédés, on a décidé de raser tout un pâté de maisons (dont la mienne) et on en a fait un cimetière. À la place où était ma maison natale, on a mis une croix dessus...

– On n'a pas pu, Dieu merci, y mettre la date de votre mort... ?

– Non ! On y a inscrit celle de ma naissance... Ici, est né, à telle date, monsieur Baudin qui tient l'agence immobilière !

– Et vous avez accepté cela ?

– Cela me fait de la pub ! D'ailleurs, pourquoi ne mettriez-vous pas votre plaque sur la porte de l'agence ? Ici, chez monsieur Baudin, est né Max, le mime parleur !

– Pourquoi pas ? Cela vous ferait de la pub complémentaire !

LA FOLIE

Les fous ne sont plus ce qu'ils étaient

Les fous ne sont plus ce qu'ils étaient ! Quand on a connu comme moi les grands fous, les fous d'envergure et qu'on voit les petits fous d'aujourd'hui, on devient dingue !

Nous, nous étions d'authentiques fous, naturellement fous, notablement fous.

Dès l'âge de raison, on commençait à délirer en connaissance de cause et l'on mourait fou en pleine possession de nos moyens – j'allais dire : en toute lucidité !

Des fous à part entière, des fous disponibles…

On ne regardait pas la pendule. On était des fous à plein-temps.

On ne réclamait pas les trente-cinq heures !

Jadis, les fous se transmettaient le flambeau, la marotte…

– Que fera plus tard votre fils ?

– Il sera fou, comme moi !

– Mes compliments !

On était fous de père en fils !

On faisait une carrière comme fou. On était le fou du roi.

Encore que, souvent, le fou du roi ne l'était pas !

C'était le roi qui était fou !

Être le fou d'un roi, c'était le couronnement d'une carrière !

Ce n'est pas qu'il n'y ait plus de fous, mais les fous d'aujourd'hui, ils font les fous ; ils ne le sont pas sérieusement ! Ils font les fous devant vous, pour donner le change mais dès que vous avez le dos tourné, ils redeviennent sages comme des images, sérieux comme des papes !

La folie, ils ne l'ont pas dans le sang !

Le sang fou ! Un pur-sang fou !

Le fou de jadis, c'était un monsieur ! C'était quelqu'un !

Il poussait même l'élégance jusqu'à être quelqu'un d'autre ! Il s'oubliait.

Il n'était vraiment lui-même que lorsqu'il était quelqu'un d'autre.

Lorsqu'un fou d'aujourd'hui nous dit :

– Je suis César !

Et que vous lui dites :

– Vous êtes fou !

Il vous répond :

– Ce n'est pas lui… c'est moi !

Il prend à son compte.

Dites à un Premier ministre :

– Vous êtes le fou du président !

Il vous répond en bon français :

– Lui, c'est lui ! Moi, c'est moi !

Il n'est pas fou, lui ! Il se dissocie.

Moi, je connaissais un fou qui avait perdu l'esprit. Il se prenait pour Dieu. On avait beau lui faire observer qu'il n'avait pas de fils ni de Saint-Esprit, il s'entêtait ! Heureusement, il jouait le jeu. On ne le voyait jamais. Il restait invisible. Il passait son temps à se faire prier.

À l'inverse, le fou d'aujourd'hui qui se prend pour Dieu, il fait de fréquentes apparitions à la télé.

Un fou qui ne l'est pas, cela se voit tout de suite ! Cela se décèle dans ses propos.

Il déconne… Il dit ce que tout le monde sait déjà. Il ne vous apprend rien !

Exemple : il dit que le monde est fou et qu'il faudrait le refaire !

Un vrai fou ne dira jamais cela. Il sait que le monde est fou et cela lui convient très bien ! Il s'y sent chez lui, il n'a pas intérêt à le refaire !

Jadis, un fou, on l'encourageait. Aujourd'hui, on le soigne !

Les fous ne sont plus ce qu'ils étaient !

La part du fou

(L'artiste entre en scène portant des grelots autour des chevilles ainsi que des poignets. Il porte un chapeau ceint également de grelots.)

C'est la danse du fou ! Vous l'aviez reconnue ? Il m'arrive parfois de la danser dans la rue et personne ne fait attention ! Ah, l'indifférence des gens ! Récemment, je dansais la danse du fou dans la rue… Tout à coup, j'entends crier : « Au feu ! »

Je me précipite et je vois qu'il n'y avait pas le feu. Comme celui qui avait crié : « Au feu » continuait de crier : « Au feu ! », moi, j'ai crié : « Au fou ! »

Hein ?

Alors, le fou qui avait crié : « Au feu ! », quand il a entendu que je criais : « Au fou ! », il a mis le feu… pour ne pas passer pour un fou !

Hein ?

Quand j'ai vu que le fou avait mis le feu, j'ai crié : « Au feu ! »

Hein ?

Alors, le fou a éteint le feu. Comme il n'y avait plus le feu et que je continuais de crier : « Au feu ! » comme un fou, c'est moi que l'on a enfermé !

Alors, maintenant, on peut bien crier : « Au feu ! », je m'en fous !

Il faut faire la part du fou !

Il faut faire la part du fou qui est en soi, comme on fait la part du feu ! Alors, moi, de temps en temps, je délire, je dis n'importe quoi ! Ça me repose de mes raisonnements.

Je lance des défis, des coups de pied à la lune ; je m'insurge, je m'oppose ! Je parle pour ne rien dire ; je fais de la politique, quoi !

Récemment, je suis allé dans une réunion politique pour y danser la danse du fou et puis, je me suis aperçu qu'ils la dansaient déjà !

Alors, par contradiction, j'ai chanté : « Parlez-moi d'amour... redites-moi des choses tendres... »

Alors, les gens : « Il est fou ! Sortez-le ! L'amour, parlons-en... »

Moi : « Parlez-moi d'amour... Redites-moi des choses tendres... »

Les gens : « Assez de paroles, des actes ! »

Il faut le faire ! Chiche ! Je lance des défis, je m'insurge contre tout ce qui m'oppresse... les lois... La loi de la pesanteur...

Ah, la pesanteur me tient ?

Tiens, la pesanteur ! *(Il effectue un saut de carpe.)* Je défie la pesanteur !

Mon directeur... oui, monsieur le directeur... quand vous voudrez, monsieur le directeur... Je suis votre humble et dévoué serviteur, monsieur le directeur...

Ah, le directeur me tient ? Tiens, le directeur ! *(Il fait un pied de nez direction jardin.)*

Ma femme ! Oui, ma chérie... Tu sais bien que je n'aime que toi... Je n'ai toujours aimé que toi... Ah, ma femme me tient ? Tiens... !

(Il suspend son geste comme s'il venait de découvrir sa femme en coulisse cour.)

Tiens ? Ma femme ?

(Lui adressant un petit salut amical.) Là, là... !

(L'air penaud, il reprend la danse du fou en jouant de ses grelots.)

Parlez-moi d'amour...

MÉTEMPSYCOSE

Napoléon Ier

Vous savez que, récemment, je me suis pris pour Napoléon ? Oui, moi, je me suis pris pour Napoléon !

J'étais devant la pyramide... la grande pyramide... celle du Louvre... et je dis à un monsieur qui était là :

– Du haut de cette pyramide, quarante siècles vous contemplent.

Il me dit :

– Vous devez vous tromper, parce qu'il y a peu de temps, elle n'était pas là !

– Vous m'inquiétez.

– Êtes-vous sûr de ne pas vous prendre pour quelqu'un d'autre ?

Aussitôt, je me suis fait faire un électroencéphalogramme. On m'a dit :

– Monsieur, vous avez le cerveau de Napoléon Ier !

J'ai dit :

– Vous me rassurez. Combien vous dois-je ?

Je paye. Je remets mon portefeuille. Hop ! Impossible de retirer ma main !

En sortant, je hèle un taxi :

– Aux Invalides, s'il vous plaît !

À tombeau ouvert ! Arrivés aux Invalides, le chauffeur qui me regardait dans le rétroviseur me dit :

– Je vous connais, vous ! Ah si ! Je vous connais… Rappelez-moi votre nom !

Je lui dis :

– Je suis Napoléon.

– Ah, me dit-il, vous n'êtes pas le premier !

– Si ! Mon cerveau l'atteste !

Il me dit :

– Je devrais vous en vouloir…

– Pourquoi ça ?

– Parce que je suis égyptien et que votre expédition en Égypte n'a pas laissé un souvenir impérissable !

– C'est vrai ! Moi-même, je n'en ai gardé aucun souvenir !

– Alors, vous êtes Napoléon ?

– Certes !

– Eh bien, votre cheval est là !

– Mon cheval ?

– Vous voyez le monsieur qui caracole dans la cour et qui piaffe d'impatience ? Il prétend être le cheval de l'empereur Napoléon. Si c'est vous Napoléon, vous devriez pouvoir vous entendre.

– C'est mon cheval, ça ?

Je ne le reconnaissais pas. Le mien avait de beaux harnais…

– Vous êtes mon cheval ?

– Oui, mon empereur !

– Est-ce que vous pouvez me l'attester ?

– Oui ! Je me suis fait faire un électroencéphalogramme, on m'a dit : « Vous avez le cerveau du cheval de Napoléon. » J'ai dit : « Vous me rassurez. » Et je suis venu vous rejoindre aux Invalides à bride abattue.

– Comment saviez-vous que vous m'y trouveriez ?

– Hé ! Votre tombeau y est déjà ! J'ai pensé qu'un jour ou l'autre, vous viendriez le visiter... comme tout le monde !

J'ai pensé : il n'est pas aussi bête qu'il en a l'air, mon cheval !

Il me dit :

– Allez, montez !

– Où on va ?

– Avenue de la Grande-Armée !

On a refait le parcours du combattant, le tour de la place des Victoires... Wagram, Iéna, Eylau ! Je ne reconnaissais rien ! Ah si, à Austerlitz, j'ai reconnu la gare !

Il faut dire que le soleil d'Austerlitz tapait dur. On a voulu monter dans un wagon où il y avait marqué : « Hommes : 50, chevaux : 10 » ! Mais comme on n'était que deux, on a repris la route.

– Où on va là ?

Il me dit :

– En Russie !

– Ah non ! Pas la Russie ! Je n'ai pas encore touché la retraite !

– Alors, où se rend-on ?

– On va se rendre à Waterloo !

Il m'a faussé compagnie d'une façon assez cavalière, je dois dire, sous le fallacieux prétexte qu'il avait quelques courses à faire à Longchamp !

J'ai dit :

– Bon, je vais reprendre un taxi.

J'entends :

– Hep !

Qui je reconnais au volant de son taxi ? Le chauffeur égyptien qui m'avait conduit aux Invalides ! Il me dit :

– Salut, Napoléon ! Alors, ça va mieux ?

– Non, ça empire ! Et vous, l'Égyptien ?

– Ça se corse ! Figurez-vous qu'il m'arrive la même chose qu'à vous ! Récemment, je me suis pris pour un pharaon. Oui, moi, un pharaon ! J'étais au Palais-Royal... devant les colonnes de Buren, les colonnes tronquées et je dis à un monsieur qui était là : « Ces colonnes tronquées datent du XIIIe siècle avant Jésus-Christ ! » Il me dit : « Vous devez vous tromper, parce qu'il y a peu de temps, elles n'étaient pas là ! » « Vous m'inquiétez ! » « Êtes-vous sûr de ne pas vous prendre pour quelqu'un d'autre ? » Aussitôt, je me suis fait faire un électroencéphalogramme. Ils m'ont dit : « Monsieur, vous avez le cerveau de Ramsès II. » Je leur ai dit : « Ah ? Parce que je ne serais pas le premier ? » « Non ! Il y a eu un Ramsès avant vous ! » J'ai voulu payer... Hop ! Impossible de retirer les bandelettes de mes mains ! Je suis sorti. J'ai hélé un taxi...

– Le vôtre, évidemment ?

– Le mien mais qui, depuis quelque temps, n'est plus le même ! Il se prend pour un taxi de la Marne. Chaque fois que je mets le compteur en route, il repart comme en 14 ! Alors, je me retrouve tantôt à Verdun, tantôt sur le Chemin des Dames ! De plus, dès qu'il aperçoit un militaire qui fait du stop, il s'arrête et il le prend en charge... Décidément, les transports ne sont plus ce qu'ils étaient !

Il me dit :

– Où allez-vous ?

– Je rentre à la Malmaison.

– Moi, je vais à Rueil. Montez, je vous ramène !

Arrivés place de la Concorde, je ne sais pas ce qui lui a pris, il s'est arrêté net. Il m'a dit :

– Dites, Napoléon, l'obélisque de Louxor, là, il va falloir le remettre là où vous l'avez pris, en Égypte ! C'est Ramsès II qui vous le dit !

Je lui dis :

– Écoutez, Ramsès II, moi Napoléon Ier, je vous propose un troc. Je garde l'obélisque de Louxor et je vous donne en échange la pyramide du Louvre.

– Ah, dites donc !

Il a ouvert la porte de son taxi. Il m'a dit :

– Sortez ! Je savais bien que vous étiez un fantaisiste, Devos... On ne peut décidément pas discuter avec vous !

Le veau à deux têtes

Un jour, je déjeunais dans une auberge…
J'avais commandé une tête de veau ravigote…

Je vois arriver le chef cuisinier qui portait sur un plat une tête de veau.

Il pleurait comme une madeleine. Il me dit :

– C'est vous qui avez commandé une tête de veau ?

– Oui, chef !

– La voilà ! Regardez-la bien !

Et il se met à pleurer derechef.

– Que vous arrive-t-il ?

– Est-ce que vous croyez à la métempsycose, monsieur ?

– Oui, j'y crois.

– Eh bien, monsieur, avant d'être un chef, j'ai été veau ! J'ai fini comme celui-là, si bien que, chaque fois que je suis en tête à tête avec une tête de veau, cela m'émeut… meuh… meuh… !

Là, j'ai compris que le chef n'avait plus tout à fait sa tête à lui !

– Écoutez, si cela vous fait tant de peine, donnez-moi de la joue de bœuf !

– Vous voulez vous payer ma tête ou quoi ?

Et tout à coup, je regarde la tête de veau, la vraie. Elle avait des « ris » plein les yeux !

Je lui dis (au veau) :

– Pourquoi riez-vous ?

– Parce que, quand je vois la tête du chef, je crois me revoir dans une vie antérieure.

– Parce que vous avez été chef ?

– Oui, monsieur, chef cuisinier dans ce même restaurant ! Ah, j'en ai ravigoté des têtes de veau, dans cette vie-là, avant de passer moi-même à la casserole !

Si bien que, lorsque le chef, qui semblait avoir recouvré ses esprits, a repris sa tête de veau en main, j'ai cru voir s'éloigner vers les cuisines un veau à deux têtes !

On était en plein surréalisme.

L'ABSURDE

Faire-part à deux

Sur la scène, un cercueil, celui qui le fabrique et une pancarte sur laquelle on peut lire : « Ouvert pour cause de décès. »

X *(entrant)* :
– Bonjour !

Z :

– Bonjour, monsieur X.

– Alors ? Est-ce que ça avance ?

– Vous êtes pressé d'en prendre possession ?

– Pressé… eh… je suis toujours pressé. Un jour, on s'endort vivant et puis on se réveille mort. J'aime mieux prévoir ma mort.

– Moi, j'aime mieux prévoir celle des autres.

– Affaire de goût, hein ! Ça ne se discute pas. Alors, vous l'avez commencé ?

– Tenez, le voilà !

– C'est le mien ? Ah, il n'est pas mal.

– N'est-ce pas ?

– Oui… *(L'examinant.)* Oui… faudra me l'arranger… oui, faudra me raboter les petites pelures… hein ? Je ne veux pas de ça !

– Naturellement !

– Vous le laissez de cette teinte-là ?

– Oui… Pourquoi ? Vous auriez voulu…

– Je ne sais pas moi… un peu de rouge, peut-être ?

– Évidemment, c'est plus gai, mais enfin, pour la circonstance…

– Oui, en rouge !

– Avec des liserés noirs ?

– Oui ! C'est ça, noirs. Rouge et noir, ce sera stendhalien !

– Bon !

– Oui… j'aime bien la forme… !

– J'ai arrondi les angles exprès.

– Ah oui… ! Vous pourriez peut-être encore l'arrondir devant… ça lui donnerait plus de ligne. *(Geste.)* Voyez… plus aérodynamique… voyez, c'est ce que je n'aime pas dans certaines voitures… les brisures de ligne. J'ai une huit chevaux décapotable, je vais être obligé de la changer, à cause de la capote… elle prend d'ici *(Geste sur le cercueil.)* et fait ça… La masse d'air, qui vient buter contre cette partie, freine terriblement la vitesse… c'est mortel ! Et puis, avec ça, léger, beaucoup trop léger… *(Main sur le cercueil.)* Ça pèse combien ça ?

– Vide ? Cinquante kilos !

– Avec moi, ça fera cent vingt-cinq. C'est bien !

– Oui, ça va ! Il ne faut pas que ce soit trop lourd pour le corbillard.

– Combien de chevaux ?

– Deux, deux chevaux.

– Ah, ce n'est pas une mauvaise voiture, mais pour l'aérodynamisme, zéro !

– *(Riant.)* Ce n'est pas fait pour aller vite.

– C'est juste… mais rien ne vaut une bonne conduite intérieure… *(Regard à l'intérieur du cercueil.)*

– Vous voyez… il y a une couronne de secours !

– Si l'on crève, c'est pratique.

– Comment ?

– … La suspension ?

– *(Interloqué.)* Bonne !

– Vous permettez ? *(Il monte dans le cercueil.)* Ah, c'est pas mal… *(Il éclate de rire.)* Quand je pense que c'est là-dedans que je vais finir mes jours, ça me fait rigoler. *(Il s'allonge, rit encore un peu, se calme… puis gravement.)* Ah, on est bien, tiens ! Ah… *(Soupir satisfait.)* Loin des tumultes… c'est propice au recueillement… Eh ? Dites ? C'est un peu court, je voudrais bien pouvoir allonger les pieds. Regardez…

– *(Se penchant.)* Allongez-les !

– Je ne peux pas… je touche !

– *(Regardant vers le haut.)* Mais votre tête n'est pas au bout ?

– Ah non !

– Remontez-vous !

– Ah non ! Et… le coussin ! Il faut compter avec le coussin !

– Il vous faut un coussin ?

– Ah oui, je ne peux pas dormir la tête basse… chez moi, j'ai deux oreillers… Non, c'est trop court !

– Vous pouvez tout de même gagner dix centimètres.

– Oh non, je veux être à l'aise.

– Oui, mais là, vous êtes crispé. Détendez-vous, faites le mort !

– C'est trop court.

– Mais non, ça ira. Et puis, vous avez vos chaussures.

– Et alors, je ne les aurais pas ?

– Non !

– Je serai nu-pieds ?

– Non, en chaussettes !

– Nom d'un chien, elles sont trouées.

– Bah ! Ça n'a pas grande importance.

– Oh si, on les verra.

– Mais non !

– Passez-moi le couvercle !

– Voilà !

– Eh ! Eh, ça joint mal ; on voit le jour à travers.

– … Ce sera recouvert de terre.

– Justement, je ne tiens pas du tout à en prendre dans les yeux… Dites ? Hé… regardez par ce petit trou !

– Oui ?

– Qu'est-ce que c'est que ce rond de lumière que je vois sur les pieds ? Bouchez-moi ce trou tout de suite !

– Mais…

– Bouchez-moi ce trou tout de suite !

– Bon, bon !

– Je veux que ce soit hermétique.

– Bien, bien ! *(Il les bouche au mastic.)*

– Eh !… Vous m'entendez ?

– Oui ! Et vous ?

– Très bien, l'acoustique est bonne, mais je voudrais plus d'isolement…

– Je mettrai des étouffoirs à l'intérieur.

– *(Voix sourde.)* Oui, c'est ça ! *(Voix étouffée.)* Eh… ouvrez, mais ouvrez !

– Quoi ?

– Ouvrez, voulez-vous ouvrir ?

– Hein ?

– Ouvrez, mais ouvrez donc !

– Je ne comprends pas. *(Murmure de mots et coups frappés.)* Attendez ! *(Il va chercher une pince-monseigneur et ouvre.)*

X *(complètement abruti)* :

– Ouvrez !… Où suis-je ?… C'est irrespirable là-dedans… *(Il tient ses chaussures rouges à la main.)* Irrespirable ! *(Il sort.)*

– Tant que ça ?

– Respirez vous-même !

– Ça sent le sapin !

– *(Complètement ailleurs.)*… C'est Noël !

– Comment ?

– J'entends les cloches !

– *(Enjambant.)* Il y a peut-être des améliorations à faire.

– Oui, déchaussez-vous ! Vous n'allez pas monter dans ma voiture avec ces chaussures dégoûtantes !

– *(Inquiet.)* Votre voiture ?

– Déchaussez-vous !

– *(Se déchaussant.)* Pardon ! *(Il a des trous aux chaussettes.)*

– Tiens, vous aussi ?

– Oui ! *(Il donne ses chaussures à X et monte.)*

– Ne salissez pas !

– Non !... Voulez-vous rabattre ?

– Oui ! Je rabats... *(Il glisse ses chaussures rouges dans le cercueil.)*

– Vous m'entendez ?

– ... Les cloches, oui ! J'entends les cloches !... c'est Noël... Je vais mettre mes chaussures dans la cheminée... Ah ben ça... Mes chaussures sont dégoûtantes !

– Vous m'entendez ?

– Les cloches... oui... ce n'est pourtant pas mon habitude d'avoir des chaussures aussi sales... je ne les ai peut-être pas cirées ce matin...

– *(Faiblement.)* Mots inintelligibles...

– Hein ? *(Il regarde ses chaussures.)* Je n'ai jamais eu de chaussures noires... *(À Z.)* Hé ! Hé... j'avais des chaussures noires quand je suis entré ici ?

Pas de réponse !

– Hé ! *(Il frappe avec la chaussure sur le cercueil... Le côté s'ouvre et Z glisse devant, tenant les chaussures rouges à la main.)* Vous entendez ?

– Les cloches !

– Je ne vous ai pas sonné.

– *(S'approchant.)* Dites donc, qu'est-ce que vous foutiez dans cette cheminée ?

– C'est Noël !

– De quelle couleur sont vos chaussures ?

– Rouges !

– Et les miennes ?

– Noires !

– C'est stendhalien... et ça... *(Montrant le cercueil.)* qu'est-ce que c'est ?

– C'est votre cercueil !

– Qu'est-ce que vous foutiez dedans alors ?

– Je ne sais pas.

– Vous n'êtes pas mort ?

– Je crois que si.

– C'est votre cercueil ou c'est le mien ?

– C'est peut-être le nôtre !

– On est peut-être mort tous les deux !

– C'est possible, puisqu'on est déchaussé ?

– Et puisqu'on a des trous... Alors, il faut être raisonnable...

– Oui ! Il faut regagner son cercueil.

– Allez !

(Ils se lèvent, passent de chaque côté du cercueil, vont pour l'enjamber, se ravisent, reviennent devant déposer leurs chaussures.)

– C'est Noël !

– ... Les cloches ! *(Ils reviennent de chaque côté.)* Dites donc ! Vous n'allez tout de même pas coucher dans mon lit ?

– Pour mon dernier sommeil, je ne voudrais pas coucher dehors.

– Bon, j'ai pitié !... Mais vous vous tournerez par là et moi... par ici... hein ? Attention !

– D'accord ! *(Ils s'allongent dans le cercueil.)* J'éteins ?

– Oui ! *(Il passe le bras, appuie sur la poire.)*

Musique. *(Chœurs.)*

L'ingratitude des gens

Mon pianiste est d'une ingratitude !

Un jour qu'il faisait très froid, j'étais sur la route, je roulais très vite, j'étais pressé…

Devant moi, il y avait une voiture qui roulait à dix à l'heure…

C'était la sienne !… À dix à l'heure !

Je me dis : « Bon ! Il doit croire qu'il y a du verglas ! »

Et je lui fais signe qu'il pouvait y aller… avancer…

Il ne comprenait pas. Dix à l'heure !

Dès que j'ai pu, je te l'ai doublé en quatrième vitesse, en faisant quelques zigzags pour lui montrer que ça ne glissait pas et *uitte*…

J'ai dérapé et je me suis retrouvé dans le fossé !

Eh bien, lui, au lieu de me remercier de lui avoir signalé que la route était glissante, savez-vous ce qu'il a fait ?

Il a ricané, l'ingrat !

L'ingratitude des gens !

La logique de l'absurde

J'avais fait poser sur l'un des murs de l'entrée de ma maison une grande glace que le miroitier du coin avait taillée sur mesure… Elle occupait toute la largeur d'un pan de mur… depuis la hauteur de la ceinture.

Chaque fois que je passais devant… je m'y arrêtais, m'y contemplais, m'y attardais…

Il faut dire que je suis un peu narcissique sur les bords.

Et un jour que je m'apprêtais à sortir, je mis mon chapeau, vérifiai dans la glace s'il était bien en place, pris ma canne, la fis tournoyer et, comme j'avais l'habitude de le faire, esquissai quelques pas de claquettes... Tip ! Tap !

Sont-ce les trépidations du plancher ? Soudain, le miroir mal scellé sans doute se détacha du mur, tomba à la verticale et se brisa en mille morceaux sur le parquet.

Tout à la contemplation de ma personne, je ne m'aperçus de rien !

Je continuai de voir mon reflet sur le mur comme si le miroir y était toujours. Je resserrai mon nœud papillon, dégageai ma pochette et, satisfait de mon image, sortis en chantant : « Vous qui passez sans me voir... Sans même me dire bonsoir... »

Comme les femmes que je rencontrais passaient sans me voir, sans même me dire bonsoir, je me dis : « Ce n'est pas mon jour. Rentrons ! »

De retour chez moi, je déposai ma canne et mon chapeau dans l'entrée et, en passant devant mon miroir, je voulus mettre un peu d'ordre dans ma chevelure...

Je vis mon reflet sur le mur... intact ! Tel que je l'avais laissé en partant ! Sauf que mon reflet avait toujours son chapeau sur la tête et la canne à la main ! Alors que je venais de les déposer dans l'entrée !

Absurde, non ?...

Il y avait là un problème. Je mis cela sur le compte d'un décalage horaire.

Je suis rentré trop tôt, pensai-je !

Je repris mon chapeau et ma canne et ressortis faire un tour en ville... Je fus retardé par de nombreuses jolies femmes qui me reprochaient de passer sans les voir !

« Bonsoir, leur disais-je ! Il faut que je rentre ! »

De retour chez moi, je ne pris même pas le temps de retirer mon chapeau ni de reposer ma canne et me précipitai sur ce que je croyais toujours être mon miroir. J'y vis le reflet de mon chapeau sur ma tête et celui de ma canne dans celui de ma main. Il était enfin d'accord avec lui-même ! Sauf que, dès que je penchais un tant soit peu la tête à droite... le chapeau tardait à suivre...

Encore ce fameux décalage horaire, pensai-je ! Cette fois-ci, j'ai dû revenir trop tard ! Tant pis, je ne ressors plus !

Je ramenai doucement, par à-coups, ma tête sous le reflet de mon chapeau. J'avais remis les chapeaux à l'heure.

« Eh bien, voilà, m'exclamai-je ! Tout est rentré dans l'ordre ! »

Sauf que, chaque fois que je bougeai la tête à gauche, mon chapeau se faisait à nouveau tirer l'oreille ! Je me demandai si mon miroir ne prenait pas le temps de la réflexion avant de réfléchir ! Je ne me posai plus de questions auxquelles je ne pouvais pas répondre, ne sachant pas ce qui pouvait se passer de l'autre côté du miroir, puisque je me croyais toujours devant ! Je mis tout cela sur le compte d'une persistance rétinienne. Je n'avais qu'à attendre qu'elle se dissipe, voilà tout !

Absurde, non ?...

Et puis, l'absurde finit par se fatiguer, se lasser jusqu'à devenir raisonnable, à mon grand étonnement, moi qui voyais mon reflet faiblir, devenir imprécis, flou... ! Je pensai que c'était la buée qui s'était déposée sur le miroir qui le rendait opaque... Du revers de la main, je cherchai à dissiper la buée... Très vite, le reflet du chapeau s'effaça... Seulement, le reste aussi ! Mes traits fondirent... mon petit nœud disparut... jusqu'à mon buste qui perdit ses contours...

J'avais beau bomber le torse... il s'estompait... Dans mon désarroi, je me dis que, heureusement, mon miroir s'arrêtait au-dessus de la ceinture !

De quoi devenir fou, se taper la tête contre le mur ! Ce que je fis. Le choc fut rude !

Je me détachai du mur, tombai à la verticale et me brisai sur le parquet en mille morceaux. Enfin, je le crus !

Ces morceaux n'étaient pas les miens, mais ceux du miroir tombé auparavant qui jonchaient toujours le sol. Reprenant mes esprits, j'en conclus que j'avais brisé mon miroir sur un coup de tête.

Absurde, non ?…

Mais attendez ! Le plus absurde reste à venir. Je ramassai les bris de glace, les déposai dans mon chapeau, mis le chapeau sur ma tête et me rendis chez le miroitier, le priant de bien vouloir recoller les morceaux de mon miroir. Le miroitier, réalisant l'absurdité de la situation, fit quelques points de suture sur mon crâne ébréché et glissa un pain de glace dans mon chapeau pour me rafraîchir les méninges !

Logique, non !…

Les marches

Un soir, en rentrant chez moi, je dis à ma concierge :

– Avant, vous étiez toujours dans l'escalier… Depuis quelque temps, on ne vous y voit plus. Que vous arrive-t-il ?

– Ne m'en parlez pas ! Avant, quand je montais ou descendais les escaliers, je le faisais machinalement, sans y penser. Or, depuis peu, quand je descends l'escalier… je compte les marches…

– Tiens !… Pourquoi ?

– Pour voir si elles y sont toutes !

– Et elles y sont ?

– Pas forcément ! Souvent, en arrivant en bas… il en manque une.

– Une marche ?

– Oui !

– Dites-moi, lorsque vous montez les escaliers, comptez-vous aussi les marches ?

– Oui !

– Et il n'en manque pas ?

– Non ! Au contraire, souvent, il y en a une en trop !

– Cela vous fait donc une marche d'avance !

– Écoutez ! Ne m'interrompez pas parce que…

– Je ne vous interromps pas… Ce que je voudrais dire, c'est que moi aussi, je compte.

– Comment ça ? Vous comptez aussi vos marches ?

– Non, je compte mes pas… quand je marche… Exemple : quand je me rends à deux pas d'ici… il m'arrive d'en faire trois…

– Trois quoi ?

– Trois pas ! Alors que où je vais n'est qu'à deux pas !

– J'ai une sale manie. Je compte tout. Récemment, je sors mon chéquier et je me mets à compter les chèques. Pourquoi ? Pour voir si le compte y était.

– Forcément.

– Pas forcément ! Justement, il manquait un chèque, dites donc ! Heureusement qu'il y avait le talon… J'ai su où je l'avais laissé.

– Où ?

– Chez le marchand de chaussures !

– Vous avez acheté une paire de chaussures ?

– Pas pour moi, pour mon fils ! Là aussi, comme il a plusieurs paires, tous les soirs, je les compte.

– Il manquait une paire ?

– Non ! Il manquait une chaussure à une paire !

– Et alors ?

– Comme moi, j'avais trois chaussures de la même paire, je lui en ai refilé une, si bien que maintenant, il met une paire de chaussures dont l'une est à son père.

– Vous avez la même pointure ?

– Ah non ! Moi, j'ai un pied plus grand…

– Dites donc ?

– Oui ?

– Vous n'auriez pas une case en moins ?

– Je ne peux pas vous répondre. Je ne les ai jamais comptées !

L'oreille en moins

Un matin, je me regarde dans la glace. Stupeur ! J'avais perdu une oreille !

Je les recompte.

Pas de doute ! Il m'en manquait une.

J'avais une oreille en moins.

Pourtant, cette nuit-là, je croyais bien avoir dormi sur mes deux oreilles.

Je cherche sous les draps. Pas d'oreille !

Sous l'oreiller… Pas d'oreille !

Où avais-je bien pu la perdre ?

Je n'en avais aucune idée.

Et tout à coup, je me suis souvenu que j'avais prêté l'oreille à un ami et qu'il ne me l'avait pas rendue !

Le drame, c'est que je ne savais plus à qui !

Personne

Voyons, de quoi s'agit-il ?

D'un jeu ! Un jeu de mots.

Jouer avec l'un des dix mots choisis pour être les ambassadeurs du français comme on l'aime.

Par exemple… et pour l'exemple… le mot « personne ».

Est-ce que quelqu'un veut s'en charger ?

Personne ?

Si, moi !

Attention ! Si on joue avec « personne », on n'est pas sûr de gagner. Le mot est ambigu.

Personne, cela peut être la présence d'une personne ou l'absence de quelqu'un !

Exemple :

– Il y a quelqu'un ?

– Non, il n'y a personne !

Ou :

– Il n'y a personne ?

– Si, il y a quelqu'un !

On remarque d'entrée de jeu qu'il est presque impossible de séparer le mot « personne » du mot « quelqu'un ». Ce sont des mots partenaires qui se donnent la réplique.

Deux mots-clefs qui jouent dans la même serrure. Deux mots qui s'attirent ou se repoussent. Deux mots jumeaux en quelque sorte.

– Regardez ! Vous voyez cette personne ? Eh bien, c'est quelqu'un !

Combien de fois ai-je parlé de moi à la troisième personne… pour me persuader que j'étais quelqu'un !

Pour mieux vous montrer la collusion qui existe entre ces deux mots, voici une petite histoire absurde comme toutes celles que je raconte.

Récemment, je me rendais chez quelqu'un…

Je ne me souviens plus du nom de la personne.

Je voulais lui soumettre une définition savante et sophistiquée du mot « personne ».

Où l'avais-je lue ?

Je vous la livre : personne = substance animée de quantité nulle.

Je ne cite personne !

Substance animée de quantité nulle !

Il y a là, me semble-t-il, matière à réflexion.

Remarquez… je ne vous conseille pas de dire à quelqu'un : « Vous êtes une substance animée de quantité nulle. »

Il vous répondra : « Quantité nulle vous-même ! »

Et il aura raison… En substance !

Bref !

J'arrive devant la porte de cette personne. Je frappe… pas de réponse.

La porte n'était pas fermée. Je la pousse.

Personne ne me dit d'entrer. Je crie :

– Il y a quelqu'un ?

Quelqu'un me répond :

– Non, il n'y a personne !

Je me dis : si quelqu'un répond qu'il n'y a personne, c'est qu'il y a quelqu'un !

Là-dessus, le téléphone sonne.

Je m'attendais à ce que quelqu'un réponde. Personne.

Je décroche :

– Allô !

Une voix :

– Il y a quelqu'un ?

Je réponds :

– À part moi, il n'y a personne !

La voix :

– Ça ne fait rien. Je rappellerai lorsqu'il y aura quelqu'un !

À peine avait-il raccroché que l'on frappe à la porte.

Je vais ouvrir… Personne !

J'ai tout de même dit :

– Entrez !

Il faut savoir de temps en temps laisser une chance à quelqu'un.

Voilà, c'est fini !

Il était temps. En me relisant, je m'aperçois que ce n'était plus moi qui jouais avec les mots, mais les mots qui se jouaient de moi !

À devenir fou !

Ah… Si quelqu'un me demande, je n'y suis pour personne !

Pressentiment

Ce matin, j'avais des inquiétudes sur ma santé... une espèce de pressentiment.

Pourtant, je m'étais levé du bon pied.

J'avais pris mon petit déjeuner, comme d'habitude.

Pris un bain, normalement.

Ensuite, j'avais ouvert mon journal et j'avais vu qu'un type était mort subitement !

Pourtant, le matin, ce type s'était levé du bon pied.

Il avait pris son petit déjeuner, comme d'habitude.

Pris un bain normalement.

Et c'est en ouvrant son journal...

Qu'après avoir poussé un dernier soupir...

Aussitôt, j'ai refermé le journal et j'ai fait : « Ouf ! »

Je l'avais échappé belle !

LES ADIEUX

Les adieux anticipés

Si vous le permettez, mesdames et messieurs, je voudrais vous faire mes adieux…

Ne vous réjouissez pas trop vite ! Ce sont des adieux anticipés… des adieux que je ferai dans dix ans !

Mais, comme dans dix ans je ne pourrai pas revenir en arrière, si vous le permettez, mesdames et messieurs, je vais vous les faire ce soir. Ça me donne dix ans devant moi pour les peaufiner. Je vous demanderai un petit effort d'imagination. Nous sommes en l'an 2004. J'ai dix ans de plus… *(Il se tasse.)* Et ça se voit !

Vous aussi, vous avez dix ans de plus !

Il faudrait voir à jouer le jeu, mesdames et messieurs !

Je vous demanderai de vieillir avec moi…

Vieillir tout seul, c'est triste… mais ensemble… vous allez voir, c'est un plaisir !

Alors, enfonçons-nous bien ça dans la tête : nous avons dix ans de plus !

Enfonçons-nous bien ça dans la tête !

Messieurs, je vous demanderai de répéter avec moi, pas les dames, les hommes seulement : je me sens plus vieux que tout à l'heure !

(Avec les hommes.) Je me sens plus vieux que tout à l'heure ! *(Il se tasse sur lui-même.)* De plus en plus vieux !

(Avec les hommes.) De plus en plus vieux !

(S'adressant à un spectateur.) Monsieur, ce n'est pas la peine de faire ça… *(Geste de tourner les roues d'un fauteuil.)* Les fauteuils ne sont pas encore roulants ! Vous, vous en faites un peu trop… On vous donnerait 95 ans !… Comment ? Il les avait en entrant. Alors, on ne bouge plus ! On ne touche à rien… Faites le mort !

Bravo, messieurs ! À vous, mesdames : je me sens moins jeune que tout à l'heure !

(Avec les dames.) Je me sens moins jeune que tout à l'heure !

Madame, ce n'est pas la peine de regarder dans votre chaussure vernie, vous allez avoir de mauvaises surprises !

De moins en moins jeune !

(Avec les dames.) De moins en moins jeune !

Messieurs : mais non, mesdames !

(Avec les hommes.) Mais non, mesdames !

Mesdames : mais si, messieurs !

(Avec les dames.) Mais si, messieurs !

Messieurs : mais non, mesdames !

Mesdames : mais si, messieurs !

(Tour à tour, l'artiste lance d'un bras pour les hommes, de l'autre pour les dames, les invectives. Si bien qu'il continue de faire parler alternativement hommes et dames d'un simple geste du bras.)

(Les hommes.)

Mais non, mesdames !

(Les dames.)

Mais si, messieurs !

Mais non, mesdames !

Mais si, messieurs !

(Au bout d'un certain temps, l'artiste :)

Bon ! Cessez de parler entre vous, mesdames et messieurs ! On ne s'entend plus vieillir ! Un dernier petit coup de vieux... et on ne bouge plus ! *(La voix cassée.)* Mesdames et messieurs... Tiens ? Un vieil ange qui passe... *(Il le suit du regard jusqu'à terre.)*

Il s'est crashé !

(Il poursuit son sketch.)

Je chantais une chanson de Charles Aznavour : « Je me voyais déjà en haut... *(Il regarde dans sa paupière [rappel de « Les poches sous les yeux »])* de l'affiche ! » *(Au pianiste.)* Chef ?

(Le pianiste attaque les premières mesures sur un temps très rapide.)

Oh ! Oh ! Vieux style... Allons-y !... Je vais monter sur mon piédestal... Je vais y arriver... Je vais y arriver...

(L'artiste grimpe « péniblement » sur le piédestal. À une spectatrice du premier rang.)

Rassurez-vous, madame, je ne tombe qu'une fois sur dix... Ça fait neuf fois que je ne suis pas tombé !

(Puis l'artiste, alternativement, secoue ses fessiers et ses zygomatiques.)

Je ne sais plus par quel côté on rit !

(Il entame alors la chanson.)

Voici qu'avec le crépuscule
Mon ombre a bougrement grandi...
J'étais plus haut qu'elle à midi
Et me trouve un peu ridicule
D'être à présent le plus petit...

(Clamé :)

Salut l'artiste !

Gloire *post mortem*

Vous savez que ce matin, j'ai reçu un coup de téléphone d'un grand directeur de chaîne de télévision... Il me dit :

– Je veux faire une très grande émission de télévision sur vous, une émission posthume... *post mortem*...

Je lui dis :

– Je vous remercie de penser à mon avenir... Mais pourquoi ne la feriez-vous pas de mon vivant ?

– Parce que lorsque vous ne serez plus de ce monde, votre taux d'écoute sera beaucoup plus élevé... Il faut penser à l'après-vous.

Il m'a dit :

– L'après-vous, c'est pour quand, d'après vous ?

– D'après moi, c'est le plus tard possible !

Il m'a dit :

– C'est trop tard ! Il faut le faire avant... Dès que vous serez sur la liste de ces chers disparus, on lancera un formidable avis de recherche !

J'ai dit :

– Qui fera la présentation ?

– Ce cher Patrick !

J'ai dit :

– Moi, j'aurais préféré que ce soit ce cher Léon Zitrone...

Il a dit :

– Ah non ! Lui, on le garde pour le dixième anniversaire de votre mort !

Ils m'ont dit :

– On va déjà enregistrer votre dernier soupir. Ce sera toujours ça de mis en boîte !

Ils m'ont tendu un micro :

– Allez-y, Devos !

– Rhahh !

– Est-ce que vous pourriez le refaire ?

J'ai dit :

– Volontiers ! Rhaaa !

Ils m'ont dit :

– Plus gai !

– Rha ha ! Rha ha ! *(Au public.)* Voulez-vous pousser un dernier soupir avec moi, messieurs dames ? À trois, nous allons tous « dernier-soupirer » ensemble… Un ! Deux ! Trois !

(Tous :)

– Rhaa !

(L'artiste se recueillant comme sur une tombe, sur un ton d'éloge funèbre.)

C'était un brave public… ! *(Refoulant ses larmes.)* Sans lui, que la salle va sembler vide ! *(Reprenant son récit sur un ton normal.)* Aussi pourquoi me demander de faire une émission *post mortem* ? Au lieu de faire une émission prénatale ! Toute la vie devant moi pour la faire. Ils m'auraient dit :

– On va enregistrer ton premier cri, mon petit Raymond…

– Areu ! Areu !

Ils m'auraient tendu un micro :

– Vas-y, mon p'tit Raymond ! Pousse ton premier cri ! Tu sors et tu cries…

(L'artiste, comme écartant les battants d'une porte :)

– Rhaa !

Ils m'auraient dit :

– Est-ce que tu peux le refaire ?

Là, j'aurais dit :

– Non ! Maman ne veut pas !

C'est dur de pousser un premier cri… à chaud !

(Il se tourne vers le public et, humblement, l'interroge du regard. Il semble déjà lui dire ce qui suit.)

Je n'ose pas vous le demander, mesdames et messieurs. Vous voulez bien pousser un premier cri avec moi ? À trois, nous allons tous « premier-crier » ensemble. Un ! Deux ! Trois !

(Tous :)

– Haa !

(L'artiste, béat :)

Oh, le beau petit public !... guili-guili... Il rit déjà... Il tape dans ses petites menottes...

(Le public applaudit. L'artiste, pour lui-même :)

Je n'ai rien demandé...

(Reprenant son émission post mortem *:)*

Dix fois de suite, j'ai poussé mon dernier soupir, dix fois de suite !

– Rhhaa !

– Encore !

– Rhaaa !

– Plus convaincant !

– Rhaaa !

– Plus sensuel !

– Rhaahaa !

– Encore !

– Rha !

Au dernier, j'étais comme ça *(Effondré.)* alors qu'au premier, j'étais comme ça... *(Fringant.)* Finalement, ils ont pris le premier parce que c'était le plus vivant !

Et ce matin, je reçois un coup de téléphone du grand directeur de chaîne :

– Allô, Devos, comment ça va ?

– Très bien !

– Ça ne fait rien. On attendra !

Mourir dans un fauteuil

C'est le rêve de tous les comédiens, de mourir sur scène comme Molière !

En prévision de cette fin sublime, moi, non seulement je souhaite pousser mon dernier soupir sur scène, mais de plus, le pousser dans son fauteuil...

J'ai donc loué le fauteuil de Molière...

J'ai attendu quelque temps, parce qu'il n'était pas disponible...

Il faut dire qu'il est très convoité...

Il y a quelques comédiens qui l'avaient retenu avant moi. Mais comme ils ont tous poussé leur dernier soupir, j'en dispose depuis peu...

Il est là, en coulisse.

Je n'ai qu'à lancer à la cantonade la phrase des *Précieuses ridicules* :

– Holà ! Voiturez-nous ici les commodités de la conversation !

Aussitôt, il y a deux figurants, de préférence deux stagiaires de la Comédie-Française, qui amènent le fauteuil. Je m'y laisse choir.

Je pousse mon dernier soupir... sur le souffle... mais audible...

Le public applaudit. On m'emporte...

Et comme je ne reviendrais pas saluer, le public saurait qu'un grand artiste vient de le quitter.

Mais c'est laisser le spectateur sur sa faim !

Je vais donc, si vous le permettez, répéter devant vous la scène finale...

(Il se met à la jouer.)

Le pianiste qui a joué la « marche » plus ou moins funèbre reste seul en scène.

Le téléphone sonne. Le pianiste décroche.

– Oui, c'est ici !... Ah, il vient de sortir... Ah oui, c'est trop tard !

Voix de l'artiste *(en coulisse)* :

– Qui est-ce ?

– C'est le grand directeur de la chaîne de télévision. Il demande s'il peut programmer l'émission posthume ?

– Non ! Dites-lui que l'on a encore besoin de quelques répétitions !

L'AMOUR

L'amoureux

Mes yeux sont amoureux de ce qu'ils voient. Dès qu'ils voient une belle poitrine, ils plongent. Même lorsqu'il est défendu de regarder, ils glissent un œil. Au lieu de jeter un regard sur telle chose, ils s'arrêtent sur chacune. Ils s'attardent sur les détails, ils décortiquent. Ils en font le tour.

Mes yeux tombent surtout amoureux d'autres yeux… Dans ces cas-là, ils les fixent. Ils plongent leur regard dans celui des autres à un point que c'en est gênant ! Même quand je les ferme, ils aiment encore !

Ma bouche est amoureuse de la nourriture qu'elle absorbe. Au lieu de manger pour vivre comme il se doit, elle aime ce qu'elle mange. Au lieu d'avaler, elle déguste… Un rien lui met l'eau à la bouche…

Mes oreilles sont amoureuses folles de ce qu'elles entendent. Elles écoutent les yeux fermés.

Au lieu d'écouter certaines choses d'une oreille distraite, elles la tendent, elles la prêtent.

Lorsque quelqu'un me demande simplement de lui prêter une oreille attentive, je lui tends les deux ! Elles écoutent tout ce qui se dit, surtout de bouche à oreille. Elles se font oreilles d'âne pour avoir du son !

La belle histoire

Un jeune homme perd sa femme dont il était éperdument amoureux. Inconsolable…

Il se languissait.

Et puis un jour, dans son jardin, il voit une biche qui était descendue des bois pour échapper aux chasseurs. Cette biche disparut puis revint.

Au début, lorsqu'elle apercevait le jeune homme, elle s'enfuyait. Lui était heureux de l'apercevoir. Il n'avait qu'une crainte : c'est qu'elle ne revînt pas ! Mais elle revenait…

Petit à petit, ils n'avaient plus peur l'un de l'autre. Ils s'accoutumèrent.

Ses grands yeux de biche le fascinaient. Un jour, il eut la conviction, pour ne pas dire la révélation, que cette biche était la réincarnation de l'être cher disparu…

La belle défunte s'était réincarnée dans la biche… Il finit par en avoir la certitude. Elle tenait, par sa présence, à lui confirmer sa constance, sa fidélité…

Et puis, un jour, il l'attendit en vain…

Quelques mois plus tard, en ouvrant sa porte, que vit-il ?

Sa biche que suivait un adorable petit faon…

Ils s'avancèrent tous les deux vers le jeune homme, attendant sa réaction…

Savez-vous ce que fit le toujours amoureux jeune homme ?

Il adopta le petit faon.

Déception

Je suis déçu. Je croyais que ma femme m'aimait. Elle me le disait et je la croyais.

J'avais confiance en elle. Totalement ! J'admirais ses vertus. Je la citais en exemple.

J'affirmais à qui voulait l'entendre qu'il n'y avait pas plus dévouée qu'elle, plus vertueuse qu'elle, plus fidèle qu'elle !

Et voilà que je découvre qu'elle n'est pas plus fidèle que moi, ni plus vertueuse, ni plus dévouée que moi !

Quelle déception !

Décidément, je ne vaux pas grand-chose !

Dé-cep-tion !

En perdre le boire et le manger et le sommeil

(L'artiste, assis à une table, rédige une lettre d'amour.)

Mademoiselle.

(Il bâille. Il lit tout ce qu'il écrit à haute voix.)

Depuis le jour où je vous ai vue…

J'en ai perdu le boire et le manger… et le dormir.

(Relisant.) Le dormir ?

Non, ça ne se dit pas !

(Il déchire la lettre, mord dans son sandwich et boit un petit coup de

vin, tout en mettant en place une autre feuille de papier. Reprenant la rédaction de sa lettre :)

Mademoiselle, depuis le jour où je vous ai vue,
Je ne vis plus,
Je ne mange plus,
Je ne bois plus,
Je ne dors plus… et de plus…
De plus…

(Il cherche la suite. Il mord à nouveau dans son sandwich et boit à même la bouteille. Relisant la bouche pleine ce qu'il vient d'écrire :)

Mademoiselle, depuis le jour où je vous ai vue…
Je ne vis plus…
(Repoussant le sandwich.) Je ne mange plus…
(Repoussant la bouteille.) Je ne bois plus… et… de plus… j'ai sommeil…
(Il pose ses bras sur la table, sa tête dans ses bras et s'endort.)

La femme flamme

Je sors de mon paquet de gauloises ou de gitanes une cigarette… Soudain, l'idée de vous, femmes, me vient à l'esprit.

Votre goût à la bouche…

Femmes, vous êtes notre « gris » que l'on prend dans ses doigts et qu'on roule et qui nous saoule…

Vous êtes notre opium !

Gauloises ou gitanes, nous vous allumons. Vous nous enflammez. Vous nous attisez.

Nous vous respirons profondément, à pleins poumons.

Vous êtes fumée et nous poussière.

Ô femme flamme !

Vous vous dissolvez dans l'atmosphère.

Atmosphère… atmosphère…

Est-ce que j'ai une gueule d'atmosphère ?

Oui, madame, vous n'êtes plus ni gauloise ni gitane… vous êtes atmosphère.

Notre atmosphère.

Vous êtes parfum.

Vous êtes parfaite.

On vous aspire en vous respirant.

Vous êtes en nous, femmes, comme nous avons été en vous, avant d'être hommes !

Voyage de noces

La gare de X.

Jouxtant la gare, un café-brasserie.

À la terrasse, quelques clients consomment. Parmi eux, une très belle jeune femme bien que peut-être d'un certain âge.

Avant de s'installer à une table, elle a posé une valise, quelques paquets aussi, puis elle a commandé une consommation.

Tandis que le garçon apporte la consommation, un jeune homme arrive, dépose au pied de la table à côté un sac et s'y installe.

Le garçon donne un coup de «fion» sur la table.

– Et pour vous ?

– Un Pernod pour Arthur !

Il se lève, fait un pas en avant, se retourne, regarde l'horloge de la gare qui est au-dessus de lui, vérifie sur sa montre… voit la jeune femme, lui dit, façon d'engager la conversation :

– J'ai dix minutes, pas plus, avant le départ du train !

– Eh bien, moi aussi !

– Ah ! Nous prenons peut-être le même train ?

– Ah non ! Moi, je prends le car. Je ne pars pas, je rentre chez moi.

– Eh bien, moi, j'en sors...

Le garçon apporte le Pernod.

– Voilà, monsieur Arthur !

Elle :

– Vous vous appelez réellement Arthur ?

– Non ! C'est une plaisanterie de garçon de café...

– Vous lui avez tendu la perche.

– J'avoue. *(Un léger silence.)* Vous êtes bien jolie !

– Encore une perche tendue ?

– Plutôt une main ! *(Il la lui tend... Elle la serre.)* Si on trinquait ?

– À la santé de qui ?

– À la nôtre !

La jeune femme, Hélène, hésite à répondre. Arthur prend son verre et le pose sur la table d'Hélène.

– Je me présente...

Elle :

– Arthur ?

– C'est ça !... Et vous ?

– Hélène !... *(Elle hésite à le faire asseoir.)*

– Nous n'avons que dix minutes.

– Ah ! Alors, c'eût été pour la vie, j'aurais refusé. Mais dix minutes, oui ! C'est vite passé !

– Supposez qu'au lieu d'aujourd'hui, nous nous soyons rencontrés il y a disons six mois...

– Où ?

– Ici ! Et dans les mêmes circonstances. Je dois prendre un train qui part dans dix minutes et vous devez attendre dans le même temps le départ de votre car...

J'arrive… je vous vois… j'engage la conversation… Vous ne la rompez pas… je m'approche de vous… Vous ne vous éloignez pas… Je vous prends la main… Vous ne la retirez pas… Je vous vole un baiser. Après réflexion, vous me le rendez et… c'est le coup de foudre !

– Et que faisons-nous ?

– Vous, *illico,* vous allez vous faire rembourser le ticket de car… moi, *presto,* mon billet de train. J'achète au noir deux allers-retours pour un voyage de noces…

– Oui ! Deux jeunes mariés qui ont changé d'avis au dernier moment ? Une chance !

– Peut-être pour eux ?

– Pour nous aussi !

– Et je vous propose de partir en voyage de noces…

– Comme vous y allez !

– Vous y allez aussi : un coup de tête !

– Et où allons-nous ? Sans savoir qui nous sommes, ni d'où nous venons ?

– Ça, on s'en fout ! On ne s'est pas posé ce genre de questions ! On y est allé !

– Et… comment cela s'est-il passé ?

– Très bien ! Que dis-je… idyllique ! Le bonheur…

– Racontez-moi !

– Oh… Vous le savez bien !

– J'aimerais vous l'entendre dire !

– Eh bien, au début, tu étais un peu réservée…

– On le serait à moins.

– Vous n'osiez pas me tutoyer.

– Tout s'était passé si rapidement !

– Et puis, on a visité Venise…

– En gondole ?

– Oui !… Tu t'en souviens ?

– Très bien ! Tu m'as tout de suite emmenée en bateau…

– Ce n'était pas formidable ?

– Mais si ! Je plaisante. C'était merveilleux !

– Quel séjour !…

– Idyllique ! Le bonheur ! Et cela ne faisait que commencer…

– Raconte ! Ensuite, où sommes-nous allés, toi et moi ?

– Eh bien, on a fait le tour du monde… La Chine… nuit câline… Le Pérou !

– Ah, ce n'était pas le Pérou, c'était le Venezuela !

– Tu as raison ! Comment puis-je oublier le Venezuela ?

Elle :

– Je ne t'ai jamais autant aimé qu'au Venezuela !

– Ah si ! À la Guadeloupe ! Et les Caraïbes ? Ah, les îles ! On a failli en acheter une…

Elle :

– Je n'ai qu'un seul regret…

– Ah ! Dis, mon amour !

– C'est de ne pas avoir vu Syracuse ! J'aurais tellement voulu voir Syracuse… Pourquoi avons-nous toujours évité Syracuse ? *(Haussant le ton.)* Pourquoi m'as-tu toujours refusé Syracuse ? *(Elle fait le simulacre de le frapper.)*

Lui :

– Ah, tu as du culot ! Lorsque je te l'ai proposé, tu as voulu voir Vesoul et nous avons vu Vesoul !

Ils rient et s'embrassent.

– Et nous sommes là, tous les deux, comme au premier jour, aussi fous l'un de l'autre.

Rrrh. On entend le klaxon du car qui signale l'imminence de son départ.

– Il va falloir nous séparer…

Ils s'étreignent avec force et s'embrassent fougueusement. Elle s'arrache à lui.

– Il faut que j'y aille ! *(Elle prend sa valise.)*

Il se lève et prend son sac.

– Je t'accompagne.

Rappel du car. Ils s'y dirigent rapidement. Il était temps. Dernier baiser.

Elle monte.

– On se retrouve ce soir chez nous. Ne t'attarde pas !

Les portes se referment. Le car s'ébranle et s'éloigne. Des mains s'agitent... jusqu'à disparaître.

Arthur reprend son sac et pénètre dans la gare. Il monte dans le train de banlieue.

Après un rapide coup d'œil à un couple déjà assis :

– Ces places sont libres ?

– *Qué... ?*

Arthur n'insiste pas. Il dépose son sac dans le filet, s'assied. On le sent préoccupé. Il se lève rapidement, se dresse devant le couple.

– Bon sang ! J'ai oublié de lui demander où nous habitions !

Le train s'ébranle. Il retombe assis sur la banquette.

Arthur regarde par la fenêtre défiler le triste paysage de banlieue.

L'ÉTRANGE

L'auréole

(L'artiste, brandissant un cerceau argenté :)

On vous a peut-être déjà montré un tigre qui passe à travers un cerceau… mais avez-vous déjà vu un ange qui passe à travers une auréole ? Vous allez voir, mesdames et messieurs !

(Brandissant le cerceau au-dessus de sa tête :)

L'auréole est visible… Si vous voulez voir l'ange, suivez mon regard ! Roulements ! Vas-y, Gabriel !

(On entend un grand boum pendant que le cerceau passe autour du cou de l'artiste.)

Qu'est-ce qui s'est passé ? Mesdames et messieurs, un incident regrettable indépendant de ma volonté. L'ange qui passait n'a pas vu déboucher sur sa droite un doute qui planait. Plaff ! Ils se sont rentrés dedans ! Le doute est descendu en vol plané. Mais l'ange a chu… et un ange qui choit… déchoit… Il n'a pas dû tomber loin… *(Découvrant.)* Je vois sa boîte noire ! *(Il s'en approche.)* C'est là où je remercie le ciel d'avoir fait du mime. Parce que celui qui n'a pas fait de mime ne pourrait pas continuer de raconter cette histoire !

(Il mime la boîte noire qu'il ramasse.)

Nous allons savoir exactement ce qui s'est passé… par la bande !

(Il porte la boîte à son oreille.)

J'entends la voix de l'ange. Il dit, je cite : « Quel est le connard qui a voulu faire passer ma tête à travers mon auréole ? »

(Au public, en aparté :)

Il parle de moi ! Ah, j'entends un froissement d'ailes. À nouveau, la voix de l'ange qui chante : « Plus près de toi, mon Dieu… plus près de… » Boum !

(Un temps. Retirant l'auréole qu'il a toujours autour de son cou comme s'il se découvrait :)

Mesdames et messieurs, à la mémoire de tous les anges qui sont tombés dans cette salle, nous allons observer une minute de silence… *(Devant une certaine réaction de la salle.)* Il n'y a que des doutes qui planent !

La méthode yoga

Je connais une méthode de relaxation imparable.

Vous savez que nous sommes constamment traversés par des ondes. Ça ne se voit pas mais on les sent passer. Il y a les bonnes ondes mais aussi les mauvaises. Les bonnes ondes, il faut les retenir mais les mauvaises, il ne faut pas les garder en soi. Il faut les évacuer. C'est ce que m'a enseigné mon voisin du dessus. Il fait du yoga.

– Faites comme moi ! m'a-t-il dit. Lorsque je suis plein de mauvaises ondes, je me concentre vers le bas… et vlouff ! Je libère mes mauvaises ondes. Les mauvaises pensées, les sentiments de haine, d'aigreur… les pulsions bestiales, etc., vous laissez glisser tout cela vers le bas. Toutes ces ondes négatives, vous devez les sentir dégouliner de la tête aux pieds. Cela fait un bruit de cascade… Il faut que vous les sentiez dégringoler sous vous. Et vous les laissez s'enfoncer profondément dans le sol. Vlouff ! Puis, épuré, vous levez les bras au ciel… et vous vous rechargez. Vous devez sentir les forces vives, les forces cosmiques entrer en vous, vous pénétrer, vous envahir. Dès que vous avez fait le plein de ces forces régénératrices… c'est-à-dire dès que vous sentez une petite auréole au-dessus de votre tête, vous repartez pour un jour nouveau, animé des meilleurs sentiments.

Je lui dis :

– Je les sens d'autant plus dégringoler, vos mauvaises ondes, que comme je suis à l'étage au-dessous, je prends toutes vos mauvaises ondes sur la tête !

– Ne croyez pas ça parce qu'au-dessus de moi il y a un type qui fait la même chose. Quand il évacue ses mauvaises ondes, c'est sur moi que ça retombe.

– Et qu'est-ce que vous en faites ?

– Eh bien, je vous les repasse !

– Merci !

– C'est en cascade. C'est comme une chaîne de solidarité. Il ne faut pas la rompre.

– Alors, moi, si je n'évacue pas mes mauvaises ondes ?

– Vous bouchez tout le circuit !

Moi, j'ai fait ça… il y a deux jours, chez moi. J'habite le premier étage. Je me lève le matin. Aigreurs… acidités… la haine du monde, les mauvais sentiments, l'instinct bestial.

Alors, aussitôt, tout ça… hop !… évacué le long des jambes, des pieds…

Seulement, ce que je ne savais pas, c'est que ma concierge était juste en dessous. J'évacue tout ça.

La concierge… Vlouff ! Elle prend tous mes mauvais sentiments sur elle… Ah…

Alors, je me recharge là-haut et juste mon voisin du dessus était en train de se décharger de ses mauvaises ondes, ses mauvais instincts, tout ça… Vlouff ! Je les prends !

Moi, qu'est-ce que je fais ? Je les envoie à nouveau sur le dos de ma concierge et puis je me recharge… Ah… Alors, je sens cette espèce de béatitude, la pureté, les bons sentiments…

« Tout le monde, il est bon, tout le monde, il est gentil. »

Et le voisin en fait autant. Et puis, on sort, on se rencontre… Deux petites auréoles…

– Mon frère !… Passez !

On passe devant la concierge. Et elle sort… Rhaa ! On n'a pas été trop de deux pour la maîtriser. Alors, maintenant, quand on fait cet exercice, on fait tout ça dans la loge de la concierge.

Comme ça, on est tranquille.

FORCES DE L'ORDRE

Au ban des victimes

Avant-hier soir, en rentrant chez moi, j'ai pris un coup sur la tête ! Paff !

Je me suis retrouvé à la gendarmerie... assis sur un banc !

Il y avait des allées et venues... Un gendarme :

– Qui êtes-vous ?

– Je suis un honnête citoyen. Je fais partie de la société...

– Vous faites partie de quoi ?

– De la société...

– Ah, je note !

Quelqu'un qui devait être le chef dit en me désignant :

– C'est lui le coupable ?

– Ah non, dit le gendarme, lui, c'est la victime !

Le chef :

– Ne m'intéresse pas... c'est le coupable que je veux !

Je voyais les gendarmes qui s'affairaient. Ils sortaient, ils entraient.

– Pas trouvé, chef !

Le chef :

– Ramenez-le-moi !

Il a convoqué le ban et l'arrière-ban. De temps en temps, il se tournait vers moi, surpris :

– Qui êtes-vous, vous ?

– Moi, je suis la victime !

– Ah !... Alors, ce coupable, ça vient, oui ?

Un peu plus tard :

– Qu'est-ce que vous faites là, vous ?

– Moi ? Je suis la victime.

– Ah ? Eh bien, vous... on vous retient !

Effectivement, ils m'ont retenu toute la journée. Parfois, pourtant, ils paraissaient s'intéresser à moi :

– Qu'est-ce qu'il fait, celui-là ?

– Moi, je suis la victime !

– Et c'est à cause de ça que...

– Où est la victime ?

– Je suis là, sur le banc !

– Eh bien, dites-le !

J'ai demandé à aller au petit coin. Ils m'y ont enfermé par habitude !

Au bout d'une demi-heure, un gendarme est venu ouvrir :

– Qu'est-ce que vous faites là, vous ?

– Je suis la victime.

– Alors, pourquoi vous enfermez-vous ? Depuis le temps qu'on vous recherche... vous aviez quelque chose à cacher ?

– Ben...

– Le chef a deux mots à vous dire.

Ils m'ont ramené dans le bureau.

– Chef ! On a retrouvé la victime !

– Je m'en fous !... Ne m'intéresse pas ! C'est le coupable que je veux !

Je suis resté planté là. Au bout d'une heure, j'ai dit :

– Je peux m'asseoir ?

– Hein ? Qui est-ce, celui-là ?

J'ai dit :

– Moi ? Je suis la victime !

Le chef :

– On le saura que vous êtes la victime ! Cessez de vous plaindre ! Je suis la victime ! Je suis la victime ! Il n'y a pas de quoi être fier !

On commençait à s'intéresser à moi lorsqu'un gendarme est entré :

– Ça y est, chef ! On a retrouvé le coupable !

Le chef :

– Ah ! *(Il était heureux.)* Vous, la victime, regagnez votre banc !

Il n'y en a plus eu que pour le coupable. Ils ont commencé à l'interviewer :

– Et alors ?

– Ça s'est passé comment ?

De temps en temps, je disais faiblement :

– Cela ne s'est pas passé comme ça...

– Vous, bouclez-la !

– Mais... je suis...

Le chef :

– Si vous ne la bouclez pas, on vous boucle ! *(Au coupable.)* En somme, vous êtes la victime de la société ?

Le coupable :

– C'est ça !

Le chef :

– Parfait !

Il se retourne vers moi :

– Dites donc, la société, venez ici !

Il a fait asseoir le coupable sur le banc des victimes.

Et moi, la victime, on m'a mis au ban de la société !

La peur du gendarme

Récemment, j'étais sur la route et, tout en conduisant, je me livrais à mon passe-temps favori : déceler derrière les bosquets la présence d'éventuels gendarmes guettant le contrevenant.

Pour ça, j'ai l'œil et le bon ! Je suis capable de vous dire à cent cinquante mètres :

– Là, il y en a un ! Là, il n'y en a pas !

Habituellement, lorsque j'en ai repéré un, voilà comment les choses se passent : j'arrête ma voiture à l'abri des regards et, sans être vu, je m'approche sur la pointe des pieds et je fais :

– Bouh !

Si le gendarme ne réagit pas, je lui crie alors :

– Sors de là, gendarme ! Je t'ai vu !

En général, il sort sans faire d'histoire…

Je lui demande alors innocemment ma route…

Il me l'indique et l'incident est clos.

Mais hier, lorsque j'ai crié à un gendarme que je venais de débusquer : « Sors de là ! Je t'ai vu ! », il s'est mis à dételer à toutes jambes !

Moi, je ne fais ni une ni deux, je me lance à sa poursuite en criant :

– Arrêtez-le ! Arrêtez-le !

Instinctivement, il s'est arrêté. Il m'a dit :

– Qui dois-je arrêter ? *(La conscience professionnelle.)*

– Vous ! Pourquoi fuyez-vous ?

– Parce que j'ai peur !

– De quoi ?

– J'ai peur de me faire attraper par mon chef ! Je vous avais pris pour lui.

– Qu'est-ce que vous avez fait ?

– Une bavure ! J'ai enfermé un ministre par mégarde… Une erreur judiciaire ! Je l'ai mis sous les verrous… manque de chance, le ministre avait la clef... Il s'est libéré par ses propres moyens et mon chef a lancé un mandat d'arrêt contre moi... Comme je n'ai pas reçu le mandat, je cours toujours !

– Écoutez, gendarme ! Permettez-moi de vous dire que votre planque laisse à désirer !

– Je sais. Dans cette région, les cachettes sont peu sûres.

Je lui dis :

– Moi, je connais un de ces petits fourrés derrière lequel vous serez à l'abri... Vous pourrez y attendre des jours meilleurs, un remaniement ministériel... Montez, je vous y emmène !

En cours de route, chaque fois que je croisais une voiture, je faisais des appels de phare pour signaler aux conducteurs la présence d'un gendarme, sans préciser qu'il était au fond de ma voiture. Quelquefois que le pandore aurait pris des notes... On ne sait jamais avec ces gens d'armes... Un coup fourré ! Arrivés devant le fourré en question, je le relâche, je le dépose. Il s'y engouffre ! Ah, que vois-je s'égailler dans la nature ? Une nuée de gendarmes, comme une volée de moineaux !

Et mon gendarme qui courait derrière eux en criant :

– Arrêtez ! Arrêtez ! Je suis des vôtres, moi aussi ! Je suis en cavale !

Et plus de gendarmes ! Tous disparus derrière les arbres !

C'est là que j'ai compris que lorsqu'on parle de la peur du gendarme...

Ce n'est pas de la peur qu'il inspire, mais de celle qu'il éprouve !

Peur injustifiée

Quelquefois, on a des peurs stupides, des effrois injustifiés. Récemment, je devais passer la frontière et, subitement, en voyant l'uniforme du douanier français, j'ai eu peur...

J'étais comme ça, tout tremblant...

– Vous n'avez rien à déclarer ?

– Je crois que non !

– Comment, vous croyez ? Vous n'en êtes pas sûr ?

– Je ne suis jamais sûr de rien, moi.

– Enfin... vous cachez quelque chose, oui ou non ?

– En principe... non !

– Alors !

– Alors, alors... pourquoi ai-je peur ?

– Car, si vous avez peur, c'est que vous cachez quelque chose !

– C'est bien ce que je craignais... à chaque fois c'est pareil !

– Que cachez-vous ?

– Pour ne rien vous cacher... je n'en ai pas la moindre idée.

– On va voir ça.

Il a regardé un peu partout.

– Vous n'avez rien.

– Vous avez bien cherché ?

– Je connais mon métier, non ! Pour la fouille, je suis imbattable.

– Vous êtes imbattable, peut-être ! En attendant, moi, j'ai peur... et comme vous me dites que ça cache quelque chose... je voudrais bien savoir quoi... Vous avez excité ma curiosité.

– Bon !

Il a encore cherché sous les sièges...

– Dans les vide-poches ?

Il regarde.

– Rien ! Je suis désolé.

– Ce n'est pas possible !

– Écoutez ! J'ai fouillé partout, hein, vous êtes témoin ? Bon !

– Sauf dans le coffre !

– Non, ce serait trop facile !

– Regardez tout de même, quelquefois...

– Vous vous faites des idées.

– Pour ma tranquillité personnelle...

– Je ne suis pas là pour ça !

– Bon ! Puisque vous n'en avez pas le courage... je vais regarder moi-même.

J'ouvre le coffre... Ah, dites donc, tout était là ! Les chocolats, les cigarettes, l'alcool, tout ! Je le referme et je pousse un ouf de soulagement.

Le douanier me dit :

– Alors, cette peur ?

Je lui dis :

– Dissipée. Injustifiée !

Moralité : quand on passe une frontière, la première chose qu'il faut cacher, c'est sa peur !

TEXTES HYBRIDES

Le bonimenteur

C'était ce qu'on appelle un beau parleur.

Tout petit déjà, il avait la langue bien pendue…

Avant de faire ses premiers pas, il avait dit ses premiers mots.

Il ne pouvait pas s'arrêter de parler. Il avait toujours beaucoup à dire et il le disait.

Et quand il n'avait rien à dire, il le disait encore. Même quand il se taisait ou qu'il ne voulait pas répondre, il disait pourquoi.

Il parlait en mangeant.

Il parlait à bâtons rompus.

Il parlait par onomatopées.

Il parlait en marchant.

Il parlait en s'asseyant.

Même la nuit, il parlait en dormant.

C'était chez lui une maladie incurable.

Un jour, il en a eu assez de faire du boniment, de faire marcher sa langue…

Il décida de mettre fin à ses jours.

Après avoir fait tourner sept fois sa langue dans sa bouche, il l'avala avec son bulletin de naissance.

Les idées

« JE N'AI DES IDÉES QUE PARCE QUE J'AI DES IMAGES DANS LA TÊTE. » *Voltaire*

De nos jours, on n'a aucun mérite. Nos idées sont toutes faites. Mais à l'époque, les idées, il fallait se les faire !

Archimède n'a jamais pris un bain de sa vie ! Archimède n'a jamais plongé son corps dans un liquide ! Il en a eu l'idée, c'est tout ! Comme il avait peur de se mouiller, il y a plongé l'idée !

Il s'est aperçu alors que toute idée plongée dans un liquide… etc.

Il en a déduit que pour le corps, c'était pareil !

L'idée de Christophe Colomb. Je ne parle pas de l'idée de l'œuf. Comment faire tenir un œuf debout, c'est une idée de comique, une idée de clown !

Non, je parle de sa grande idée… Quitter « sa » terre pour aller en découvrir une autre…

Comment l'idée lui est venue ? C'est l'idée qui a pris la mer.

C'est l'idée finalement qui a traversé les océans.

C'est l'idée qui a crié : « Terre ! Terre ! »

Et c'est elle qui a posé le pied sur le sol du Nouveau Monde !

Comme quoi, une idée, ça peut mener loin, à condition qu'elle soit bonne !

Lindbergh a lancé une idée en l'air et l'idée a traversé l'Atlantique.

Lui, il est resté à terre, sur cette même terre sur laquelle l'idée de Christophe Colomb avait débarqué.

Mais alors, me direz-vous, l'arrivée de Lindbergh au Bourget ?

C'est du cinéma ! D'ailleurs, où l'avez-vous vu ? Au cinéma ! Pourquoi n'a-t-on pas vu Christophe Colomb débarquer en Amérique ? Parce que le cinéma n'existait pas ! En revanche, on a vu les Américains débarquer en France. Parce que le cinéma existait !

Tout ce que l'on voit, c'est du cinéma ! Ce ne sont que des idées !

Les gens qui meurent de faim, c'est une idée.

Je ne sais pas qui a eu cette idée, mais si je le savais, je lui ferais avaler son bulletin de naissance !

Les guerres, les tortures, ce sont des idées ! Enfin, réfléchissez !

Quel est l'homme qui serait capable d'en torturer un autre au moyen de quoi, de quelle idée ?

C'est l'idée qui torture, c'est l'idée qui tue !

C'est pour cela que, lorsque les gens découvrent cela, ils disent : « Quelles drôles d'idées ! »

L'IMAGINAIRE

À la tête du client

À la question : « Comment peut-on mener une double vie et d'abord, est-ce possible ? », je réponds : « Oui ! »

Tous ceux qui fréquentent l'imaginaire le savent bien. Un exemple de dédoublement :

Un jour, de retour dans le réel, je prends un taxi. Tout de suite, je me rends compte que le chauffeur conduisait comme une savate. C'est-à-dire qu'il levait rarement le pied. Je regarde dans le rétroviseur pour voir la tête que pouvait avoir un monsieur qui conduisait aussi mal… Ah, dis donc ! C'était la mienne ! C'était moi, oui, moi ! Je me suis reconnu tout de suite…

Il faut dire qu'il y a dix ans, la même mésaventure m'était arrivée du temps où j'étais chauffeur de taxi. Arrivé à l'adresse que m'avait indiquée le client (qui se trouvait être la mienne) :

– Combien vous dois-je ? m'avait dit le client.

Cette voix, je la connaissais… Je regardai dans le rétroviseur. Le client… c'était moi !

J'avais dit :

– Non, non ! La course, c'est pour moi !

Il m'avait dit :

– Non, c'est moi !

J'avais dit :

– Non, c'est moi !

Finalement, c'est moi qui avais payé la course… car c'était bien d'une course qu'il s'agissait et contre la montre !

Je m'étais dit : à charge de revanche !

Et voilà que, aujourd'hui, dix ans après, la même situation se présentait.

Les rôles étaient inversés…

Arrivés devant l'adresse que je lui avais indiquée, qui se trouvait aussi être la sienne, à ce qu'il m'a dit :

– Combien vous dois-je ? lui dis-je.

Je le vois qui m'observe dans le rétroviseur. Il me dit :

– Non, non ! C'est pour moi !

Je lui dis :

– Non, non, c'est moi !

Finalement, c'est encore moi qui ai payé ! Voilà ce que c'est que de faire payer selon la tête du client. En sortant de mon taxi, je n'ai pas pu m'empêcher de lui dire :

– Vous conduisez aussi mal que moi !

Il m'a répondu :

– D'après le pourboire, vous êtes aussi pingre que moi !

Et on a fait comme si on ne se reconnaissait pas.

– Au revoir, monsieur !

– Au revoir !

CONCLUSION : qu'il soit réel ou imaginaire, le monde est petit.

L'ardoise

Mes plus belles œuvres, je les ai écrites à l'âge de 5 ans, sur une ardoise... et à la craie...

L'angoisse devant l'ardoise noire... qu'il faut blanchir... je l'ai connue très tôt. Comme je n'avais pas les moyens de me payer plusieurs ardoises, quand j'avais écrit quelques vers d'un côté, je retournais l'ardoise et j'écrivais sur l'autre côté.

Arrivé au bas de l'ardoise, je la retournais, j'effaçais ce qui était écrit avec un chiffon et je poursuivais mon récit.

C'est ainsi que je n'ai jamais pu me relire.

Dieu merci, j'ai gardé les chiffons.

Mon père, lui, en revanche, avait plusieurs ardoises en permanence au bistrot d'à côté. Comme il ne les réglait pas, il pouvait en avoir plusieurs...

Je dois dire que c'est sur ces ardoises que j'ai appris l'arithmétique. Le drame, c'est que mon père qui était négligent, quand l'ardoise était chargée, sous prétexte qu'il n'avait pas de chiffon en poche, allait étancher sa soif de comptes sur le comptoir du café d'à côté !

Assiégé par les objets

L'écrivain est assis à sa table de travail. Comme sa feuille se met en « rouleau », il prend un des objets qui l'entourent, un galet, et le pose sur le haut de la feuille pour la maintenir à plat. Alors qu'il s'apprête à reprendre son récit, la pierre qu'il a posée sur sa feuille regagne sa place et la feuille se remet en « rouleau ».

Instinctivement, il remet la feuille à plat et l'y maintient en remettant le galet…

Même jeu. Surpris, il commence à réaliser…

Après avoir un peu plus nerveusement remis sa feuille à plat… et reposé la pierre sur le haut du papier, comme celle-ci « regagne » à nouveau sa place, l'écrivain… s'empare d'un cendrier et, tout en surveillant du coin de l'œil sa pierre, il se remet au travail.

Soudain, la pierre amorce un mouvement de recul. L'écrivain place alors le cendrier sur la feuille. Comme il va pour reprendre sa page d'écriture, le cendrier regagne sa place… Il est aussitôt remplacé par la pierre qui empêche de justesse la feuille de se replier. L'écrivain, agacé par ce petit jeu des objets, remet la pierre à sa place et maintient la feuille à plat avec son autre main… et il poursuit sa page d'écriture.

C'est alors que, tout en écrivant, il finit par s'apercevoir que tous les objets qui l'entourent se rapprochent insensiblement de lui, chaque fois qu'il lève la tête ou pendant qu'il regarde ailleurs. Il finit par être assiégé par les objets qui l'entourent.

Ces objets montent à l'assaut de ses mains sur la feuille et, petit à petit, le cernent.

Tandis que, petit à petit, les objets envahissent sa feuille, qu'ils s'en emparent avant qu'ils ne l'occupent totalement, l'écrivain se voit contraint de lever les mains… d'abord l'une, puis l'autre… puis les bras !

Il s'est rendu à l'évidence : on veut l'empêcher d'écrire !

Disparu de l'affiche

Vous savez que je fais souvent des petits voyages dans l'imaginaire.

Et au cours d'un de mes derniers voyages, je rencontre une femme, comme j'aime me les représenter, mon type…

Elle s'arrête devant moi. Elle me dit :

– Oh, mais je vous reconnais, vous ! Je vous ai vu jouer il n'y a pas si longtemps…

– Réellement ?

– Non ! Ici, dans l'imaginaire.

– Écoutez, vous devez faire erreur. Je n'ai jamais joué dans l'imaginaire pour la bonne raison que, à ma connaissance, il n'y a pas de salle de spectacle.

Elle me dit :

– Non ! Mais il y a des colonnes Morris ! Je vous ai vu annoncé sur une de ces colonnes. Vous exécutiez un numéro de magie.

– Ah ?

– Oui ! Vous teniez une de vos affiches enroulées au-dessus de votre tête. Vous disiez : « Je me présente. » Vous laissiez l'affiche se dérouler devant vous. Elle vous représentait en pied. L'illusion était complète, plus vraie que nature. Vous disiez : « Mesdames et messieurs, je vais me faire disparaître… » Hop ! L'affiche s'enroulait d'elle-même au-dessus de votre tête. Il n'y avait plus de tête, plus de corps ni de jambes… Il n'y avait plus que vos chaussures… vides ! Et tout à coup, vos chaussures se sont mises à danser les claquettes, comme un pro, et elles ont quitté la colonne Morris sur la pointe des pieds. Et l'affiche est retombée, sous les applaudissements, comme un rideau ! Et stupeur ! Vous aviez aussi disparu de l'affiche. Depuis, on n'a plus jamais entendu parler de vous !

L'élection des lecteurs

– Vous êtes en retard, dit le régisseur à l'homme de lettres qui arrivait en courant. La lecture de votre livre est déjà commencée.

– Excusez-moi… Où en sont-ils ?

– Entre deux chapitres ! Je vais en profiter pour vous annoncer.

Tandis que l'homme de lettres remettait un peu d'ordre dans sa tenue, il entendit prononcer son nom.

Silence de mort !

– Cela s'annonce bien, dit le régisseur en réapparaissant. Ils n'ont pas bronché.

– Ce qui prouve ?

– Ce qui prouve qu'ils sont captivés !

Le virent-ils seulement entrer ? L'auteur avait écrit avant ce premier livre une pièce de théâtre qui avait été huée…

Il s'avança sur la pointe des pieds…

L'auteur du livre du « moi » que l'on jugeait (non, non, le mot n'est pas trop fort !) entra dans la salle des lecteurs. Elle était comble.

Les lecteurs, plongés dans la lecture, ne daignèrent même pas lever la tête.

Quelqu'un lui désigna une chaise au centre de l'estrade.

Cette chaise était tout un symbole… comme aux assises.

En cas d'acquittement, on y était comme dans un fauteuil académique.

Dans le cas contraire, elle prenait l'allure d'une chaise électrique.

C'était l'exécution.

L'écrivain :

– Je m'assieds où ?

– Ce sont les grands lecteurs qui vont décider.

La montre de 8h47

Il s'en aperçut en regardant sa montre... qu'il s'était passé quelque chose d'anormal.

Habituellement, lorsqu'il voulait savoir l'heure, il ramenait le poignet à hauteur de ses yeux... il levait le coude gauche à hauteur de sa bouche. Il faisait le même geste que pour boire...

Alors que là, il se surprit à plonger sa main droite dans la poche de son gilet et à en sortir une montre, en forme d'oignon, retenue par une chaîne.

Ce qui le surprit le plus, c'est que le geste qu'il fit pour regarder l'heure était habituel, coutumier...

Il était 8h47.

Il se surprit à réfléchir...

Si le geste qu'il venait de faire était surprenant, l'heure, en revanche, lui rappelait quelque chose. 8h47 ? Voyons... Qu'est-ce que cela évoque pour moi ?

Mais oui ! 8h47, c'était l'heure de son train ! Il devait prendre le train de 8h47... oui, mais pour aller où ?

Pas à son travail... il s'y rendait à pied... Et c'était à cinq minutes de chez lui ! Alors où ? Il jeta un coup d'œil autour de lui.

Le paysage, si j'ose m'exprimer ainsi, lui était familier. C'était sa rue... Le trajet était celui qu'il empruntait, si ses souvenirs étaient bons, tous les jours...

Et pourtant, la circulation n'était pas la même. Les gens étaient vêtus différemment... Et, chose étrange, ils portaient presque tous des chapeaux melon et des chapeaux claques... et ils marchaient vite ! Pourquoi marchaient-ils si vite ? Ils couraient presque !

Avaient-ils tous peur de rater le train de 8h47 ? Mais d'abord, quel jour étions-nous ? Il voulut traverser pour acheter le journal au kiosque qui se trouvait sur le trottoir d'en face... Il faillit se faire renverser par un fiacre… qui avait dû brûler le feu rouge… puisque celui-ci n'était plus au carrefour. Au milieu de la rue, il dut s'arrêter…

Des fiacres, des vélos et des voitures d'un autre âge venaient de tous les côtés, l'agressaient… Après avoir essuyé quelques injures, il parvint devant son marchand de journaux habituel… Il n'était pas à la devanture… Il ne fut qu'à moitié surpris…

Il commençait à s'habituer à l'étrange. Il sortit à nouveau, en tirant d'un geste apparemment naturel sur sa chaîne, la montre de son gousset. Le cadran affichait 8 h 47.

Bon ! Il fallait se rendre à l'évidence. Il avait raté son train. Il prit un journal, n'importe lequel…

– Combien vous dois-je ?

– Deux sous ! dit le vendeur.

– Je n'ai que des euros ! dit notre homme.

– Je ne les prends pas. Je ne prends que les sous !

– Les quoi ?

– Des sous ! cria le vendeur de journaux. Des sous !

– Des sous ! cria quelqu'un qui en brandissait un.

– Des sous ! crièrent les passants les plus proches.

– Des sous ! reprirent en chœur les passants qui s'étaient groupés sans qu'il s'en aperçoive.

– Que se passe-t-il ? demanda-t-il à une femme qui venait de le pousser dans la foule.

– C'est la manifestation de 8 h 47 ! Vous êtes en retard ! Et d'abord, monsieur, me permettez-vous une question ? Pourquoi n'êtes-vous pas habillé comme nous ?

– Oui ! dit un autre. Pourquoi êtes-vous tête nue ? Vous ne pouvez pas vous couvrir la tête comme tout le monde ?

– Parce que, dit-il, je n'aime pas porter le chapeau !

– Ah ! Vous préférez le faire porter par les autres ? C'est ça, hein ?

– Mais non !

– Mais si !

Le ton montait.

– Tous à la gare, cria quelqu'un qui ressemblait à un syndicaliste !

– À la gare ! cria la foule.

Il voulut les avertir. Il était obligé de crier plus fort qu'eux pour se faire entendre.

– Si c'est pour le train de 8 h 47, il est trop tard ! Vous l'avez raté !

– On s'en fout ! cria le syndicaliste. Nous prendrons le suivant !

– Voici le tramway ! dit une femme.

Les manifestants, car il s'agissait bien, apparemment, d'un soulèvement populaire, arrêtèrent le tramway et le prirent d'assaut ! Le tramway reprit sa route comme si de rien n'était. Ne voulant pas rester à la traîne, notre homme se mit à courir derrière le tram ! Celui-ci faisant de nombreux arrêts, il arriva à la gare avant tout le monde. Le train de 8 h 47 s'ébranlait. Il réussit à le prendre en marche…

Stupeur ! Le wagon était vide. Il était le seul voyageur. Il avait une chance inouïe. Il pensait à tous ces gens qui devaient continuer à défiler dans la rue, empêtrés dans leurs pancartes et qui réclamaient des sous !

– Billet, s'il vous plaît, lui dit un contrôleur.

– Ah, je n'en ai pas !

– Mais vous avez des sous ?

– Non, je n'ai que des euros.

– Mais il y a longtemps que ça n'a plus cours ! Vous pouvez vous les mettre où je pense, vos euros ! Avez-vous de l'argent suisse ?

– Non !

– Alors, descendez !

Il tira la sonnette d'alarme. Le train de 8 h 47 stoppa net. Il descendit. Il regarda sa montre. Elle était suisse !

– Ah, zut ! J'aurais pu la laisser en garantie. Tant pis !

L'aventure commençait. Il n'était pas contre. Cela le changeait du train-train quotidien… Il regarda autour de lui… C'était la campagne à perte de vue…

Il respira profondément les odeurs qui lui chatouillaient les narines… C'était nouveau pour lui. Il ne savait même pas que cela existait, le fumier ! Qui dit fumier dit ferme. Effectivement, il voyait monter d'une cheminée un panache de fumée… erreur ! Cela venait de la locomotive qui s'éloignait, laissant un sillage de fumée… Quel panache !

Ça a plus de gueule qu'un TGV que l'on ne voit même pas passer, tellement il va vite !

Il s'engagea sur la route en chantant « La vie qui va » de Charles Trenet…

Il se sentait libre. Il entendit venir derrière lui un tracteur qui tirait une bétaillère…

Il klaxonnait à tout rompre et les vaches meuglaient comme des veaux, en le regardant passer !

– Oh ! Eh, lui dit-il en s'écartant, il n'y a pas le feu au lac !

Le paysan stoppa net.

– De quel lac parlez-vous ?

– De… celui… le plus proche !

– Oh, mon pauvre monsieur, vous en êtes encore loin ! Puisqu'il n'y a pas le feu au lac, à ce que vous me dites, vous avez le temps de vous y rendre avant qu'il ne se déclare !

– Merci !

Il ne voulut pas poursuivre une conversation qui ne menait à rien. Soudain, il perçut une sonnerie… D'où venait-elle ? De son gousset !

Il chercha dans sa poche de pyjama son oignon. Il avait disparu ! Il regarda son poignet. Sa montre-bracelet aussi ! Seul le tic-tac de son réveil lui fit prendre conscience que s'il ne voulait pas rater son TGV qui partait pour la Suisse, il fallait qu'il se lève et plus vite que ça !

C'est alors qu'il vit que son réveil s'était arrêté à… 8 h 47 !

Le portemanteau

S'il y a une phrase que les choses ne peuvent pas supporter, c'est : «Une place pour chaque chose et chaque chose à sa place ! »

Je vis le portemanteau qui était saisi de mouvements convulsifs... comme si le sol tremblait sous lui... Ma canne qui était accrochée à une patère oscillait comme le balancier d'une pendule et cognait régulièrement contre le bois du portemanteau.

Mon chapeau semblait... pardonnez-moi l'expression... n'en faire qu'à sa tête...

Puis le perroquet, après quelques hésitations, se mit en marche... cahin-caha... il gagnait du terrain...

Le message était clair. Tous ces objets n'en pouvaient plus de rester là, cloués sur place, inertes... Ils avaient besoin de mouvement. Ils voulaient sortir de leur inertie, changer de place. Ils avaient la bougeotte.

Je compris qu'ils dépendaient de moi... qu'ils attendaient que je les prenne en main. Ils avaient soudain pris conscience de leur inutilité. Ils s'étaient mis en branle. Et moi, je laissai partir mon portemanteau, pour voir... Quoi ? Jusqu'où il irait !

Savait-il seulement où il allait ?

Je le suivis. Il s'approcha de la porte. Je vis un de mes gants sortir de la poche de mon pardessus, se saisir de la poignée...

Je restai là, pétrifié, alors que j'aurais dû me précipiter sur mon portemanteau, lui barrer le chemin, l'empêcher de sortir, discrètement, sans qu'il me voie !

Dès qu'il pivotait sur lui-même, je m'immobilisais... Je le vis descendre une ou deux marches, vaciller...

Je me précipitai et l'entourai de mes bras. Il était temps ! Je le sentis s'abandonner entièrement.

Je mis mon chapeau sur la tête, ma canne à mon bras, mon portemanteau sur une épaule, mon pardessus sur l'autre et je rapatriai tout ce petit monde...

LA LANGUE

A

Un médecin vient voir un patient chez lui. Il demande à la femme du patient :

– Qu'est-ce qu'il a ?
– J'hésite à le dire.
– Ah ? *(Au patient :)* Ouvrez la bouche !
Le patient s'exécute.
Le docteur :
– Faites « A » !
Le patient :
– Ah… Ah… Ah…
– Non ! Un seul « A ».
– Ah… Ah… Ah…
Le docteur *(à la femme du patient)* :
– Qu'est-ce qu'il a ?
– Il est bègue.
– Ah ?… Ah, ah !

Le docteur *(au patient)* :

– Dites «A» une fois et c'est tout !

– Ah… Ah… Ah… et c'est tout… tout… tout…

(À la femme :)

– Est-ce qu'il tousse ?

– Non !

– Pourtant, si je veux savoir ce qu'il a, il faut qu'il me dise «A», un seul «A» ! *(Au patient :)* Écoutez… faites «A» et aussitôt, fermez la bouche… *(En se plaquant la main sur la bouche.)* Flock !

– Ah ! *(Il se plaque la main sur la bouche.)* Flock… flock… flock…

La femme :

– Je vous ferai remarquer, docteur, que si vous lui demandez de fermer la bouche, vous ne verrez pas ce qu'il a au fond de la gorge !

– C'est juste ! *(Au patient :)* Dites-moi, lorsque vous faites *(il se plaque la main sur la bouche)* flock… flock… flock… est-ce que cela vous fait mal à la tête ?

Le patient fait signe que oui de la tête trois ou quatre fois.

Le docteur :

– Alors, ne le faites pas ! Si vous ne pouvez pas faire «A», faites «E».

– Euh… Euh… Euh…

– Ah ! Là, il hésite… Ne faites qu'un «E».

La femme :

– Je vous ferai remarquer, docteur, qu'on ne dit pas un «E», mais un œuf !

Le docteur :

– C'est juste. Remarque judicieuse…

Le patient :

– Œuf… Œuf… Œuf !…

Le docteur :

– Tiens ? Il n'en a fait que huit neufs !

Le patient, rectifiant :

– E… E… E… E…

Le docteur :
– Au lieu de faire «E», faites «U»...
– U... U... U...
– C'est sensiblement pareil. Alors, faites «O».
– O... O... O... O...
– Ce n'est pas mieux. Reste le «I». Faites «I».
Le patient :
– I.
– Encore !
– I !
Le docteur *(heureux et surpris)* :
– Il a fait «I»... hi... hi hi... hi hi... *(Au patient :)* Vous avez fait : Hi ! Hi ! Hi !... *(Il rit à gorge déployée.)*
Le patient *(étonné)* :
– Ah ?

L'autonomie du Nord

Vous savez que, quelquefois, on me dit : «De quelle nationalité êtes-vous ? Êtes-vous belge ou français ?»

Je ne suis ni l'un ni l'autre... Je suis un Ch'timi.

Le Nord, c'est mon pays. C'est ma région d'être.

Et je profite de la parole qui m'est donnée pour la prendre et pour réclamer l'autonomie du Nord !

Je suis un séparatiste et je dis : «La Bretagne aux Bretons ! Le Pays basque aux Basques ! La Corse aux Corses ! Et le Nord aux Nordistes ! Et le reste aux Français... s'il en reste ! Chacun chez soi... et les autres chez eux !»

Et à celui qui voudrait remplacer le patois de chez nous par la langue de chez lui, je dis : «Non ! Le patois ne sortira pas d'ichi !»

Et à celui qui voudrait nous museler, je dis : «Ferme t'bouc ! T'in nez y va quer ed'din ! »

Ce n'est pas beau, ça : «Ferme t'bouc ! T'in nez y va quer ed'din» ?

Ce n'est pas joli, ça ?

Allez demander à un Corse de dire : «Ferme t'bouc... »

D'abord, il va vous l'chinter *(chanté)* : «Ferme t'bouc... »

Pour chanter, il va l'ouvrir... sin bouc... sin nez y va quer ed'din... et il ne pourra plus en bailler une !

Souvent, lorsque je m'exprime en patois, on me dit : «Ah non, pas toi ! »

Et pourquoi pas mi ?

D'ailleurs, quand on dit «pas toi» en patois, on fait une faute de français en patois.

Parce que, en patois, «pas toi» se dit «pas ti».

Si bien que, si au lieu de dire «pas ti ! », on dit «pas toi ! », c'est le patois qui en pâtit ! Et patati et patatois...

Parfois, on me dit : «Monsieur, lorsque vous parlez la langue du pays, est-ce que vous pensez directement en patois ? »

Non ! Je commence par penser en latin...

Et ensuite... je traduis en patois.

Exemple :

Le dimanche, à l'église, quand la messe est finie, je pense : «*Ite missa est.* »

Et je dis : «Allez, che fini, in rintre ! »

L'inverse est valable.

Lorsque je veux parler latin, je commence par penser en patois, et ensuite je traduis la version patoise en version latine.

Exemple :

Je prends une phrase sublime que vous connaissez sûrement : «T'in fais eun tiete ! In dirot eun carot'qu'a trimpé tro jours d'in ch'bouillon ! »

Eh bien, en latin, ça donne : «*Quam faciem demonstras... sic carota appares... qui in ista supa* (la soupe)... *tres diebus* (trois jours)... *mollivit* (s'est ramolli) ! »

Moi, je préfère : « T'in fait eun tiete... In dirot eun carotte qu'a trimpé tro jours d'in ch'bouillon ! »

Ou encore : « In dirot in p'tit pain qu'a perdu sin pâté ! »

Tout n'est pas traduisible... Attention !

J'ai quelques papiers que m'ont passés quelques copains...

Ils m'ont dit : « Dis-leur ça !... Ils comprendront ! »

(Sortant les papiers de sa poche et les lisant :)

« T'iros ti ?... Mi j'iros ! » (Je ne sais pas ce que cela veut dire !)

Et là ?... *(Prenant un autre papier.)* Ce doit être la suite... « Il iro li... cha fait qu'in iro tous les tro... »

Alors là, ch'est trop !

Mesdames et messieurs, si vous voulez, nous allons chanter ensemble « Le p'tit quinquin », qui est notre *Marseillaise* à nous !

Parce que *La Marseillaise* est de Rouget de Lisle qui n'était même pas de Lille... Il était de Lons-le-Saulnier... C'était un gars de la région étrangère !

Je vais faire en même temps les gestes, si vous le permettez...

Ce n'est pas pour les malentendants, c'est pour les mal-embouchés !

Moi, quand je chante, on me dit :

« Quelle voix avez-vous ?

– J'ai la voix du Nord !

– Où as-tu vu ch'ti ?

– Bin, d'in l'journal ! »

Nous allons donc chanter ensemble « Le p'tit quinquin » : « Dors, min p'tit quinquin / Min p'tit pouchin... »

Langage articulé

Messieurs, quand on parle comme moi, on articule... on fait jouer ses mandibules, on mandibule !

Monsieur Bougeotte, quand on parle par gestes, on fait bouger ses membres ! On gesticule !

Monsieur Nasillard, quand on parle du nez, on fait marcher ses narines ; on narinule ! Narinulez, que diable !

Monsieur Bedaine, même chose quand on parle du ventre... on fait marcher ses abdominaux. On ventriloque ! On ne ventricule pas ! C'est monsieur Ventricule qui devrait ventriculer, puisqu'il emploie le langage du cœur !

Mais, au lieu de faire marcher ses ventricules, il ventripote ! Il se croit le nombril du monde ; il centripète ! Au lieu de centrifuger, comme il se doit !

Centrifugez, que diable !

Ce que je dis est valable aussi pour vous, monsieur Dugland !

Ne salivez pas ! Vous salivez, ma parole !

Vous, gesticulez comme monsieur Bougeotte !

Vous, ventriloquez comme monsieur Bedaine !

Quand je vous entends parler de sexe, monsieur Dugland, la moutarde me monte au nez ! Si bien que je n'arrive plus à narinuler, comme monsieur Nasillard !

Mais... *(Constatant :)* ma parole... je salive !

Lapsus linguae

(L'artiste, éméché :)

Il faut que je fasse attention de ne pas faire ce qu'on appelle un *lapsus linguae* !

Récemment, j'en ai fait un beau. Je sortais de table, je venais de manger des nouilles !

Cela m'arrive !

Pour faire passer ces nouilles, j'avais bu un verre d'eau, pour une fois !

Et je ne sais pas pourquoi, par vantardise peut-être, j'ai éprouvé le besoin d'en faire part !

Seulement, au lieu de dire :

– Je viens de boire un verre d'eau.

La langue m'a fourché, j'ai dit :

– Je viens de boire un verre d'ouille !

J'ai fait un *lapsus linguae*. Si mon interlocuteur avait eu la présence d'esprit de me faire répéter la phrase :

– Vous avez bu quoi ?

J'eusse rectifié :

– J'ai bu de l'eau. Pourquoi ? Qu'est-ce que j'ai dit ?

– Vous avez dit : je viens de boire un verre d'ouille !

Je me serais immédiatement rendu compte de ma bévue. Ah ! Ah ! Nous en eussions ri !

– Excusez-moi ! J'ai fait un *lapsus linguae*.

Et l'affaire ne se serait pas ébruitée.

Mais comme mon interlocuteur n'avait pas bu que de l'ouille… que de l'eau… (vous voyez, j'ai failli refaire un *lapsus linguae*), il a pris ma phrase au pied de la lettre, l'andouille, ce grand niquedouille et… il est allé la colporter :

– Devos a bu un verre d'ouille !

– Un verre de quoi ?

– D'ouille !

Un verre d'eau, ça coule de source… Mais un verre d'ouille, ça dérange, ça choque l'oreille, ça sort de l'ordinaire ! On cherche à en savoir plus, on met de l'huile sur le feu !

– Qu'est-ce que c'est que de l'ouille ?

– Je ne sais pas mais il en a bu un verre !

– Plein ?

– À ras bord et cul sec ! C'est lui-même qui me l'a dit !

Dans les salons :

(Chuchoté.)

– Il a bu de l'ouille !

– Non ?

– Si !

Les choses sont allées s'amplifiant :

– Il a commencé par un petit verre…

– Maintenant, il en est au litre !

– Un litre d'ouille !

– Il la boit à même le goulot !

– Son ouille, il l'a bue pure ou diluée ?

– Il l'a bue… jusqu'à la lie !

– Pouah !

– Il fait des bulles, des bulles d'ouille !

– L'ouille est-elle digeste ? (De la digeste ouille.)

– S'évente-t-elle ? (De l'ouille éventée.)

– Il a bu une bonbonne d'ouille éventée et il a été malade comme un chien !

– Il est dans les vapeurs d'ouille !

– Il se drogouille !

– Quand il est en manque, il bafouille, bredouille des mots sans suite en ouille !

– C'est un ouillomane !

Alors, les quolibets :

– Il est dans les vapeurs d'ouille !

– Alors, ça glandouille ?

– On vadrouille ?

– Dis donc, l'arsouille, quand tu bois de l'ouille, est-ce que cela te chatouille ou bien est-ce que cela te grattouille ?

– Un litre d'ouille… c'est énorme !

Et le flot d'ouille va grossissant, jusqu'à la ville d'Ouille qui a déposé une plainte en diffamation contre moi. Le maire de la ville m'a dit :

– Qu'est-ce qui vous a pris, Devos, de boire de l'ouille avec vos nouilles ? Vous ne pouviez pas boire de l'eau comme tout un chacun ?

J'ai dit :

– Monsieur le maire d'Ouille, c'est ce que j'ai bu ! Mais quand j'ai voulu le faire savoir, la langue m'a fourché et j'ai dit : « J'ai bu un verre d'ouille. » Et on en a fait des gorges chaudes. Jusqu'à la brigade des stupéfiants : « Vous permettez que l'on vous fouille ? Où la cachez-vous, votre ouille ? » Je leur ai dit : « Dans des bouteilles d'eau ! »

Et ils ont bu toute mon eau ! Ils ont été malades comme des bêtes !

Finalement, faute de preuves… ils m'ont laissé en liberté d'expression surveillée ! Mais je ne suis pas tranquille ; je vis dans la hantise du *lapsus linguae* ! Je ne peux plus me permettre le moindre écart de langage. C'est bien simple, depuis cette histoire, quand je mange des… quand je mâchouille… quand je mâche des nouilles, je ne bois plus d'eau avec… je bois de la vinouille ! Et encore, je la mouille avec… de… l'ou… ou de l'eau !

Non, vous ne me le ferez pas dire !

LE MIME

Le mur du silence (la fin d'un mime)

Je connaissais un mime de génie.
Tous les soirs, sur scène, il construisait un mur devant les spectateurs.
Il mimait tout, la truelle, le mortier...
La pose de la première pierre jusqu'à la dernière pierre sans en omettre aucune !
Il faut dire que c'était interminable.
Le mur enfin achevé, il saluait bien bas.
Ce faisant, il se cognait la tête contre le mur, lequel, n'ayant pas eu le temps de sécher, s'effondrait, ensevelissant le mime sous un amas de pierres ! Un vrai gâchis !
Suivait un silence pesant...
Les spectateurs, le premier moment de stupeur passé, se précipitaient sur la scène et, pris par l'ambiance, se mettaient à jouer les sauveteurs, retirant une à une, sans en omettre aucune, les pierres qui recouvraient l'infortuné mime et se les faisant passer de main en main comme on se passe des seaux d'eau pour combattre un incendie.

Celui-ci, enfin dégagé, se relevait, remerciait d'un geste de la main les spectateurs, saluait.

Rideau !

Et le tour était joué.

Et un jour, alors que sous son tas de pierres le mime attendait qu'on le tirât de là, les spectateurs ne se sont pas dérangés.

Pourquoi ? Mystère du théâtre !

Au lieu de porter secours à l'artiste, ils sont restés assis dans leurs fauteuils, attendant la suite des événements.

Alors, le mime, un instant décontenancé, alla jusqu'au bout de son personnage.

Il mima – et avec quelle conscience professionnelle – son heure dernière !

Après avoir poussé un dernier soupir, étouffé par les gravats, il rendit l'âme.

Le public, restant sur sa faim, il mima tout le reste : l'enterrement, la mise en bière, la levée du corps, le cercueil que l'on hisse sur le corbillard, le convoi qui s'ébranle, la famille qui suit, le chemin parcouru, le tout dans un silence éloquent !

Arrivé devant le mur du cimetière, il commet la faute : au lieu de faire passer le convoi devant le mur, il l'a fait passer derrière !

Erreur funeste !

Alors, évidemment, dans la salle, les gens qui ne voyaient plus rien ont commencé à murmurer :

– On ne voit plus le convoi ! Il n'y a plus que le mur qu'on voit !

– Tu le vois, toi, ce convoi ?

Le premier moment de stupeur passé, les spectateurs, comprenant enfin la situation, se sont précipités sur la scène et se sont mis à retirer les pierres et à les faire passer de main en main, jetant ainsi le mur du cimetière à bas !

Quand ils virent que derrière le mur, il n'y avait rien, ils ont dit :

– Qu'est-ce que ça veut dire ?

– Vous nous avez raconté des histoires.

Le mime a répondu :

– C'est de votre faute aussi. Vous n'avez pas voulu jouer le jeu. Si au lieu de retirer les pierres du cimetière, vous aviez ôté celles qui m'avaient enseveli, je n'aurais pas été obligé de faire le mort, avec tout le cérémonial que cela implique ! Je ne serais pas venu m'enterrer dans ce trou où il n'y a rien !

Les spectateurs, se sentant floués, dupés, firent mine de lui lancer des pierres.

Alors, le mime a fait face.

Avec les pierres qu'on lui lançait et le peu de mortier qui était censé lui rester, il a refait son numéro !

Il a construit un mur entre le public et lui ! Puis, il s'est muré dans son silence !

On a baissé le rideau de fer et les spectateurs sont sortis dans un silence écrasant.

Quant au mime, plus jamais personne n'a entendu parler de lui !

Qu'est-ce qu'il tient ?

Mesdames et messieurs… je vais vous mimer un monsieur qui a soif et qui boit…

Avant, je mimais simplement la bouteille d'une main, de l'autre le verre…

Je remplissais le verre et j'en buvais le contenu. Mais souvent, cela donnait lieu à des interprétations diverses.

Exemple. Un jour, un spectateur vient me voir. Il me dit :

– Hier à la demande de mon petit-fils qui est surdoué, j'ai assisté à votre spectacle avec toute ma famille. Eh bien, monsieur, lorsque vous avez mimé ce que j'ai cru être une bouteille et un verre…

– En effet !

– Eh bien, j'ai trouvé que vous envoyiez un peu loin le bouchon ! Ma fille, elle, qui est pieuse, y a vu un cierge.

– C'est le même moule… Pourtant, quand j'ai fait ça… *(Geste de verser.)*

– Elle a cru que vous ranimiez la flamme à un autre cierge plus petit ! Ma bru, qui est fleur bleue, y a vu un bouquet de roses !

– J'aime mieux ça !… Mais quand j'ai fait ?… *(Geste de verser.)*

– Elle s'est dit : « Il les met dans l'eau, mais les queues sont en l'air… »

– Ça ne l'a pas surprise ?

– Non ! C'est ce qu'elle fait tout le temps !

– !!

– Mon fils, lui, qui ne pense qu'à manger, y a vu un cornet de frites !… Là, j'ai attendu la suite. Et quand vous avez fait ça… *(Geste de verser.)*

J'ai dit :

– Je sais. Il a pensé : « Comme il est à moitié belge, il a dû regarder l'heure à sa montre-bracelet et ses frites, etc. »

– Exactement ! Vous connaissez mon fils ?

– Non, mais je connaissais l'histoire ! Et quand j'ai fait ?… *(Geste de boire.)*

Il me dit :

– Il a pensé : « Comme ses frites sont tombées dans son verre de bière, il les boit… »

– Ah ! Ah, celle-là, je ne la connaissais pas !

– Ma femme, elle, qui n'a aucune imagination, y a vu tout autre chose… je ne sais quel symbole sexuel qu'elle n'a même pas su nommer.

– Oui ! Mais lorsque j'ai fait cela ?… *(Geste de verser.)*

– Elle a dit : « Il doit avoir une défaillance ! » Quant à mon petit-fils qui est surdoué…

– Ah !… Alors ?

– Lui, il n'a rien vu du tout. Il a dit simplement : « Qu'est-ce qu'il tient ? »

– Et quand j'ai fait ça ?… *(Geste de verser.)*

– Il a cru que vous faisiez ça… *(Geste qu'il est bourré.)* Il a dit : « Qu'est-ce qu'il tient comme muflée ! »

Alors, depuis, lorsque je mime un monsieur qui a soif et qui boit… je précise…

Dès que j'ai mimé la bouteille, je montre l'étiquette. Ensuite, je retire le bouchon que je n'envoie pas trop loin. Je remplis le verre, je fais glouglou !

Ensuite, je le déguste… je commente… Il a de la flamme ! Il est divin… Il vous ranime…

(Il s'en verse un verre qu'il boit.)

(La langue pâteuse.) Il a du bouquet ! Il est fleuri… Un bon petit rosé…

(Il boit.)

(La langue pâteuse.) C'est le vin qu'il faut pour accompagner… un cornet de… moules… *(Précisant :)* frites, hein ! Pas crues !

(Il finit son verre.)

Il a du corps. Il est raide… Tout un symbole !

(Il se tient…)

Tiens ? J'ai l'impression que j'ai comme une petite défaillance…

(L'artiste, visiblement très éméché, regarde sa main droite qui mime la bouteille.)

Qu'est-ce que je tiens ?

(Puis, regardant la gauche qui mime toujours le verre :)

Qu'est-ce que je tiens ? *(En conclusion lumineuse.)* C'est le petit-fils qui avait raison ! Qu'est-ce que je tiens comme muflée !

(Il sort en titubant.)

LA MORALE

Moralité

Pendant des millénaires, on est arrivé à faire se redresser l'homme... à coups de moralité...

Et aujourd'hui où l'homme se tient à peu près debout sur ses deux pattes arrière, on voudrait lui retirer son sens moral !

Mais, au moindre relâchement, il va s'affaisser physiquement. Il va se remettre dans sa position première.

Déjà que le haut du corps a tendance à rejoindre le bas !

Rien que pour se tenir debout sur ses deux pattes arrière et marcher... il faut une force morale !

Une petite distraction morale... hop ! Le haut du corps s'abaisse.

C'est le primitif qui reprend le dessus sur ses deux pattes avant !

Moi, je n'en ai jamais parlé à personne – parce qu'on ne se vante pas de ces choses-là ! –, mais l'absence de moralité a sur mon physique des répercussions désastreuses ! Je me mets à quatre pattes... dites donc ! Carrément ! Ah, mais carrément !

Dès que sur le plan de la morale je suis en manque, hop ! À quatre pattes, comme une bête !

Bon, quand il m'arrive de manquer de moralité chez moi… ce n'est pas grave… je me cache !

Mais quand ça me prend à l'extérieur, dans un salon… je me retrouve à quatre pattes sur le tapis… je rugis ! Heureusement, les gens croient que je plaisante, que je fais un numéro de cirque. Ils applaudissent ! Moi, je salue et je sors sur une cabriole !

Dans la rue… je fais semblant de chercher quelque chose… mon bouton de manchette en os, mon nonos ! J'attends la nuit pour rentrer. La nuit, tous les chats sont gris.

Heureusement que ma femme me soutient moralement dans cette épreuve ! On en parle dans mes moments de lucidité. Alors, pour pallier toute éventualité, on a préparé une cage avec des barreaux, fermée par une trappe.

Alors, le soir, quand je rentre à quatre pattes, ma femme qui m'attend derrière la porte m'entend monter les marches quatre à quatre…

Elle prépare la cage, elle la plaque contre la porte d'entrée, comme une souricière.

Elle ouvre la trappe aussitôt que s'ouvre la porte… Hop ! À la trappe ! Directement dans la cage ! On boucle et le tour est joué !

Aux voisins surpris d'entendre mes rugissements, ma femme répond : « Tant qu'il n'a pas pris son café, il n'est plus le même homme ! »

C'est elle qui m'alimente. Elle pique au bout d'une fourchette des morceaux de nourriture terrestre et elle me les passe entre les barreaux !

Puis, elle me fait la morale !

Au bout de dix leçons, en général, je sens le repentir apparaître. Dès que je réclame la Bible, c'est qu'il y a du mieux ! Dès que j'entonne les psaumes, je suis en bonne voie de guérison.

Je me remets très vite sur mes deux pieds.

On ouvre la trappe et je repars bon pied bon œil !

Et je vaque à nouveau… Je peux aller et venir… Je ne suis plus dangereux !

Je donne le bon exemple… Je prêche la bonne parole : heureux les simples en esprit !

Et puis, quand je tombe sur un esprit fort, un mécréant, un suppôt de Satan, moralement mieux armé que moi, je retombe à quatre pattes !

Je dois dire que, à la moindre disgrâce, dès que je me sens attiré vers le bas, je m'enferme volontairement. Je rentre en cage pour un petit séminaire.

Là, j'en sors ! Je suis regonflé moralement !

Alors, me direz-vous, quelle est la moralité de cette histoire sur la morale ?

La voici : si vous ne voulez pas vous retrouver en cage, gardez le soutien de la morale ! Sans ça, vous vous retrouverez très vite à quatre pattes et, ce qui est plus grave, vous finirez par y prendre du plaisir !

Tous ceux qui, parmi vous, marchent de temps en temps à quatre pattes, me comprendront !…

Oui ! Je vois que tout le monde me comprend !

Le tour du propriétaire

Mon voisin, c'est un homme de biens.
Il est fier de ce qu'il possède.

Un jour, il m'invite chez lui :

– Venez faire avec moi le tour du propriétaire… Le propriétaire, c'est moi. Le terrain, là, il est à moi. L'étang, il est à moi. Les poissons qui y nagent, ils sont à moi… du moins les plus gros. Le petit pont ? Il est à moi. Cet arbre-là, il est à moi. La haie, à moi. Cette maison m'appartient… Les fenêtres, les portes, toutes les ouvertures sont à moi… les fermetures aussi ! Les volets sont à moi…

Maintenant, faisons le tour intérieur du propriétaire. L'entrée est à moi. Le paillasson sur lequel je vous demanderai de vous essuyer les pieds est à moi. (Effectivement, il y avait ses initiales. Je dois dire que je m'y suis un peu attardé.) Ces meubles sont à moi. Ces placards sont à moi. Toutes ces robes-là sont à ma femme… mais ma femme est à moi. Le gosse là… est à moi ! Le paysage que vous découvrez derrière cette fenêtre est à moi. La cabane, au fond du jardin, à moi ! Le mur mitoyen, là, il est à moi. La maison qui est à côté…

– La mienne ?

– Oui ! Elle est à moi !

– Ah, c'est vous, le propriétaire ?

– C'est moi !

– Si vous voulez entrer un instant, vous êtes ici chez vous.

– Je sais… Le terrain, il est à moi… L'étang, il est à moi… Les poissons qui y nagent, ils sont à…

À ce moment-là, mon chien se jette sur lui. Il me crie :

– Dites donc, votre chien, il m'a mordu !

J'ai dit :

– Ce n'est pas mon chien. Mon chien, il est à vous !

Tous les péchés du monde

Je suis pauvre de tous les péchés du monde. Les péchés, je les ai tous.

Vous me direz : cela ne se voit pas !

Parce que, grâce au péché d'hypocrisie, soutenu par celui du mensonge, je dissimule tous les autres. N'empêche qu'ils sont là, bien présents !

S'il fallait que je les confesse, il faudrait mobiliser, que dis-je, immobiliser un confessionnal pendant un mois... Et plusieurs prêtres qui se relaieraient...

Quant aux pénitences, je serais condamné aux *Pater* et aux *Ave* à perpette !

Je remercie le ciel de m'avoir donné tous les péchés du monde. Cela me permet de ne pas les envier chez les autres. Cela m'autorise aussi d'être tolérant... Pas tolérant dans le sens qualité... mais tolérant dans la pire acception du mot, c'est-à-dire tout admettre, c'est-à-dire laxiste.

Vous me direz : comment en êtes-vous arrivé là ?

Simple ! Comme tous ceux qui prennent à leur compte toute la misère du monde, j'ai voulu me charger de tous les péchés de la Terre. J'ai voulu me charger des péchés de monsieur Tout-le-monde. Par bonté d'âme ? Non point, par solidarité ! Je ne voulais pas être meilleur qu'un autre. Rien que la pensée que l'on pourrait dire de moi : « C'est un homme bon » me met hors de moi. Non mais ! Vous ne m'avez pas bien regardé ?

J'aurais pu tomber sur un monsieur Tout-le-monde moyen... un humble pécheur...

Pensez-vous ! Je suis tombé sur un monsieur Tout-le-monde pire que les autres.

C'est bien simple. Quand, à ma demande, il m'a refilé ses péchés, j'en avais plein les bras ! Il y en avait tellement !

J'ai dû prendre un porteur. Quand le porteur a déposé tous les péchés de monsieur Tout-le-monde à mes pieds, je me suis aperçu qu'il y avait joint les siens !

Quand j'ai vu ça... Je ne lui ai pas donné de pourboire.

Il m'a traité de pingre et autres péchés.

Moi, je ne pouvais pas lui faire de reproches, puisque tous ses péchés, il avait eu la bonté de me les confier...

Je l'ai donc remercié en lui faisant promettre toutefois de ne plus pécher à l'avenir.

Mais quoi, me direz-vous, pas la moindre vertu ?

Si ! Parfois, entre deux péchés, une pause... un moment béat... l'extase !

Quant aux pénitences, il est clair que je ne m'en acquitterai pas !

Je laisserai s'accumuler ces impayés comme les contraventions !

PERSONNEL

Qui se cache sous le nom de Devos ?

Mesdames et messieurs, j'ai une importante révélation à vous faire.

Devos, ce n'est pas moi ! Il faut tout de même que je vous le dise avant que cela ne s'apprenne par la presse !

Moi… je suis le Devos que le public connaît ! Devos, l'affiche !

Mais Devos, le vrai, personne ne l'a jamais vu !

Même le public ne sait pas qui il est !

Alors, qui se cache sous le nom de Devos ?

Bien que l'on n'ait jamais rencontré l'artiste, il m'écrit.

Il m'écrit régulièrement.

Il m'envoie des monologues que je dis, moi !

C'est pourquoi on m'appelle Devos !

Mais Raymond Devos, ce n'est pas moi !

Eh oui ! Moi, je dis du Devos !

Mais Devos, le vrai, celui qui fait du Devos, personne ne l'a jamais rencontré !

Même ses admiratrices ne le connaissent pas !

Elles ne savent pas de quoi il a l'air ni à quoi il ressemble !

Pourtant, bien que ne l'ayant jamais rencontré, elles savent bien que Devos existe !

Puisqu'elles m'écrivent !

Elles m'écrivent régulièrement !

Elles me demandent des nouvelles de Devos !

Mais Devos, ce n'est pas moi ! Moi, je dis du Devos !

Mais le vrai, elles ne l'ont jamais vu !

Elles ne savent pas qui il est !

Alors, qui se cache sous le nom de Devos ?

Même ses amis ne le connaissent pas. Ils ne savent pas de quoi il a l'air.

Leur ressemble-t-il seulement ?

Pourtant, ils savent qu'il existe puisqu'ils m'écrivent. Ils m'écrivent régulièrement.

À propos des monologues que je dis, ils me disent que je fais du Devos, ils me prennent pour lui !

Mais Devos, ce n'est pas moi ! Eh oui, il faut tout de même qu'ils le sachent ! Moi, je dis du Devos !

Mais Devos, le vrai, ses amis ne l'ont jamais vu !

Ils ne savent pas qui il est !

Alors, qui se cache sous le nom de Devos ?

Moi-même, je ne le connais pas !

Je ne sais pas de quoi il a l'air.

Me ressemble-t-il seulement ?

Pourtant, je sais qu'il existe, puisque je lui écris régulièrement.

Je lui envoie des monologues qu'il signe de son nom… Devos !

Et il me les envoie pour que je les dise !

Parce qu'il faut tout de même que je vous précise que ce Devos, il se prend pour moi !

Comme les monologues que je reçois signés de son nom, c'est moi qui les ai écrits, je les dis sous le sien… Devos ! D'où la confusion !

Eh oui, Devos, ce n'est pas moi !

Moi, je dis du Devos !
Mais Devos, le vrai, personne ne l'a jamais rencontré !
On ne sait pas qui il est.
Lui-même, le sait-il ?
Pourtant, il existe…
Mais… qui se cache sous son nom ?

Les Raymond

J'aime bien mon prénom, Raymond…

Cela sonne bien, Raymond !

Dans Raymond, il y a aimons et re-aimons, Raymond nous les uns les autres !

Salut, Raymond !

Bonjour, Raymond !

Bonsoir, Raymond !

Quand personne ne m'a appelé par mon prénom pendant un certain temps, je suis frustré.

Je me surprends à dire à haute voix :

– Qui est-ce qui a appelé Raymond ?

L'entourage :

– Personne !

– Si ! J'ai entendu que l'on appelait Raymond !

– Ah ? Tu as appelé Raymond, toi ?

– Non ! Je n'ai pas appelé Raymond !

Cela fait trois Raymond, même plus ! Si j'insiste :

– Pourquoi personne n'a-t-il appelé Raymond ? Vous savez bien que lorsqu'on fait appel à Raymond, Raymond répond toujours… etc. On ne fait pas appel vainement à Raymond…

Attention ! J'aime aussi les autres Raymond… comme moi-même.

Parfois, je leur téléphone :

– Allô, Raymond ?… C'est Raymond !

– Ah, comment vas-tu, Raymond ?

Cela double le plaisir.

– Bonjour, monsieur Devos !

– Appelez-moi Raymond !

– Salut, Raymond !

Parfois les gens, au lieu de m'appeler Devos, ils m'appellent Bedos.

Ce n'est pas le fait qu'ils m'appellent Bedos qui me dérange… C'est que… C'est que je ne peux pas dire :

– Appelez-moi par mon prénom !

Parce que, aussitôt, ils m'appellent Guy !

Je n'ai rien contre Guy, mais Guy, c'est tout de même moins gai que Raymond !

POCHADES

La fin des haricots

Dans la rue, je rencontre un monsieur qui, assis sur le trottoir, versait toutes les larmes de son corps. Je lui dis :

– Pourquoi pleurez-vous ?

– Parce que c'est la fin…

– La fin de quoi ?

– La fin des haricots ! Jamais plus nous ne mangerons de haricots !

– Qui vous a dit cela ?

– Tenez, regardez ! *(Il me montre sa gamelle.)* Quand je suis parti de chez moi, tout à l'heure, elle était pleine à ras bord… Il n'y en a plus un !

– Où sont-ils passés ?

– Dans mon gros ventre, monsieur !

– Pourquoi avoir tout mangé ?

– La faim, monsieur !

– Quelle faim ?

– La faim des haricots !

– S'il n'y a plus de haricots, remplacez-les par des petits pois…

– Ce n'est pas pareil, monsieur.
– Pourquoi ?
– Parce que les petits pois sont verts alors que les haricots sont rouges.
– Il y a aussi des haricots verts.
– Je sais, mais quand on me dit : c'est la fin des haricots, on englobe les haricots de toutes les couleurs… les rouges, les verts et les blancs.
– Qui vous a dit que c'était la fin des haricots ?
– L'épicier !
– Il disait cela à propos des haricots ?
– Non ! À propos des lentilles !
– Pourquoi ne disait-il pas tout bonnement : c'est la fin des lentilles ?
– Parce que c'est la fin des haricots, pas des lentilles !
– Est-ce que vous avez déjà entendu dire que c'était la fin des petits pois ?
– Non, jamais… je l'avoue.
– Savez-vous pourquoi ?
– Non !
– Parce que même cassés, les petits pois se vendent !

La langue dans sa poche

J'ai connu un artiste, il était devenu mime parce qu'il avait un défaut de prononciation… Il chuintait.

Au lieu de dire : « Bonsoir », il disait : « Bonchoir » !

Il mimait une expression… Il faut le faire !

Il mimait l'expression : ne pas avoir la langue dans sa poche… Sans doute par défi !

Après avoir retourné ses poches pour prouver qu'elle ne s'y trouvait pas, il se proposait de l'y mettre, en mime, naturellement !

Puis, il ouvrait la bouche pour montrer qu'elle – la langue – y était toujours.

Après avoir tiré la langue qu'il avait fort longue, il l'attrapait comme un serpent.

Petit détail amusant : comme il avait un poil dans la main, ça lui faisait comme un cheveu sur la langue…

Il avait le geste qui zézayait. Il faisait un « zeste », comme il disait, le « zeste » de mettre sa langue dans sa poche.

Et un jour, alors qu'il venait de glisser sa langue dans sa poche avec son mouchoir par-dessus, son visage changea d'expression. Il resta bouche bée…

Les gens ont cru qu'il avait un trou de mémoire. Pas du tout !

Il avait un trou dans la poche et sa langue s'était fait la paire. Elle avait glissé sur le parquet ciré comme un savon sur le carrelage.

Après avoir essayé de l'attraper, mais à chaque fois la langue glissait plus loin, il se mit à jouer avec elle comme avec une souris.

Il aurait bien voulu donner une explication mais il ne trouvait pas le mot. En fait, il l'avait sur le bout de la langue. Mais comme sa langue était au bout de la pièce, il a mis sa poche dans sa bouche, il a glissé sa main dedans et il est sorti en sifflotant !

La mue

Il m'est arrivé récemment une chose étrange…

Un matin, je me réveille…

Je parlais comme ça… *(Avec une toute petite voix.)*

J'avais une toute petite voix.

Je me dis : « Ça y est, je mue ! »
Quand même, j'ai dépassé l'âge !
Aussitôt, j'appelle le Samu :
– Allô, le Samu ? Je mue…
– Et alors, me répond-on, tout le monde mue, madame !
Je déteste que l'on me prenne pour une dame.
(D'une toute petite voix.)
– Je vous passe mon mari !
(Il change le timbre de sa voix et fait mine de reprendre le combiné.)
– Allô, le Samu ? Ici, le mari !… Oui, ma femme mue !
– !!
– Pardon ?… Si c'est la première fois ?
(Il fait mine de boucher le micro du téléphone et de s'adresser à quelqu'un.)
– Il demande si c'est la première fois ?
– Oui, c'est la première fois !
– Allô, le Samu ? Oui, c'est la première fois !
– !!

– Attendez, je vous la passe ! *(Changement de main et de voix.)* Allô, le Samu ? Oui, ici madame Mue ! Comment ma mue m'est-elle venue ? En me rasant !… Enfin, je veux dire… Attendez, je vous passe mon mari ! *(Le mari fait le geste de reprendre le téléphone.)* Allô, le Samu ? Ma femme a fait un lapsus. Elle voulait dire en chantant ! Oui, elle chante ! Et c'est précisément en poussant un contre-ut… Le ut est resté perché… Attendez, je vous la repasse. *(Même jeu.)*

– Allô, ici le Samu ! Voilà ce que je préconise : interdiction de chanter pendant huit jours ! Plus une note, vous entendez !

(Petite voix :)

– D'accord ! Mais ce sera dur… pour mon mari !

Et je raccroche !

Évidemment, je me suis abstenu de chanter pendant huit jours. Comme le neuvième j'avais toujours ma petite voix, j'ai rappelé le Samu.

(Petite voix :)

– Allô, le Samu ? Je mue toujours…

– Ah, c'est madame Mue ?
– Non, c'est monsieur !
– Tiens ? Vous avez la même voix...
– Forcément, elle m'a refilé la sienne...
– Ah ! Elle ne mue plus ?
– Non ! Elle a complètement cessé de muer du jour au lendemain.
– Elle vous a passé sa mue, à ce que j'entends ?
– Non, c'est moi qui l'ai reprise.
– C'est la première fois que vous muez ?
– Non ! J'ai déjà mué...
– Et vous re-muez ?
– Oui, je re-mue !
– Eh bien, monsieur, ne cherchez pas ! Vous êtes tout simplement en train de muer et de changer de genre... Voilà ! Au revoir, madame !

À peine raccroché, les coups de téléphone, sans arrêt !
– Allô ! Où en est ta mue ?
– Stationnaire !
À peine raccroché, dring !
– Allô ! Est-ce que ta mue est remboursée par la Sécu ?
À peine raccroché, dring !
– Allô ! Comment va ta mue ? Elle s'aggrave ? Ah, alors, ça va mieux !
Dring ! Alors, j'en ai eu marre. J'ai mis ma mue sur répondeur.
Dring !
– Comment va ta mue ?

C'est la voix du répondeur qui dit :
– Jugez vous-même !

Le piège à rats

Je tiens à rappeler tout d'abord, pour la bonne compréhension de ce qui va suivre, que ce que l'on appelle un « ra », c'est un coup de baguette frappé sur un tambour.

C'est-à-dire que chaque fois que sur la peau de cet instrument je frappe un coup, je fais ce qu'on appelle un « ra ». C'est comme ça ! C'est admis. Ça ne se discute pas !

On dit à un tambour : faites-moi un « ra » ! Comme on dit à un pianiste : donnez-moi un « la » !

Deux coups, c'est un « ra » de deux. Comme en danse, on dit un pas de deux !

Ensuite, viennent les « ra » de trois, les « ra » de cinq, les « ra » de neuf, etc.

Et on en arrive au « roulement ».

Alors là, les « ra », on les compte par milliers !

Or, un jour… alors que j'étais occupé à battre tambour, je fais un « ra » de trois, j'entends quatre « ra ! ra ! ra ! ra ! », comme dans la *Cinquième* de Beethoven.

Tiens ! me dis-je, j'ai dû mal compter !

Je refais mon « ra » de trois… Quatre !

Manifestement, il y avait un « ra » de trop !

Je refais mon « ra » de trois au ralenti et l'oreille au guet :

Ra !… Ra !… Ra !… Ra !

Le coup venait de l'intérieur. Sans conteste !

Intrigué à l'extrême, du bout de ma baguette, je crève la peau du tambour et… un rat en sort !

En tout cas, il en avait tout l'air. Il était fait comme un rat.

Avec une face de rat, une queue de rat, tout rat, quoi !

À un poil près…

Le quatrième « ra », c'était lui !

À peine remis de mon étonnement, je lui dis :

– Qu'est-ce que tu faisais là-dedans, hein ?

À sa façon de me regarder sans rien dire, je compris qu'il était devenu complètement sourd ! Dommage !

Il aurait pu me dire comment il s'y était pris pour entrer dans ce piège à « ra » qu'est, de toute évidence, un tambour !

LA POLITIQUE

Brandir un drapeau

Il y a quelque temps… je ne sais pas ce qui m'a pris, j'ai brandi un drapeau !

Sans raison !

J'ai eu tout à coup envie de brandir quelque chose !

Cela aurait pu être un gourdin ou un objet quelconque.

Un drapeau se trouvait là. Je m'en suis emparé, je l'ai brandi.

Eh bien, mon vieux, j'ai éprouvé un sentiment d'exaltation !

Ça m'a exalté, dis donc !

Moi qui étais dans un état dépressif, le fait de brandir ce drapeau, ça m'a exalté !

Aurais-je ressenti la même exaltation en brandissant un gourdin ou plus simplement en brandissant mon poing ?

On ne sait plus ce que c'est que de brandir un drapeau !

On devrait ressortir tous les vieux drapeaux et les brandir, comme ça, pour la beauté du geste !

Ça exalterait les gens sans risque !

Avant, c'était dangereux de brandir un drapeau. Il y a des gens qui fonçaient, tête baissée !

Aujourd'hui, c'est sans conséquence. Les gens disent simplement :

– C'est un fou !

Moi, quand j'ai brandi mon drapeau, les gens ont dit :

– C'est un exalté !

Le drame, c'est que l'on m'a vu brandir ce drapeau !

Parce que brandir un drapeau, c'est bien mais… il ne faut pas le brandir n'importe où et n'importe comment !

Bonaparte, sur le pont d'Arcole, ça se justifiait ! C'est que, pour franchir un pont sous la mitraille, si on ne s'exalte pas un peu… on ne traverse pas !

Tandis que moi, quand j'ai brandi ce drapeau, j'étais en pleine santé, je faisais feu des quatre fers !

Alors, les gens :

– Qu'est-ce qu'il a à brandir ce drapeau ? Il ne peut pas le mettre à la fenêtre comme tout le monde ? Ce n'est plus de son âge ! Il est en retard de plusieurs guerres !

Qu'est-ce que l'on n'a pas dit !

Que ça datait !

Que ça faisait vieux jeu !

Que j'avais des revendications territoriales !

Ils peuvent bien dire ce qu'ils veulent, ils ne m'empêcheront pas de brandir un drapeau quand j'en ai envie !

Essayez, vous allez voir !

C'est bien simple !

C'est comme si vous chantiez *La Marseillaise* !

Moi, depuis que j'ai brandi ce drapeau… j'ai compris que rien ne serait plus comme avant !

C'est vrai d'ailleurs, c'est pire !

Les côtés politiques

Il y en a qui trouvent les côtés politiques en France compliqués, embrouillés. La situation est pourtant claire, facile à comprendre. Elle est carrée ! Il y a quatre côtés.

D'un côté, il y a les partis côte à côte, qui ne s'entendent pas entre eux.

De l'autre côté, il y a les autres partis, qui ne s'entendent pas entre eux et… qui se tiennent côte à côte. Ce n'est pas coton à comprendre. De plus, de chaque côté, il y a ceux qui ont la cote, c'est-à-dire les cotés !

Il y a les cotés d'un côté et les cotés de l'autre !

Il y a les non-cotés, ceux qui n'ont pas de cote.

Il arrive qu'un de ceux qui n'ont pas de cote fricote avec un non-coté de l'autre côté !

En général, ceux qui fricotent sont mal cotés. Ils sont boycottés des deux côtés !

Il y a les à-côtés. Il y a les à-côtés d'un côté et les à-côtés de l'autre !

Et les pas cotés ! Les pas cotés restent sur le bas-côté, alors que la cote des cotés monte, ce qui inquiète ceux qui, de l'autre côté, sont les plus cotés ; ils craignent pour leur propre cote. Souvent, les cotés d'un côté asticotent ceux de l'autre côté !

De même que, lorsque d'un côté, l'un des cotés, c'est-à-dire l'un de ceux qui ont la cote, ne l'a plus, les cotés de l'autre côté se réjouissent !

Lorsque l'un des cotés n'est plus d'accord avec ceux qui sont de son côté, il doit changer de côté !

À condition que ceux qui sont de l'autre côté l'acceptent à leur côté !

Il ne faut pas s'emberlificoter, hein !

D'un autre côté, il y a le peuple qui, lui, se tient les côtes !

Ça fait trois côtés.

Quant au quatrième côté, c'est le côté absurde !

Et c'est sur lui que reposent les trois autres !

La langue de bois

Mon fils me donne du souci. Depuis quelque temps, il refusait toute nourriture. J'avais beau lui mettre n'importe quoi dans son assiette, il n'y touchait pas. J'étais obligé de le donner au chat et au chien. Un jour, je lui dis :

– Mais à la fin, qu'est-ce que tu veux manger ?

Il me dit :

– De la langue de bois !

– De la langue de bois ?

J'ai tout de suite compris que mon fils prenait la langue de bois pour une denrée comestible, alors que la langue de bois, comme chacun sait (sauf mon fils), c'est une langue tout juste bonne pour alimenter la conversation.

Je dis à mon fils :

– Mais la langue de bois, c'est immangeable !

– Je m'en fous, je la mangerai quand même !

– Prends plutôt de la langue de bœuf !

– Je n'aime pas le bœuf !

– De la langue de mouton ?

– Je n'aime pas le mouton ! Je n'aime que le bois ! Le bœuf, il est mort ! Le mouton, il est mort ! Tandis que le bois, lui, il est vivant !

– Il est vivant, il est vivant peut-être, mais il est filandreux ! Même le chat et le chien n'en voudraient pas !

– Je m'en fous ! Je veux de la langue de bois !

Il en avait plein la bouche de sa langue de bois ! Il n'en démordait pas ! J'ai dit :

– Bon, tu vas l'avoir, ta langue de bois !

Je prends mon filet à provisions et je me rends chez le marchand de bois...

– Je voudrais une langue de bois, s'il vous plaît, bien tendre… et sans nœuds… si c'est possible. Ce n'est pas pour moi, c'est pour mon fils !

Il me dit :

– Oui, monsieur ! Dans quel bois ?

– Comment… quel bois ?

– Oui ! Du bois de bœuf, du bois de mouton ou du bois de veau ?

Je lui dis :

– Non ! Mon fils ne mange pas de ce bois-là !

– Alors, du bois dont on fait les chevaux ?

– Quels chevaux ?

– Les chevaux de bois !

– C'est ça ! Donnez-m'en une langue !

Il me dit :

– Ah non ! Il faut prendre le cheval entier, selle comprise… je ne fais pas de quartier !

J'ai dit :

– Bon, d'accord ! Je prends le cheval.

– Enveloppé, c'est pesé ! Le cheval, je vous l'emballe ?

– Non, non ! Mettez-le dans le filet à provisions…

– Tenez ! Je vous mets quelques copeaux pour le chien.

– J'ai un chat aussi…

– Alors, un peu de sciure pour le chat…

– Vous êtes gentil… Combien je vous dois ?

Je paye… par chèque… Je prends mon cheval et je rentre à la maison.

Quand mon fils a découvert le cheval de bois dans son assiette, il a bien mangé la langue mais il n'a pas touché au cheval ! Le plus surprenant, c'est que mon fils qui répétait toujours : « Le bois, c'est vivant. Le bois, c'est vivant ! », les restes du cheval, savez-vous ce qu'il en a fait ? Du bois mort !

Mais attendez…

Ce matin, je reçois un coup de fil du marchand de bois :

– Dites donc, le chèque que vous m'avez remis… il est en bois !

Préhistoire de rire

Un soir, c'était l'heure du « Bébête show », j'allume ma télé… Et je vois une grenouille… une grenouille qui voulait se faire aussi grosse que le « beauf ».

À ce moment-là, le téléphone sonne. Je décroche.

– Allô ! Ici, les chefs-d'œuvre en péril. Je vous passe le ministre de la Culture. Allô, Devos ? Ici, Jack Lang !

– Monsieur le ministre !

Il me dit :

– Je ne vous dérange pas ?

– Non, non ! Je suis en train de regarder sur le petit écran le « Bébête show ».

– Ah, me dit-il, vous savez que j'en suis une…

– Une quoi ?

– Une bébête !

– Je sais.

Il me dit :

– Mais vous-même, il y a quelque temps, je vous ai vu dans une émission où il n'y avait que les bêtes qui avaient la parole. Vous faisiez l'âne.

– Oui ! Je n'étais pas bien dans ma peau.

– Mais pourquoi faisiez-vous l'âne ?

– Pour avoir du son mais le son était mauvais.

– Je vous ai vu aussi dans une émission plus récente intitulée « Qui sont les vrais, qui sont les faux ? » et vous n'aviez pas l'air vrai… Voilà ! On vous considère comme faisant partie du patrimoine culturel au même titre que Lascaux, la grotte de Lascaux…

– Qu'ai-je à voir avec la grotte de Lascaux ?

– Il y a des similitudes… On a décelé chez vous des boursouflures, des craquelures, des fissures… Vos rondes-bosses s'affaissent et il paraît que vos bas-reliefs sont à peine visibles à l'œil nu.

– Écoutez ! Moi, je n'ai rien remarqué. Je ne m'intéresse pas à la préhistoire.

– Alors, on va faire pour vous ce que l'on a fait pour Lascaux. Afin de sauver tous les dessins paléolithiques qui sont dans la grotte, on les a reproduits sur les parois d'une fausse grotte et on a interdit la vraie grotte au public. De la même façon, on va vous interdire au public.

– Mais j'ai signé des contrats… Qui va les honorer ?

– Vous n'aurez qu'à renvoyer les spectateurs à vos cassettes.

Je dis à Jack Lang :

– Mais comment ai-je pu me dégrader de la sorte aussi rapidement ?

– Mais tous les hommes publics se dégradent rapidement. Particulièrement les hommes politiques. Regardez… Moi, je n'ai pas échappé à l'érosion du pouvoir.

– Oui ! Mais vous, ainsi que vos collègues, on continue de vous voir sur le devant de la scène. On ne vous interdit pas au public pour autant !

– Vous êtes naïf ou quoi ? Ceux que vous voyez, ce sont des faux !

– Où sont les vrais ?

– Dans le « Bébête show » !

– Comment distinguer les vrais des faux ?

– Ceux qui parlent faux, ce sont les vrais ! Et ceux qui parlent vrai, ce sont les faux !

– Alors tous ces faux-jetons, tous ces faux-culs…

– Ce sont les vrais !

Et tout à coup, qui je vois apparaître dans le « Bébête show » ? Je lui dis :

– Écoutez, monsieur le ministre, tandis que vous me parlez, je vous vois en direct sur le petit écran ! Alors là, je ne comprends plus. De vous deux, qui est le vrai ? Qui est le faux ?

Il me dit :

– Le vrai Jack Lang, c'est celui qui fait la chèvre. Moi, je ne suis que le bouc émissaire !

– Cela vous rapporte quelque chose ?

– Oh ! Des crottes de bique !

– Est-ce que le faux rencontre parfois le vrai ?

– Oui ! Au bestiaire !... On échange nos vestes... Parce que, souvent, on croit que l'homme politique retourne sa veste. C'est faux ! Il la refile à sa doublure.

– Vous, en tant que bouc émissaire, vous êtes nourri, logé, blanchi ?

Il me dit :

– Nourri, logé... non ! Mais blanchi... oui !

Je lui dis :

– Monsieur le ministre, je vais devoir raccrocher. Ça va être la fin du « Bébête show », je ne voudrais pas manquer cela.

Je raccroche. Et qu'est-ce que je vois sur le petit écran ?

Le ministre de la Culture qui donnait des coups de « Lang » à Raymond Barre qui jouait les ours mal léchés !

Visite éclair

Vous savez que le président de la République a visité les prisons ?

On n'a pas parlé de sa première visite et pour cause...

Il est arrivé à l'improviste pour une visite éclair.

Il a inspecté les cellules rapidement, interrogé les prisonniers en vitesse, s'est étonné en passant de leur uniforme.

Il a goûté la soupe en deux coups de cuillère à pot.

Il a trouvé l'ensemble assez repoussant.

Et ce n'est qu'en sortant qu'il s'est aperçu que, au lieu d'une prison, il venait de visiter une caserne !

LE QUOTIDIEN

Météo

Il y a des gens qui rouspètent tout le temps. Mon voisin, lui, c'est à propos de monsieur Météo.

Récemment, je le rencontre sur le palier :

– J'espère qu'il va faire beau aujourd'hui.

Il me dit :

– N'y comptez pas ! Il va faire un temps exécrable. C'est monsieur Météo qui l'a dit !

Il fut un certain temps où, le matin, en tirant les rideaux, on découvrait le temps qu'il faisait.

– Tiens, il fait beau !

Ou bien :

– Il vente !

S'il faisait froid, on disait :

– Brr ! Brr !

S'il pleuvait, on disait :

– Tiens, il pleut !

Ça vous faisait un sujet de conversation.

Aujourd'hui, au lieu d'ouvrir les rideaux, j'ouvre le poste de radio et j'entends monsieur Météo qui annonce avec certitude que le temps sera incertain !

Il se prend pour madame Soleil ce monsieur Météo qui fait la pluie et le beau temps.

Je devrais dire ces messieurs, parce qu'ils sont plusieurs. Ce n'est jamais le même homme. Il change de tête comme de temps. Il y en a un, rien qu'à sa tête, on devine le temps qu'il va faire. Le commentaire est superflu. Dès qu'il apparaît, avant même qu'il ait dit «Bonsoir», on sait s'il va pleuvoir demain ou s'il fera soleil.

Rien qu'à voir sa tête, on devine le temps qu'il va faire.

Car c'est bien l'impression qu'il nous donne !

Que le temps qu'il va faire, c'est lui qui va le faire ! Comme il l'entend !

Je le vois à sa table de travail, en train de faire le temps, le temps qu'il fera, en train de faire l'important !

– Voyons ! Quel temps vais-je faire aujourd'hui ?

S'il s'est levé du bon pied, il voit le temps d'un bon œil !

Si l'humeur est maussade, le temps l'est aussi !

S'il n'est pas fixé sur le temps qu'il doit faire, alors, il fait n'importe quel temps.

Un temps arbitraire, parfois hors de saison.

Il y a un des présentateurs qui est lunatique. Quand il est maussade, le temps l'est aussi !

Il a une tête en forme de baromètre.

Il y en a un autre, je n'aime pas sa façon d'annoncer le temps qu'il va faire.

Quand il annonce une tempête, on dirait qu'il est content !

Une bourrasque, c'est tout juste s'il ne jubile pas !

Et dès que le temps se radoucit, il fait la gueule !

De temps en temps, vous avez un monsieur Météo qui vous dit :

– Boh ! Demain, il fera beau !

Comme l'on dit :

– Demain, il fera jour.

Presque en s'en foutant !

D'ailleurs, il s'en fout !

Pour peu que monsieur Météo soit breton, il place les macarons « Soleil » sur la Bretagne et te refile les pluies sur le Midi et les éclaircies dans le Nord parce que son père y réside ! C'est du séparatisme à peine voilé.

S'ils se trompent, c'est que le vent a tourné.

De toute façon, ils sont inattaquables... ils sont toujours sous abris ! Ils sont couverts !

LA RELIGION

Les anges gardiens

Mesdames et messieurs, je vais vous faire une confidence. Ce que je vais vous confier, je ne l'ai jamais dit à personne, parce que… je ne voudrais pas que cela s'ébruite.

Mais vous savez que nous avons tous un ange gardien…

Eh bien, moi, j'en ai eu deux !

J'ai eu deux anges gardiens, des anges jumeaux…

Pourquoi je vous le dis aujourd'hui ?

Parce que je n'en peux plus de garder cela pour moi.

Avoir un ange gardien sur le dos, c'est déjà lourd à porter. Mais deux, c'est insoutenable !

De plus, bien qu'ils fussent invisibles, ils étaient voyants.

J'en ai eu la révélation le jour où je traversai la rue sans regarder ni à droite ni à gauche.

Alors que, selon toute probabilité, j'allais passer sous une voiture, je me sentis tiré violemment en arrière et ramené sur le trottoir que je venais de quitter…

Comme je m'apprêtais à remercier les bras secourables qui venaient de me tirer d'un mauvais pas… Personne !

Mais une voix me glisse dans l'oreille gauche :

– Avant de traverser, on regarde si le feu est au vert.

Une autre voix qui me chuchote dans l'oreille droite :

– Il était temps que l'on arrive, hein, mon frère ?

Et la voix de gauche :

– Oui, mon frère !

– Qui êtes-vous, mes frères ? dis-je, cherchant à droite et à gauche.

– Tes anges gardiens ! me fut-il répondu d'une seule voix.

– Merci pour ce que vous venez de faire !

Ils me dirent :

– D'autant que nous n'y sommes pas obligés ! Nous ne sommes pas des gardes du corps mais des anges tutélaires.

C'est comme ça que je sus que, au lieu d'un ange gardien, j'en avais deux !

J'entre dans un café, flanqué de mes deux anges gardiens.

Je ne savais pas quoi prendre. Mon ange de droite me souffle à l'oreille :

– Prends un petit coup de blanc !

Va pour un petit coup de blanc !

– À ta santé !

Je me dis : je remettrais bien ça ! L'ange de gauche me souffle :

– Ne reprends pas un blanc. C'est nocif à la longue. Prends plutôt un petit coup de rouge !

Va pour un coup de rouge !

– À ta santé !

Le rouge à peine bu :

– Tiens, me dit l'ange de droite, je t'offre un petit blanc sur le pouce !

Va pour un coup de blanc !

Le blanc bu, l'ange de gauche :

– Et moi, un petit coup de rouge !

Le rouge bu, je leur dis :

– Allez, c'est ma tournée ! Qu'est-ce que je vous offre ?

Ils me dirent en chœur :

– Jamais pendant le service !

Je dis :

– Garçon ! Combien je vous dois ?

– Deux rouges, deux blancs, cela fait tant !

– Ah non ! Moi, je n'ai qu'un rouge et un blanc. Les deux autres, c'est pour les deux autres, ces messieurs !

– Quels messieurs ? Vous êtes tout seul.

– Ha ! Ha !

Le patron :

– Pourquoi riez-vous ?

– Ce n'est pas moi. Ce sont ces messieurs.

Je règle le tout et je dis à mes anges :

– Sortons ! On va régler ça.

C'est dans ces moments-là que je ne regrette pas d'avoir deux anges gardiens pour me soutenir… l'un à hue et l'autre à dia !

En sortant du café, je chantais à trois voix. Un des anges gardiens doublait à la tierce ; l'autre triplait à la sixte.

Ils avaient des voix imprécises, asexuées, des voix d'ange… vous voyez ce que je veux dire…

C'est que les anges, tout gardiens qu'ils sont, restent avant tout des anges.

Lorsque j'avais un trou de mémoire et que mon pianiste n'était pas là pour me souffler, mon ange gardien le faisait ! Enfin, l'un de mes anges gardiens !

Je savais que la harpe, c'était l'instrument des anges, mais ce que je ne savais pas, c'est qu'ils en jouaient aussi bien ! Lorsque je les ai entendus jouer à quatre mains sur ma harpe, les bras m'en sont tombés.

Un matin, mes anges gardiens m'ont soufflé à l'oreille d'une même voix :

– On vient prendre congé. Le temps qui nous était imparti est écoulé. Adieu ! Tu es assez grand pour te garder seul.

J'ai voulu les retenir, mais non seulement ils étaient invisibles mais également insaisissables ! Mes mains ne serraient rien. Vous dire quel était mon désarroi…

Je sentis leur présence s'éloigner.

– Donnez-moi au moins de vos nouvelles ! Faites-moi signe ! Je ne sais pas moi… Une preuve que vous avez existé… que je ne vous ai pas seulement rêvés, inventés…

– On vous l'enverra… vous l'enverra… verra… !

La vie reprit, solitaire. J'ai attendu quelque temps un signe, un appel… quelque frottement à droite ou à gauche… Rien !

Si bien que, très vite, j'ai douté de l'existence de mes anges gardiens jusqu'à penser que tout cela n'avait été que le fruit de mon imagination… un jeu de mon esprit…

Lorsque, un jour, j'entendis des petits coups frappés derrière la vitre de ma fenêtre, comme des petits coups de bec ! Qu'y avait-il derrière la vitre ? Deux petits oiseaux qui se ressemblaient comme des frères… et dont les battements d'ailes semblaient me dire :

– Garde-toi bien !

C'étaient deux mésanges.

Apparition-disparition

Mesdames et messieurs, hier soir, j'ai fait un finale époustouflant… fabuleux… que je ne peux pas refaire ce soir…

Vous allez comprendre pourquoi. Je ne sais pas ce qui m'a pris ; j'ai voulu finir sur un coup de théâtre, un feu d'artifice…

J'ai dit :

– Mesdames et messieurs, je vais vous faire apparaître le bon Dieu !

Un coup de bluff !… Une fois que c'est dit, c'est dit :

– Et voici, comme promis, le bon Dieu !

Il était là… l'index levé, beau comme un… dieu.

Lequel de nous deux était le plus surpris ?

Dans la salle, stupeur ! L'atmosphère est devenue lourde...

Il y en a qui sont tombés à genoux... D'autres... *(Signe qu'ils se sont esbignés.)* Cela dépendait des confessions...

Il y a un prêtre qui a crié :

– Ah non, pas à moi !

Certains ont consulté le programme pour voir s'il était annoncé...

Comme la chose risquait de s'éterniser, j'ai dit au bon Dieu :

– Dites quelque chose !

Il n'avait rien préparé !

Dans la salle, un silence religieux... Un ange est passé...

Il m'a fait... *(Signe d'impuissance.)*

Mais c'est quand j'ai voulu le faire disparaître que les ennuis sont apparus... Il ne voulait pas ! J'avais beau lui faire signe de disparaître...

Dans la salle, il y a eu des messes basses... Un doute a plané...

Quelqu'un, dans la salle, a crié :

– Et alors ?

Tout à coup, j'ai vu son doigt qui faisait ça... *(Signe d'approcher.)*

Là, j'ai été pris de panique. J'ai dit :

– Pourvu qu'il ne me demande pas de le remplacer.

Je me suis approché... Ce n'était pas le bon Dieu. C'était une statue le représentant... mais à s'y méprendre !

J'ai voulu toucher du doigt pour voir en quelle matière la statue était faite...

Dans la salle, les spectateurs :

– Attention, il y a un petit supplément. *(Rappel du sketch «Le penseur».)*

Je lui ai dit :

– Regagnez votre niche !

Il ne voulait pas !

Là, j'ai dit :

– Mon Dieu, puisque c'est vous qui avez fait apparaître cette statue, je vous en supplie, faites-la disparaître !

Je vois la statue en état d'apesanteur… s'élever dans les airs et… arrivée à peu près à trois mètres de hauteur, le public… qui applaudit…

Elle est redescendue pour saluer… Paf ! En miettes !

Vous comprenez pourquoi je ne peux pas le refaire ce soir !

La cloche fêlée

Le surlendemain du jour de Pâques, alors que je passais devant l'église, le curé qui en sortait me fit signe en levant les bras au ciel :

– Avez-vous reçu la lettre que je vous ai envoyée ?

– Non ! Je ne suis pas encore passé chez moi…

Je m'approchai.

– À propos de quoi ?

– C'est à propos de la cloche de notre église. Il lui est arrivé quelque chose de fâcheux, elle est fêlée.

– Depuis quand ?

– Depuis Pâques. La cloche de notre petite église qui était partie vaillamment pour Rome, ainsi que le veut la coutume, a eu sur le chemin du retour un accident… Elle a heurté une autre cloche.

– En plein ciel ?

– En plein ciel !

– Il y a eu des témoins ?

– Aucun ! Le choc, paraît-il, a été terrible. Il a été entendu à vingt lieues à la ronde. Notre petite cloche, qui ne sait pas mentir, a reconnu qu'elle était dans son tort. Les frais de réparation des deux cloches sont pour la paroisse. Si vous pouviez, ainsi que tous les fidèles, participer aux frais de restauration, pour vous montrer notre reconnaissance, nous donnerons à la cloche le prénom de votre épouse.

– Oui ! La cloche Simone, cela sonne bien !

– Je pense qu'elle prendra cela comme un honneur… Chaque fois que la cloche tintera, on dira : « Tiens, voilà Simone qui sonne ! »

Depuis, Simone a tellement l'habitude de s'entendre sonner que, lorsque la cloche s'est tue trop longtemps, elle a le bourdon !

Dieu et les foudres de guerre

Deux hommes qui se font la guerre réclament tous deux la protection divine.

– Dieu est avec moi, dit l'un !

– Dieu me soutient, dit l'autre !

Dieu, qui doit arbitrer le combat, ne sait comment départager ces deux belliqueux qui aiment la guerre.

Dieu :

– Saint Pierre ! Parle-moi un peu de ces deux foudres de guerre qui veulent en découdre… Lequel des deux est le plus méritant ?

– Pour ne rien vous cacher, Mon Seigneur, ce sont deux espèces de cuistres, des brutes épaisses… Le visage de l'un est taillé au couteau… Celui de l'autre à la serpe… avec des cous de taureau…

– À quoi ressemblent-ils ?

Saint Pierre *(embarrassé)* :

– À les en croire, ils seraient tous deux faits à votre image…

Dieu *(vexé)* :

– Merci ! Pourquoi veulent-ils s'étriper ?

– À les entendre… pour la bonne cause !

– Tous deux ?

– Oui, tous deux !

– Sont-ils de bons chrétiens ?

– Avec ferveur, à ce qu'il me semble !

– Voilà qui ne va pas simplifier les choses… Ils se réclament tous deux de moi. Ils sollicitent mon arbitrage suprême… Je ne connais pas ces gens-là. D'accord, c'est moi qui les ai créés et à mon image. Mais mon image, à quoi ressemble-t-elle ? Mon image, ils ont dû la déformer, ce n'est pas Dieu possible… y mettre un peu du leur… D'abord, quelle est-elle réellement, mon image ? Je ne l'ai jamais vue. Je ne peux me la représenter. Dans le royaume des cieux, les miroirs sont bannis… Il serait peut-être nécessaire qu'ils voient mon visage, qu'ils voient ma véritable apparence… Saint Pierre !

– Seigneur ?

– À qui je ressemble ?

– À vous-même ! Vous êtes tel qu'en vous-même.

– Mais encore ?

– Je suis bien embarrassé pour vous répondre, Seigneur ! Vous êtes rayonnant !

– Mais encore ?

– Lumineux !

– Mais encore ?

– Radieux !

– Mais mon aspect physique extérieur, pouvez-vous me le décrire ?

– !!

– M'en faire une esquisse…

– !!

– Je ne sais pas moi, un portrait-robot !

– *(Scandalisé.)* Oh, Seigneur ! Vous en robot ?

– À la limite…

Saint Pierre :

– Mais Seigneur, où avais-je la tête ? J'ai là une représentation de vous… en dur…

Dieu :

– Montre ! Montre-moi !

Lorsque Dieu se vit, il s'écria :

– Ah, les vilains, les manants ! Ils m'ont fait à leur image ! Ainsi, ces deux guerriers, ces deux forts en gueule qui me prient, me prient en se regardant ! Si bien qu'ils se font une idée de moi… d'après eux ! Si bien que leur « Dieu avec nous » signifie en clair « Moi avec nous ! » ou mieux « Moi avec moi ! ». J'accepterai d'arbitrer le combat en promettant le ciel à celui qui perdra le combat. Les deux guerriers pourront alors refuser de se battre !

Il n'y a pas de pardon

Il n'y a pas de pardon. Les gens sont sans pitié…
Dès qu'un être est déchu, on l'accable.

L'exemple le plus frappant, c'est le diable…

Avant d'être le diable, qui était-il ?

Un ange, c'est-à-dire un petit saint à qui on donnait le bon Dieu sans confession. On l'encensait…

Et voilà que, parce que ce petit ange a fait une bêtise, on lui met tous les péchés du monde sur le dos.

Tous les bons apôtres crient haro sur le baudet, lui font les pires misères…

Ils tentent le diable, le tirent par la queue…

Ils le damnent et l'envoient en enfer *ad vitam aeternam* !

Il n'y a pas de pardon, les gens sont sans pitié.

À ce petit jeu-là, qu'arrive-t-il ?

Il arrive que tous ces petits saints à qui on donne le bon Dieu sans confession, à force de tenter le diable, ils finissent par faire une bêtise…

Alors là… pas de pardon !

On leur met tous les péchés du monde sur le dos !

Les gens sont sans pitié.

LE RIRE

Le rire de Bergson

Dès que l'on parle du rire, on pense à Bergson. Malheureusement, très peu de gens connaissent Bergson. Pour mémoire, Bergson était un très grand philosophe qui a écrit tout un livre sur la signification du comique intitulé *Le Rire*.

Il faut avoir lu *Le Rire* de Bergson.

Sa théorie tient en une phrase : du mécanique plaqué sur du vivant.

Il explique scientifiquement pourquoi lorsqu'un homme tombe par terre, les gens rient. Bergson a beaucoup compté pour moi.

À mes débuts, j'étais comme bien des gens…

Je n'avais pas lu le livre de Bergson. J'essayais de faire rire par mes propres moyens…

Un soir, au théâtre – le public était assez restreint –, pressé de faire mon entrée, j'entre avec ma valise, je glisse… et je m'affale de tout mon long. Pas un rire !…

Sauf celui de Bergson qui était dans la salle. Ah, le rire de Bergson !

Celui qui n'a pas entendu Bergson rire ne sait pas ce que c'est que le rire.

Le spectacle terminé, je sors et je me reflanque par terre.

Pas un rire sauf… celui de Bergson.

Je rentre dans ma loge. On frappe. C'était Bergson qui me dit :

– Savez-vous pourquoi les gens n'ont pas ri lorsque vous êtes tombé ? Parce qu'ils n'ont pas lu mon bouquin !

Je lui dis :

– Vous savez, moi non plus !

– Cela ne me surprend pas. Si vous l'aviez lu, vous sauriez pourquoi lorsqu'un homme tombe, les gens doivent rire systématiquement. S'ils n'ont pas ri, c'est que vous êtes mal tombé !

Et il m'explique pourquoi… Je le cite :

– Un monsieur court dans la rue… Il est en retard. Il n'a qu'une idée… fixe, évidemment : arriver à l'heure ! Une pierre se trouve sur son chemin. Il aurait fallu changer d'allure ou contourner l'obstacle. Mais, par manque de souplesse, par distraction ou obstination du corps, par un effet de raideur ou de vitesse acquise, les muscles ont continué d'accomplir le même mouvement, quand les circonstances demandaient autre chose. C'est pourquoi l'homme est tombé comme une pierre. Et c'est de quoi les gens rient !

J'ai dit :

– J'ai compris.

Le lendemain soir, au théâtre, il n'y avait personne dans la salle, sauf… Bergson.

J'étais en retard… Je n'avais qu'une idée… fixe, évidemment : ne pas rater mon entrée.

J'entre et je bute sur une pierre que Bergson avait fait placer là à mon insu.

Évidemment, je tombe, mais dans les règles.

Je déclenche le même rire que la veille, celui de Bergson. Ah, le rire de Bergson !

Celui qui n'a pas entendu Bergson rire ne sait pas ce que c'est que le rire.

Il me dit :

– Bravo ! Vous y êtes. C'est irrésistible... Je vous enverrai du monde.

Et dès le lendemain, il y avait huit cents Bergson dans la salle. Ils avaient tous lu son bouquin. Depuis, chaque fois qu'il venait me voir, il me racontait des histoires dont la chute me faisait rire... mais rire !

Le drame, c'est que, à chaque fois que je riais, il m'expliquait pourquoi !

LA SCIENCE

Des hommes et des souris

Mesdames et messieurs, vous connaissez la nouvelle ? La nouvelle découverte scientifique ?

Les souris et les hommes ont des gènes similaires. C'est formidable !

C'est mon cousin qui me l'a appris. Il est bien placé pour le savoir. Il est chercheur au CNRS. Il fait des expériences sur les souris.

Récemment, il me téléphone. Il me crie :

– Ça y est !

– Quoi ?

– Elle a souri !

– Qui ?

– Ma souris !

– Ta souris… t'a souri ?

– Oui, mon vieux ! Viens voir ça !

– J'accours !

Arrivé au centre de recherches, mon cousin me fait entrer dans une salle, la salle Emmenthal dont les murs mous et jaunes étaient pleins de trous…

Des souris y entraient. D'autres en sortaient, la bouche pleine… Il y avait des souris partout ! Des milliers de souris…

– Où est-elle, ta souris qui sourit ?

– Attends, je cherche… ah… à tes pieds !

Il me désigne une souris qui se dressait sur ses deux pattes arrière et qui, avec ses deux autres pattes, se tenait les côtes… Elle souriait de toutes ses deux dents de devant.

– Ah, m'exclamai-je, elle a le même sourire que La Joconde !

– Voilà qui confirme la parenté qui existe entre la souris et la femme…

– Sauf que la femme, comme dit le poète, est l'avenir de l'homme !

– Plus maintenant ! L'avenir de l'homme, c'est la souris !

– Il n'y a que la souris qui rit ?

– Non, l'âne aussi ! L'âne rit mais on ne sait toujours pas pourquoi. C'est ça, la vacherie !

– Et le rat ? Est-ce que le rat rit ?

– Rarement ! Il est rare qu'un rat rie !

– Pourquoi ?

– Parce que c'est suicidaire. Un rat qui rit est un rat mort ! Tandis qu'une souris qui rit vit beaucoup plus longtemps qu'un rat mort… *(Rectifiant :)* Je veux dire qu'une souris qui ne rit pas ! Au train où vont les choses, nous aurons dans pas longtemps des souris centenaires.

– Elles nous enterreront tous !

– Pas sûr ! Parce que, parallèlement, à partir de savantes manipulations génétiques, je suis arrivé à mettre au point un élixir qui fera peut-être de chaque homme un bicentenaire !

– C'est fabuleux ! J'espère que tu as déposé ton invention.

– Pas encore !

– Cours le faire !

– J'irai dès demain matin.

Le lendemain, il me téléphone :

– Trop tard ! Quelqu'un d'autre a déposé avant moi le même projet…

– Quand ?

– Il y a plus de cent ans.
– Comment s'appelle son élixir ?
– *La Jouvence de l'abbé Soury* !
Je lui dis :
– Qu'est-ce que c'est ces cris que j'entends ? C'est ta souris qui couine ?
– Non, c'est moi !
– Pourquoi couines-tu ?
– Parce qu'il n'y a que ça qui amuse ma souris !

Réflexions sur rien

J'ai failli perdre la raison pour rien, je veux dire à cause du mot « rien ».

Primitivement, quand on me posait la question :

– Qu'est-ce que c'est « rien » ?

Je répondais bêtement, spontanément :

– Rien ? C'est rien !

Et je passais à autre chose.

Mais depuis que j'ai appris que, en langage soutenu, rien = substance inanimée de qualité nulle... Bien que dans rien sa quantité soit nulle, je me suis dit que c'était tout de même une substance !

C'est là où j'ai commis une erreur.

J'ai pris « substance » dans le sens « matière », au lieu de le prendre dans son sens abstrait.

J'ai cru que « rien » pouvait se palper, se toucher !

« Ne touche à rien ! » ne veut-il pas dire : « Ne touche pas à quelque chose » ?

Donc, « rien » doit pouvoir se voir...

J'ai donc observé attentivement «rien» pendant des heures et je n'ai rien vu.

Je me suis obstiné. Dès qu'il y avait «rien» quelque part, je m'y précipitais.

J'étais déçu. Il y avait toujours quelque chose.

Je ne suis pas le seul à m'intéresser à «rien».

Récemment, dans la rue, il y avait un attroupement.

Les gens semblaient regarder quelque chose.

Je m'approche. Je m'informe auprès de quelqu'un :

– Que se passe-t-il ?

Il me répond :

– Rien !

Et il se met à regarder de plus belle !

Je lui dis :

– Mais je ne vois «personne» !

– C'est ce que nous regardons en substance.

– Je ne comprends pas.

– Si ! Savez-vous ce que c'est que «personne» ?

– Non !

– Personne = substance animée de quantité nulle...

– C'est comme «rien» !

– À une différence près : c'est que «rien» est une substance inanimée alors que «personne» est une substance animée. Ce n'est pas rien.

– Personne ne le conteste !

LE SPORT

Dieu du stade

– Papa, papa !

– Mon petit ange ?

– Si Dieu existait de nos jours, de quoi aurait-il l'air ?

– Comment ça ?

– À quoi ressemblerait-il ?

– Tu veux dire à qui ?

– Oui ! À qui... au pape, papa ?

– Non ! Lui, il est le représentant perpétuel, hors concours. Attends ! Il faut que je réfléchisse... Voyons... D'abord, il ne serait plus « invisible ». Avec la télévision, il serait même connu et reconnu de tout le monde. Donc, à quoi ressemblerait-il, me demandes-tu ?

– Oui ! C'est pour me faire une idée.

– Eh bien, si je me fie au « Top 50 », il aurait le visage de Zidane, le footballeur, le dieu du stade. Évidemment, il ne serait pas seulement un dieu du stade, mais le dieu créateur du Ciel et de la Terre...

– Comment s'y serait-il pris ?

– D'abord, le monde n'existait pas encore... Dieu, Zidane, devant ce vide sidéral, prit peur. Peut-être se le dit-il à haute voix : « Le silence éternel des espaces infinis m'effraie. » D'autres après lui reprendront la formule, mais le créateur, c'est lui !

– Zidane ?

– Zidane, le footballeur ! Il s'est dit : il faut que je fasse quelque chose de mes dix doigts... Quelque chose qui aurait la forme de... il ne savait pas très bien encore... il mimait avec ses mains cet objet virtuel qui aurait une forme ronde, sphérique... Et, à force de se frotter les mains... cet objet a fini par exister... Il est devenu palpable, non encore identifié mais ayant l'aspect, disons d'une petite Lune... A-t-il été influencé par elle ? Zidane s'est mis à jouer avec elle, à la lancer, à la rattraper, à la lâcher aussi lorsqu'il a vu qu'elle rebondissait... Il saisit la balle au bond. Il s'est amusé à la faire passer d'un pied à l'autre... Devant, derrière, d'un côté, de l'autre ! Puis il la fit passer devant lui, puis à l'aile droite, puis l'aile gauche, puis d'une talonnade, au sud ! Il venait de désigner les quatre points cardinaux, ce qui lui permettait d'orienter son travail. Il savait dans quelle direction aller : droit au but !

– Dis donc, papa ?

– Oui ?

– Ton dieu... Le footballeur...

– Ce n'est pas le mien, c'est le tien !

– Mon Dieu, tu l'as déjà entendu chanter ?

– Quoi ?

– *La Marseillaise* !

– Non !

– Il ne la sait pas.

– Peut-être ne sait-il pas la chanter ?

– Pour un dieu du stade, c'est un handicap.

– Et si on prenait Johnny Hallyday ?

– Il n'est que deuxième au « Top 50 ».

– On peut toujours essayer. Voyons voir ce que cela donnerait. On remet les compteurs à zéro. Big bang ! Pas de problème... Et tout à coup, dans un rai de lumière qui tombe du firmament, est apparu

Dieu ! Le dieu Johnny… Beau comme… un footballeur ! Quand il a vu cet immense espace vide qui s'étendait à perte de vue, il s'est dit : « Il faut remplir ça ? » Il a failli abandonner le métier de chanteur. Il a murmuré : « Le silence éternel des espaces infinis m'effraie ! »

– C'est ce qu'avait dit le footballeur !

– Tu sais, dans ces cas-là, on redit tous à peu près les mêmes choses ! Et tout à coup, il a eu une vision futuriste : les espaces infinis étaient noirs de monde ! Alors… comme le footballeur avait créé de toutes pièces le ballon rond, Johnny a façonné une guitare électrique et, tout en la grattant, il s'est mis à chanter « Souvenirs, souvenirs » ! Qui aurait pu prédire à l'époque, que, quelque quinze milliards d'années-lumière plus tard, il reprendrait le même air avec le même succès et les mêmes souvenirs ? Et que Zidane continuerait à jouer au ballon comme un chat avec une souris et à marquer des buts, tandis que Johnny ne cesserait de marquer des points ? Émulation ou rivalité ? Deux dieux ! Deux noms… de dieu ! Et puis, il y a eu le jour où Zidane a lancé le ballon trop loin. Il s'est mis à tourner autour de la Terre « comme la Lune », dit Johnny. Il est allé la décrocher et il l'a rapportée à Zidane. Alors, le stade s'est levé comme un seul homme ! Spontanément, il s'est mis à chanter une vibrante *Marseillaise*. Stupeur ! Entre-temps, le Marseillais Zidane avait appris l'hymne des footballeurs… « Qu'un sang impur abreuve nos sillons. » Était-ce le début d'une chorale ou la naissance d'une équipe de football ? Alors, fiston, à toi de jouer ! Si Dieu était visible de nos jours, à qui ressemblerait-il finalement ?

– À l'abbé Pierre !

– Pourquoi ?

– Parce que… « Souvenirs, souvenirs » ! se mit à chanter mon rejeton en faisant rebondir son ballon !

Dossard n° 8

C'est l'histoire d'un coureur cycliste… connu sous le nom de dossard n° 8 qui n'avait jamais gagné une course… et qui en rendait son vélo responsable. Chaque fois qu'il perdait, c'était la faute de son vélo qui n'avait pas suivi.

Pourtant, son vélo, c'était sa vie. Il l'appelait « ma petite reine », comme tous les amoureux de la bicyclette. Sa petite reine, c'était sa chose. C'était sa drogue. Il ne cessait de la bichonner, de la chouchouter, de la dorloter.

En course, pendant les longues étapes… de peur qu'elle s'ennuie, il faisait le clown, l'acrobate… Il se tenait debout sur son vélo, un pied sur le guidon, l'autre sur la selle… et il commentait à sa façon le déroulement de la course. La petite reine apprenait ainsi que le dossard n° 8 était en excellente position…

Malgré ses excentricités, il demeurait son coureur préféré, son favori…

Et un jour qu'il courait le Tour de France, dans les Pyrénées, pendant l'ascension du Tourmalet, alors que, pour une fois… il était en tête, que le sommet était en vue… (que tous les espoirs étaient permis), comme il s'apprêtait à produire son effort, à gagner les hauteurs, il sentit sous lui sa petite reine qui donnait des signes de faiblesse… Un coureur chevronné aurait aussitôt changé de vélo… Mais lui, l'idée même de se séparer de sa petite reine… Ne courait-il pas que pour elle ? Et elle… ne roulait-elle pas que pour lui ? Entre eux, c'était pour le meilleur et pour le pire.

– Regarde, lui dit-il, tous ces gens qui t'encouragent ! Ils sont tous debout… c'est l'ovation ! Ce n'est pas le moment de flancher.

Et pourtant, il avait beau appuyer sur les pédales, sa petite reine refusait d'avancer.

Ça y est, pensa-t-il, elle me refait le coup du coup de pompe.

Obligé de mettre pied à terre !

Une fois de plus, sa petite reine le lâchait. Il releva son vélo. Pour se donner une contenance, il saisit le guidon de sa petite reine... comme on prend un enfant par la main.

– Ce n'est rien, cria-t-il à la foule, une simple défaillance !

Il n'en fallait pas plus pour que la foule, émue, touchée par le geste, se mette à chanter la chanson d'Yves Duteil, « Prendre un enfant par la main ».

Mais, à l'intérieur de lui-même, le dossard n° 8 pestait. Il en voulait à sa petite reine. Il fulminait... « Après tout ce que j'ai fait pour elle ! »

Il eut un mouvement d'écœurement et de révolte.

Il propulsa son vélo avec une telle force, une telle violence que, sous la formidable poussée, la petite reine partit comme une flèche, prenant tout de suite trois puis quatre longueurs d'avance.

– Attends-moi ! lui cria-t-il.

Trop tard ! Elle avait déjà atteint le sommet du Tourmalet, détachée...

Il ne restait plus au dossard n° 8 qu'à terminer l'ascension à pied, en faisant le clown, comme d'habitude, pour masquer sa détresse.

Il mima le coureur cycliste titubant qui court après son vélo qui lui a échappé des mains. La seule chose qui le réconfortait, c'était de voir que la petite reine l'attendait...

Il la rejoignit sous les applaudissements.

– Excuse-moi, ma petite reine ! lui dit-il. Je ne savais pas que j'avais le biceps plus puissant que le mollet ! J'ai dû me tromper de métier... Au lieu d'être coureur cycliste, j'aurais mieux fait d'être lanceur de poids. Bon, ce n'est pas tout ça, petite reine, la course n'est pas jouée. Tu as assuré la montée. Je prends le relais, je me charge de la descente.

Il faut dire qu'en roue libre, il était imbattable. Là, il était le roi de la montagne.

– Allez, en selle !

Il enfourcha son vélo et se lança dans la descente sur Gavarnie à tombeau ouvert.

Et soudain, ce fut le drame. Un tournant trop rapidement négocié, mal maîtrisé, le dérapage !

Tandis que le coureur n'en finissait plus de glisser sur son dossard n° 8, la petite reine alla s'abîmer – le mot n'est pas trop fort – au fond du ravin.

On n'en retrouva que la fourche arrière posée sur la selle avec la roue tendue vers le ciel… La roue tournait encore.

Épilogue : qu'est devenu notre dossard n° 8 ? Eh bien, en mémoire de sa petite reine, par fidélité, par amour… depuis, il fait un numéro de clown sur monocycle dans un cirque, le cirque de Gavarnie.

LE THÉÂTRE

Autoprésentation

(L'artiste entre, après avoir cherché quelqu'un autour de lui.)

– Où est le présentateur ?
Le pianiste :
– Comment ?
L'artiste :
– Où est le présentateur ?
Le pianiste :
– !!
L'artiste :
– Il n'y a pas de présentateur ? Bravo ! Alors, moi, on ne me présente pas. Je ne suis pas présentable, peut-être ? Bon ! Eh bien… je me présente tout seul… Ah, ce n'est pas facile de se présenter tout seul ! Parce que si je dis mon nom, on va dire : « On le sait ! » Si je ne le dis pas, on va dire : « Qui est-ce ? » *(Prévenant toute contestation éventuelle :)* Oh ! Eh ! Je me présente le plus simplement possible… Voilà ! *(Belle attitude.)*

Le pianiste :

– Ça a changé !

L'artiste :

– Ah ! Ça a changé ! Vous vous souvenez il y a dix ans ? J'entrais en scène comme ça… *(Attitude relâchée.)* Et aujourd'hui, comme ça ! *(Belle attitude ferme.)* Eh bien, entre ça *(attitude relâchée)* et ça *(attitude ferme)*, il y a dix ans de travail de contorsion !

L'épée de Damoclès

(L'artiste prend sur le piano un brigadier. Il le montre au public.)

J'ai acheté ça chez un antiquaire. Je cherchais ce que l'on nomme au théâtre un brigadier. C'est un bâton avec lequel on frappe les trois coups.

Et en passant devant la vitrine d'un antiquaire, je vois cet objet qui ressemblait à ce que je désirais. J'entre et je lui dis :

– Je voudrais cet objet.

– Ah, me dit-il, c'est une épée !

– Une épée ? On dirait un gourdin…

– Non, monsieur, une épée ! Attention, pas n'importe quelle épée ! C'est l'épée de Damoclès. C'est une pièce de musée authentique.

– Vous pouvez me le prouver ?

– Oui !

Il me la met au-dessus de la tête. J'ai tout de suite senti venir un danger, comme une menace… J'ai dit :

– J'achète ! Est-ce que je peux aussi frapper les trois coups ?

– Un seul suffira !

– Bon ! Mais… il n'y a pas de fourreau ?

– Si !
– Où est-il ?
– Au-dessus de votre tête ! Parce que, chez Damoclès, ce n'était pas l'épée qui était menaçante, mais le fourreau !
– J'achète le fourreau aussi !
Il me dit :
– Je vous l'enveloppe ?
Je lui dis :
– Quoi ? L'épée ou le fourreau ?
– Non, votre tête ! Un accident est si vite arrivé...
– J'achète l'enveloppe aussi !
Savez-vous, mesdames et messieurs, pourquoi je l'ai achetée, cette épée de Damoclès ? C'est pour que vous ne la sentiez pas toujours planer au-dessus de vos têtes ! Soyez donc rassurés !

Rassurez-vous, je l'ai reléguée au magasin des accessoires... où elle rend de grands services... en qualité de brigadier !

Le brigadier

Mesdames et messieurs, je voudrais avant toute chose vous présenter cet objet. C'est un personnage de théâtre. C'est ce que l'on nomme un brigadier ! C'est le bâton de maréchal de l'homme de théâtre... Il sert à frapper les trois coups. Malheureusement, on ne s'en sert plus beaucoup. Et c'est dommage. Parce que, pour obtenir le silence, il n'y a pas mieux ! Jugez plutôt :
Roulements... la salle s'apaise.
Premier coup... les gens se taisent.
Deuxième coup... les gens écoutent.

Troisième coup… le rideau s'ouvre… et le spectacle commence !

Ce que l'on ne sait pas, c'est que le régisseur… en coulisse, après avoir frappé les trois coups, ne dépose pas tout de suite son brigadier…

Celui-ci pourrait éventuellement remplacer au pied levé quelque accessoire manquant, défaillant.

Exemple : Arlequin entre sur scène… Il joue un petit sketch intitulé « La carotte et le bâton ». Il s'aperçoit qu'il a oublié son bâton. Il fait un petit signe en coulisse. Aussitôt, le régisseur lui lance le brigadier. Hop ! Et le spectacle continue. Si le spectateur se demande où est passée la carotte… Arlequin retourne le bâton. Hop ! La carotte est au bout.

Le marquis a oublié sa canne ? Hop ! Le régisseur lui lance le brigadier. Et le spectacle continue !

La carmélite… son cierge ?… Hop ! Le brigadier.

Le flûtiste… sa flûte ? On lui glisse le brigadier sous le nez… et comme il est fait du bois dont on fait les flûtes, l'illusion est totale !

Merci !

Et si… c'est le régisseur qui a oublié son brigadier ?

Alors là… aussitôt… hop ! Arlequin lui lance son bâton.

Le marquis… sa canne.

La carmélite… son cierge.

Le flûtiste… sa flûte. Et comme elle est en bois dont on fait les brigadiers, l'illusion est totale !

Et le régisseur frappe les trois coups !

La cantonade

Vous savez, mesdames et messieurs, que, lorsqu'un acteur parle en s'adressant à un personnage qui n'est pas en scène sans paraître s'adresser précisément à quelqu'un, il parle à la cantonade.

Vous me direz :

– Qui est la cantonade ?

Ce que l'on appelle la cantonade, ce n'est pas une personne, c'est un lieu.

C'est un lieu où se trouvent les personnages dont on parle dans la pièce et que l'on ne voit jamais sur scène.

C'est l'antichambre de la scène en quelque sorte.

C'est la salle d'attente d'un tas de personnages en puissance…

C'est là où se trouvent les personnages virtuels qui attendent que les comédiens les interpellent.

Note : ce sont des personnages en quête d'auteur. C'est là que Pirandello devait recruter ses futurs interprètes. Ce sont des personnages qui font banquette.

Elle est située… en bordure de scène, de chaque côté de celle-ci.

Il y a une cantonade côté jardin et une cantonade côté cour.

Il y a aussi une cantonade dans les cintres mais on ne l'interpelle que lorsqu'on s'adresse au Seigneur : « Dieu ? »

Comme vous le voyez, le comédien, même lorsqu'il semble seul sur scène, est très entouré.

Lorsque, dans Molière, Tartuffe dit : « Laurent, serrez ma haire avec ma discipline et priez pour que toujours le ciel vous illumine… » – pour mémoire, la haire est une chemise de crin et la discipline une sorte de fouet –, il y a des spectateurs qui croient entendre Laurent répondre.

Une spectatrice à son voisin :

– Qu'est-ce qu'il a dit ?

– Qui ? Tartuffe ?

– Non ! Laurent !

– Je n'ai pas compris…

Voilà ce que Laurent pourrait dire s'il avait existé. Laissons-lui la parole pour une fois :

– Dès que le comédien ou le personnage sur scène m'interpelle… qu'il m'appelle Laurent, les gens m'imaginent. Ils me « voient » comme ils l'entendent. Ils interprètent mes silences. Ils me donnent un visage, un masque ! Chacun voit le sien. Je suis le personnage, invisible certes, mais d'autant plus présent. Je suis le personnage qui porte et change le plus souvent de masques ! Si bien que, s'il fallait décrire l'intérieur d'une cantonade, il faudrait la comparer à ces boutiques de farces et attrapes où sont accrochées au mur, exposées, des figures en carton-pâte… représentant des personnages connus, célèbres, des vedettes de l'actualité, de la politique, du show-biz. Attention ! Je ne suis pas un béni-oui-oui ni d'ailleurs un béni-non-non, je ne réponds pas, c'est tout ! Mais dès que le comédien m'interpelle, j'existe !

Les chapeaux

L'artiste *(au pianiste)* :

– Oh, monsieur !

– Oui, monsieur ?

– Je vais vous faire un numéro original, du jamais-vu…

(Il jongle avec trois chapeaux en les mettant l'un après l'autre sur la tête. La première fois, il s'arrête avec le melon sur la tête…)

(Musique de films de Laurel et Hardy.)

(Il mime Hardy dans une expression, un geste le caractérisant.)

Le pianiste *(l'interrompant)* :

– C'est bien, ça ! Mais ce n'est pas nouveau. Je l'ai vu faire par Laurel et Hardy.

– Oui ! Mais moi, je le fais sans Laurel !

Le pianiste :

– Oui, mais…

L'artiste :

– Ah non, mais d'accord ! Si Laurel et Hardy l'ont fait avant moi… *(Il salue en retirant son chapeau.)* Chapeau ! Moi, je veux vous présenter de l'original, toujours de l'original ! *(Il se remet à jongler.)* Du jamais-vu ! *(Il s'arrête avec le canotier sur l'œil.)* Alors là… le canotier sur l'œil et une petite musique dessous… «Prosper… Youp la boum… c'est le chéri de ces dames…»

(Le pianiste l'accompagne. Il plaque un accord.)

Le pianiste :

– C'est bien mais ce n'est pas nouveau non plus. Je l'ai vu faire par Maurice Chevalier.

– Ah ! Ah non, mais si Maurice Chevalier l'a fait avant moi, chapeau !

(Il salue avec le canotier. Il se remet à jongler avec les trois chapeaux.)

L'artiste :

– De l'original ! Du jamais-vu ! *(Il s'arrête avec le haut-de-forme sur la tête.)* Alors là… ! Avec un numéro de claquettes dessous !

(Il exécute un numéro à la Fred Astaire. Le petit numéro terminé, le pianiste :)

– C'est bon ! Ah, c'est bon ! Mais je l'ai déjà vu faire par Fred Astaire… et en mieux !

– En mieux peut-être mais comme ça ?

Le pianiste :

– Comme ça, jamais !

– Ah non ! Mais si Fred Astaire l'a fait avant moi… Alors là, je vais vous étonner. Voici un numéro entièrement original, du jamais-vu !

(Il exécute un numéro de son invention. Il empile les trois chapeaux sur sa tête.)

Le pianiste :
– Alors là, chapeau ! Je n'ai jamais vu faire ça par personne !
– Alors ?
– Alors, si personne ne l'a fait avant vous, c'est que ce n'est pas bon !

Charlot

J'aurais voulu être Charlot, l'immigrant, arrivant à New York et découvrant la statue de la Liberté.

J'ai le chapeau, la canne…

Les chaussures ?

(Il regarde les siennes, écarte les pieds et imite la démarche de Charlot.)

Oui ! Il n'y a pas que les chaussures… Je n'ai pas la pointure !

Un jour, comme je posai ma plume sur le papier pour y tracer quelques mots, ma plume dérapa et je rayai ma page d'un trait noir…

Un peu plus loin, je fis une grosse tache ronde et à mon grand étonnement, je vis cette tache prendre forme, la forme d'un chapeau melon…

J'avais évoqué les deux accessoires représentant le personnage de Charlot.

Pourtant… il manquait un petit quelque chose pour que cette évocation soit complète.

Eh oui, bien sûr ! La moustache…

Il manquait la célèbre petite moustache…

Je la ponctuai du bout de ma plume, comme un point sur un *i*.

La demande en mariage

(Écrit en 1985 et abandonné, suite au «mariage» de Coluche et Le Luron.)

(L'artiste entre, un chapeau sur la tête et des gants à la main.)

Mesdames et messieurs… excusez le côté cérémonieux… c'est pour une demande en mariage… Voilà ! Nous ne nous connaissons qu'en partie… la première, la deuxième débutant à peine… et déjà… j'éprouve pour vous un sentiment profond… comment dire ?… D'amour !

Votre brillante intelligence, votre extrême sensibilité, votre charme…

Je ne parle pas de votre beauté… vous êtes dans la pénombre… je distingue mal vos traits, mais je vous fais confiance ! Bref ! Je suis tombé amoureux de vous !

Éperdument ! Je vous le dis tout à trac : c'est le coup de foudre !

L'accueil que vous m'avez fait, si chaleureux, m'autorise à penser que vous n'êtes pas tout à fait insensible à mon humour. Me trompai-je ?

En conséquence, j'ai l'honneur de vous demander de m'accorder vos mains… Merci !

Passons tout de suite à la cérémonie ! Je me pose tout d'abord la question rituelle :

– Toi, le comique…

– Moi ?

– Oui, toi, le rigolo… consens-tu à prendre pour public l'assemblée ici présente ?

Je réponds d'une voix ferme :

– Oui !

– Bon ! Vous, l'assemblée… l'adorable assemblée – je mets toutes les chances de mon côté –, consentez-vous à prendre pour comique le rigolo ici présent ?

Trois éventualités.

Si l'assemblée répond : « Non ! », l'artiste a intérêt à supprimer ce sketch de son répertoire.

Si l'assemblée ne répond pas, l'artiste peut toujours dire, pour s'en sortir : « Ne répondez pas tout de suite ! Réfléchissez ! Prenez votre temps ! Nous avons encore une deuxième partie devant nous ! Le comique, c'est sérieux ! Eh, il s'agit de se distraire ensemble pendant toute une vie ! Cela peut ne pas être drôle tous les jours ! »

Si l'assemblée répond : « Oui ! », comme un seul homme (ce qu'il faut souhaiter) : « Holà ! Attendez, pas si vite ! Il faut réfléchir avant de répondre ! Le comique, c'est sérieux ! Il s'agit de se distraire ensemble pendant toute une vie ! Cela peut ne pas être drôle tous les jours ! Quant à ceux qui n'ont pas dit oui, je suis sûr qu'ils ne le pensaient pas, puisqu'ils n'ont pas dit non. »

Je nous déclare donc unis par les liens du comique pour le meilleur et pour le rire...

Il ne me reste plus qu'à me donner à vous... en spectacle !

L'état d'apesanteur

(L'artiste s'assied sur une chaise placée au coin du piano et s'adresse à son pianiste.)

Tout à l'heure, lorsque je vous ai dit que je quittais le sol, que je m'élevais dans les airs, c'était pour les besoins du sketch... parce que la lévitation, ça n'existe pas ! *(Ce disant, l'artiste s'élève dans les airs au-dessus de sa chaise.)* Ça n'existe pas ! Exemple : vous comprenez bien que moi qui suis plus lourd que l'air et même plus lourd qu'il n'en a l'air, je ne vais pas quitter le sol et m'élever dans les airs par la grâce du Saint-Esprit ! Ou alors, pour les besoins de la publicité… pour vanter une huile légère… légère… *(L'artiste redescend tandis que son pianiste s'élève à son tour. Au public :)* J'ai beau lui dire que la lévitation, ça n'existe pas, il y croit encore ! *(Au pianiste :)* Descendez de là-haut ! Vous êtes ridicule… *(Le pianiste redescend.)* Et puis, vous m'avez donné tort devant tout le monde ! Vous auriez pu l'éviter !

Nounours

Si vous le permettez, je voudrais vous montrer quelque chose que vous n'avez jamais vu !

C'est l'artiste, avant qu'il n'entre en scène…

Il est dans sa loge…

Il est comme un ours en cage…

Il tourne en rond… jusqu'à ce que l'on frappe à sa porte :

– Nounours, ça va être à toi…

– Non ! Rrr… Je ne veux pas y aller ! Je n'ai pas envie de jouer ! Je ne suis pas en forme…

Silence. Un peu plus tard, on frappe :

– Nounours, ça va être à toi dans cinq minutes…

– Rrr, j'ai dit non ! Vous n'avez qu'à rembourser tout le monde. Fallait pas vendre la peau de l'ours avant de l'avoir tué !

Silence. Un peu plus tard, on frappe :

– Su-sucre !

– Mmmm…

Il fait mine d'approcher avec beaucoup de méfiance. Il entrouvre la porte. On la coince avec le pied.

– Le collier ! La chaîne… Les coups de bâton dans les reins !

– Musique, s'il vous plaît !

Il fredonne un début d'entrée classique.
– La la la… la la la…
– Allez, vas-y Nounours, danse ! Danse, Nounours !
Il mime la danse de l'ours.
– Maintenant, Nounours, dis ton texte !
L'ours, après une respiration :
– Bonne nuit, les petits !
Il sort à reculons en répétant :
– Bonne nuit, les petits ! Bonne nuit, les petits !

Des paquets d'applaudissements

À la fin de son spectacle, l'artiste reçoit des paquets d'applaudissements, des salves d'applaudissements, que dis-je, des gerbes d'applaudissements !

La scène en est jonchée. Rideau ! Ce que le public ne voit pas, c'est que, sitôt le rideau fermé, l'artiste ramasse ses applaudissements… Il y en a… il y en a !

Il en a plein les bras. Il peut à peine les contenir.

Il y en a qui retombent. Il les ramasse à nouveau.

Comme il va pour sortir de scène, le régisseur lui dit :

– Monsieur, vous avez oublié quelques applaudissements sur le plateau !

Et l'artiste répond avec superbe :

– C'est pour le personnel !

Les rideaux

Il se passe des choses étranges dans ce théâtre ! De temps en temps, il y a un rideau qui se met à bouger…

Tenez ! Regardez, là… il y a un rideau qui vient de bouger… Vous voyez ?… Il remue encore !

Chaque fois que je vois un rideau bouger… j'ai l'impression qu'il y a quelqu'un derrière qui se cache, un poignard à la main, qui épie et qui guette…

Il attend que quelqu'un passe devant le rideau pour l'éventrer par-derrière ! Cela me fait penser au théâtre de Shakespeare qui se joue dans des rideaux, comme ici. Il y a une scène où Hamlet voit un rideau bouger. Il comprend que l'amant de sa mère s'est caché derrière… Alors, Hamlet prend les devants, sort son épée, se précipite sur le rideau en s'écriant : « Tiens ? Un rat ! »

Il enfonce son épée et tue l'assassin de son père qui est aussi l'amant de sa mère. Il fait d'une pierre deux coups.

Un jour, j'ai vu un rideau s'agiter… J'ai voulu faire comme Hamlet… Je me suis approché du rideau… J'ai crié : « Halte ! On ne bouge plus ! Tu es fait comme un rat. Sors de là si tu es un homme ! »

Et tout à coup, j'ai vu se glisser sous le rideau… devinez qui ?… Une petite souris ! Ah ! Panique dans la salle ! Il y a même des spectatrices qui sont montées sur leur siège. J'ai voulu plaisanter : « Dieu, qu'il est petit l'amant de ma maman et l'assassin de mon papa ! »

Parce que je suis un humoriste !

Mais sérieusement, je vous assure que, lorsque je vois un rideau bouger, j'en ai froid dans le dos… comme vous, sans doute !

Mesdames et messieurs, je vais vous demander un service. Lorsque je suis face à vous et que vous voyez le rideau derrière moi bouger, prévenez-moi ! Vous n'avez qu'à me dire : « Rideau ! Rideau ! »

Non, pas « rideau » ! Parce que, derrière le rideau de scène, il y a le régisseur, dès qu'il entend rideau, il le ferme !

Non ! Vous n'avez qu'à me faire comprendre par gestes que...

Discrètement, hein !... Non, vous n'aurez qu'à me dire : « Le scélérat est là ! »

(Le pianiste, intervenant discrètement :)

– Il est là !

– Qui ?

– Le scélérat.

– Le scélérat est là ?

– Oui !

– Pas de panique ! *(Au pianiste :)* Continuez de jouer ! Continuez ! Faites comme si de rien n'était !

(Il fait comprendre au public qu'il a bien localisé l'endroit du rideau. Il s'approche, mine de rien, du rideau incriminé.)

Sors de là, scélérat ! Tu es fait comme un rat !

(Il soulève rapidement le rideau. On a le temps d'apercevoir la silhouette du pianiste. L'artiste laisse tomber aussitôt le rideau. Il réfléchit un instant et se dirige vers le pianiste.) Vous auriez pu le dire que c'était vous !

(L'artiste avance vers le public.)

Mesdames et messieurs, ceci n'est qu'une farce. Une farce que nous vous avions faite le 1er avril de l'année dernière. Si on continue de la jouer, c'est que l'on n'a pas encore amorti le prix de la silhouette sur contreplaqué !

Le trou du souffleur

(L'artiste, parlant de son pianiste.)

Quand je l'ai connu, il était souffleur dans un théâtre. Il soufflait le texte aux comédiens quand ils avaient un trou de mémoire.

Avant, à l'avant-scène, il y avait ce qui s'appelle le trou du souffleur. Lui, il était dans le trou…

Moi, j'étais devant et je faisais un numéro de mime… Je mimais la marche contre le vent, un fort vent debout. Et lui, il soufflait !

Et moi… *(Il reprend la marche contre le vent.)*

Et à un moment, il a eu une défaillance. Plus de souffle ! Le souffleur a eu un trou ! Alors, moi, j'ai arrêté de marcher contre le vent… Il n'y avait plus de vent…

Alors, j'ai soufflé : « Soufflez ! Soufflez ! »

Dans la salle, les gens : « Du vent ! Du vent ! »

J'ai dit : « Mesdames et messieurs, le souffleur étant à bout de souffle, il est sorti prendre l'air. »

Alors, les gens :

– Oh…

– Si vous voulez que je continue de faire la marche contre le vent, vous n'avez qu'à souffler vous-mêmes !

Et toute la salle a soufflé. Je peux vous la faire si vous voulez. Vous voulez ? Je la fais bien ! Sans me vanter… À vous de décider. Vous allez souffler et je vais marcher contre le vent. À trois ! Un, deux, trois ! Soufflez !

(La salle souffle. L'artiste, reculant sous l'effet du souffle :)

Pas si fort ! Pas si fort !

(Au pianiste :) Ils ont un souffle à dérouler les cors de chasse !

LE VÉCU

À lundi

Le jour de mon quatre-vingtième anniversaire, mon attachée de presse et d'autant plus amie avait organisé, sans que je le sache, une rencontre avec tous mes amis, merveilleux amis, au théâtre Marigny.

Sans que je le sache, je le répète… sans cela, où serait la surprise ?

La date retenue était un lundi.

Seulement voilà que, dans l'intervalle des jours qui ont précédé, chaque fois que je rencontrais un de ces amis, il me quittait en disant :

– Alors, à lundi !

Lundi ? Ah oui, j'avais rendez-vous avec lui lundi ?

Je ne me souvenais plus pourquoi, mais enfin…

– Ah oui, à lundi ! On se revoit !

Même chose avec d'autres connaissances…

– Alors, à lundi !

– Hein ? Ah oui, disais-je, bien sûr, à lundi !

Un autre qui m'interpellait de loin :

– Alors ? On se voit lundi ?

– Bien sûr ! Avec les autres ! Il y aura du monde !

– Ah ça, ça promet !

Si bien que, très vite, je me suis surpris, lorsque je rencontrais quelqu'un, de lui dire en le quittant :

– À lundi !

Et un jour, l'un d'entre eux me dit, alors que je lui disais « À lundi ! » :

– Ah non ! Je ne pourrai pas être là !

– Ah, me suis-je surpris à lui dire, comme c'est dommage !

L'erreur monumentale

Confortablement assis sur la banquette arrière du taxi, mes pensées vont bon train.

Décidément, ces gens étaient bien gentils : non seulement ils m'avaient érigé une statue mais, de plus, m'avaient convié pour l'inaugurer.

Bien sûr, dévoiler sa statue devant tout le monde avait quelque chose d'impudique !

Mais quand on est un homme public…

– Qu'est-ce que cela vous fait d'être statufié de votre vivant ? me dit le chauffeur en me regardant dans le rétroviseur.

C'est vrai, pensai-je, en général, un homme statufié est un homme mort.

– Quel effet cela fait ?…

Je fais la sourde oreille, fasciné par cette première statue au milieu de cette place autour de laquelle nous tournons. Je m'informe auprès du chauffeur :

– Qui est-ce ?

– Aucune idée !

Nous quittons la place, laissant la statue d'« Aucune idée » derrière nous, et nous nous engageons dans la rue au bout de laquelle se dessine une autre statue. Est-ce la mienne ? Non, celle-ci est équestre.

– C'est la statue de qui ?

– Jamais su ! Nous l'avons surnommée la statue du brigadier-chef !

– Pourquoi ?

– Parce que c'est le cheval du brigadier-chef qui a servi de modèle… Il vit toujours d'ailleurs…

– Le brigadier-chef ?

– Non, le cheval !… Tenez, me lance le chauffeur, la voilà !

– Quoi ?

– Votre statue !

La voiture s'arrête. Les officiels se précipitent :

– Bienvenue !

– Un autographe, s'il vous plaît ?

– Tout à l'heure, dit l'un des officiels ! Tout à l'heure ! Venez, monsieur, me dit-il en m'entraînant vers la statue où d'autres officiels m'entourent…

– Mesdames et messieurs, dit le maire…

Premier discours. Il y en aura quatre !

– Et maintenant, cher Devos, nous allons dévoiler votre statue !

Un petit pincement au cœur. On me glisse une paire de ciseaux toute rouillée. Effectivement, le ruban qui maintient le voile de ma fantomatique silhouette résiste aux premiers cisaillements. Il cède enfin.

– Tirez ! me souffle une voix.

Je voudrais remettre les ciseaux à quelqu'un mais personne n'en veut. Je tire sur le ruban. Le voile tombe.

Stupeur ! Visiblement, manifestement, ce n'est pas moi, ni de face ni de profil !

De dos ? Il faudrait en faire le tour. Je n'en ai pas le courage… Je suis pétrifié…

Quelques personnes applaudissent. Ils devaient savoir pourtant, tous ces braves gens, du moins ceux qui me connaissaient ou qui m'avaient vu sur les affiches, ils devaient bien voir que cette statue ne me ressemblait pas !

Et… personne ne semble s'en apercevoir. Cela est pourtant tellement flagrant…

– On dirait Churchill ! dira quelqu'un un peu plus tard.

Je reste pétrifié, tenant encore à la main le voile qui recouvrait ma statue. Sans trop savoir ce que je fais, je m'en voile la face ! De honte ?

– Mesdames et messieurs, de me voir là… au pied de ma statue… à mes pieds… je…

Les gens applaudissent, ce qui me laisse le temps d'organiser mes phrases.

– Aujourd'hui, la vedette, ce n'est pas moi, c'est elle ! Je ne fais que la représenter… Si je ne trouve à ma statue que des vertus, vous allez dire que je me vante… Si je me découvre des imperfections, vous allez dire : il ne s'est pas bien regardé !

C'est alors que je distingue derrière la statue la devanture d'une boutique de sous-vêtements féminins…

Il ne manquait plus que ça ! Dieu merci, les dessous qui sont derrière la vitre ne sont pas apparents. La vitre reflétait non seulement le dos de ma statue mais moi devant, discourant !

La foule, qui écoute mon discours les yeux fermés, doit trouver ma statue ressemblante.

Et je termine en vantant les qualités du sculpteur qui a travaillé à l'identique.

La foule applaudit.

Mon premier réflexe, en regagnant l'hôtel, fut de m'enfermer dans ma chambre, de ne plus me montrer… de me terrer… de faire le mort !

Faire le mort ?… Un homme que l'on vient de statufier de son vivant ?

Allons, allons, me dis-je, tout cela est excessif.

Ne valait-il pas mieux faire face ?

Face ? Rien que de prononcer le mot… Face… face à la mienne (de face) qui me ressemblait si peu !

La nuit suivante, mon sommeil fut agité. Je fis un affreux cauchemar.

La porte de la chambre s'ouvrait violemment.

Ma statue se tenait dans l'embrasure.

J'ai cru tout d'abord que c'était un fantôme parce qu'elle était recouverte du drap qui la voilait avant l'inauguration.

Elle s'approcha de mon lit, laissa glisser le voile.

Dessous, c'était effectivement un ectoplasme, mais un ectoplasme de granit.

Arrivée au pied de mon lit, la pierre s'éleva, se mit à l'horizontale et se posa sur moi, comme une pierre tombale, mais molle…

Lorsqu'elle se souleva, je vis qu'elle avait gardé l'empreinte de mon corps en creux… Puis la forme finit par s'estomper.

Je me levai… et me regardai dans le miroir.

J'avais le physique et la tête de ma statue.

Le cri que je poussai me réveilla.

Qu'est-ce que tout cela pouvait signifier ?

Comment interpréter cette étrange visite ?

Que ma statue était modifiable ? Que la pensée pouvait influer sur la matière ?

– Demain, j'irai parler à ma statue, d'homme à homme…

Et, sur cette belle parole, je m'endormis.

Je décidai donc d'aller parler à ma statue. Après tout, Don Juan s'adressait bien au Commandeur, une statue de pierre qui lui répondait !

Le lendemain, dès la première heure, je me rendis sur la place. L'espoir que tout cela n'était qu'un mauvais rêve s'effondra. Ma statue était bien là…

– Statue, murmurai-je, sans te commander, regarde-moi bien en face ! Les yeux dans les yeux ! Peut-être qu'en toi, il y a aussi un cœur… C'est à ton cœur de pierre que je m'adresse. Tu vois, je ne veux pas faire de sentiments. Je m'adresse à toi, en bloc ! D'accord, tu es censée me représenter mais sur le plan de la ressemblance… tu peux mieux faire… Il ne faudrait pas grand-chose… quelques petites retouches… pour que l'on dise en te regardant : « Ah, c'est bien lui ! » Ah, quelqu'un vient. Je reviendrai te voir demain. Salut !

Sur le coup de midi, je fis mon apparition dans le hall de l'hôtel, un gros cigare entre le pouce et l'index… Un journaliste m'attendait.

Je portai le cigare à mes lèvres et, après avoir soufflé un épais rideau de fumée, je lançai à l'adresse du journaliste un « Hello boy ! » en brandissant les deux doigts en forme de V.

Le premier moment de surprise passé :

– Qui êtes-vous ? me dit le journaliste.

– Ma statue !

– Ah ! Je ne vous avais pas reconnu !

Je l'aurais embrassé. J'écrasai aussitôt mon cigare dans le cendrier.

– Et comme ça ?

– Encore moins !

Je l'aurais giflé.

Le lendemain, je revins en effet, toujours à une heure creuse…

Était-ce une illusion ?

Il me semblait que…

Mais oui ! Il y avait comme un léger changement. Ce n'était pas encore flagrant. Ce n'était encore qu'une intention mais moi qui me connaissais bien, je remarquai que le nez se voyait moins au milieu de la figure… À vérifier !

Le lendemain, non seulement confirmation du nez, mais… oui, les joues s'étaient légèrement creusées.

Huit jours durant, je fus le témoin d'une transformation quasiment miraculeuse…

Le neuvième jour, en regardant ma statue, j'ai eu l'impression de me voir dans une glace… Miracle ?… Victoire de l'esprit sur la matière ?

La transformation n'avait pas échappé aux passants. La nouvelle s'est répandue.

De partout l'on vint voir « la statue qui se bonifie ».

On en vint jusqu'à m'attendre à la sortie de l'hôtel pour voir si je ressemblais à ma statue !

– Ah, murmurait la foule, c'est bien elle !

Ce féminin me gênait. Et puis il y a eu ce coup de fil du sculpteur.

– J'ai un aveu à vous faire… à propos de la ressemblance de votre statue… Il n'y a pas de miracle. C'est moi qui, jour après jour, à l'heure où tous les chats sont gris, ai, sous couvert de «réparer vos initiales», rectifié votre portrait !

Dommage pour l'irrationnel !

Mais tant mieux pour moi !

Je suis son père

En arrivant tout à l'heure à l'hôtel, j'entends le portier qui crie :

– Monsieur le directeur, Raymond Devos est arrivé !

Le directeur sort de son bureau, me voit, regarde autour de moi…

– Où est-il ?

Le portier me montre du doigt.

– Ah, me dit-il, c'est vous, Raymond Devos ?

J'ai dit :

– Non, je suis son père !

– Ah, monsieur, vous avez un fils extraordinaire !

Et il m'a dit tout le bien qu'il pensait de moi, sans que j'aie à en rougir.

Mon portrait

Chez moi, il y a un portrait me représentant. Eh bien, je me préfère en portrait qu'au naturel.

Au naturel, mon visage est toujours en mouvement… il grimace.

En portrait, il est figé. Il est immobile.

Quoi qu'il arrive, il ne bronche pas !

Dans la vie, que quelqu'un passe, qu'une mouche vole, qu'il y ait un courant d'air, que quelque chose me démange, je réagis.

Mon portrait, lui, imperturbable !

Une mouche vole ? Il garde toujours cette même expression de bonhomie.

Les gens passent ? Pas une ombre dans son regard toujours empreint d'une grande douceur…

Le courant d'air ? Le sourire est chaleureux, légèrement énigmatique…

Qu'une mouche aille se poser sur son nez ? Il ne louche même pas !

Que quelque chose le démange, il ne bronche pas !

Que je l'époussette, cela ne le chatouille même pas !

Parfois, je lui passe le plumeau sous le nez pour voir…

Et je ne vois rien ! C'est moi qui éternue !

Reconnu de dos

En venant ici, tout à coup, j'ai entendu que quelqu'un courait derrière moi.

Au moment où il est arrivé à ma hauteur, je me suis arrêté.

Il me dit :

– Ah, c'est bien vous, monsieur ! Je vous ai reconnu de dos !

– Oh, lui ai-je dit, vous ne pouvez pas savoir le plaisir que vous me faites. Cela fait des années que j'espérais que quelqu'un me reconnaîtrait de dos !

Le drame, c'est que plus ça va, moins on me reconnaît de face !

Le vieux prodige

Mesdames et messieurs, au piano, je suis ce qu'on appelle un vieux prodige !

Il n'y a pas beaucoup de vieux prodiges... D'abord, parce que cela n'a pas d'avenir...

Ensuite, les gens préfèrent les jeunes prodiges.

Vous savez qu'un jeune prodige... dès l'âge de 4 ans, il vous joue *La Petite Musique de nuit* de Mozart les yeux fermés, à la perfection ! À l'âge de 4 ans !

Non seulement il joue la *Symphonie inachevée* de Schubert entièrement... mais en plus, il la termine !

Moi, j'ai commencé à apprendre le piano à l'âge de 68 ans. J'en ai 78 !

Eh bien, mesdames et messieurs, avec seulement dix ans de piano derrière moi, je suis arrivé à jouer comme un enfant de 4 ans !

Je connais même un jeune prodige, surdoué... Dès l'âge de 2 ans, lorsque sa maman lui chante une berceuse, c'est lui qui l'accompagne au piano...

(Il égrène quelques notes du «P'tit quinquin» puis chante.)

Dors, min p'tit quinquin
Min p'tit pouchin, min gros rojin
Te m'fras du chagrin
Si te n'dors point ch'qu'à d'main.

Il s'arrête très vite de l'accompagner pour ne pas réveiller sa maman !

RÊVONS DE MOTS

Préface de Pierre Herran

Préface

Le lecteur parcourant ce livre pourra constater combien le fil est ténu entre la réalité et la fiction.

Il est dans cet abécédaire des choses totalement inventées et d'autres personnelles pudiquement dévoilées.

Ne comptez pas sur moi pour vous dire lesquelles !

Comme Raymond l'a écrit : « Je vis. Je ne fais que vivre. Voilà mon secret. Car vivant, j'écoute, je regarde. Et je me laisse surprendre par l'idée. Elle arrive le plus souvent à mes dépens. »

Les animateurs d'émissions de variétés, dans le temps, ne savaient plus si Raymond Devos répondait à une question ou s'il disait l'un de ses sketches.

Il adorait cette ambiguïté.

Ce livre est issu des innombrables notes accumulées par l'artiste, que j'ai trouvées çà et là dans ses carnets, quelquefois bien rangées dans une chemise cartonnée en attendant…

Il a rarement mentionné le mot « pensées », qui devait l'effrayer un peu…

Il me disait : « Moi qui n'ai que le certificat d'études, me permettre d'éditer mes pensées ! »

Sa modestie dût-elle en souffrir, on ne peut qu'admirer sa façon de voir.

Homme de théâtre, musicien, mime, on l'a qualifié de « prince des mots ».

Il l'était.

Merci, Raymond, de continuer à nous régaler !

PIERRE HERRAN

Secrétaire et régisseur de scène
de Raymond Devos
de 1972 à 2006

Avant-propos

Boris Vian était presque mon directeur artistique chez Philips. Je venais de jouer à l'Alhambra. Sur la présentation de mon premier disque, il a écrit ce texte en imitant mon style :

J'avais trois heures devant moi, j'en profite pour aller voir Raymond Devos. J'arrive aux Trois Baudets. C'est rue Coustou, du nom de ce sculpteur péruvien qui planta trois drapeaux sous le coup de feu de l'ennemi dans un bar assiégé par les Prussiens l'an dernier quand ils sont venus en car voir le strip de… mais je vous parlais de Devos. J'arrive donc aux Trois Baudets. Le quatrième me répond :

–Devos ? Il n'est pas là. On l'a embarqué.

–Mais il n'a pas le pied marin, sanglotai-je.

–Il a le pied cinématographique et ça suffit, rétorque mon rogue interlocuteur (essayez un peu de dire ça vite, ça fait un drôle d'exercice de prononciation).

–Et où est-il ? demandai-je sans me démonter (parce que moi, faut pas confondre avec la mer de Raymond, je ne me démonte jamais).

– Je vous dis qu'on l'a embarqué, réitère le préposé incompréhensif.

– On ne peut pas l'embarquer sans sa mer, observai-je.

– On l'a embarqué avec sa mer et le reste, y compris les applaudissements.

– Et où ça ? interrogeai-je plein de superbe.

– À la Halle.

– Alors il est dans les choux ?

– Mais non, pas à la Halle centrale, à la Halle en bas.

Je commençais à entrevoir...

– À l'Alhambra, voulez-vous dire, dis-je...

– C'est ça, dans les jardins fleuris du même nom.

Il me menait en bateau. Je décide de frapper un grand coup. Mais sur quoi ? Il n'y avait plus rien. Plus de Baudets. Plus de Devos. Plus de préposé. Rien que la mer, la mer, comme Waterloo morne plaine mais en plus mouillée. Je saute dans une gondole qui se met à se tordre.

– À l'eau ! dis-je.

On me répond :

– Il n'y a plus de places.

– À l'Alhambra ? m'exclamai-je. Ça, c'est le comble !

– Exactement, me fait-on remarquer, comble depuis l'ouverture.

Je me mets à ricaner avec une trace de sadisme :

– Je m'en fiche, on me donnera le disque. Avec les applaudissements, l'Alhambra, les Devos, les trois bourrins et...

La brute avait déjà raccroché. Ma flèche du Parthe perdue ! Pas pour tout le monde : elle tue un pigeon au vol. Les poulets m'entraînent – on se soutient !...

Ça m'apprendra à vouloir voir Devos, le prochain coup, j'irai voir la mer. La sienne. La mienne n'a pas de pick-up.

BORIS VIAN

Quelle formidable marque de tendresse !

Raymond Devos

J'AI ÉCRIT CE QUI SUIT À JEUN... C'EST-À-DIRE QUE JE N'ÉTAIS PAS SOUS L'EMPRISE DE LA BOISSON...
JE N'AI AUCUNE EXCUSE... !

Quand on ne cherche pas... on obtient !

A

Absurdité

À d'autres époques, il y a eu le romantisme, le classicisme…
Et puis aujourd'hui, il y a l'absurde.

*

Si je retire du ciel ses étoiles, en supposant que j'en aie le pouvoir, je ne touche pas au ciel et pourtant, à mes yeux, le ciel n'est plus le ciel.
Car un ciel sans étoiles n'est plus un ciel.
Donc, en retirant simplement les étoiles, je supprime le ciel !

Acteur

Tout ce que j'écris, tout ce que j'invente tourne autour d'un personnage qui est moi et que j'interprète…

*

Dire un texte en public, c'est comme lâcher un trapèze pour en rattraper un autre.
Sauf qu'on ne se tue pas si on rate un bon mot.
On se contente d'une chute infinie dans le vide.

*

Lors d'une cérémonie des césars, j'observais des acteurs en proie au plus douloureux des tracs. Ils étaient tous livides, pétris d'angoisse, à la limite du désespoir. Un jeune journaliste qui se trouvait là, micro tendu, les interviewait l'un après l'autre :

– Que pensez-vous de ce métier ?

– Ah, monsieur ! C'est le plus beau métier du monde !

Ils étaient unanimes ! Alors que cinq minutes avant, je les avais vus malades à mourir.
Et ils sont souvent malades très longtemps, les artistes, quelquefois même toute leur vie !
Cela me fascine totalement.

*

Si on ne me voit pas dans le monde, c'est parce que la chance veut que mon métier marche bien. Cela m'évite de devoir me montrer.

*

Je n'ai joué qu'une seule fois à New York. J'y ai fait mes adieux.

*

L'actualité a un impact comique formidable mais pour moi, c'est trop fugitif.
Ce que je fais, c'est un comique intérieur plaqué sur le rêve.
Un comique de drame intérieur, des raideurs qui se font à l'intérieur des gens, des raideurs de pensée, l'idée fixe...
Je crois qu'il fallait arriver à ça.

*

Quand j'étais comédien, j'ai toujours eu du mal à jouer des personnages dont la vie était moins intéressante ou moins joyeuse que la mienne. Je trouvais ça insensé.

*

L'acteur qui, sur scène, est nulle part et partout à la fois a forcément le don d'ubiquité.

Adam

On est toujours devancé par quelqu'un.
On a toujours eu quelqu'un devant soi !
Le premier homme... Quel premier homme ?
Il n'y a jamais eu de premier homme. C'est difficile à admettre !
Mais ça l'est moins que d'imaginer un homme qui n'aurait pas eu de prédécesseur.
Pourtant, me direz-vous, Adam ?
Adam a été le premier homme en religion. Mais comme en religion, les premiers seront les derniers, ça ne l'a pas beaucoup avancé.

*

Si au lieu d'offrir à Adam une pomme, Ève lui eût offert une pêche, qu'en aurait-il découlé ?

Âge

Mes différents âges…
J'ai selon les circonstances, les situations, les humeurs, des âges différents.
Quand je joue aux billes avec les gosses de la rue, j'ai 8 ans…
Au papa et à la maman, j'ai 5 ans…
Quand je joue de la prunelle, j'ai 20 ans, etc.
Quelquefois, j'ai 10 ans, quelquefois moins…
Parfois plus… 15 ans.
Parfois, je change d'âge dans la journée.
Je me lève le matin, j'ai 70 ans (sonnés).
Je m'étire, j'en ai 5 de moins.
Après le petit déjeuner, je frôle les 60 ans.
Je parle un peu avec mon voisin qui, lui, a 60 ans.
Ah le pauvre vieux !
Je remercie le Ciel d'en avoir 10 de moins !

Ailleurs

Ce besoin d'aller voir ailleurs, il doit bien venir de quelque part !

Âme

Je suis encore sous le coup d'une émotion violente. Je viens de passer une radio, une radiographie.
Le docteur m'a dit :
– Qu'est-ce que vous éprouvez ?

– Du vague à l'âme !
– Pouvez-vous être plus précis ? On va voir ça...
Il m'a placé derrière un écran lumineux et il a commencé à observer ma vie intérieure, tout en parlant :
– Bon... le cœur y est... le foie... il est là... la rate... à sa place !... Bon ! Les poumons ?
Toussez un peu pour voir !
– Hum ! Hum !
– Ça alors ? Priez un peu pour voir ?... Mais priez donc !
– Je prie, docteur, intérieurement mais le cœur n'y est pas !
– Si, si, le cœur y est !... Côté foie...
– Je ne l'ai pas !
– Si ! Vous l'avez, le foie est là... Les poumons... Toussez ! Toussez !
Il devenait de plus en plus fébrile...
– Il faut se rendre à l'évidence...
– Qu'est-ce qu'il y a, docteur ?
– Il y a que...
– Quoi ?... Dites !
– Vous n'avez pas d'âme ! J'ai beau chercher... Je ne vois pas âme qui vive...
– Écoutez, ce n'est pas possible. J'ai failli la rendre la semaine dernière...
– Eh bien voilà, c'est ça ! Vous n'avez pas fait que faillir... vous l'avez rendue !
– Mais je serais mort !
– Mais vous l'êtes !
– Quoi ?
– Cliniquement, vous êtes encore en vie mais spirituellement, vous n'êtes plus de ce monde !
– Alors, docteur, que dois-je faire ?
– Prier ! Prier ! Il n'y a que ça ! Priez deux fois par jour avant chaque repas !
– Prier, mais pourquoi ?

– Pour votre repas éternel !
Il est fou ! Il est fou, ce docteur !

Amour

En amour, il y en a qui voudraient se retrouver tout de suite en plein ciel. Non !
Il faut dans les transports une progression.
Il faut partir du sol, mieux vaudrait d'ailleurs du sous-sol…
En premier lieu, prendre un métro…
En deuxième lieu, le bus !
En troisième, le remonte-pente…
En quatrième, le ballon captif.
Puis en cinquième lieu, l'hélico.
Et en sixième, l'aéroplane… pour se retrouver au septième ciel !
Évidemment, on peut prendre une fusée…
Mais c'est plus expéditif !
Pour redescendre, un planeur suffit.

*

Ils s'aiment à tous vents.

*

Cri d'amour : la haine prenant de plus en plus d'ampleur dans le monde, je vais, si vous le permettez, pousser un cri d'amour :
– Rahh !
Il est un peu rauque, parce qu'il est charnel.

*

Elle est mon Nord, mon idée fixe, et moi, je suis comme une aiguille aimantée.

J'ai beau me détourner d'elle dans tous les sens, tous mes sens se retournent vers elle.
Elle est mon pôle d'attraction.

*

À ceux qui me châtient parce qu'ils m'aiment bien, je préfère ceux qui me haïssent et qui me foutent la paix !

Anarchiste

Je crois que je suis un anarchiste.
Tout acteur ne peut qu'être anarchiste.
Je parle sur le plan de l'esprit...
Il faut être vagabond pour créer.

Anecdotes *(de tournée et autres)*

L'un de mes premiers monologues, *Le Pied*, m'a été inspiré d'un voyage en Allemagne avec la compagnie Jacques-Fabbri. À l'issue du spectacle *La Famille Arlequin*, une équipe d'actualités nous a demandé de rester pour filmer quelques plans de nous. Ils m'ont demandé de me mettre sur les mains, tête en bas, pieds en l'air :
– Restez comme ça, monsieur Devos. Très bien ! Encore une prise ou deux et ce sera tout.
J'ai dû le faire quinze fois... J'ai su ensuite qu'ils avaient simplement pris un gros plan de mon pied. Fabbri le prenait dans sa main et faisait semblant de téléphoner.
Quand je me suis souvenu de l'effort que j'avais dû fournir, tout ça pour un gros plan de mon pied... j'ai trouvé ça rigolo ! À la fin d'un repas avec la troupe, je me suis levé et j'ai dit :
– Mesdames et messieurs, mon pied a fait un effet terrible ! Le metteur en scène m'a dit qu'il cherchait un pied pareil depuis plusieurs années. « Venez demain au studio. Avec votre pied droit.

– Et le pied gauche ? – Il ne m'intéresse pas. » J'ai été ferme : ce sera les deux ou rien !
Et c'était parti !

*

À mes débuts, j'avais cinq ou six textes pour tenir la scène une vingtaine de minutes.
Je devais jouer dans un cabaret du côté de Versailles.
Je commence sur une petite estrade avec un rideau derrière moi.
Premier sketch : les gens ne rient pas.
Deuxième sketch : les gens ne rient pas.
Derrière moi, je sentais le directeur qui allait et venait, frôlant le rideau...
Troisième texte : le bide !
Lorsque j'eus terminé de dire mes textes, je sors... Le directeur me lance :
– Maintenant, Devos, envoyez vos gros trucs !
Je n'avais plus rien à dire, plus de textes !
Je lui ai répondu :
– Monsieur le directeur, il faut savoir s'arrêter à temps !

*

Quand j'ai débuté au cabaret, le public était surtout composé de gens aisés.
Je n'ai rien contre les riches mais... ils portent des gants.
Alors, quand ils vous applaudissent... c'est feutré !

*

À l'époque où je faisais du cabaret – particulièrement dans les casinos –, le directeur de l'un d'eux m'accueille un jour à bras ouverts :

– Ah ! Devos… Depuis le temps qu'on vous attend ! Enfin, vous êtes là, nous sommes ravis !
Dans ma loge m'attendaient des fleurs et du champagne.
– Tout va bien ? Vous n'avez besoin de rien ? Vous êtes en forme ?
Les directeurs de cabarets demandent souvent ça à l'artiste car ils ont peur d'être volés ! Si on répond qu'on va mal, catastrophe !
– Remontrez-moi le contrat !
Le soir venu, le directeur me dorlote encore :
– Le public est là pour vous, la salle est pleine !
Alors que j'entre en scène avec ma valise, je trébuche sur le plateau et je tombe. Pas un rire. Je fais mon tour : sans succès. Au moment de sortir de scène, je retombe. Je ramasse mes affaires et je regagne ma loge. C'était vraiment Chaplin dans *Les Feux de la rampe*. Une vraie tragédie. Effondré, je commence à me démaquiller quand j'entends soudain comme un léger frottement. Je me retourne : on avait glissé mon cachet sous la porte… Quelle gifle !
Bon, j'ai tout de même recompté les billets : on ne sait jamais.

*

J'ai fait mourir de rire.
À Vichy, un soir dans la fosse d'orchestre, on a vu passer un brancard pendant le spectacle.
Quelques minutes plus tard, deux infirmiers s'en allaient transportant une personne décédée.

C'était une femme morte de rire ou de *non-rire*, il ne faut pas se vanter !
Cela m'a fait un drôle d'effet.
Mais j'en sauve aussi pas mal !
Je possède des lettres de gens qui m'écrivent : « Monsieur, j'étais désespéré, la vie ne m'intéressait plus, j'étais sur le point de me suicider mais je vous ai entendu et j'ai remis mon projet à plus tard. »

*

Une dame me croise dans la rue. Elle s'écrie :
– Ce n'est pas moi qui vous ai vu hier à la télé ?
– C'est possible ! Vous étiez si nombreux !

*

Une femme croise Jean Marais dans la rue.
Le reconnaissant, elle s'écrie :
– Vous êtes encore plus beau que dans la réalité !

*

Question d'un douanier suisse :
– Qu'est-ce que vous venez faire en Suisse, monsieur Devos ?
– Mon numéro.
– Dans quelle banque ?

*

À Digne, j'étais sur scène lorsqu'une mite est venue tourner autour de moi.
Que vouliez-vous que je fasse ?

J'ai engagé le dialogue avec elle. Les gens riaient beaucoup.
C'était un délire collectif.
Au début, j'ai été gentil avec elle.
J'ai fini par lui dire qu'elle pourrait s'éloigner un peu...
– Outre que tu bouffes mes effets, le public ne m'écoute plus...
Ce n'est pas que je sois jaloux mais c'est moi que l'on a invité...

*

Au restaurant, près d'Esch-sur-Alzette, la patronne :
– Vous ressemblez à Raymond Devos !
– Ne dites pas ça ! Raymond Devos n'est pas beau !
– C'est vrai !

*

Il m'arrive de temps en temps de m'écrier « Bon anniversaire ! » à la fin de la représentation, en partant du principe qu'au moins un spectateur est concerné. Pour qu'il ait le plaisir de se dire : « Tiens, aujourd'hui, c'est pour moi qu'il a joué ! »

*

Au restaurant, à Chambéry.
Dans la pièce voisine, un client dit à un autre :
– Il y a Raymond Devos dans la pièce à côté. Va lui demander un autographe !

Le type arrive, un bout de papier à la main et demande l'autographe à... mon pianiste !

*

Au restaurant, à Bruxelles, un client commande des crudités en même temps que moi. Le garçon les apporte.
Mais si j'ai des tomates, l'autre client n'en a pas.
Fureur de celui-ci.
J'ai essayé de le réconforter comme j'ai pu :
– Pendant cinq ans, monsieur, j'ai vu passer des tomates ! Au bout de cinq ans, on m'a mis une ou deux rondelles pour voir ce que ça donnait. Il m'a fallu quinze ans de métier pour avoir des tomates !

*

Je suis allé travailler le trampoline à l'INS de Vincennes. Les athlètes en tenue me précédaient jusqu'à la salle de sport.
Moi, derrière, j'avais l'impression d'être en pyjama et en pantoufles !

*

Aux Eyzies, la dame qui faisait visiter le squelette préhistorique avait placardé sur sa porte : « Je suis partie faire des commissions. »

*

Lors d'une conférence sur le rire, un PDG se plaint qu'un de ses employés est d'humeur inégale.
La veille, il arrive d'humeur enjouée. Le lendemain, il revient triste, morose.

Alors, ça le désole. Il me dit :
– Devant ça, qu'est-ce que je peux faire ?
Je lui dis :
– Dites à votre employé de revenir la veille !

*

Roger Nicolas et moi, à chaque fois qu'on se voyait, on faisait un concours : c'était à celui qui jonglerait avec les plus petites choses.
Un jour, il a jonglé avec des pépins !
Comment le battre ? J'ai jonglé avec des atomes.

Ange

Tant que l'ange (qui passe) me fera signe en passant, bon !
Le jour où il me fera la gueule… ce sera mauvais signe !

Angoisse

Les heures réservées aux angoisses.
– Ne me parlez pas en ce moment. Ce n'est pas l'heure des angoisses !

*

– Que pensez-vous de l'angoisse ?
– Si vous croyez que j'ai le temps de m'occuper de ce genre de chose !… J'ai trop à faire !

Animaux

Quand l'autruche, qui se prenait pour un cygne, découvrit sa véritable nature, son premier mouvement fut d'enfouir sa tête dans le sable !
Mais, toutes réflexions faites, elle courut jusqu'à l'étang, s'y laissa glisser et… s'y noya !

✻

Un chameau qui se prend pour une autruche, quand il a peur, il plonge sa tête dans l'eau !

✻

J'ai connu un boa… c'était un serpent long de six pieds… qui rampait de travers.
Alors, les autres serpents disaient, le voyant onduler :
– Le boa boit !

✻

Ce qui différencie la bête de l'homme.
Chez la bête, tout est instinctif et spontané.
Chez l'homme, tout est réflexion et raison.
Parfois, entre un raisonnement et une réflexion, je replonge dans l'instinctif et le spontané…
Un petit coup d'instantané et d'instinctif !

✻

Un homme qui vise une mouche peut rater sa cible.
Une mouche qui vise un homme fait mouche à tout coup.

✻

Une pie qui chante, c'est embêtant.
Mais une pie qui danse, c'est pis !

*

– J'ai écrit un bouquin sur l'intelligence des moutons.
– Un gros bouquin ?
– Il fait une demi-page !

Anomalies

**Il s'appelait Nogent-sur-Marne. Il a changé de nom.
Il s'appelle désormais Vitry-sur-Seine.
Parce que c'est plus près de chez lui.**

*

**Cher Monsieur,
Je suis heureux de vous faire part de ma nouvelle découverte, le stylo à encre invisible.
Pour lire cette missive, il vous suffira de repasser la plume du stylo sur le tracé des lettres et celles-ci deviendront apparentes.
Votre dévoué**

*

Il pleuvait. Je rentre chez moi.
Au moment de fermer mon parapluie, je me suis aperçu que je l'avais oublié.
Je me suis dit :
– Une chance que je ne m'en sois pas aperçu plus tôt, j'eusse été tout trempé !

*

Appeler un chat un chat, alors que c'est une chatte, n'est pas une marque de franchise, mais une erreur de jugement.

*

Un menuisier entre sur scène, une scie à la main.

– Qu'est-ce que vous venez faire ?
– Je viens scier la queue du piano…
– Mais pourquoi voulez-vous scier la queue du piano ?
– Parce que l'autoroute va passer exactement ici !…

*

Mon voisin me dit :
– Récemment, j'ai acheté une boîte de cassoulet. Je l'ouvre. Elle était pleine de choucroute.
– Et alors ?
– Et alors, j'ai découvert que la choucroute était bien meilleure dans une boîte de cassoulet.
– Et alors ?
– Et alors, quand je veux manger un bon cassoulet, je l'achète dans une boîte de choucroute !

*

Étrange vision : j'ai vu sur un radeau une méduse qui riait.

*

J'ai observé des choses que personne n'a jamais vues.
Vous avez sûrement vu un escargot rentrer dans sa coquille…

Mais une noix ? Avez-vous déjà vu une noix rentrer dans sa coquille ? Eh bien moi, si !
En extrapolant, j'ai même vu une noix rentrer dans une coquille d'escargot, une noix perverse ! Il faut dire qu'il faisait nuit...
L'inverse, non ! Je l'avoue... Un escargot qui rentre dans une coquille de noix ?...
Cela reste à voir...
Ah, je n'ai pas encore tout vu !

*

Je fais des choses surprenantes.
Parfois, j'ai envie d'aller au bord de la mer pour m'y baigner.
Bon ! Les circonstances m'en empêchant, savez-vous ce que je fais ?
Je remplis la baignoire d'eau. J'y jette mon maillot de bain...
Et je m'y vois dedans (comme si j'y étais).
Jusque-là... heu... c'est inquiétant mais sans plus !
Mais que, lorsque mon maillot s'enfonce dans l'eau, je me mette à crier :
– Au secours ! Je ne sais pas nager !
Vous ne trouvez pas cela suffocant, vous ?
Autre exemple : que, pour éviter d'être cambriolé, mon voisin ait bardé sa porte de serrures et autres verrous de sécurité... Bon !
Que moi, pour prouver à mon voisin qu'il n'en est pas moins cambriolable, j'aille nuitamment lui dérober tout son appareil de sécurité, serrures et autres verrous, sans que cela le réveille, jusque-là, c'est inquiétant, mais sans plus !

Mais que j'installe sur ma propre porte tout le système de sécurité (serrures et verrous compris) subtilisé chez mon voisin, sachant pertinemment qu'ils sont inefficaces, vous ne trouvez pas cela alarmant, vous ?

Anormal !

Mes mains ont du mal à se faire entendre.
Elles ont tendance à se faire tirer l'oreille.

*

La lumière qui permet que l'on voie est… invisible.

*

Les morts qui existaient il y a quelques années encore arrivent maintenant vivants à l'hôpital !

Antimatière

L'antimatière, c'est… c'est un trou… sans rien autour !

Arbres

Le chêne qui a froid claque des glands.

*

Lorsqu'un chêne sent le sapin, il sait que sa dernière heure est arrivée.

*

J'ai un marronnier… il est toujours vert. Il ne perd jamais ses feuilles. Ses marrons ne tombent jamais !
Cela fait qu'ils sont suspendus…
Intrigué, en y regardant de plus près, je me suis aperçu que c'était un arbre artificiel…
Au début, il a dû pousser naturellement et puis, au fil des ans, que s'est-il passé ?
Il s'est artificialisé ! Alors, pour voir ce que cela donnait, j'ai planté des fleurs artificielles tout autour. Eh bien, elles poussent naturellement !
Elles grandissent, s'épanouissent. Elles fleurissent, elles sentent !
J'ai fait analyser la terre. C'est de la terre de Sienne !
Alors ?
Eh bien, elles font des siennes !

Armée

Avant et après les guerres, les militaires sont là pour ranimer la flamme.
Pendant la guerre, ils font le couvre-feu.

*

À la caserne, on en fait faire des choses au troufion, pendant qu'il y est !
– Vous me ferez huit jours !
– Oh et puis, tiens ! Pendant que vous y êtes, vous m'en ferez quinze !
– À la réflexion, puisque vous y êtes, restez-y !

Artiste

Ce n'est pas le savoir qui fait l'artiste.
C'est le savoir plus le don.

Arts

Quand on regarde la Vénus de Milo, on se dit que la sculpture manque de bras.

Assurance

Je suis assuré contre l'incendie, pas contre les jets de pierres !
– C'est tout comme moi, dit le missionnaire, je n'ai jamais été remboursé pour ma lapidation !

Au-delà

Celui qui ne voit que l'armoire ne sait pas ce qu'est une armoire !
Une armoire en soi, ce n'est rien.
Une armoire ne vaut que par les costumes qu'elle contient ou les draps qu'elle renferme.
Il faut voir au-delà de l'armoire !

*

Une noix, ce n'est pas sa coquille qui est intéressante, c'est ce qu'elle contient !

Auteur

L'autre jour, j'ai reçu cette lettre d'un écolier de 11 ans :
« Au secours, Raymond Devos : ma moyenne est en baisse ! J'ai eu un zéro en rédaction parce que j'ai écrit un texte à la manière de Devos sur le mot “branché”. Ce zéro ne compte pas encore car ma prof épluche l'œuvre de Devos à la recherche de ce texte. Elle est

persuadée que c'est vous qui l'avez écrit. Pourriez-vous m'envoyer un mot pour me confirmer que vous n'avez jamais écrit de sketch sur le mot "branché" ? Je vous aime bien, mais pas au point d'avoir un zéro ! »
Il me place dans une situation difficile, ce jeune homme... Parce que si le texte est bon, je suis prêt à dire qu'il est de moi !

Autres

Moi, je suis vous. Et vous, vous êtes tous les autres que je suis.
C'est vous dire si nous sommes très proches.

Avarice

C'est le genre de type qui salait et poivrait ses aliments plus que de raison, uniquement parce que le sel et le poivre sont gratuits.
L'aubergiste, lui, s'en foutait ; il salait et poivrait la note dans les mêmes proportions.

*

Chaque fois que je veux le laisser payer la note, il ne me laisse pas faire !

*

L'avare :

– S'ils m'aiment, c'est pour mon bien.

Aventure

Un matin, un ami vient me trouver. Il avait un sac de couchage sur le dos, un barda… et il me dit :

– Je pars !

– Où vas-tu ?

– Je vais faire le tour du monde à pied.

– Dans quel but ?

– Dans le but de revenir à mon point de départ.

C'est ça l'aventure !

C'est comme si quelqu'un disait :

– Je pars. Mon but est d'atteindre le bout de la Terre.

La Terre n'a pas de bout. Elle est ronde. Pour être raisonnable, il faudrait dire :

– Je vais essayer d'atteindre mon point de départ.

Quelle aventure magistrale !

B

Bagages

À tous les pauvres imbéciles qui sont comme moi d'origine modeste... nés de gens simples...
Ceux qui n'endossaient que les habits de leurs aînés...
Ceux qui n'ont que le *certificat d'études* qu'ils n'ont pas faites...
Ceux que la vie n'a pas bercés...
Ceux qui se sont refusés à baisser le bras, à courber la tête... sauf pour dire merci... merci ! Merci !
– De quoi ?
– De rien !

Battre (se)

Je suis très timide. Cela se traduit par des dérobades, des refus. Vouloir faire quelque chose, imaginer comment cela va se faire... et puis se dérober, ne pas le faire. Ne pas avoir le courage, ne pas avoir le droit de le faire… Refouler. Je pense que je suis comme tout le monde, mais chez moi, il y a souvent une grande lâcheté. Ce n'est pas facile à avouer. Je n'aime pas la violence. Si quelqu'un m'insulte ou cherche à me frapper, je n'aime pas cela. Je crois qu'un homme intelligent – je ne prétends pas en être un – évite les situations qui ne lui conviennent pas. Cela m'est arrivé. Je me suis trouvé un jour en face d'un monsieur qui avait l'air d'une armoire à glace et qui était pris de boisson. Nous nous sommes croisés dans la rue, simplement. Instinctivement, je me suis retourné ; il s'est retourné en même temps. Il est venu vers moi et il m'a dit :

– J'ai une tête qui ne te plaît pas ?

J'aurais pu lui dire :

– Non, monsieur.

Mais j'ai raisonné intelligemment et j'ai dit :

– Monsieur, je ne vous connais pas, je ne vous ai pas vu assez longtemps…

Il a été séduit par ces paroles.

– Ah, alors, mon pote, viens ! On va boire un pot !

Il était infirmier, il m'a raconté sa vie. Je m'en suis sorti comme ça. Peut-être qu'un homme d'un certain courage aurait dit :

– Je n'ai rien à voir avec vous, monsieur.

*

– Défends-toi si tu es un homme !

– Je ne me bats qu'avec des mots.

– Des mots ! Je vais te les faire rentrer dans la gorge !

*

Le soûlot qui se bat sous l'eau à coup d'épée dans l'eau !

*

Lorsque je donne un coup de poing dans la figure de quelqu'un, j'ai mal à sa figure.
C'est pour cela que je ne me bats pas.
Avez-vous remarqué que lorsqu'on s'est battu avec quelqu'un, on dit :
– Je me suis battu !

*

Croyez-vous qu'il soit plaisant pour un tueur de constater qu'il prend du plaisir à tuer ?

*

S'attaquer à plus faible que soi, c'est lâche.
S'attaquer à plus fort que soi, c'est idiot !
Un match met donc en présence un lâche et un idiot, sauf évidemment en cas de match nul.

Bien

Je pourrais dire tant de bien de vous que vous ne vous en relèveriez pas.

*

Au pianiste :
– Dites donc ! Il paraît que vous dites du bien de moi quand je ne suis pas là ?
– Moi ?
– Ne niez pas ! On me l'a rapporté !... Qui ? Des gens dignes de foi. Il paraît que vous chantez mes louanges ! Vous vantez mes mérites ! Je vous remercie ! Vous me faites un tort considérable ! Vous me portez préjudice ! Vous donnez aux gens une fausse idée de ma personne !
Plus tard, quand ils auront le plaisir de me connaître, ils seront déçus !
Ils diront :
« Ce n'est que ça ! »
Ils tomberont de haut !
Je préfère que vous disiez du mal de moi. Cela m'est plus utile ! Quand on dit du bien de quelqu'un qui ne le mérite pas, le bien qu'on en dit se retourne contre lui ! Si vous persévérez à dire du bien de moi, moi aussi, j'en dirai de vous !
– Oh non ! Pas ça !
– Si ! Je chanterai même vos louanges...

Bonheur

Mesdames et messieurs, j'ai une révélation de la plus haute importance à vous faire : nous ne sommes pas ici, en ce bas monde, pour être heureux !
Il faut en prendre son parti...
Je ne pouvais pas garder ça pour moi.

*

– Vous avez été heureux, vous ?
– Oh ! Hé ! Je pense bien !... La première fois, ça a été... etc.
– Et la deuxième ?
– Lors de... etc.
– Et puis ?
– Et puis, c'est tout !
– Alors, en dehors de ?...
– En dehors de ça, j'ai souffert.

Bouffon

J'aurai joué mon rôle de bouffon, de fou, envers et contre tout...
Comme, très tôt, le destin me l'avait fait savoir... connaître, pour ne pas dire commandé.
La vie m'a malmené.
Elle m'a donné leçons sur leçons... leçons particulières que j'ai souvent payées très cher.
J'ai souvent fait des heures supplémentaires.
Faire rire était ma marotte.
Lorsque j'avais froid, je dansais la gigue en agitant mes grelots.
J'ai fait contre mauvaise fortune bon cœur.
Je me réconfortais en citant des phrases toutes faites, issues de l'expérience répétée des autres :
« Qui dort dîne ! »
« Qui a bu boira. »
« Aide-toi, le Ciel t'aidera ! »
Il y en a tout un chapelet.
Cela ne met pas du beurre dans les épinards, mais cela rend philosophe.
Du moins le croit-on !

Bruit

Les rumeurs vont de plus en plus vite.
Calculer la vitesse d'une rumeur devient quasiment impossible.

*

Un jour, j'apprends qu'un bruit court.
Je me lance à sa poursuite.
J'étais sur le point de l'attraper. Quelqu'un a fait :
– Chut !
Et le bruit a disparu.
Je n'en ai plus jamais entendu parler.

C

Carré

Il n'existe pas de carré dans la nature.
La nature ne fait pas dans le carré, elle fait dans le rond.
Il n'y a pas d'astres carrés.
Jetez une pierre dans l'eau, elle fait des ronds, pas des carrés !
On fait des ronds de fumée.
Essayez de faire des carrés de fumée.
Il y a toujours une volute qui dépasse.

*

Le carré ment alors que le rond, point !

Chance

Actuellement, pour recevoir son courrier en temps voulu, il faut compter sur le facteur chance.

*

Chaque fois que quelqu'un a un accident, on lui dit :
– Vous avez de la chance. Ça aurait pu être pire !
Si vous vous êtes cassé une jambe, on vous dit :
– Quelle chance vous avez ! Vous auriez pu vous casser les deux !
Il y a toujours quelque chose qu'on aurait pu se casser en plus !
Et si quelqu'un meurt, on dit encore qu'il a eu de la chance !
Il aurait pu être diminué pour le restant de ses jours !

*

Quand les dieux sont avec vous, il n'y a plus de catastrophe…
Il n'y a que des chances inouïes.
Ce qui vient de m'arriver est exemplaire.
J'avais un petit pavillon dans la banlieue parisienne.
Le pavillon était bien placé mais la banlieue ne l'était pas !
J'avais un jardin tout en pente. La maison était en haut et en bas de la pente coulait une rivière.
Un matin, comme il avait plu toute la nuit, je me dis :
– Tiens ! Je vais aller voir si l'eau de la rivière ne déborde pas !
En réalité, je voulais voir glisser sur l'eau les bouteilles vides, les boîtes de conserve et autres détritus qui descendent nonchalamment le courant… J'adore ça !
Je m'engage sur la pente. Je glisse sur le sol boueux et je dévale la pente sur le dos…
Impossible de m'arrêter… et plouf ! Dans la rivière !
Le plus vexant, c'était de voir tous les détritus m'observer sans aménité comme si j'étais un des leurs.

Le temps de me passer un peu d'eau sur le visage, de me rafraîchir, je regagne la berge.
Je m'agrippe à ma terre… je tire… et je vois tout mon terrain glisser vers moi comme j'avais glissé sur lui ! Bien fait !
Plouf ! Un torrent de boue !
Et que vois-je ?
Ma maison, par solidarité sans doute, suivre la même pente et plouf ! Dans la rivière, mais toujours debout !
Là, j'ai crié :
– Les dieux sont avec moi !
Et effectivement, à partir de cet instant, ils ne m'ont plus quitté !

Changement dans la continuité

C'était le slogan de Giscard en 1974. Une phrase qu'on entend encore, de temps à autre.
C'est une phrase ambiguë.
Que Giscard me pardonne !
Parce que, pour continuer dans la même voie tout en changeant de direction, il faut être fort !
Moi, je déteste les changements !
Exemple : quand je prends le métro et qu'il faut changer, je ne continue pas !
Parce que le changement dans la continuité, c'est le vieillissement !
Il faut s'en méfier !
Dire à quelqu'un :
– Tu as changé et pourtant, tu continues !
Cela veut dire :
– Tu vieillis !
Tout simplement.
Moi, je suis pour la continuité dans le changement.
C'est l'innovation permanente, le renouvellement constant !

Changement inutile

Remplacez l'*h* du mot «huit» par le *c* du mot «cuit», puis mettez un mot à la place de l'autre et vous obtiendrez le même résultat.
Démonstration dans la phrase «Il faut huit minutes pour qu'il soit cuit à point» (phrase des plus arbitraires, volontairement imprécise et parfaitement irrésolue).
Bien ! Je mets l'*h* de «huit» à la place du *c* de «cuit» et j'obtiens : «Il faut cuit minutes pour qu'il soit huit à point.»
Effectivement ! Là, on sent qu'il s'est passé quelque chose.
Bon ! Allons plus loin ! Je mets le mot «huit» à la place de «cuit» et «cuit» à la place de «huit».
Que voyons-nous ? Que rien n'est changé !
Qu'il faut toujours huit minutes pour qu'il soit cuit à point !
Et pourtant... il y a eu DEUX manipulations !

Chant

Pourquoi chante-t-on les mots au lieu de les parler ?
Parce que lorsqu'on parle, dès que les mots sont hors des lèvres, ils tombent comme des pierres !
Alors que les mots chantés s'envolent dans les airs comme des oiseaux !

Chauvinisme

Conversation entendue.
Dernièrement, je me promenais sur l'avenue des Champs-Élysées...
Qui je rencontre ? Un Français !
Un vrai, qui parlait la même langue que moi !
Je me suis tout de suite senti moins seul.
Les premières effusions passées, il me dit :

– Écoutez… Il vaut mieux que l'on ne nous voie pas ensemble. Cela pourrait paraître suspect. Pensez, deux Français ! Ne restons pas là !
– On se retrouve où ?
– Devant le Français !
– Ah ! Vous en connaissez un autre ?
– Non, je parle du Théâtre-Français ! La Comédie-Française !
– Dites donc !… Vous ne seriez pas chauvin, vous ?
– Si !
Effectivement, il s'appelait Chauvin, monsieur Chauvin !
– Comment savez-vous mon nom ?
– C'est que, lui dis-je, on est tellement peu que l'on finit par connaître le nom de chacun !

*

J'ai fait un rêve bien français.
J'ai rêvé que j'étais un jeune coq tout fringant !
Autour de moi, la basse-cour, que de belles petites poules blanches toutes pimpantes !
L'embarras du choix !
Comme le jour allait se lever, je me suis dressé sur mes ergots et j'ai chanté :
– Cocorico !!
Et ça m'a réveillé… c'est tout !
Qu'est-ce que tu veux faire ?
J'ai repris mes occupations coutumières…

Chef

Il faut bien que je les suive puisque je suis leur chef !

Chien

J'ai un chien… sans que je lui dise rien, il me suit partout, où que j'aille !
Mais dès que je lui parle, il ne me suit plus… il doit suivre son idée.

✽

J'ai connu un spectacle joué par des chiens où il n'y avait pas un chat !

✽

Pourquoi ai-je donc relié mes deux mouchoirs, celui des pleurs et celui des rires par un nœud ?
Ah, ça y est ! Je me souviens…
Hier, j'ai vu sur le bord de la route… un homme pleurer de joie en caressant son chien.
Tandis que le chien, remuant la queue de contentement, léchait le visage de son maître.
– C'est beau, lui dis-je, de voir un homme aimer son chien et être aimé de lui à ce point !
C'est alors que je m'aperçus qu'ils avaient tous les deux une corde autour du cou.
Comme je m'en étonnais, l'homme me dit :
– C'est parce que j'ai voulu abandonner mon compagnon de route, monsieur ! Oui, j'ai commis cette chose atroce ! Je l'avais attaché à un arbre à l'aide d'une corde et je m'étais éloigné… sans me retourner… sans même jeter un regard en arrière !
Quelques kilomètres plus loin, un doute m'a traversé l'esprit…
La corde que j'avais passée au cou de mon chien tiendrait-elle ? N'allait-elle pas céder ?
Voulant m'en assurer… j'ai grimpé à un arbre et avec le morceau de corde qui me restait, j'ai fait un nœud coulant ; j'y ai passé la tête… (comme je l'avais fait pour mon chien) et après avoir attaché

l'extrémité à une branche, j'ai tendu la corde de tout le poids de mon corps ! Eh bien, la corde a tenu bon !
Mais la branche était trop haute…
Je suis resté suspendu entre ciel et terre et je serais mort pendu si mon chien, après avoir rompu sa corde, ne m'avait rejoint, n'avait bondi dans l'arbre et n'avait coupé la corde avec ses crocs !
Et tandis qu'il me racontait son histoire, l'homme, machinalement, avait relié les deux extrémités des cordes… par un double nœud… si serré que rien ni personne ne pourra jamais le défaire !

Chiffre

– Quel chiffre était-ce ?
– C'était un… c'était un…
– Vous ne vous en souvenez plus ?
– Si ! C'était un…
– Un *un* ?
– Non ! C'était un huit !
– Vous êtes sûr ?
– Oui, parce que sept et un, ça fait huit !

*

Trois est un mot de trois chiffres : III (romains) ;
14 est un nombre de trois lettres : XIV ;
15 est un nombre de deux lettres : XV.

*

– Prenez un saucisson. Vous en prenez 18 tranches. Si vous en retranchez 4, il reste 14 tranches !
– C'est faux ! Il en reste 22 !
– Non ! 14 !
– Non ! 22 !
– Enfin ?
– Non, parce que si vous retranchez 4 tranches, au lieu de les soustraire des 18 déjà tranchées, elles s'y ajoutent !
– Voyons ! Si vous retranchez, il y en a moins !
– Non, il y en a plus !
– Écoutez, cessons ces bas calculs !
– Oui ! Tranchons là, voulez-vous !

*

Les chiffres parlent d'eux-mêmes !
Si nous prenons les 61 millions de Français, que nous les divisons par 365 jours, ça fait 167 123,29 Français par jour. C'est énorme !
Ce sont des chiffres qui donnent à réfléchir !

*

En affaires, si votre associé vous double, on pourrait penser qu'il vous multiplie par deux !
Pas du tout ! Il vous divise...

Chômage

**Comment résoudre le problème du chômage ?
Par les écoutes téléphoniques !
Il y a en France environ *x* millions de chômeurs.
Vous prenez *x* millions de gens qui ont le téléphone et vous les mettez sur table d'écoute.
Vous engagez les *x* millions de chômeurs pour les écouter et le problème du chômage est résolu.
Vous me direz :
– Avec quoi payer les *x* millions de chômeurs ?
Avec le prix des communications. Ceux qui parlent paient pour ceux qui écoutent.**

Une chose à la fois

Quand on fait les choses à moitié, il faudra les refaire entièrement.

*

Quand les gens ne font qu'une chose à la fois, ils s'ennuient.
Ils ont l'impression de perdre leur temps. C'est pourquoi, maintenant, on fait toujours, au moins, deux choses en même temps !
Conduire sa voiture tout en écoutant la radio…
Conduire sa voiture tout en téléphonant.
Vous avez des gens qui marchent en lisant, d'où une certaine distraction. C'est-à-dire que soit leur marche épouse ce qu'ils lisent… si c'est un policier, ils rasent les murs… soit leur lecture adopte le mouvement de la marche…

Ciel étoilé

Les étoiles sont des âmes. Chaque fois qu'une âme quitte son enveloppe charnelle, parce qu'il le faut bien un jour, une étoile naît dans le ciel.
C'est pourquoi il y a tant d'étoiles dans le firmament.
Des milliers et des milliers d'âmes… Toute une constellation…
Et quand une étoile meurt, ce qui est rare, elle se réincarne…
C'est pour cela qu'il y a si peu de naissances…
C'est pourquoi lorsque vous levez les yeux au ciel, elles vous font de l'œil !
– Mais Dieu, qui est en trois personnes, n'a-t-il qu'une seule âme ?
– Oui ! Mais elle a trois étoiles !

Cinéma

Si on avait filmé les pièces de Molière à l'époque où elles furent créées, peut-être qu'on ne les jouerait plus !

*

Le cinéma investit trop d'argent dans les films pour être un grand Art !

*

Le metteur en scène, complètement nase… voulait que je mette un faux nez !
Je lui dis :
– On ne me reconnaîtra pas !

– C'est ce que je désire… Quand je vous ai engagé, je ne vous connaissais pas. Maintenant que je sais que vous êtes connu, je ne tiens pas à ce que l'on vous reconnaisse !
– Pourtant, je gagne à être connu !
– Oui ! Mais pas assez pour être reconnu !

*

Récemment, je rencontre un acteur connu. Je lui dis :
– On ne te voit pas beaucoup en ce moment sur les écrans de cinéma…
– Oui, il y a longtemps que je n'en ai fait.
– Pourquoi ?
– Le cinéma, ce n'est plus ça !
– Ah ?
– Dernièrement, je suis allé voir plusieurs films… Je ne peux pas dire qu'ils étaient mauvais mais je ne sais pas… je me disais qu'il manquait quelque chose…
– Quoi ?
– Quelque chose… je n'arrivais pas à savoir quoi. J'y suis retourné… et tout à coup… cela m'a sauté aux yeux ! Ce n'est pas quelque chose qui manquait mais quelqu'un !
– Qui ?
– Moi !

*

Un producteur dit :
– Je vais tourner la vie de Charles Aznavour. Pour l'incarner, j'ai choisi Belmondo.
– Pourquoi pas Aznavour ?
– Il est trop petit !

Clef

Récemment, je lis dans les petites annonces : «Possédant serrure fermée à clef et n'ayant pas la clef, recherche quelqu'un possédant clef de trop (dont il n'a pas la serrure), quelquefois que ça irait ! »
Je me présente à l'adresse indiquée. Je sonne. On ouvre.
– Je suis sésame, madame, je viens pour la serrure...
– C'est moi ! Vous avez la clef en question ?
Je la lui sors.
– Mais elle est toute petite ?
– Madame, qu'à cela ne tienne ! Si vous n'en voulez pas !...
Et je l'ai remise dans ma poche !
Il ne faut pas chercher à comprendre.
C'est une histoire à clef !...

Clown

Le clown vient nous rappeler qu'on est sans cesse ridicule quand on est constamment raisonnable.

*

Ne dites à personne que vous m'avez vu faire le clown ! Cela me ferait du tort.
Les gens :
– On pensait qu'il avait une vie intérieure profonde !
– Il est bien léger ! Je le trouve bien superficiel !
Cela nuirait à ma réputation d'homme angoissé !

*

J'admire le clown parce qu'il consent. Il consent à s'abaisser pour essayer de s'élever. Au milieu du rond, là,

avec une lumière qui lui tombe sur la tête, il nous dit qu'il suffit de très peu de chose pour que l'on se dégrade.
Il suffit de peu de chose aussi pour que l'on se reprenne.

*

Les clowns font l'éloge de la folie qui fait que tout redevient humain.
Ils condamnent sans cesse la prétention qui nous guette.
La noblesse du clown, c'est de montrer l'homme sous toutes ses facettes, dans son côté lamentable, dans son côté superbe.
Les paillettes, c'est l'éclat, la poudre aux yeux.
Le pantalon qui dégouline, c'est une détresse peut-être morale.
Le défi, c'est vivre à tout prix.

*

Je suis un clown musicien trop bavard pour le cirque.

*

Un monsieur dit :
– Je suis clown... Je suis Auguste.
Il va voir le directeur de cirque qui lui dit :
– Alors, vous êtes drôle ?
– Ah, monsieur ! Je prends des coups de pied au derrière et les gens : Ha ! Ha !
– Signez là !
Il sort.
C'est à lui et il entre. Il prend un coup de pied au derrière.
Si les gens rient :
– Quel artiste !
Le directeur :
– Oh, il a réussi ! Bravo ! Oh, il est fort !
Si les gens ne rient pas, qu'est-ce qu'il reste ?

Il reste un monsieur qui a pris un coup de pied au derrière en présence de mille personnes…
Honteux…
C'est épouvantable.

Code

L'automobiliste :

– Ce n'est pas civil, ce que vous faites !
– Si ! C'est inscrit dans le code !
– Le code de la route ?
– Non, le code civil !

Comique

Le comique, c'est l'intelligence.
C'est le décalage entre la réflexion et la vie spontanée (la vie instinctive).
La réflexion qui est toujours en retard par rapport à la vie spontanée.
C'est de ce décalage que découle le comique.
C'en est une des racines.

*

Il n'y a pas beaucoup de *charge* comique dans une situation dite drôle.
C'est pourquoi si on veut qu'elle explose, il faut éviter de la *diluer.*
Il faut éviter de mouiller le pétard.
La *charge* comique se suffit à elle-même.
Évitez de la surcharger !

*

Les comiques ont des blessures d'orgueil. Quand on a la prétention de distraire les gens et qu'on n'y parvient pas, c'est pire encore que de recevoir une gifle. L'orgueil, voilà bien le véritable ennemi du comique.

*

Le comique, par définition, dégrade les valeurs.
Il ne faut donc pas rire de choses déjà dégradées.
Autant s'attaquer à des valeurs qui résistent.
Lorsqu'on dégrade des choses déjà dégradées, on tombe dans la vulgarité.

*

Deux exemples pour illustrer le tragique et le comique.
Lorsqu'un 1er avril on accroche dans le dos de quelqu'un un poisson, c'est comique.
Lorsque au lieu d'un poisson on lui plante un poignard, c'est tragique.
Maintenant, si on plante le poignard pour y accrocher à son manche un poisson, c'est tragi-comique.

Compliments

Les autres sont formidables et moi, je suis comme les autres !

*

Je ne suis pas autrement que mon voisin qui est un type formidable.
Je suis souvent d'accord avec ce qu'il dit.
Exemple : il considère que mon esprit est supérieur au sien.
Eh bien, je partage entièrement son avis !

*

Les grands artistes ne sont jamais prétentieux.
Est-ce que je suis prétentieux, moi?

Comprendre

Si vous voulez comprendre ce que je dis, ne m'obligez pas à m'expliquer clairement!

*

**Il ne s'agit pas d'apprendre mais de comprendre.
Et lorsque tu as compris, tu sais!**

Compte

Pourquoi lorsque l'on se trompe sur mon compte, c'est toujours à mon désavantage?

Con

– Vous êtes con ou quoi?
– Quoi?
Il est encore plus con que je ne le croyais!
J'aurais mieux fait de rester coi.

*

– Ce monsieur, comment l'appelle-t-on déjà?
– Quand il n'est pas là, on l'appelle le con.
– Chut!... Taisez-vous, voyons! Il est là!
(Entre le monsieur dont on parle.)
– Quand il est là, je ne sais pas comment on l'appelle!

*

– Pourquoi dites-vous : « Nous sommes tous des cons » ?
– Parce que j'ai trop peur de la solitude !

Concours

Un concours, c'est comme une loterie !
La chanteuse qui espérait gagner un kilo de sucre finalement n'a emporté qu'un filet de voix !

*

À la suite d'un concours de circonstances, il obtint le premier prix.

Connard

Quand je vois la puissance comique que contient ce mot et l'usage que les amuseurs en font, je me demande comment j'ai pu faire rire sans jamais prononcer le mot.
Quel connard j'étais ! Et je l'ignorais !
Si c'était à refaire, je me ferais appeler « connard », si bien que chaque fois qu'un amuseur emploierait le mot, il citerait mon nom !
On dirait de lui :
– Il fait du connard !
Chaque fois que j'ouvrirais la bouche, on dirait :
– Arrête tes conneries, connard !
Je deviendrais la coqueluche des connards.
Et puis, le jour où j'en aurais assez d'entendre des conneries que l'on pourrait dire sur moi, dans le genre « Il vulgarise le comique ! Bravo, connard ! », je ferais comme tout connard qui se respecte, je tiendrais dans un film sérieux un rôle dramatique.

Les gens diront :
– Il nous a eus, le connard ! Il est Raimu et Bourvil réunis !
Deux comiques que, jadis, les gens prenaient au sérieux !
Ah, les connards !

*

Ce qu'on peut faire en deux mots.
Je bouscule un type qui allait entrer en même temps que moi.
Je lui dis :
– Pardon !
Il me répond :
– Connard !
Je lui dis :
– Pardon ?
Il me répond :
– Connard !
Je le bouscule à nouveau et je lui dis :
– Pardon, connard !...
Il est resté comme ça...
Que vouliez-vous qu'il réponde ?
J'avais tout dit !

*

De nos jours, pour un comique, dire trois phrases sans employer le mot « connard », c'est du suicide ! Moi qui ne l'employais jamais, je devrais être mort depuis longtemps.

Connu

Il ne gagne pas à être connu, et pourtant, plus il est connu, plus il gagne !

*

Lorsque quelqu'un dit d'un autre « Je le connais ! », il bluffe !
Que peut-il savoir de lui ?
Son nom ?
Son adresse ?
Son aspect extérieur ?
Un peu ce qu'il pense ?
Mais ce qu'il est ?
Il n'en sait rien !

Conseil

Je vous conseille de ne pas écouter les gens qui donnent des conseils.

Conservatoire

Christian Chevreuse est sorti du Conservatoire avec une voix.

Conversations

Tous ces gens qui, au lieu de vous donner le résultat d'une chose, vous en donnent le compte rendu détaillé !

Couleurs

Le vert étant la couleur complémentaire du rouge, on peut dire que le vert est dans le rouge (et le rouge est dans le vert).
Le ver est dans le fruit.
Le jus de fruits est dans le verre.
Ne pas confondre avec le fait de verser du vin rouge dans un verre !
Rien à boire… à voir !

*

Tous les tableaux des grands peintres sont noirs la nuit.
Alors qu'un tableau noir, le jour, peut se colorer à la craie de couleur.

Coup de fil

Je reçois un coup de fil curieux d'un ami.
– Allô ? Comment vas-tu ?
– Très bien ! Merci.
L'ami, surpris :
– Ah !… Je te croyais gravement malade ?
– Pas du tout ! Je me porte très bien !
– Ah, ça ne fait rien… tant pis !… Excuse-moi de t'avoir dérangé…
Et il a raccroché. Curieux, non ?

Courir

Pourquoi courez-vous ?
– Parce qu'on nous a tellement fait marcher jusqu'ici... qu'on ne marche plus ! Mais comme on veut continuer d'aller de l'avant... on court !

Coût du cierge

J'ai fait brûler un cierge pour que celle que j'aime m'aime aussi.
Cela m'a coûté deux francs.
J'en ai fait brûler un deuxième pour que mes affaires qui n'allaient pas aillent.
Cela m'a coûté deux autres francs.
Puis, j'en ai fait brûler pour tout ce qui ne va pas dans le monde.
Et j'en ai eu pour cinquante-sept mille trois cent quatre-vingts francs !
Et encore, j'ai triché !
J'ai fait aller des choses qui allaient ! Par économie !

Critique

J'ai parfois reçu de mauvaises critiques. Elles m'ont fait beaucoup de mal.
Surtout quand elles étaient fondées, parce que je le savais !
Croyez-vous que ce soit rendre service à un artiste que de lui dire :
– Dites donc, votre truc là, c'est pas bon !
Il le sait. S'il le fait, c'est parce qu'il n'a pas trouvé mieux.

❃

L'art est difficile mais la critique l'est encore plus !

*

– Je vous trouve juge et partie.
– Faux ! Je n'ai jamais été juge et… je suis déjà parti !

*

Vous me dites que vos jeunes ont le sens critique.
J'aurais préféré qu'ils eussent le sens admiratif parce que d'après ce que j'en ai vu, le sens critique, ils l'ont pour les autres mais pas pour eux-mêmes !

Cul

Je ne montre pas mes fesses en public. On croit que c'est par pudeur.
C'est surtout parce que je ne suis pas sûr du résultat.

*

Un coup de pied au derrière, c'est moins percutant qu'un coup de pied au cul !
C'est ce qu'ont fort bien compris certains nouveaux comiques qui, au lieu de faire voir leur derrière, montrent leur cul !
On ne leur en demande pas tant !
– Pensez-vous à Coluche ?
– Non ! Lui, c'est différent. Il devait montrer ses fesses puisqu'on le portait aux nues.

*

Un spectateur m'a fait remarquer à l'entracte que je n'avais pas encore employé le mot « cul ».
– Vous n'êtes pas contre ?
Je lui ai répondu simplement :
– Je n'ai pas su où le placer.

D

Daltonien

Chez un daltonien pervers, le processus est inversé…
Il voit comme tout le monde !

*

Le daltonien du sentiment qui rit au lieu de pleurer et qui pleure au lieu de rire.

Dédoublement

On se prend souvent pour quelqu'un alors qu'au fond on est plusieurs. Aussi vrai que je me retrouve chez les autres, je retrouve les autres en moi, dans mes réactions. Ce problème du dédoublement m'obsédait. Alors, j'ai essayé de traiter la question sur un plan comique. Par exemple, pour faire comprendre aux gens cette histoire de dédoublement, de l'ange gardien dont nous parlons tous, cette « conscience », je disais souvent sur scène :

– Je me suis dédoublé. Vous me voyez assis alors que je suis debout. Je sais que c'est difficile à admettre. Je ne sais pas d'ailleurs si d'où vous êtes, vous pouvez me voir assis.
Je me levais et j'allais vers les gens, je me mettais à leur place et je regardais. Je leur disais :
– Ah non, d'où vous êtes, vous ne pouvez pas me voir assis.
Et j'ai continué à travailler mon idée. Je suis allé jusqu'à construire mon double, c'est-à-dire un mannequin qui me ressemble. Et puis, sous un éclairage savant, je revenais et je me mettais à côté de moi en disant à mon double :
– Ça y est, il est temps de sortir, la représentation est terminée.
Je me poussais, je me prenais dans mes bras et je me sortais.

Délire métronomique

Un jour, quelqu'un m'a mis au défi d'écrire un monologue sur un métronome, cet objet qui bat la mesure à votre place. Bah ! Je n'avais pas autre chose à faire… J'ai relevé le défi.
(Entrant, un paquet à la main.)
Mesdames et messieurs, ce paquet contient un objet extrêmement rare que j'ai rapporté de mon dernier voyage dans l'imaginaire… un désert que je traversais à pied.
(Tout en retirant le papier qui l'enveloppe.)
Il était enfoui dans le sable.
Lorsque j'ai mis le pied dessus, tout d'abord, j'ai cru que c'était une mine, j'ai cru que j'allais sauter…
Et puis j'ai réalisé que, dans l'imaginaire, il n'y a pas de mine !
Et pourtant, c'en était une ! Mais une mine d'or !
(Dévoilant l'objet.)
C'est une petite pyramide qui a été réduite à l'échelle humaine, comme on réduisait jadis les têtes… Cette petite pyramide a été érigée il y a des milliards d'années, à une époque inimaginable par on ne sait qui…

Elle était aussi grande que les autres, celles que l'on peut encore admirer en Égypte…
Et puis les pluies, les vents, les tempêtes de sable l'ont érodée, momifiée, réduite, comme plus tard les Jivaros réduiront les têtes de leurs congénères.
Revenons à ma pyramide !
En désensablant cet objet et en le portant à mon oreille, j'ai entendu comme des battements de cœur, ce qui laisse supposer que cet objet inanimé a, sinon une âme, un cœur !
Je subodorais que ces battements étaient le tic-tac d'une pendule…
Intrigué, voulant connaître l'origine de ce bruit, j'entrepris de rechercher un balancier.
Ô stupeur ! Il y avait bien un balancier mais, à l'inverse d'une pendule, c'est le haut qui balançait…
Le nom qu'il porte, c'est moi qui l'ai imaginé.
Tout d'abord, je l'avais nommé « métro » et puis, pour qu'on ne le confonde pas avec un moyen de transport, je me suis décidé pour « métronome ».
D'aucuns m'ont dit que j'avais dépassé la mesure !

Désespoir

Quand je ne suis pas joyeux, de vivre ou d'amuser, je suis désespéré.

✽

Dans les moments de stress, il faut que je sorte de moi-même.
Alors, je lis mes textes en allemand. Et là, j'oublie tout.
Essayez de dire : *« Ich liebe dich ! »*
Cela vous absorbe tellement que vous ne pensez à rien d'autre.

Dessous

Sous une chevelure, il y a un chauve.
Sous un chauve, il y a un crâne.
Et sous un crâne, il y a une tempête.

*

La dame de petite vertu :
– Viens que je te montre mon trente-sixième dessous !

*

À l'intérieur de chaque tête de vivant, il y a une tête de mort.

Devise

Ma devise, c'était : « Fais face ! »
Et j'ai du mérite… parce que je suis d'une lâcheté ! C'est dans ma nature…
Mais un jour, je me suis trouvé aux prises avec quelqu'un qui avait la même devise.
Ce fut le heurt. Ce n'était pas beau à voir !
Je me suis dit : « On ne peut pas être deux à avoir la même devise. »
Il faut que l'un des deux cède !
J'ai laissé à l'autre « Fais face ! ».
Et j'ai pris sur-le-champ « Tire-toi ! ».
Et je m'en suis fort bien porté !

Dicton

À beau mentir qui revient de loin.
– D'où venez-vous ?
– Je reviens de loin.

*

Pourquoi dit-on : « Allez vous faire voir », et ne dit-on jamais : « Allez vous faire entendre » ?

*

Pourquoi dit-on : « De l'audace, encore de l'audace, toujours de l'audace », alors que « Dans le doute, abstiens-toi » ?

*

Quand on dit : « Bonnet blanc et blanc bonnet », on se répète !
Pour peu qu'on en rajoute, on radote !

*

Pourquoi dit-on : « La raison du plus fort est toujours la meilleure », alors que « On a souvent besoin d'un plus petit que soi » ?

*

Ventre affamé n'a pas d'oreille.
Un ventre repu entend tout !

*

Après avoir tourné sept fois sa langue dans sa bouche, il mourut étouffé.

Dieu

Dieu, c'est une idée fixe !

*

Moi, je sais en quelle estime je le porte.
Mais j'aimerais savoir en quelle estime il me tient, lui !

*

L'artiste fréquente Dieu et côtoie le diable.

*

Qui ne croit pas en Dieu, en fait ?
Même le plus agnostique des agnostiques… il lui suffit d'un grand malheur et d'un petit appel !

*

Quand Dieu s'efface, c'est le diable qui prend sa place.

*

On m'a demandé de faire du cinéma.
– C'est pour incarner Dieu.
– Combien de jours de tournage ?
– Un seul ! Vous ne faites qu'une apparition !

*

Dieu et Dieu font trois.

*

Dieu, comme tous les grands seigneurs, n'aime pas que l'on se mette à genoux devant lui.
D'où certaines déceptions pour ceux qui l'implorent.

✱

Je suis une miette de Dieu.

✱

Je ne sais pas qui il faut admirer le plus (le mot est faible).
Dieu qui est ressuscité ou le diable qui n'est jamais mort ?

✱

Dieu, on ne l'a jamais vu !
Parce qu'on ne l'a jamais vu, il y a de fortes chances qu'il existe !
Si, par une impossible circonstance, on voyait Dieu, peut-être que l'on n'y croirait plus !

✱

Le matin, lorsque j'éprouve quelques difficultés à me lever, je m'adresse à Dieu.
– Seigneur, je ne peux pas me lever… Aidez-moi !… M'entendez-vous ?
Voix du Seigneur :
– Oui, Devos !
– Appelez-moi Lazare !
– Si tu veux ! Lazare, lève-toi et marche !
À chaque fois, miracle, je me lève et je marche.

✱

Il y a bon nombre de croyants qui diraient :
– Je n'y crois plus !

Parce que les gens ont tendance à ne pas croire à ce qu'ils voient !
C'est intéressant ce que je viens de dire...
Je ne suis pas sûr d'extravaguer...

*

Si Dieu existe, pourquoi ne le dit-il pas ?
Peut-être qu'il ne le sait pas lui-même !

*

Il faut que Dieu soit Dieu pour se prendre pour Dieu !

*

Mon épaisseur animale étouffe ma profondeur divine.

*

Si j'étais Dieu, je referais ce que Dieu a fait.
Si j'étais diable, je détruirais ce que Dieu a fait.
Mais comme je ne suis ni Dieu ni diable, j'essaie de déformer légèrement ce que Dieu a fait afin de le rendre méconnaissable aux yeux du diable...
– Et Dieu vous laisse faire ?
– Oui ! Du moment que je ne copie pas !

*

Longtemps, j'ai tiré le diable par la queue et il m'en est resté quelques poils dans la main.

*

Il y a des gens qui affirment que sans Dieu l'homme n'est que néant. Ce n'est pas charitable pour ceux qui ne croient pas.

Distraction

Il m'arrive parfois d'avoir de petites distractions…
Nous nous promenions ma femme et moi dans la rue… Je la suivais et… je pensais à elle… et puis brusquement, j'ai pensé à autre chose…
Et je me suis mis à suivre une femme que je ne connaissais pas…
Quand elle s'est retournée… j'ai compris mon erreur.
Je suis revenu sur mes pas… et j'ai ré-emboîté ceux de ma femme.
C'est alors que je me suis aperçu qu'elle suivait un autre homme !…
J'ai continué de la suivre jusqu'au moment où j'ai pensé que cela nous mènerait trop loin…
Je lui ai touché l'épaule en lui disant :
– Je suis là !
Elle s'est retournée, surprise… Elle m'a dit :
– Tiens ! Je te croyais devant !
Alors, on est rentrés en se tenant solidement par le bras… pour ne plus se perdre…
Ce sont des petites distractions !…

Douane

On vient d'appréhender à la frontière italienne un jeune religieux qui cumulait les fonctions de prêtre en France et de suisse en Belgique…
Il essayait de passer en fraude ses convictions religieuses…
Grande fut la stupeur des douaniers de découvrir, dissimulée sous les paupières du jeune fraudeur, une lumière intense !
Pour avoir omis de déclarer sa foi, le jeune novice dut faire amende honorable.

Droits de l'homme

Il a cédé ses droits de l'homme à un type qui n'avait aucun droit !

*

Soutenir les mots qui tombent.

E

Écouter

Non seulement je n'écoute pas ce que disent les
autres, mais je n'écoute même pas ce que je dis !
Pourtant, je devrais !
Cela m'éviterait de dire pas mal de sottises !

Écriture

**La solitude devant la page blanche, c'est l'impossibilité dans laquelle on est de faire jouer son esprit.
On reste tout seul avec sa raison. C'est effrayant.**

*

Peut-être suis-je doué aux yeux des autres ? Je le souhaite.
Mais je vous jure que lorsque j'évalue la somme de travail que nécessite un spectacle, le mot « don » passe tout de suite au second plan !

*

Quand j'invente un texte, je suis le premier à en rire. Quel égoïsme !
Il y a des textes que je couche sur le papier en un tour de main.
D'autres qui me tourmentent pendant des mois...
Ce qu'il faut, dès que l'idée arrive, c'est l'écrire tout de suite, l'emprisonner sur la page blanche. C'est comme de la musique. Il faut l'inventer et puis l'enfermer à double tour avec une clé de sol.

Écrivain

Je ne suis pas un écrivain.
Je suis un comédien qui écrit.

*

L'écrivain français :
– Attendez-vous pour me lire que je sois traduit en français ?

*

La page blanche, c'est la toile de fond.
L'écrivain, devant sa page blanche, est comme le peintre devant sa toile vierge.
Le porte-plume, c'est le pinceau...
À la différence que, lorsque l'écrivain pense «bleu», il écrit le mot.

Éloge des défauts

L'art de trousser des compliments avec des choses désagréables.

*

Son ignorance totale lui donne une grande liberté d'esprit.
Ne comprenant rien, il adore s'ennuyer. C'est sa seule distraction.
En dehors de cela, il travaille comme tout le monde, c'est-à-dire pas plus !

*

Il se déteste et, comme il n'aime pas mieux son prochain que lui-même, il n'a pas – cela va de soi – une très haute opinion de l'humanité.
Il a pour les autres un mépris qui frise le respect.

*

Il n'est pas méchant par plaisir, il l'est foncièrement...
Et comme il n'est pas moins bête que méchant, sa bêtise atteint par moments de telles cimes qu'elle en devient grandiose.

*

Il est supérieurement idiot.

*

Il assume sa lâcheté avec un rare courage.

*

Il est d'une indicible exemplarité et d'une modestie dont il peut se vanter.

*

Il a le mérite de n'en pas avoir auquel on peut ajouter celui de le savoir.

*

Quand tu découvres des qualités chez quelqu'un qui a des défauts, tu finis par l'aimer pour ses défauts.

En deçà

Ne croyez pas que je me satisfasse de rester en deçà !
En deçà, je respire mal, je mange mal, je dors mal.
Alors que lorsque je suis au-delà, je ne mange plus, je ne dors plus, je ne respire plus.
C'est formidable !

Enfer

– Êtes-vous satisfait, mon Dieu ?
– Oui ! J'ai créé le ciel, la terre, les...
– Aucun regret ?
– Si ! Celui de n'avoir pas pu supprimer l'enfer. Je ne me le pardonnerai jamais !

*

– Vous n'êtes pas croyant ?
– Non !
– Dieu merci ! Vous iriez à coup sûr en enfer !

*

Comment distinguer un croyant d'un athée ?
Envoyez-les tous les deux au diable !
Le croyant y va !

*

Le soleil, c'est le feu qui produit la lumière, alors qu'à propos de l'enfer, on peut parler de feu… jamais de lumière !

*

Le jour du jugement suprême venait de se lever, la dernière heure de sonner…
Elle, celle qui avait été la compagne des bons et des mauvais jours, de nos belles heures et de nos malheurs, elle qui avait mené une vie exemplaire, un parcours sans faute…
Elle… ah oui… elle le méritait, son vert paradis !
Tandis que moi, pauvre de moi, j'étais bon pour l'enfer rouge !
J'avais déjà pris place dans ce convoi de damnés qui montait vers le front de l'enfer… alors que mes pensées étaient tournées vers la bien-aimée…
Soudain, je la vis qui marchait à mes côtés…
Elle avait préféré mon ciel noir à son ciel bleu !

Enfoiré

Il faudrait tenir compte du sens des mots que l'on prononce. Exemple.

Un type dans sa voiture roule sur une flaque d'eau et m'éclabousse. Je lui crie :

– Tu ne peux pas faire attention, hé, enfoiré !

C'est la première fois que j'employais le mot. Enfoiré !

Le conducteur s'arrête. Il sort de sa voiture...

– Tu m'as bien traité d'enfoiré ?

– Oui, monsieur !

– Enfoiré... dans quel sens... celui du dictionnaire, à savoir couvert d'excréments... ou dans le sens coluchien, enfoiré amical ?

– Dans le sens amical...

– Ah bon !

– Mais... c'est bien parce que c'est vous !

Il remonte dans sa voiture. Je lui crie :

– Salut enfoiré !

Il me répond :

– Salut petit merdeux !

Comme je suis un ancien, un type de la précédente génération, je me dois de dire que, sur le plan comique, de mon temps, c'était mieux !
Exemple : de mon temps, on évitait certains mots.
Quand je pense que j'ai fait toute une carrière sans jamais les employer, j'ai du mérite !
Las ! Maintenant que je voudrais en user, ils sont usés !
On en est à « enfoiré » !
Le mot « enfoiré », pour un comique, c'est du gâteau !
De mon temps, on aurait dit : « Salut les enfoirés ! », on prenait des tomates !
On n'avait aucune éducation à l'époque !
De nos jours, vous dites : « Salut les enfoirés ! », on vous envoie des cadeaux, des fleurs !
Moi, malgré mon grand âge, un jour, pour être à la page, j'ai lancé :
– Salut les enfoirés !
Ah dis donc ! Le lendemain, j'ai reçu des cadeaux...
– Merci d'avoir parlé de moi en ces termes...
Les sondages, en hausse !
Un jour, j'ai parlé de fesses.
On a dit :
– Enfin, il s'adapte ! Il commence à en tenir compte, l'ancien !
– Il condescend à être à la hauteur. Il s'élève au-dessous de la ceinture.
– Il ne regarde plus le bas du dos les yeux baissés !
Aujourd'hui, on a tout libéré : les seins, les fesses, les sexes... Tout cela à l'air libre !
Si tu viens les voir, je les montre ! Ce n'est pas beau, ça ?
De mon temps, on cachait tout hypocritement.
Comme je suis un vieux de la vieille, je dis que c'était mieux. Mais je ne le pense pas du tout !

Ennui

– Vous avez un champ d'ennui.
– Il y a des gens qui cultivent l'ennui ?
– Oui ! Ceux qui n'ont rien d'autre à faire !

Épitaphes

Il avait toujours raison.
On le pensait increvable.
Il nous a prouvé que non.
Il avait toujours raison.

✽

J'ai longtemps caché ma pauvreté.
Puis j'ai caché ma richesse.
Aujourd'hui, je n'ai plus rien à cacher.

✽

Ô vous qui venez vous recueillir sur ma tombe,
qui que vous soyez, soyez gentils : si vous voyez
des mouches tourner autour de ma pierre tombale,
chassez-les sans ménagement !
J'ai horreur des mouches !

✽

Et vous qui m'avez tellement *emmerdé* de mon vivant,
ne venez pas me faire *chier* après ma mort !

Époque

Nous vivons dans une époque épique.
Alors, celui qui n'a pas l'esprit d'équipe ne comprendra rien à l'époque !
Il n'a pas le ton épique.
Exemple : l'épopée du pop.
J'ai connu le pape du pop, avec ses cheveux hérissés comme un porc-épic.
Un jour, je lui ai dit :
– Pape ! Ton pop n'est pas épique !
Ce n'est même pas une époque, c'est tout juste une épopée !

Érotisme

Il y a des phrases érotiques. Exemple : « La renoncule est bisexuée. »

Escargot

Je suis bouleversé...
En traversant la Bourgogne, j'ai écrasé un malheureux escargot.
Je ne l'avais pas vu venir.
Moi, je marchais assez vite.
Quand je l'ai aperçu, j'ai levé le pied... mais il était trop tard !
Il est mort sur le coup ! Terrassé ! Dans les fines herbes !
Aussi... pourquoi a-t-il traversé la route comme un fou ?
Ventre à terre ! Sans regarder !

Espoir

– Qu'est-ce que vous faites en ce moment ?
– Je prépare le futur. Je mets de côté quelques déclarations pour la presse. Je rédige des réponses éventuelles à quelques questions que l'on pourrait me poser. J'imagine des interviews auxquelles j'aurais à faire face au cas où les choses se mettraient à bien marcher. Bref, je ne désespère pas !

Esprit

Il est malséant d'avoir les idées larges pour qui a l'esprit étroit !

*

L'esprit « sans limite » dans un corps « limité ».
L'infini séquestré dans du fini !

*

Je ne me suffis plus à moi-même.
Il faut que je (me) trouve quelqu'un d'autre !

*

La seule chose que le voleur n'ait pas volée, c'est la raclée qu'il a prise.

*

Un trait d'esprit annonce toujours la mort d'une idée.

Esprit d'escalier

Mesdames et messieurs, tout ce que j'avais à vous dire... je me le suis déjà dit en gravissant les marches de l'escalier qui m'a conduit jusqu'ici...
Et j'ai horreur de me répéter.
Comme c'était l'essentiel, il ne me reste à vous dire que des banalités, des phrases conventionnelles...

*

Dis-moi qui tuer, je te dirai qui tu es.

*

Le spirituel est à mon sens une émanation de la matière. Séparer le spirituel de la matière est (toujours à mon sens) une hérésie.

État

L'État, qui est-ce ? L'État, c'est un tas de gens. L'État n'a pas de visage.
Quand on vous dit :
– L'État est responsable !
– Qui est-ce ?
Louis XIV avait le courage de dire :
– L'État, c'est moi !
Et pourtant, c'était un roi.
À notre époque, qui représente l'État ? Un tas de gens !
Je n'ose pas dire n'importe qui !

On me dit :
– C'est le président de la République qui représente l'État.
Moi, je veux bien. Mais alors, qu'il se présente avec sa sacoche et sa casquette et qu'il vienne encaisser mes redevances !
Je le verrais arriver à tout bout de champ ! Pour un oui, pour un non, la facture !
Je le payerais directement. Je lui dirais :
– Vous voulez prendre quelque chose ?
Il me dirait :
– Non, non ! J'ai déjà assez pris comme ça !
– Et comment va la France ?
Alors, il me donnerait des nouvelles de son État.
On se connaîtrait mieux. Il me dirait à quoi sert l'argent que je lui donne.
Ça, c'est pour un bout d'autoroute…
Ça, c'est pour le train-train quotidien…
Ça, c'est pour les réceptions…
Il me le dirait très franchement.
Il me dirait par exemple :
– Telle somme, on ne sait pas où ça va !
Je lui dirais :
– Habituellement, ce n'est pas vous qui venez ?
– Non ! En principe, j'envoie un fonctionnaire pour encaisser…
– Justement, je voudrais vous demander, monsieur le président, puisque je vous ai sous la main. On dit toujours l'État ! L'État ! Mais l'État, qui est-ce ?

Évidence

Les évidences sont humaines.
Les absurdités sont divines.

Explications

Un personnage accomplit un exploit physique. On lui dit :
– Vous vous rendez compte de ce que vous faites ?
– Oui ?
On lui explique alors qu'il défie les lois de la pesanteur, que son centre de gravité, etc.
– Refaites-le, lui dit-on après !
Il n'arrive plus à l'exécuter, ne pensant qu'aux implications de la prouesse.

Expressions

Ce cul-de-jatte ne s'est jamais laissé marcher sur les pieds !

❉

Ce n'est pas tombé dans l'œil d'un aveugle !

❉

Il paraît que son bras droit a passé l'arme à gauche !

❉

Il appelle sa tirelire ce « cochon de payant ».

❉

Moi qui prends toujours l'escalier, je me sens obligé de renvoyer l'ascenseur.

❉

Si vous êtes né coiffé, ne portez pas de chapeau, cela ferait double emploi !

❉

À force de tirer un trait sur chaque faute passée, il en avait gardé les traits tirés.

*

– Je me suis fourré le doigt dans l'œil. J'ai mal…
– À l'œil ?
– Non ! Au doigt !

*

De l'eau dans son vin.
Elle a toujours prétendu mettre de l'eau dans son vin !
Or, je viens d'apprendre qu'elle ne buvait pas de vin !
Alors, question :
– L'eau, qu'en a-t-elle fait ?

Extra-Muros

(Œuvre dramatique de Raymond Devos dont le titre lui a été disputé.)
Ils ont traduit mon œuvre en correctionnelle !

De l'eau dans son vin
Elle a toujours prétendu mettre de l'eau dans son vin !
Or…
Je viens d'apprendre qu'elle ne (buvait) (boit) pas de vin.
Alors, question :
« Où (est) pass(é)e l'eau ? »
Ou :
« L'eau, qu'en a-t-elle fait ? »

F

Fable

Je continue à penser que la plus belle phrase du monde est : « Il était une fois… »

*****

« Rendez-moi mes chandelles et mes sabots et reprenez vos cent écus ! »
Pour moi, les petites histoires que j'invente, ce sont des sabots comme ceux du sabotier de la fable.

*****

– Dites-moi, monsieur, puis-je vous poser quelques questions ?
– Si ce n'est pas de caractère grivois…
– Non ! Au contraire, elles sont d'ordre moral…
– Allez-y… posez !
– Êtes-vous persuadé ou non que « l'on a toujours besoin d'un plus petit que soi » ?
– On le dit !
– Mais le pensez-vous ?

– Cela dépend de la taille de celui qui éprouve le besoin. S'il est plus petit lui-même, il peut éprouver le besoin d'avoir à côté de lui un encore plus petit que lui ! S'il est plus grand, un plus fort que lui à ses côtés peut le faire paraître encore plus grand…
– Deuxième question : croyez-vous que « Tel qui rit vendredi dimanche pleurera » est une fatalité ?
– *A priori* et sans étude approfondie, ma réponse est : pas forcément !
– Pourquoi ? Pouvez-vous développer votre pensée ?
– Ce n'est pas parce que tel ou untel a entendu quelque chose d'irrésistible un vendredi que, trois jours après, il apprendra fatalement une histoire bête à pleurer ! Ce n'est pas parce que tel ou untel aura éclaté de rire un vendredi que trois jours plus tard, fatalement, il s'effondrera en larmes ! Ces explications vous conviennent-elles ?
– Non ! Elles me prouvent simplement que vous n'avez pas lu les *Fables* de La Fontaine.

❃

Cher monsieur de La Fontaine,
Vous êtes un vieux renard.
Signé : le corbeau.

Faire son deuil

Qu'est-ce que j'ai pu mal placer mon argent !
Dès que j'ai su que j'étais mortel… j'ai pensé à mon avenir.
Avec l'argent que j'avais économisé pour mes vieux jours, j'ai acheté un bout de terrain dans un cimetière bien situé… vue imprenable, repos assuré…
J'y ai fait construire un de ces petits caveaux de famille… de derrière les fagots…
Je ne vous dis que ça ! Du dernier cri !
Eh bien… je n'y suis jamais allé…
Il paraît qu'il tombe en ruines.

Il paraît même que le cimetière, on le laisse mourir ! C'est un comble !
Moi vivant, je n'y mettrai jamais les pieds !
Quant à l'argent investi, il y a longtemps que j'en ai fait mon deuil !

Faites comme chez vous

Le patron (au client qui vient d'entrer avec son chien) :
– Faites comme chez vous !
Le client s'assied, commande quelque chose.
Le chien en profite pour faire ses besoins.
Le patron, furieux, engueule le client qui lui répond :
– Ben, quoi ? Vous avez dit : «*Faites* comme chez vous ! »

Faits divers

Alors qu'accompagné de sa femme il chassait en forêt, un chasseur a reçu un coup de fusil tiré dans le cou.
Tué sur le coup !
Quelque temps plus tard, sa veuve éplorée, déplorant son absence, fait tourner la table et l'interroge :
– Chéri, est-ce que tu crois que c'est moi qui ai tiré ?
Réponds : un coup pour oui...
Pan !
Elle est morte sur le coup !

✽

J'ai un voisin, c'est un CRS.
Il me dit :
– Que faisiez-vous pendant les fêtes ?
– Les fêtes ?...
Moi, je cherchais... Il parlait des émeutes !

Famille

Il a l'esprit de famille.
Le drame, c'est que sa famille n'a pas d'esprit.

*

**Nous sommes trois frères et une sœur.
Eh bien, monsieur, chacun des trois frères a une sœur, alors que ma sœur, elle, n'en a pas (de sœur).
Vous comprenez ? Hein ?
Par contre, ma sœur, elle, a trois frères, alors que chacun de ses frères n'en a que deux !
Comprenez-vous ? Hein ?
Vous ne trouvez pas cela anormal, monsieur, qu'il y ait de tels écarts dans une même famille ?
Et pourtant, nous sommes une famille unie, monsieur !**

Maman

Quand ma mère est venue me voir la première fois en spectacle, elle était atterrée !
Elle m'a dit :
– Oh, tous ces gens qui rient de toi !
Elle avait très peur qu'on se moque de son enfant.

Mon oncle

Comme dans toutes les familles nombreuses – bretonnes de surcroît, du côté de ma mère –, il y avait un prêtre. Il était missionnaire et il avait été lapidé par les Chinois. Quand j'étais gosse, il était à Saint-Sulpice, et c'est moi qui suis allé faire son déménagement. Parce qu'on l'avait viré à la Trappe. « À la Trappe ! » Comme dans le père Ubu… « À la Trappe ! » Il y avait eu des scandales. Pauvre tonton ! C'est qu'il était naïf : quand une femme devenait veuve, il lui proposait de la consoler. Et puis, il avait des trous de mémoire. Dans les combles de Saint-Sulpice, il avait planté des marrons. Les marronniers, en prenant de l'ampleur, faisaient péter les vitraux. Et puis, comme il était très musicien, pendant l'office, il jouait du violoncelle : « Bonsoir, madame la Lune ! » Alors un prêtre envoyait un enfant de chœur faire taire l'abbé Martin. Qui reprenait sur sa flûte : « Bonsoir, madame la Lune ! » Vous voyez, je ne suis pas le seul fou de la famille. Ah, cet oncle, je l'adorais !

Mon frère

Lorsque le matin je fais du café et que je lui en offre, il pourrait me dire :
– Ah, c'est gentil !
Non ! Lui, il consent à en boire une tasse, l'air de dire :
– Puisque tu n'en veux plus !
Ou pire :
– Si cela peut t'aider à le finir !

Mon fils

On commence par être le fils de quelqu'un.
Et puis on devient le père d'un autre !

*

Je vois mon fils ; il faisait ça…
(Il oscille de la tête.)
– Tu n'es tout de même pas idiot. Pourquoi fais-tu ça ?
– Je regarde une mouche voler.
– Tu peux la regarder en fermant la bouche.
– Oui, mais je ne la vois plus !
– C'est parce que tu fermes les yeux !
– Non ! C'est parce que je l'ai avalée.

*

J'ai un fils... Il veut faire le même métier que moi.
Je dois dire que j'en suis heureux. Je n'ai pas cherché à l'influencer. Il a pris sa décision tout seul. Il veut faire le comique et il est doué.

Ce n'est pas parce que c'est mon fils mais... il est déjà rigolo !

C'est bien simple. Il me fait rire. Plus que moi... et parfois avec mes propres histoires !
Pourtant, je les connais !
Eh bien, dites par lui, je ne les reconnais plus et je les trouve drôles !
Un soir, il rentre de l'école tout en pleurs.
– Que t'arrive-t-il ?
– J'ai raconté une histoire amusante à mes petits camarades et ils n'ont pas ri !
– Cela arrive. Qu'est-ce que tu veux... il ne faut pas te décourager pour cela !
Et j'ajoute :
– Peut-être que ton histoire n'était pas drôle ?
– C'était une des tiennes...

Ce n'est pas parce que c'est mon fils... mais il est franc !

Je lui dis :
– Tu l'as bien racontée, au moins ?
– Je l'ai dite comme toi !
– Alors, c'est bien !
– Oui, mais j'ai eu honte.
– Tu n'as pas à avoir honte de faire rire !
– Non, mais j'ai honte pour toi !
Il avait honte pour son père... Ce n'est pas beau, ça ?

Ce n'est pas parce que c'est mon fils mais... il a l'esprit de famille.

Il me dit :
– De plus, je me suis fait taper sur les doigts !

– Non ?
– Mon professeur m'a dit : « Vous faites des calembours, des jeux de mots. Vous jouez sur les mots. C'est de l'esprit facile ! »
– Tu lui as dit que c'était dans l'intention de divertir ?
– Oui ! Il m'a répondu : « Rien que pour l'intention, vous me ferez cent lignes ! » Et j'ai copié : « A cherché à faire rire ses petits camarades... » cent fois. À la centième, j'en pleurais ! Mais j'avais toujours plus envie de faire rire mes petits camarades...

Ce n'est pas parce que c'est mon fils mais... il a du courage !

Comme il pleurait toujours, pour le consoler, je lui ai dit :
– Écoute ! Je vais te raconter une histoire désopilante !
Je la lui raconte. Il riait ! Il riait !

Ce n'est pas parce que c'est mon fils mais... il est bon public !

Je lui ai dit :
– Si tu veux, tu pourras la raconter à tes petits camarades. Et même devant ton professeur. S'ils ne rient pas, c'est parce que ce sont des imbéciles !
Il me dit :
– Ils ne riront pas.
– Et pourquoi ?
– Parce qu'ils la connaissent déjà. C'est celle que je leur ai racontée !!
Je lui dis :
– Alors pourquoi as-tu ri, toi ?
Il me dit :
– Pour te faire plaisir !

Ce n'est pas parce que c'est mon fils mais... il a du cœur !

*

Le père dit à son fils :
– Va dire à monsieur Untel que c'est une vieille noix !
Le fils va voir monsieur Untel et lui dit :
– Vous êtes une vieille noix !
Et monsieur Untel lui répond :
– Petit mal élevé !… Je vais le dire à ton père !

Femme

Il y a un bon nombre de femmes qui m'ont dit que j'étais l'homme de leur vie et qui ont vécu avec d'autres hommes.

*

Parfois, l'on me dit :
– Vous ne parlez jamais de femmes !
– Parlons de l'une d'entre elles !
Elle n'était pas curieuse. Quand on lui posait la question :
– D'où venez-vous ?
– Je n'en sais rien.
– Qui êtes-vous ?
– Je n'en sais rien.
– Où allez-vous ?
– Je n'en ai pas la moindre idée et cela m'est égal !

*

Un jour, je conversais avec ce qu'on appelle un homme à femmes.
Et tandis que je lui parlais de la mienne, il regardait toutes les femmes qui passaient à proximité. Son regard allait d'une femme à l'autre, en s'attardant avec insistance sur chacune.
C'est tout juste s'il ne les déshabillait pas !
Naturellement, il n'écoutait pas ce que je disais.
De temps en temps, il faisait :
– Hein ? Ah oui !
Il croyait que toutes les femmes le regardaient alors qu'elles ne voyaient que moi !

*

Une femme qui vous aime pour vous-même finit par coûter très cher.

*

Lapsus.
Entendu dire à quelqu'un qui avait perdu sa femme :
– Alors, quoi de veuf ?

*

Cette femme-là, chaque fois qu'elle veut prendre le temps de se faire une beauté, elle s'y prend trop tard !

*

Cette femme avait un mari tellement fainéant que quand elle lui demandait de lui faire un enfant, il répondait :
– Fais-le toi-même !

*

Logique féminine.
Lui : Où as-tu mis telle chose ?
Elle : Je te l'ai donnée !
Lui : Mais non !
Elle : Mais si ! *(Cherchant.)* Je t'assure ! Je me vois en train de te la remettre.
Lui : Tu ne me l'as pas donnée !
Elle : Mais si !... *(La trouvant et la remettant à lui.)* C'est bien ce que je te disais ! Je te l'ai donnée mais tu ne l'as pas prise !

*

Si celle que vous aimez a de la moustache et que vous êtes pour l'égalité des sexes, laissez pousser la vôtre !

*

Lorsqu'une femme vous dit : « Ne me regardez pas, je suis nue ! », c'est parce que vous ne la regardez pas !

*

Quand l'homme de bronze battait sa femme, rendait-elle un son de cloche ?

*

– Vous êtes un homme intelligent...
– Chut ! Chut ! N'allez pas raconter cela à ma femme !
– Pourquoi ?
– Elle croit que je suis un imbécile... Elle serait déçue... !

*

Je suis faible de la chair. C'est le défaut de ma cuirasse.
Dès que je vois un jupon, mon esprit voltige...
L'esprit est fort mais la chair est faible.

*

Je rencontre un ami. Il était perplexe.
– Récemment, me confia-t-il, devant des amis, j'ai dit, en parlant de ma femme : « Quelle femme admirable ! » Je suis en train de me demander à propos de quoi j'ai bien pu prononcer cette phrase. Non pas qu'elle ne soit pas admirable, mais pour que j'en arrive à le clamer, il a dû se passer quelque chose d'anormal !

*

Aimer, c'est s'ingérer dans les affaires d'autrui.

Ma femme

Avec ma femme, quelquefois, je suis chez moi.
Quelquefois, je suis chez elle.
Quand nous sommes tous les deux à la maison, nous sommes chez nous.
Quand elle sort, je suis chez moi !

❉

Lorsque je dis à ma femme que je me rends à une surprise-partie, elle n'est qu'en partie surprise !

❉

J'ai eu le malheur de dire à ma femme qu'elle avait bonne mine. Ah, malheureux, je me suis fait incendier ! Elle s'est écriée :
– C'est là où tout le monde se trompe ! J'ai un physique qui ne traduit pas la souffrance que j'éprouve ! Alors, personne ne me plaint ! C'est injuste ! Je n'ai pas la pitié que je mérite !

❉

J'apprends que ma femme me trompe. Je vais pour lui annoncer la nouvelle.
Elle me dit :
– Mais non !
– Mais si !
– Qui est-ce qui t'a dit ça ?
– Quelqu'un digne de foi !
– Tu me le jures ?
– Je te le jure !
Alors, elle me dit :
– Alors, je te crois !

❉

Ma femme et moi, nous n'avons pas la même façon de concevoir les enfants.

*

Quelquefois, on me fait des compliments sur ma femme...
– Votre femme, elle est épatante !
(Chanté : « Qu'elle est épatante, cette petit' femme-là ! »)
Ma femme, elle n'est pas mieux qu'une autre !
Je vois ma voisine... On dit :
– Elle est insupportable !
Pas plus que ma femme !

*

Quand Rockefeller a demandé à sa bonne de devenir sa femme, elle a dit oui.
Quand j'ai demandé à ma femme de devenir ma bonne, elle a dit non.

*

Quand je parle à ma femme, je l'écoute !

*

Ces objets ? On ne peut pas dire qu'elle les ait perdus.
Elle les a rangés, définitivement rangés !
À jamais rangés !
Éternellement rangés.
Mais... perdus ? Certes pas !
D'ailleurs, elle ne peut pas les avoir perdus, puisqu'elle ne perd jamais rien !

*

Ma femme n'écoute pas ce que je dis.
Elle voulait se marier. Je le lui ai déconseillé :
– Ne te marie pas ! Tu vas être malheureuse !
Pensez-vous ! Elle n'a pas voulu m'écouter !
Et maintenant, elle ne le dit pas mais je sais qu'elle le regrette !

*

Ma femme est une sainte.
Il faut toujours la prier… pour obtenir ses grâces.

*

Le drame avec ma femme, c'est que lorsqu'elle est de mauvaise foi, elle croit que c'est la bonne !

*

Je déteste que ma femme me dise à propos de tout ce qui m'arrive :
– Je te l'avais bien dit !
Ce qui équivaut à :
– Je te l'avais prédit !
J'ai eu un accident :
– Je te l'avais bien dit !

*

Ma femme croit que l'on ne peut chanter que lorsqu'on est saoul.

*

Je vous parlerais bien d'une certaine femme mais comme c'est *ma* femme, je ne peux pas vous en parler.
En tant que femme, elle a toutes les qualités.
Mais en tant que *ma* femme, elle n'est pas supportable !
En tant que femme, je ne peux qu'en dire du bien.
Mais en tant que *ma* femme, il y a beaucoup à redire...
Elle est bourrée de défauts.
Chaque fois que ma femme est femme, je ne la reconnais plus.
Elle a exactement le charme de la femme d'un autre.
Dans ces moments-là, elle me plaît mais ce n'est pas *ma* femme !
C'est pour cela que lorsqu'elle me dit :
– Pourquoi ne me fais-tu jamais de compliments ?
– Parce que tu es ma femme ! Si tu consentais à ne plus l'être, quel éloge ne ferais-je pas de toi !
Mais elle ne veut rien savoir. Elle préfère rester *ma* femme et se faire engueuler que d'être une femme adulée !

✱

Comme je répondais à ma femme qui m'engueulait parce que, comme elle était aphone, je ne comprenais pas ce qu'elle disait :
– Quand on a une extinction de voix, on se tait !

Fin du monde

– Parlez-moi de la fin du monde !
– Écoutez, je ne peux pas vous en parler. Je n'étais pas au commencement !

Fleurs

La fleur en papier ne se fane pas, mais elle se froisse !

*

– Voulez-vous une rose ?
– Donnez ! Combien ?
– Deux euros.
– Ce n'est pas donné. Voilà !… Elle n'a pas d'odeur !
– En voici une autre !
– Elle n'a pas d'odeur non plus ! Je n'en veux pas, de vos fleurs. Reprenez-les !
– Comment ? Vous me rendez mes fleurs parce qu'elles n'ont pas d'odeur ?! Mais votre argent non plus n'a pas d'odeur… et pourtant, je le prends !

*

Le lilas est là !
Je lis là que le lilas est là.
Je lis là… que le lilas est là… sur ce lit-là !
– Que lis-tu là ?
– Je lis là que le lilas est sur ce lit-là ! Je lis là que là, sur ce lit qui est là, est le lilas !
Je suis las de lire là que le lilas est sur ce lit-là !

*

L'arroseur arrosé.
Quand mon jardinier arrose le pied de ses plantes, il arrose en même temps la plante de ses pieds.

Foi

Croire aveuglément demande réflexion !

*

Histoire d'un prêtre :
– Il était une foi… la mienne.

*

Ultime supplique d'un mécréant :
– Mon Dieu ! Mon Dieu ! Pourquoi ne m'avez-vous pas donné la foi ?

Folie

Il faut faire la part du fou comme on fait la part du feu. Alors moi, de temps en temps, je délire… Cela me repose de mes raisonnements.

*

Dans des JT dont je suis l'invité, on diffuse des nouvelles souvent tragiques. Et moi, je passe à la fin du journal :
– Alors, Raymond Devos, vous êtes un amuseur !
C'est d'une grande légèreté ! Mais moi, j'ai prononcé mes vœux de légèreté.
Je suis obligé de suivre ma ligne.
On ne peut pas rester insensible à certains drames, à certaines situations effroyables. À côté de ça, il faut savoir faire la part du fou. Cela n'empêche pas d'être sérieux quand il faut, mais pour l'amour du ciel, déraisonnons !

*

Aux échecs comme dans la vie, il faut compter avec les fous.

*

Le vrai sage ne croit guère à sa sagesse tandis que le vrai fou croit à sa folie !

*

Le fou est devenu sage.
Il a sombré dans la raison !

*

L'idée fixe d'un fou : bâtir sur du sable !

*

Les gens ont de plus en plus l'esprit dérangé.
Une de mes voisines prend les grains de café pour des petites bêtes noires.
Alors, lorsqu'elle ouvre un paquet et qu'elle voit toutes ces petites bêtes noires grouiller, comme elle dit, elle vide le paquet par terre et en écrase le contenu avec ses pieds.
– Sales bêtes !
Son mari a beau lui répéter que ce sont des grains de café, elle ne veut rien entendre.
Lui, il continue d'acheter des paquets de café.
Mais à chaque fois qu'elle en ouvre un :
– Encore ces sales bêtes !
Et je te les écrase ! Et je te les réduis en poudre…
Elle en est toute moulue.
Son mari aussi qui, horrible détail, est obligé de ramasser son café tout moulu, s'il veut en boire un bon !

*

Des fous... il y en a !
Cet été sur la plage, je vois un baigneur qui gesticulait en poussant des cris.
Pensant qu'il se noyait, je me précipite.
Savez-vous ce qu'il criait ?
Non pas :
– Au secours !
Il criait :
– *Eurêka ! Eurêka !*
Savez-vous ce qu'il avait trouvé ?
Que tout corps plongé dans un fluide éprouve de ce fait une poussée verticale de bas en haut égale au poids du fluide déplacé et appliquée au centre de gravité du fluide déplacé ou centre de poussée.
Et il a ajouté :
– Enfin, en principe !
Comme je lui faisais remarquer que la formule n'était pas nouvelle et qu'Archimède l'avait découverte avant lui, il m'a répondu :
– Pas de chance ! À côté d'Archimède, je ne fais pas le poids !

Forces de l'ordre

Quand on mène un flic en bateau, il ne faut pas s'étonner qu'il vous embarque !

*

Ils avaient mis un arbre au pied de chaque flic pour les dissimuler.
J'éprouve envers la police des sentiments contradictoires.
Je l'apprécie… et je la redoute !
Je l'appelle… et je l'appréhende !
Elle m'inspire tantôt de la confiance, tantôt de la terreur !
En fait, j'éprouve pour elle une *sympathie antipathique* !

*

L'agent, à l'aveugle qui attend pour traverser la rue :
– Vous êtes aveugle, vous ? Montrez-moi votre canne ? Vous ne l'avez pas, naturellement ! C'est bon pour cette fois. Je veux bien vous aider à traverser mais, la prochaine fois, il faudra montrer patte blanche !

*

Je croise sur la route un véhicule et je vois à l'intérieur le conducteur qui faisait des gestes désordonnés.
Il faisait à peu près ceci…
Dément !
Cent mètres plus loin, je vois surgir deux gendarmes qui m'arrêtent.
– Vous rouliez très vite, hein ?
– Eh bien oui ! Parce que je viens de croiser un conducteur faisant de grands signes. Ça m'a fait peur ! Nous les sains d'esprit, vous nous arrêtez mais les cinglés, vous les laissez filer !
– Quels cinglés ?
– Je viens de croiser un fou… Il faisait des gestes désordonnés !
– Quelles sortes de gestes ?
– Ça avait tout l'air d'être obscène ! Il faisait…
– Ça n'a rien d'obscène ! Il voulait vous faire comprendre par là qu'à cent mètres derrière lui, c'est-à-dire devant vous, il y avait un képi susceptible de vous verbaliser pour excès de vitesse !

Fuites

Nos fuites sont éperdues d’avance.
Je n’ai jamais su fuir. On ne m’a pas appris.
On n’apprend pas aux gens à fuir. On leur apprend à aller de l’avant, mais pas à fuir.
Alors, quand ils doivent le faire, ils sont désorientés, hésitants.
Ils fuient en désordre, chacun de son côté ; ça fait débandade. Ça fait exode !
Ah, nos exodes ne sont pas à montrer en exemple.
Alors que l’on pourrait fuir dignement, en rangs serrés, au coude à coude.
Des milliers de gens qui fuiraient tous ensemble dans un ordre parfait et dans la même direction, quelle force !
Ça prendrait presque l’allure d’une victoire !

Belle pensée

J’ai été attaqué (assailli) par une belle pensée.
Je n’ai pas eu de trop de toutes mes mauvaises pensées pour repousser cette belle pensée qui m’aurait mené Dieu sait où.

G

Générosité

Le véritable égoïste est celui qui, lorsqu'il parle tout seul, parle en suisse.

*

Soyons généreux !
Donnons à ceux qui manquent d'humour nos plaisanteries les plus courtes et gardons pour nous les plus longues, qui ne sont pas les meilleures !

*

Celui qui parle pour ne rien dire est moins égoïste que celui qui n'a rien à dire mais qui le garde pour lui.

*

La générosité, elle n'existe que chez les grands truands (et elle cache quelque chose) ou chez les gens pauvres (parce qu'ils n'ont rien à perdre ou à donner) !

*

Ce sont toujours ceux qui n'ont rien qui veulent tout partager.
La moitié de rien, vous parlez d'un cadeau !
À ce prix-là, tout le monde peut s'offrir le luxe d'être généreux !

*

Il ne recule devant aucun sacrifice consenti par les autres !

*

J'en veux beaucoup aux faux mendiants. Ils discréditent la charité.

Genre

Il y a des cas ou *lui*, c'est *elle*...
Exemple : « Je lui ai demandé sa main. »
Lui, c'est-à-dire *elle*.
Je lui ai demandé sa main, à qui ?
À *elle* !

Gentillesse

Je suis trop gentil. Très vite, le bruit s'en est répandu : Devos est gentil.
Alors les gens n'arrêtent pas de sonner à ma porte.
– Dites donc, on m'a dit que vous étiez gentil.
– Oui.
– Alors, vous allez me rendre service !

Grimaces

Lorsque j'étais petit et que je prenais les choses au sérieux, mon père me disait :
– Cesse de faire le fou !
Comme, étonné, je le regardais avec gravité, il ajoutait :
– Et puis arrête de faire des grimaces !
Alors, je me suis mis à faire le fou et il m'a dit :
– Enfin, te voilà raisonnable !
Puis je me suis mis à faire des grimaces et il m'a dit :
– Là, je te retrouve !
Quand j'ai compris que c'est mon père qui était fou, je me suis vu contraint de reprendre toutes les folies que j'avais faites et de les refaire sérieusement sans grimacer !

Guerre

Il n'y a plus guère de guerre comme naguère.

Le 1er juillet 95
Après
« L'arroseur arrosé »
Voici
L'arroseur s'arrosant.

Quand mon jardinier
Arrose
Le pied de ses plantes
Il arrose
En même temps
La plante de ses pieds.

(Version définitive p. 286.)

H

Hauts et bas

Dans la vie, il y a des « Oh ! » (admiratifs) et des « Bah ! » (méprisants).

*

Les hommes sont comme les valises : ils ont des hauts et des bas.

*

Il y a des gens, quand on voit le bas, on fait : « Oh ! », et quand on voit le haut, on fait : « Bah ! »

Heure

L'athlète, ayant remonté sa montre à la force du poignet, pulvérisa le record de l'heure !

*

Il croyait que c'était lui qui prenait de l'avance… alors que c'était sa montre qui avait pris du retard !

*

Il avait bien une idée de l'heure... mais sa montre s'étant arrêtée, son idée resta fixe.

*

Au moment de rendre son dernier soupir, le moribond se souvint qu'aujourd'hui il y avait changement d'heure.
– Une heure de plus, soupira-t-il !
Et il retint son souffle.

*

Je voulais me reposer un mois dans l'Eure et finalement, je n'ai pas eu une heure à moi !

Homonymes

Il mit la poêle sur le poêle, la vase dans le vase.
Il fit d'une moule un moule.
Le page tourna la page.
Il ne fit qu'un somme, en somme.
Il fit le tour de la tour.
Il était à la merci d'un merci.
Le gros œuvre de son grand œuvre était déjà fait.
Il n'y a plus guère de guerre.
La chair est chère.
Le clerc est clair.
Je suis inquiet ; je suis un quiet.
Je suis si quiet que j'en suis inquiet.
Un aperçu de ce qu'il a perçu.
Et je vis le devis.
(Ne pas confondre : en terre inconnue et en terrain connu !)

Hôtel

Il me dit :
– Dans le plus grand hôtel de Londres, au Savoy, j'ai mangé… avec mon bras droit.
Je lui dis :
– Eh bien, moi… dans ce même Savoy, j'ai mangé avec mes doigts !

Humour

Les valeurs mises en cause par l'humour sont les valeurs humaines universelles.
L'humour et son rire suscitent un sentiment de solidarité entre les humains, qui se disent alors :
– Nous ne sommes pas meilleurs que les autres !
En revanche, l'objet de la satire est souvent le système de valeurs d'un groupement opposé.
La satire cherche à créer dans le groupe auquel elle s'adresse le sentiment d'être meilleur que les autres.
Quand on en a besoin, on trouve toujours un trombone quelque part… la preuve.

I

Idée

Quand on est travaillé par une idée, on n'a plus l'idée de travailler.

*

L'homme allait et venait, le regard fixe.
Et puis, une idée lui est venue, une idée qui le dépassait.
Alors, il a fixé son regard sur l'idée et l'idée est devenue fixe.
Depuis, l'homme s'est fixé !

*

**La plupart des découvertes ou des exploits ne sont que des idées que les hommes ont lancées...
Et les idées ont fait leur chemin.**

*

À force de transmettre des messages à la matière inerte, on va finir par lui donner des idées !

*

L'aéronaute, au commencement de son ascension,
était plein d'idées, Dieu merci !
Chaque fois que le ballon perdait de l'altitude, il
lançait une idée comme ça, en l'air !
Et l'aérostat délesté reprenait de la hauteur.
Je dois dire qu'à cinq mille mètres il n'avait plus
d'idée du tout !

Il faut se surveiller

Par exemple, je déguste mon potage.
Eh bien, si je n'y prends pas garde, je me surprends tout à coup à
bouffer ma soupe !
Je me ressaisis aussitôt.
Il y a une différence entre se sustenter et se bourrer la cantine.
Je n'ai pas été élevé comme ça.

Illusion

Quand vous me voyez me balancer, c'est une réminiscence de mon berceau.
Je regrette mon berceau.
Je n'ai jamais pu oublier ce balancement qui
m'endormait.
Depuis, je me berce d'illusions.

Imaginaire

L'imaginaire doit se libérer de la raison.
Mais si on veut en accepter les images, il ne faut pas sortir de la logique.

*

Moi, j'ai besoin d'obscurité.
Quand on est entre quatre murs, on tente de s'en évader.
Moi, je ne m'évade bien que lorsque je suis enfermé.
C'est fabuleux, les voyages en imagination !

*

Les enfants aiment le monde de l'imaginaire.
Ils franchissent le seuil du réel et de l'irréel avec une facilité stupéfiante.
Ils passent de l'autre côté du miroir.

*

Une fois, j'ai entraîné quelqu'un dans l'imaginaire.
Il est allé plus loin que moi, et je suis rentré tout seul !

*

Donnez une tasse de café à monsieur, mais vide !
Il ne boit que des tasses vides ; il a une imagination débordante !

*

Dans l'imaginaire, la nuit ne se fait pas, comme dans le réel, du jour au lendemain.
Elle se fait la veille.

*

On ne peut entraîner les gens dans l'imaginaire qu'en les installant dans une situation familière. Ce que ne savent pas faire les artistes maudits.
Ils sont souvent sublimes, géniaux, mais ils vivent tout en haut de la tour et ils oublient de construire un escalier pour qu'on puisse les rejoindre.

*

J'ai fait tellement d'allées et venues dans l'imaginaire que j'ai fini par y prendre un pied-à-terre. Cela m'évite les frais de transport. Parfois, j'y passe la nuit ou tout un week-end.
Quelquefois, je me surprends à parler tout seul.
Je me raconte des histoires.
J'invente des situations insensées qui sortent de l'ordinaire, mais pas irréalisables dans le futur !
J'y suis bien. C'est mon domaine.

*

**Maintenant, on vous fait croire sous couvert d'étrangeté à n'importe quel faux merveilleux.
On n'a plus l'honnêteté de commencer par : « Il était une fois... »**

*

Il ne faut pas oublier que, même dans l'imaginaire, qui sème le vent récolte la tempête !

*

L'imaginaire régi par les lois du réel, ne serait-ce pas le virtuel ?

Imbécile

S'il fallait excepter les imbéciles, à la fin du compte, on se retrouverait tout seul, comme un imbécile !

✽

J'ai toujours peur que les imbéciles me prennent pour un des leurs.

Imitation

Les parodies qu'on fait de moi m'agacent. Non pas parce qu'il s'agit de parodie, mais parce que c'est moins bon !

✽

L'examinateur à l'élève :
– Qui était Danton ?
– Depardieu !
– Non ! Vous ne m'avez pas compris. Je vous parle du révolutionnaire Danton.
– Moi aussi !
– Et qui était Christophe Colomb ?
– Depardieu !
– Bon ! Une question de repêchage : qui était… Cyrano de Bergerac ?
– Depardieu !
– Et… bon ! Question subsidiaire : qui est Depardieu ?
– Patrick Sébastien.
– Parfait… Et… qui est Patrick Sébastien ?
– Un imitateur ! Et savez-vous qui il imite ?
L'examinateur :
– Bien sûr ! Danton, Christophe Colomb et Cyrano de Bergerac !

✽

Je vais à la banque... Tout à coup, j'entends ma voix... enfin, déformée, mais ma voix tout de même.
C'était mon imitateur. Il me dit :
– Comment vous trouvez-vous ?
– Pas très bien ! En ce moment, je ne sais pas ce que j'ai... Je ne me sens pas moi-même. Je ne me reconnais pas.
– Oh, me dit-il, c'est de ma faute !
– Non ! Non ! C'est moi !
– Non ! Non ! C'est moi !
Je lui dis :
– Vous voyez ; ce n'est pas tout à fait la même intonation.
Là-dessus, il y a une de mes admiratrices qui demande mon autographe à mon imitateur.
Alors là, j'ai dit :
– Bravo !
C'est vrai, ce que mon imitateur imite le mieux, c'est ma signature !

*

**Il y avait un concours d'imitateurs (de sosies) de Charlot.
Pour plaisanter, Charlie Chaplin s'y est présenté.
Il a été reçu quatrième.**

Immortalité

Je crois à l'immortalité mais je crains fort de mourir avant de la connaître !

Impossible

Demander à un Français une mission impossible, ce n'est pas possible, puisque impossible n'est pas français !

Impôts

J'ai entendu dans la rue un monsieur qui criait :
– Enfin ! Du nouveau dans les impôts ! Cela fait des années qu'on paye de vieux impôts… qui ne correspondent plus aux exigences du moment ! Le gouvernement a eu la bonne fortune de revaloriser tout cela ! Vive le renouveau de l'impôt !
On l'a emmené tout de suite dans une maison de repos.

❃

J'ai vu un homme écrasé sous le poids des impôts.
Il n'était pas beau à voir.
Il était abattu à 60 %.

❃

En passant devant le ministère des Finances, je me suis trouvé en pleine grève des percepteurs.
Je vous assure que lorsque vous avez deux mille percepteurs à vos trousses, qui vous talonnent, qui vous crient :
« Des sous ! Des sous ! »,
vous avez beau leur porter ceux qui restent dans vos poches pour retarder leur poursuite, ils arrivent tout de même à vous saisir !

Imprésario

L'imprésario appelle l'artiste :
– Venez me voir, j'ai quelques affaires à vous proposer !
Effectivement, il lui a proposé… un vieux manteau bouffé aux mites, une vieille veste toute rapiécée, un pantalon…

Improviser

Pour moi, improviser, c'est faire entrer de l'accidentel dans l'imaginaire.

Indépendance

On lutte pour avoir son indépendance alors que l'on sait fort bien que l'on sera toujours dépendant de quelqu'un ou de quelque chose…
On devrait au contraire lutter pour choisir sa dépendance :
– Je veux dépendre de celui-ci plutôt que de celui-là.
– Je veux dépendre de celle-ci et pas d'une autre !
– Puis-je me mettre sous votre dépendance ?

Infini

Quand la notion d'infini cessera-t-elle de dépasser les bornes ?

*

L'abonné :
– Allô ? Allô ? Je voudrais l'infini, s'il vous plaît ? C'est urgent.
Le réceptionniste :
– Faites le zéro !

– Et puis ?
– C'est tout ! Faites le zéro jusqu'à l'infini… fini… fini…

*

Dans ce monde sans limite, l'intérieur est toujours l'extérieur de quelque chose.

Inspiration

Je vis. Je ne fais que vivre. Voilà mon secret. Car vivant, j'écoute, je regarde. Et je me laisse surprendre par l'idée. Elle arrive le plus souvent à mes dépens. Je me sens alors un peu comme Archimède : *« Eurêka ! »*
S'il fallait que je reste dans une baignoire pour que mes idées viennent, j'y passerais ma vie !

*

J'aime partir d'une chose banale qui vire d'elle-même vers l'insolite. Tenez, l'autre jour, dans un hôtel, j'observais un monsieur faire les cent pas tout seul dans le couloir.
Il marmonnait quelque chose dans sa barbe.
Je trouvais ça un peu curieux, alors je me suis rapproché discrètement. Eh bien, il se récitait inlassablement les consignes de sécurité en cas d'incendie.
Je me suis dit : « Voilà un départ de sketch ! »

*

Quand j'ai écrit *Plaisir des sens* (les sens interdits), je pensais au camp d'où j'étais sorti en 45.
À propos de cette place d'où toutes les rues qui partent sont des sens interdits, on m'a demandé :
– Vous vous êtes inspiré de quelle place, Devos ?
– Aucune ! C'est l'univers concentrationnaire qui m'a guidé. J'entre quelque part, je veux en sortir ? On me dit :
« Non, là ! Non, là ! »
Je ne peux pas en sortir. Évidemment, sur une place avec des voitures, cela met de la légèreté : le personnage n'a qu'à laisser son véhicule sur place et il retrouve la liberté !
C'est un sketch comique. Mais la même idée, accentuée, devient un drame.
Et vous ne pouvez plus en rire.

Instruction

Je me suis fait tout seul en faisant des heures supplémentaires.

*

C'est une malédiction de ne pas être instruit.

Intelligence

**Si on est vraiment drôle, on ne peut l'être qu'intelligemment.
La drôlerie est une forme d'intelligence.**

*

Il faut prendre les gens pour des personnes intelligentes.
Il faut considérer qu'ils sont capables de comprendre et de réfléchir.
L'humour est formidable à cet égard parce qu'on demande aux gens de le comprendre et de s'en amuser.

*

Peu avant sa mort, Brassens me téléphone et nous parlons de la Création. Il n'était pas tellement bavard, Georges, surtout au téléphone. C'est un instrument qui l'inquiétait et on le comprend.
Il me dit :
– Raymond, est-ce que tu as lu Paul Valéry ?
Je dis :
– Un peu. J'ai lu *Monsieur Teste*.
Et il me répond :
– Écoute, tu devrais le lire. Ce n'est pas que tu ne sois pas intelligent… mais quand tu l'auras lu, tu le seras un peu plus !

*

L'accusé :
– Messieurs les jurés, vous avez eu le temps pendant tout ce procès de vous rendre compte que je suis un homme intelligent. Si j'avais commis le meurtre dont on m'accuse, jamais je ne m'y serais pris de la façon dont a été commis cet assassinat…
Le juge :
– Et comment vous y seriez-vous pris, je vous prie ?
– Je m'y serais pris de la façon suivante, etc.
À la fin, quelqu'un dans la salle :
– Bravo ! C'est exactement comme vous le décrivez que j'aurais dû le commettre. Mais je n'ai pas votre imagination et j'ai tout organisé d'une façon maladroite. Maintenant que vous avez dit comment j'aurais dû le faire, j'aurais dû me faire prendre, or c'est vous ! Si j'avais eu votre intelligence du crime, je me trouverais à votre place tandis qu'aujourd'hui, je suis libre… bêtement, je vous le concède, mais libre grâce à ma bêtise !

Interview

Je n'aime pas trop les entretiens. Cela dit, quand on ne m'interrogera plus, peut-être que je m'interrogerai…

✽

J'étais à l'article de la mort. Un journaliste est venu me voir, ses questions m'ont ranimé.
Il tenait l'article de sa vie.

✽

Une interview, c'est plus facile pour l'interviewé que pour l'intervieweur. Le secret de l'interviewé, c'est d'oublier que c'est une interview. Si on n'oublie pas que c'est une interview, on est foutu ! Parce qu'on se surveille, on s'écoute, on ne cherche à dire que des choses intelligentes. Et au bout du compte, on ne dit que des âneries. Moi, je sais que je ne dis pas que des choses intelligentes mais je laisse mon esprit fonctionner tout seul. Et si je dis des bêtises, qu'est-ce que ça peut faire ? On en dit tous ! Car derrière les bêtises, peut se cacher une petite découverte. Et on vous pardonnera les bêtises pour ne retenir que la petite découverte. D'ailleurs, les inventeurs font toujours ça : ils commencent par dire : « Je vais vous dire n'importe quoi ! » Ils se mettent d'emblée à l'abri. Puis ils commencent à délirer. Et le n'importe quoi ne mène pas toujours n'importe où ! C'est ça, l'aventure. S'aventurer, c'est aller vers quelque chose qu'on ne connaît pas. C'est fatalement dangereux, et tant mieux ! Si on s'est renseigné avant, si on s'est préparé, ce n'est plus une aventure. C'est juste un petit tour, un voyage organisé !

✽

– Cher ami ! Vous venez d'écrire un livre considérable, plus de quatre cent cinquante pages, traitant de la différence entre l'oignon et l'échalote.
L'auteur :
– C'est exact !
– Vous avez multiplié les exemples…
– Non seulement je les ai multipliés, mais parfois, j'ai repris les mêmes.
– Pourquoi ?
– Par étourderie.
– Pouvez-vous nous en citer quelques-uns ?
– Oui.
– Comment avez-vous procédé ?… Vous avez pris des oignons et des échalotes… ?
– C'est ça !
– Et puis ?
– Je les ai épluchés…
– Cela a dû être pénible…
– Ah, parfois, j'en aurais pleuré !
– Vous auriez pu les faire éplucher par quelqu'un d'autre ?
– Un nègre ?… Ça, jamais !
– Je pensais à votre cuisinière…
– Elle n'épluche que les pommes de terre… Pas les oignons !
– Pourquoi ?
– Parce que ce ne sont pas les siens !
– Oui, cela se comprend. Mais revenons à votre livre *De la différence qu'il y a entre l'oignon et l'échalote*. Donc, vous les avez comparés ?
– Oui ! Pour être tout à fait franc, tout petit, j'avais déjà observé une différence notable dans la forme. L'oignon est rond comme un ballon de football alors que l'échalote est ovale comme un ballon de rugby. Ma mère qui ne connaissait rien aux sports… les confondait, si bien que souvent, croyant manger une soupe à l'oignon, nous absorbions une soupe à l'échalote. Alors que l'entrecôte que l'on nous disait être à l'échalote sentait fortement l'oignon !
– Citez-moi une autre différence !
– Eh bien… exemple (un premier exemple qui me vient à l'esprit), vous avez la course à l'échalote alors que vous n'avez pas de course à l'oignon ! Quand vous allez faire vos courses, il faut en tenir compte.

Inventions

Il regarda la bougie se consumer. Une pensée lui vint :
– On a parlé de celui qui avait inventé le feu, de celui qui avait inventé la poudre... mais jamais de celui qui a inventé la mèche... À moins que le créateur du feu et l'inventeur de la poudre n'aient été de mèche !

*

Il ne faut pas oublier qu'Archimède, quand il a poussé son fameux *«Eurêka !»,* était tout nu dans sa salle de bains.
Habillé, l'aurait-il trouvé, le mot *«Eurêka»* ?

*

Lorsqu'une chose arrive, c'est toujours la faute de quelqu'un.
Je suis tombé par terre, c'est la faute à Voltaire !
Le nez dans le ruisseau, c'est la faute à Rousseau !
Si le monde s'est soulevé, c'est la faute à qui ?
À Archimède ! Tiens !
Qui était Archimède ?
Un marchand de leviers.
Pour garnir sa boutique, l'infortuné Archimède eut une idée de génie :
– Donnez-moi un levier et je soulèverai le monde !
Alors, tous ceux qui voulaient voir le monde se soulever lui ont apporté des leviers de toutes sortes.
Archimède, fort de ces leviers, a fait le tour du monde sous prétexte de savoir par quel bout le soulever !
Et en cours de route il a vendu ses leviers.

Fortune faite, il est rentré au pays où il a été reçu comme un prophète...
Car entre-temps, effectivement, le monde s'était soulevé.
Maintenant, était-ce grâce à ses leviers ?

*

Est-ce que vous savez que lorsque vous allumez la lumière, la nuit, vous mettez en mouvement des photons ? Est-ce que vous savez cela ? Non !
Vous pensez sans doute « Que la lumière soit et la lumière fut » par la grâce du Saint-Esprit !
Quand on dit quelque chose que quelqu'un a dit avant vous, on devrait savoir qui l'a dit et le citer.
Ce que l'on ne sait pas, c'est que celui qui a inventé la phrase « Que la lumière soit et la lumière fut », il ne l'a pas inventée le même jour !
Un soir, il a inventé « Que la lumière soit »... et... il n'a pas trouvé la suite...
Il a pensé alors que la nuit porterait conseil et il est allé se coucher.
Il a éteint la lumière et il s'est endormi.
Le lendemain, au petit jour, *« Eurêka ! »*... il s'est écrié : « Et la lumière fut ! »
Comme quoi, c'est souvent par hasard que l'on trouve !

*

Savez-vous qui a dit : « Aide-toi, le ciel t'aidera ? »
Non ? Ne comptez pas sur moi pour vous aider !

*

Il y a des objets méprisables comme la gomme.
Une gomme efface ce que quelqu'un a écrit pour qu'on ne puisse pas le lire, mais elle n'écrit pas elle-même.
Le jour où une gomme écrira quelque chose, elle remontera dans mon estime...
Est-ce que vous savez qui a inventé la gomme pour effacer ce qui a été écrit au crayon ?
Est-ce que vous connaissez le nom de l'inventeur du crayon ?
Il y en a qui croient que le crayon, c'est un bout de bois pointu à un bout.
Ils ne savent même pas qu'il y a une mine à l'intérieur, qu'il est fourré !

*

Je ne vous demande même pas qui a inventé le fil à couper le beurre.
Vous êtes encore de ceux qui ne coupent pas leur beurre avec un fil mais qui l'étalent avec un couteau !...

*

Est-ce que j'invente ?
Le verbe « croître ».
Je croîs, tu croîs, il croît, nous croissons, vous croissez, ils croissent.
Imparfait : je croissais, nous croissions.
Passé : je crûs, nous crûmes.
Futur : je croîtrai, nous croîtrons.
Impératif : croîs, croissons, croissez !

*

Je ne fais que rapporter les faits tels que je les observe.
Je n'invente rien.
Exemple : une poignée de porte…
On s'en sert surtout pour ouvrir. On le dit :
– Pour ouvrir, tournez la poignée de la porte !
Pas pour la fermer !
Il ne viendrait à l'esprit de personne de dire :
– Pour fermer, tournez la poignée de la porte !
Je n'invente rien ! C'est comme la clef de la porte.
On s'en sert surtout pour la fermer ! Non pour l'ouvrir !
Je n'ai jamais entendu dire :
– Ouvre la porte à clef !
Je n'invente rien.
C'est comme les escaliers.
Il y en a que l'on monte, d'autres que l'on descend !
Et… ce ne sont pas les mêmes !
Exemple : on descend toujours à la cave. On n'y monte jamais !
Alors que l'escalier qui conduit au grenier monte toujours !
C'est étrange, non ?
On pourrait penser que les gens qui montent au grenier en redescendent à un moment ou à un autre ? Eh bien non !
Ils y restent ! Qu'y font-ils ?
Je me demande parfois ce qu'ils peuvent inventer.

*

Il y a des gens qui ne savent même pas distinguer un escalier qui descend d'un escalier qui monte !
C'est pourtant simple.
L'escalier qui descend… c'est celui qui conduit à la cave.
Et l'escalier qui monte, c'est celui qui mène au grenier !
C'est enfantin !

Invisible

Dans quelle circonstance ai-je rencontré l'invisible ?
Je ne l'ai jamais dit à personne.
Vous êtes les premiers à qui j'en aurai fait la confidence.
Un jour… j'étais en plein quotidien, la visibilité était parfaite…
Brusquement, j'ai eu un voile devant les yeux.
Comme je tentais de l'arracher… le voile s'est déchiré…
Et l'invisible m'est apparu, en pleine lumière !
Tout d'abord, je n'y ai pas cru…
J'ai pensé à une apparition, à un ange annonciateur, que sais-je ?
Pas du tout ! C'était l'invisible… dans toute sa nudité…
On me dit :
– Comment savez-vous que c'était dans toute sa nudité ? Vous l'avez touché ?
Allons ! Allons ! L'invisible est impalpable !

Ironie

J'ai horreur de l'ironie.

Ivresse

Il ne faut pas confondre ivresse et saoulerie.

*

Fuir le monde par des moyens extérieurs, c'est comme de s'envoler sur les ailes de quelqu'un d'autre. On croit qu'on vole mais on ne vole pas.

*

Un homme ivre rentre chez lui... Il marche sur la pointe des pieds...
Il tient ses chaussures à la main... en laisse tomber une...
Silence soudainement rompu par une voix de femme :
– C'est à cette heure-ci que tu rentres ? Il est 3 heures du matin !
– Où veux-tu que j'aille ? Il n'y a plus qu'ici que c'est ouvert !

Poignée de porte

(pour ouvrir)

Clef...

pour fermer

Vous avez une poignée et une serrure (clef).
À quoi sert la poignée ?
À quoi sert la (serrure) clef (cela fait double emploi) ?
La poignée sert à ouvrir et la clef sert à fermer.
(VERSION DÉFINITIVE P. 313.)

J

Jeter la pierre

Il ne faut pas que les gens qui jettent des bombes s'étonnent qu'on leur jette la pierre.

Jeux

Mes jeux de mots, ce ne sont pas des jeux de mots.
Ce sont des jeux de l'esprit.
Les jeux de mots sont importants, bien sûr ! Mais ils ne valent que s'ils viennent alimenter un malentendu. Un mot va dans tel sens puis dans l'autre.
Ça égare le dialogue et j'adore ça !

*

Jeux de *d* :
Pourquoi joue-t-on avec les *d* et non pas avec les *a*, les *b* ou les *c* ?

Savoir jeter les *d*, c'est l'*abc* du joueur !

*

Le jeu est une drogue et le joueur, un drogué qui se pique au jeu !

*

Si le *moi* est haïssable, le *jeu* l'est toujours.

*

Ne jouez pas au plus malin avec moi, vous seriez sûr de gagner !

*

J'ai joué de l'argent et je l'ai perdu !
J'ai joué ma montre et j'ai perdu mon temps !
J'ai joué avec ma santé et j'ai perdu six kilos !
Enfin, j'ai joué de malchance et j'ai gagné à tous les coups !

*

Il a joué jusqu'à son dernier souffle et il l'a perdu !

*

Quand le joueur eut tout perdu, il gagna la porte.

L

Langage

On pourrait tout dire et tout comprendre si l'on s'exprimait en langage clair.
Exemple, cette phrase qui, à l'écoute, peut effaroucher : « L'un est coextensif au tout et le tout converge dans l'un. »
Les gens :
– Qu'est-ce que ça veut dire ?
Eh bien, c'est simple. Ça veut dire que nous sommes tous solidaires. C'est tout !
Là-dessus, si quelqu'un a le malheur d'essayer d'expliquer :
– Oui ! C'est parce qu'il y a interconnexion entre… etc.
Là, c'est foutu ! C'est le brouillard !

*

Quelle langue choisir pour l'Europe ?
La réponse est toute trouvée : c'est la langue des *pire-sourd* **!**

Il y a une phrase qui la définit bien : «Il n'y a pire sourd que celui qui ne veut pas entendre.»
C'est le langage que tout le monde comprend, le malentendu !
– Voulez-vous répéter, je vous prie ?
– Inutile ! Vous m'avez très bien malentendu !

*

En allemand, «final» se dit «finalement».

*

On imagine toujours que les gens qui emploient un autre langage que le nôtre, et que l'on ne comprend pas, ne disent que des choses intelligentes, passionnantes.
Traduisez ce qu'ils disent : ils parlent chiffons !

*

Ne m'obligez pas à m'exprimer clairement...
Vous ne comprendriez plus !
J'aime mieux rester dans un flou éloquent.
Moins on comprend ce que je dis, plus j'intéresse.
Le prodigieux intérêt que suscite quelqu'un qui parle une langue que vous ne comprenez pas !

*

Je vous dis pour la dernière fois ce que je ne répéterai pas deux fois !

*

Langage de sourds.

Récemment, je croise un monsieur qui tenait en laisse un labrador...

J'aime beaucoup les labradors. J'en ai eu un jadis, auquel je pense souvent.

Je dis au chien :

– Oh le beau toutou... (Le mien s'appelait aussi « toutou ».) Qu'il est beau !... Vous permettez, monsieur ?

Et je me suis mis à le caresser...

– Il est gentil. Alors, on fait la promenade du matin ? Ah, tu te trémousses... Malheureusement, je n'ai rien à te donner !

Le propriétaire du chien m'interrompit :

– Il ne vous entend pas. Il est sourd ! Si vous le permettez, je vais lui traduire ce que vous venez de dire, ça lui fera plaisir.

Il se pencha vers son chien et, les yeux dans les yeux, il lui traduisit dans le langage des sourds tout ce que j'avais dit. Le chien me regarda et leva plusieurs fois sa patte de devant...

– Qu'est-ce qu'il a dit ? dis-je au maître.

Il a dit :

– Trouve-moi un arbre. J'ai envie de lever la patte !

– Il vient de la lever !

– Oui ! Mais lui, il parle de celle de derrière !

*

Les écarts de langage lui avaient tellement valu de remontrances, de rappels à l'ordre que, depuis peu, il surveillait son langage.

Il mesurait ses propos…
Quand il n'en pouvait plus d'insulter ses contemporains… qu'il avait un trop-plein d'insultes, il en remplissait un sac-poubelle… et se rendait dans une décharge publique. Il vidait son sac.
Les mots en tombaient, provoquant un tintamarre… un amalgame de syllabes… Certaines syllabes s'étaient accolées à d'autres et formaient un mot monstrueux, hybride…
Le mot «méli» essayait de se rapprocher du mot «mélo»… avec l'espoir de prolonger leur union…

❃

Décliner un honneur, toute responsabilité : refuser, rejeter.
Décliner son nom, son identité : se nommer, donner son nom ?

Lettre

Être une lettre ! S'écrire !
S'écrier : «Je suis une lettre !», et l'être en effet !
Lettre responsable.
Écrite par soi, pour soi… (sur du papier de soie).
Je me signe… Je me plie… (Là, il le faut, c'est la règle.)
Je m'enveloppe…
Je me ferme… je me timbre et… je me poste !
Je me reçois… me décachette.
Je me lis et me relis.
Je me déchire et je me jette au panier…

❃

Cher monsieur le responsable des archives,
Jadis, les paroles s'envolaient. Seuls les écrits restaient.
De nos jours, tout reste.
La parole, aussitôt émise, est enregistrée...
Le geste, à peine esquissé, est filmé...
Avez-vous votre mot à dire ? On sort le magnéto...
– Ânerie !
– Bravo, monsieur ! Bravo pour le son !
Cela passera à la postérité. On n'a pas fini de vous entendre !
Voulez-vous faire un beau geste ?
On brandit la caméra. Silence, on tourne !
– Quelle vision ! Bravo, monsieur ! Bon pour l'image !
Ça passera à la postérité. On n'a pas fini de vous voir !
Je vous serais donc reconnaissant de me restituer tout ce qui a été enregistré chez vous, sur moi...
Vous en remerciant à l'avance, je vous prie d'agréer...
(Après avoir lu la lettre, le préposé aux archives la déchira et la jeta au panier !)

Liberté

Les gens veulent leur liberté.
Qu'est-ce que la liberté ?
La liberté, c'est de faire ce que l'on veut.
Seulement, voilà, la plupart des gens ne savent pas ce qu'ils veulent.
Alors, lorsqu'au nom de la liberté qu'ils réclament, on leur dit :
– Mais qu'est-ce que vous voulez au juste ?
Ils ne savent que répondre :
– La liberté !

Livre

Je ne suis pas exemplaire.
Je suis un exemplaire.
Signé : le livre.

Logique

– Avez-vous le journal d'hier ?
– Ah non ! Mais je peux vous le donner demain.
– Comment cela ?
– Parce que j'ai celui d'aujourd'hui.
– Et alors ?
– Si je vous le donne demain, il sera d'hier !

*

Mon chauffeur a un sens de l'observation très poussé.
Ce matin, il me dit :
– J'ai observé qu'à chaque tournant il y avait un virage !
L'autre jour, il roulait complètement à gauche. Je lui dis :
– Pourquoi roulez-vous à gauche ?
Il me dit :
– J'ai observé que toutes les voitures qui venaient en sens inverse roulaient de ce côté-là...
– Et alors ?
– J'en déduis que la route est meilleure.

Lumière

À force de vouloir faire la lumière sur tout, on ne distingue plus rien !
Quand je vois des gens faire du spectacle dans la rue, je trouve que c'est une erreur magistrale ! On ne fait pas du spectacle dans la lumière du jour. Il y a quelque chose qui ne va pas. Lorsque je joue quelque part en matinée et qu'il n'y a pas de stores, ça se passe mal. La lumière du jour ne se prête pas à la rêverie.

Lune

Avant, les hommes étaient dans la lune.
Et puis ils sont allés sur la lune.
Depuis, ils ont les pieds sur terre.

*

On ne peut même plus promettre la lune, on l'a !

*

La lune et moi, on se parle. Ce n'est pas d'aujourd'hui.
Je croyais même que l'on s'était tout dit. Faux !
Dernièrement, elle m'a chargé d'une commission auprès de la Nasa.
J'y suis allé… Je leur ai dit :
– Je viens de la part de la lune. S'il vous plaît, n'y mettez plus les pieds !

M

Maître

Un maître, c'est quelqu'un qui a passé sa vie à aimer quelque chose qui mérite de l'être.

*

**Le maître n'apporte rien à l'élève.
Il lui fait prendre conscience des possibilités, voire des richesses qu'il porte en lui.**

Malheur

Je suis allé voir un artisan de malheur.
Je lui en ai commandé un beau.
Mais comme il était en veine, il l'a raté !

Manchot

Le comble, pour un officier manchot : être le bras droit d'un général !

Maquillage

C'est un comédien.
Il a les cheveux plaqués noirs, une petite moustache noire.
Il arrive au théâtre… signe des autographes.
Puis, il rentre dans sa loge.
Il se met une perruque blanche… une grosse moustache blanche.
Et puis… il joue un vieux marquis.
Il sort de scène, regagne sa loge, enlève sa perruque blanche, sa grosse moustache blanche.
Il sort, signe des autographes et puis, il rentre chez lui.
Il enlève sa perruque noire… il a les cheveux tout blancs.
Il enlève sa petite moustache noire…
Il retire son corset.
Il se met péniblement au piano.
Soudain, il a vingt ans de moins. Il joue *Marquise*.
Le morceau terminé, il a vingt ans de plus.
Il se lève péniblement, comme un vieillard qu'il est redevenu… et va se coucher.

Marche

Si je continue à m'entraîner tous les jours à la marche, lorsque je rendrai l'âme… je n'aurai pas besoin de corbillard… je me rendrai au cimetière à pied !

Marionnette

Avant de faire le guignol, j'ai tout fait. J'ai fait la marionnette.
Pas le marionnettiste, la marionnette !

J'ai joué la marionnette pendant des années. Je menais une double vie.
Dans la journée, j'étais monsieur Tout-le-monde et, le soir, je devenais Totor, la marionnette Totor.
Personne n'a jamais découvert la supercherie.
Même le marionnettiste n'y a vu que du feu !
Pendant des mois, il a cru qu'il tirait les ficelles alors que c'était moi qui les actionnais, par en dessous !
En fait, la marionnette, c'était lui !

Mémoire

J'ai la mémoire de ce que j'oublie.
Si j'oublie de fermer le gaz, je me souviens très bien de l'avoir oublié.

*

Mémoire défaillante.
Je me souviens qu'elle avait quelque chose d'humide, mais je ne sais pas où.
Bon, ça ne fait rien !
Elle avait la gorge humide… non, la gorge était sèche !
C'est l'œil qui était humide…
Non, ce n'était pas l'œil ! L'œil était torve.
Je m'en souviens très bien. Là, je suis prêt à l'affirmer.
Alors, qu'est-ce qui était humide ?
Ah oui… Bon, passons !
Ah oui… C'était son imperméable, parce qu'il avait plu.
En tout cas, la gorge était sèche, je m'en souviens parce qu'elle m'a demandé un verre d'eau…
Ce n'est pas un verre d'eau qu'elle m'a demandé, c'est une sèche…
Une sèche, une cigarette, quoi !

Mensonge

J'en ai assez de mentir pour faire plaisir à des gens qui ont horreur du mensonge !

Métiers

– Quel métier exercez-vous ?
– Rabat-joie !
– C'est un métier, ça ?
– Non, mais quel boulot !

*

Je connais un politicien sans emploi. En attendant, il a trouvé un petit boulot.
Il écrit des petites phrases. C'est lui qui a lancé les petits boulots !
Je connais un type qui exerce un petit boulot.
Il livre les journaux à un boulanger qui le paye avec des croissants.
Cela permet à l'un de *lire* et à l'autre de *croûter*.

*

Le jardinier :
– Pourquoi ne me voit-on jamais travailler ?
C'est simple comme la fleur du même nom.
Quand il pleut, je ne veux pas que l'on dise :
« Il est fou de travailler par un temps pareil ! »
Quand il fait soleil, je ne veux pas que l'on dise :
« Oui ! Il ne travaille que lorsqu'il fait beau ! »
Je veux montrer que le temps ne fait rien à l'affaire.
Si je ne travaille pas, c'est de ma propre volonté.
C'est parce que je le veux bien !

*

Parce que le financier reprochait à son courtier d'avoir une mine de papier mâché, celui-ci s'est froissé et s'est jeté à la corbeille !

*

J'ai fait trente-six métiers. J'ai été triporteur, crémier, libraire, agriculteur.
Pour un acteur, être dans le champ de la caméra, c'est le paradis, mais être dans un champ de carottes, c'est l'enfer.

*

Je sors de chez le coiffeur... Vous voyez le résultat ?
Je lui ai dit :
– Mais vous m'avez complètement raté !
Il me dit :
– Et alors ? J'ai toujours raté tous mes clients.
Je n'ai pas à vous faire de faveur spéciale !

*

Mon coiffeur fait de la peinture.
– Alors, lui dis-je, vous peignez toujours ?
– Oui, je peigne !

*

C'est comme ce peintre qui, lorsqu'il était enrhumé, peignait à l'huile goménolée.

*

J'ai rencontré l'horloger qui marchait dans la rue.
Il ne m'inspire pas confiance.
Il s'arrête toutes les cinq minutes !

*

Le comble de la duplicité, pour un potier, c'est de tourner autour du pot.

*

Après que l'épicier eut pesé ses mots, il en fit un paquet qu'il jeta à la tête du client.

*

Un brillant polémiste m'affirmait que lorsqu'il soulevait des polémiques, il avait des maux de reins.

*

La blanchisseuse est morte à la tâche.

*

L'électricien :
– Je n'ai de lumière à recevoir de personne !

*

L'avocat s'est suicidé en désespoir de cause.

*

Le porte-parole d'un bègue, il a du boulot !

*

La voyante ne manquait pas de présence d'esprit.

*

Un menuisier me disait l'autre jour qu'à force de taper sur des clous, il était devenu marteau.

*

Le facteur n'est pas comme sa femme.
Quelle que soit l'heure à laquelle il passe, il ne sonne toujours que deux fois.

*

Réflexion de l'employée de maison :
– Moi, avant, je servais chez des gens très bien !

*

Le geste majestueux du faucheur fauchant son blé, ce geste n'a plus cours.
Si ! C'est devenu celui du balayeur fauché.

*

Le comble, pour un taxi gréviste, c'est de débrayer hors de son véhicule.

*

L'autre jour, j'étais dans un taxi. Soudain, me voyant allumer une cigarette, le chauffeur se retourne, furieux, en vociférant :
– Voulez-vous bien ne pas fumer !
J'imagine la tête que ferait ce chauffeur si un client lui disait :
– Je veux bien que vous me preniez en charge mais sous certaines conditions. Promettez-moi de tenir les glaces fermées, de ne pas dépasser cinquante à l'heure, de ne point tousser ni cracher, et enfin de vous abstenir d'injurier les éventuels maladroits.

*

Il faut apprendre la façon de faire et après, on peut faire à sa façon.

*

Récemment, dans la rue, un agent m'interpelle. Il me dit :
– Je sais que vous venez d'écrire un ouvrage…
– Ce n'est pas un crime, que je sache ?
– De quoi traite-t-il ?
– Je ne peux pas encore vous le dire… il est toujours sur le métier. Pourquoi ?
– Parce que je suis en train d'écrire moi-même un ouvrage.
– Sur quoi ?
– Sur le métier… d'agent de police. Pouvez-vous me donner un conseil ?
– Polissez-le et repolissez-le sans cesse !
– On me l'a déjà dit vingt fois… !

*

Ma voisine qui exerce le plus vieux métier du monde en écrit un aussi, intitulé *Le Cœur à l'ouvrage* ; comme elle m'en parlait :
– Avez-vous au moins vingt fois sur le métier remis votre ouvrage ?

– Oh, plus que cela !
– J'ose à peine vous demander de quoi il traite ?
– Des Blanches ! Tenez !
Elle me le passe pour que je le lise…
C'est un ouvrage tellement salace que je m'en suis fatigué très vite !

Microbe

J'ai connu un microbe très intelligent. Je l'ai même fréquenté.
À un moment, on était brouillés ; je le menaçais toujours de me faire vacciner.
Quand je parle de ça, les gens ne s'approchent pas de moi. Ils disent :
– Il le fréquente encore !

Mime

Le mime qui a un trou de mémoire :
– J'ai le trou du geste !

*

J'adore Marcel Marceau. Avec lui, les mimes ont trouvé leur porte-parole.

*

Le mime est un art respiratoire.
Moi, je suis un digestif.

*

La fleur du mime, c'est le mimosa.
Pour mimer une fleur, il fallait que le mime osât !

*

Un mime doit être *ouvert* comme une danseuse...
Il n'y a rien de plus chaste qu'une danseuse...
Et cependant, il n'y a rien de plus ouvert !

*

J'ai connu un mime qui faisait sortir de sa boîte un tas de petits anges.
Il les laissait tous s'échapper. Impossible de les récupérer.
Si bien qu'à la fin de son tour il saluait et sortait, laissant un tas de petits anges en suspens dans l'atmosphère.
Alors un jour, au lieu de sortir un petit ange, il a fait jaillir un petit diable de sa boîte.
Comme le petit diable était au bout d'un ressort, il ne pouvait pas aller loin.
Quand il a voulu le récupérer, d'un geste, il l'a ramené dans sa boîte.

*

Devant l'acteur qui lui faisait de grands gestes, le mime ne sut que répondre...

*

J'ai vu un mime qui a voulu sortir côté cour en faisant la marche contre le vent.
Il n'en finissait plus de sortir.
Le public a commencé de manifester son impatience.
Alors le mime, pas fou, a fait demi-tour et il est sorti côté jardin avec le vent dans le dos, à la grande satisfaction du public qui a fini par l'applaudir.

*

L'homme en marche a commencé par mimer le terrain avec ses pieds !
Puis il a mimé avec sa main la forme de la pomme.
Enfin, il a mimé les formes de la femme !

*

Supposons un mime qui n'ait pas la mémoire visuelle.
Il mime quelqu'un qui tient une valise. Bon !
Il la pose.
Il vaque à ses occupations.
Il revient pour la reprendre.
Où est sa valise ?
Bien malin qui pourrait le lui dire.
Allez repérer une valise qui n'existe pas !
Il peut tomber dessus comme il peut tâtonner pendant des heures...
C'est la cruelle incertitude du mime.
Un verre et une bouteille, on les tient. On les a bien en main.
Mais une valise, dès que vous lâchez la poignée, elle vous échappe !

*

Savez-vous comment je me suis aperçu que j'étais doué pour le mime ? Un jour où mon pianiste n'a pas pu venir, je l'ai remplacé au pied levé.
Je me suis mis au piano et comme je ne savais pas en jouer... j'ai mimé un air populaire...
J'y ai mis une telle conviction qu'après avoir mimé le second couplet, les gens dans la salle ont repris le refrain en chœur...
Ce jour-là, j'ai compris que j'étais doué pour le mime...

*

La publicité du mime se fait de bouche à oreille.

*

J'ai vu un mime passer une audition devant le directeur d'une maison de disques qui l'écoutait les yeux fermés.

*

Il y a des choses difficiles à traduire mais on y arrive avec un peu d'entraînement...
Par exemple, à faire par un mime :
Un moment d'inquiétude.
Un silence intérieur (angoissant).
Un regard hébété.
Un mouvement de répulsion.
Une explosion de colère.
Un soupir de soulagement.
Une tension extrême.
Un relâchement excessif.
Une mise en garde.
Une position instable.
Une humeur massacrante.
Un sourire sardonique.
Une impatience à peine déguisée.

*

À force de mimer celui qui fume une cigarette, le mime avait fini par se mimer la santé.

*

Ce matin, je pensais aux catastrophes naturelles...
Ce serait formidable de les mimer...
Mimer, par exemple, un tremblement de terre...

Mimer une inondation… Mimer des tempêtes…
Ce ne sont pas des petites marches sur place ou des marches contre le vent.
Ce sont des grands trucs !

Miracles

Donnez de l'herbe à une vache, elle fait du lait.
Donnez de l'herbe à un homme, il délire.

*

Lorsque Jésus a multiplié les petits pains et les poissons, on a crié au miracle et c'était un miracle.
Eh bien moi, je viens d'en voir un…
J'ai donné du pain aux poissons…
Savez-vous ce qu'ils en ont fait ?
De la chair à poisson !
Vous me direz :
– Tous les animaux font ce genre de miracle… Donnez de l'herbe à une vache, elle en fait du lait.
Soit ! Mais donnez des saucisses à un porc ! Qu'en fait-il ? De la chair à saucisses !

Mise en demeure

Parce que j'avais du retard dans un paiement, j'ai reçu une *mise en demeure*.
Une mise en demeure, qu'est-ce que cela signifie ?
Est-ce qu'il faut que je demeure tant que je n'ai pas payé la mise ?
Ou est-ce que mettre en demeure ne signifie pas mettre en maison ?
Une maison où on demeure, c'est-à-dire en prison !

Misère

Ah, misère !
Moi, ce que j'aurais aimé, c'est faire pleurer les foules !
Je n'y arrive pas !
Parce que... l'on dit qu'il est plus difficile de faire rire que de faire pleurer.
Ce n'est pas mon avis.
Les gens ne veulent plus pleurer...
Jadis, pour un oui, pour un non, les gens pleuraient à chaudes larmes !
Il suffisait d'évoquer la misère. Moi, j'évoquais très bien la misère !
Rien qu'en prononçant le mot...
Ah, misère !...
J'arrivais à tirer les larmes !
Maintenant... j'arrive encore et tout juste à faire pleurer mon entourage !
Ah, misère !
Parce qu'ils me connaissent, ils s'apitoient devant moi.
Mais dès que je suis sur scène, c'est fini !
J'ai beau parler de la misère, je vois bien les gens...
La misère, ça ne les intéresse pas ! Ils la connaissent par cœur ! Ils en ont trop vu !
Vous pouvez leur montrer toute la misère du monde...
Les gens :
– Bah, c'est triste cinq minutes et puis, on s'en lasse très vite ! Il n'y a pas de quoi en faire un drame.
Ah, misère !

✱

Quand j'étais petit, il m'est arrivé un terrible accident.
J'étais dans les bras de ma mère. Elle me chantait une berceuse.
Et tout à coup, plouf, son pied a dû glisser, elle est tombée dans la misère jusqu'au cou !
Évidemment, moi qui étais dans ses bras, j'en ai pris plein la figure !
J'étais enveloppé de misère.
J'avais beau essayer de l'arracher… cette satanée misère, elle vous colle à la peau comme un vieux manteau mité !

Moi

J'ai eu l'imprudence de dire à celle que j'aime :
– Tout mon *moi* est à toi !
Depuis, elle garde pour elle tout mon mois de salaire.

*

Ce que je vous dis, je ne l'ai dit à personne, même pas à moi-même.

*

Je me préfère en portrait qu'au naturel.
Vous voyez mon visage ? Il est toujours en mouvement.
Mon portrait est immobile. Quoi qu'il arrive, il ne bronche pas !
Une mouche qui vole, des gens qui passent, l'employée qui me fait des grimaces, c'est toujours la même expression…
Je ne bouge pas. Impassible !

*

Quand on m'invite, il y a des gens qui me reprochent de ne parler que de moi...
Ils me disent :
– Vous ne parlez que de vous, jamais des autres !
Je leur dis :
– Si vous m'invitez, moi, c'est pour que je vous parle de moi. Si vous voulez entendre parler des autres, il faut inviter les autres... Ils parleront d'eux mieux que moi ! Alors, si vous voulez entendre quelqu'un parler de moi, il n'y a que moi...
Vous ne m'avez tout de même pas invité, moi, pour que je parle de vous ?

*

Entrer en communication avec des gens, frapper aux portes, m'a toujours été très difficile. Je ne suis pas un homme solide. J'ai toujours été hésitant. Et les gens qui n'hésitent pas me font peur. Je peux admirer leur faculté, mais je trouve ça un peu inhumain. Moi, j'aime les gens qui peuvent se laisser bercer. Par les contradictions. Les gens qui ont un peu le regard vague. Pas trop, mais un peu. On sait chez eux que les sens sont en éveil. Ils reçoivent constamment des impressions. Comment voulez-vous qu'ils soient toujours positifs dans leurs décisions ? Ils sont bombardés d'impressions ! Ils sont vulnérables.

Monde

Heureusement qu'il y a des gens qui, comme nous, refont le monde.
Sans cela, le monde ne serait plus ce qu'il est !

❃

On ne m'a pas mis au monde…
On m'a jeté au monde !

❃

Il y a un autre monde qui se fait jour…
Monde étrange, trouble, monde des vibrations…
Un monde où les choses commencent à prendre conscience.
Exemple concret : le tambour qui se rebiffe.
Il va jusqu'à crier « Assez ! » quand on lui tape trop fort dessus.
– Assez ! Vous voulez ma peau ?
Les tables tournantes.
Les apparitions.
L'horoscope.
Les prédictions.
Les transmissions de pensée.
Les présences.
Les fantômes, etc.

Monsieur Tout-le-monde

– Vous ne pouvez pas chanter comme monsieur Tout-le-monde ?
– Non ! Comme je suis monsieur Tout-le-monde et que monsieur Tout-le-monde ne chante pas comme moi, je ne peux pas chanter comme monsieur Tout-le-monde !

Moquerie

Mesdames et messieurs, je vais, si vous le permettez, me moquer de moi-même, parce que je ne voudrais pas que quelqu'un d'autre le fasse !

Moral

À la déclaration de la guerre 39-45, j'avais un moral d'acier.
Et j'avais du mérite parce qu'à l'époque, l'acier ce n'était pas facile à trouver : la route du fer était coupée.

Morale

Ma morale, c'est la conclusion raisonnable d'un texte fou.

Mort

Quand on pense que l'on va bientôt mourir, on vit mieux ! Penser que l'on ne va pas mourir est une idée bête, car les bêtes ne pensent pas qu'elles vont mourir.

*

J'étais entre la vie et la mort. J'ai longtemps hésité.

*

Il était d'une telle discrétion qu'après avoir rendu son dernier soupir, il en rendit encore un autre que personne n'entendit…

*

Le bègue, en mourant, rendit trois fois son dernier soupir.

*

Quand je pense aux maigres compliments qu'oit sa vie durant un homme méritant, à côté des somptueux éloges funèbres qu'il n'entendra pas après sa mort, je dis :
– Il n'y en a que pour ceux qui meurent !

✽

On a vu des vivants faire le mort.
Jamais des morts faire le vivant !

✽

Je veux bien mourir dans un ascenseur, mais seulement quand il monte.

✽

Un photographe est au chevet d'un moribond.
– Ne bougeons plus ! Clac ! Une autre. Ne bougeons plus ! Clac !
... Un temps...
– Tiens ? Il ne bouge plus !

✽

L'inquiétude fondamentale, c'est la mort. C'est l'issue de la vie.
Un jour, monsieur, il faudra rendre votre âme.
Il faudra la rendre comme on rend son uniforme, quand on quitte l'armée.
Pourtant, au fond, la mort, c'est normal : elle fait partie de la vie.
C'est plutôt la maladie, la douleur qui me tourmentent. Je ne comprends pas la douleur.
Elle me semble inutile. La mettre sur le dos d'une expiation me paraît douteux.

Mots

Ceux qui font des généralités sont des imbéciles… généralement.

*

Deux prêtés ne valent pas un rendu.

*

Mot perdu de vue.
Il y a des mots que je perds de vue trop longtemps.
Lorsque je les retrouve, je ne les reconnais plus.

*

Arrêter une affaire, c'est la mettre en route.

*

Variations sur le mot « couac ».
Ne pas confondre « couac » avec le mot « quoique », quoique !
« Couac » se termine par *ac*, tandis que « quoique » se termine par *que*.

*

Je veux me retrouver les pieds dans l'eau et la tête dans le vague.
Tandis que mes pensées iront à vau-l'eau, je clapoterai dans la vague.
Je vais me retrouver le bec dans l'eau et l'âme dans le vague.
Et je sombrerai dans l'au-delà, dans le creux de la vague.

*

Si, au lieu de dire à mon pianiste : «Vous n'êtes pas convenable», je lui dis : «Vous êtes messéant ! », il va sortir pour chercher dans le dictionnaire et il verra que «messéant» est le participe du verbe «messeoir» qui signifie «n'être pas convenable».

*

Un beau geste, il ne suffit pas de le dire, il faut le faire !
Tandis qu'un bon mot, non seulement il faut le faire mais en plus, il faut le dire !

*

Au restaurant, un officier au serveur :
– Je voudrais commander...
– Mais comment donc, commandant !...

*

J'ai tout fait pour ne pas étouffer !

*

Je ne ferai jamais cela, en tout cas pas de mon vivant !

*

Si vous ne savez pas à qui vous adresser, ce n'est pas ici...

*

Le tempestiaire, celui qui provoque la tempête... comme l'incendiaire l'incendie.

*

Je connais un auteur dramatique qui ramassait tous les mots qu'il avait entendus à droite et à gauche et il allait les proposer à un directeur de théâtre, jusqu'au jour où le directeur lui a dit :
– Assez de mots, des actes !

✱

Je lui aurais bien donné un coup de semonce mais je n'avais pas de semonce à portée de la main !

✱

On fait de la littérature avec des mots comme on fait de la musique avec des sons et de la peinture avec des couleurs. Il faut jouer des mots… comme des sons… ainsi que des couleurs.

✱

d, c'est *a*
d, c'est *d*
Et *c*, c'est… (C'est tout !)

✱

Une note : il faut être dans le vent !
L'eau : il faut être au courant.
L'air : drôle d'air !
Feu : tout feu, tout flamme.

✱

On l'appelait le beau fixe, parce que rien en lui ne bougeait.

*

De tous ceux qui sont ici, on ne se souviendra que de tous ceux qui ne sont pas là !

*

Un poète qui persévère...

*

– Je connais l'endroit où il y a eu six tués.
– Peux-tu me le situer ?

*

– Sais-tu pourquoi il s'est tu ?
– Oui ! Parce qu'il s'est tué !

*

Un jour où j'avais prononcé un mot plus haut que l'autre, j'avais dit ouvertement : « C'est stupéfiant ! », j'ai eu toute la brigade des mots douteux à mes trousses.

*

Les mots à la mine patibulaire qui font chanter le vocabulaire.

*

Ou je me trompe fort ou ma femme me trompe !

✽

Il y a des mots qu'il ne faut pas prononcer devant moi.
Le mot « verglas », par exemple.
Dès que j'entends le mot « verglas », j'ai les pieds qui patinent !

✽

Quand on fait éclater les mots comme on fait éclater l'atome, il faut faire attention.
C'est dangereux, le rire.
Des éclats de mots, ce sont comme des éclats de lumière.
On peut en faire des monstruosités comme des chefs-d'œuvre.

✽

L'expression : « Cela vous fait une belle jambe. »
C'est toujours ça !
Si je ne montre pas l'autre, je peux toujours faire illusion !

✽

Jongler avec les mots, ce n'est pas si facile que ça.
Parce qu'il y a des mots qui sont pesants.
Et si vous les ratez, vous les prenez sur la tête. Ça fait mal.
Les gros mots, par exemple, ça fait très mal !

✽

Nous avions des avions.
Vous chantiez sur le chantier ?
Vous couriez après le courrier.

*

On dit d'un visage qu'il parle quand il ne dit rien.

*

**Je connais un homme de paille qui s'est acheté une paire de bottes.
Ça a fait du foin !**

*

Je suis gauchement adroit.

*

Ce camembert n'est ni fait ni à faire !
C'est un propos assez avancé.

*

Prendre le large !
Expression vague !

*

**Le borgne avait le don de double vue.
Sa femme ne voyait pas ce don d'un bon œil.**

*

Tenir sa langue : jamais personne n'a tenu sa langue.
Une langue, ça tient tout seul !
Ainsi, tu as perdu ta langue !
C'est un faux raisonnement.
Comme il se tait, il n'a pas besoin d'ouvrir la bouche.
S'il garde la bouche fermée, comment peut-on savoir s'il a perdu sa langue ?

*

Ils sont tous d'ici.
Le vigneron est du cru.
Le prêtre habite au-delà mais il est d'ici.
Il n'y a que le tailleur qui ne soit pas d'ici.

*

Il disparaissait avec adresse et réapparaissait poste restante.

*

J'ai vu deux personnes sous la pluie, qui parlaient à mots couverts.

*

Je lui avais donné des textes à lire. Il m'avait répondu :
– Je les lirai à tête reposée.
Il ne savait pas si bien dire…
Il est mort avant d'en prendre connaissance.

*

En France, on n’a pas de pétrole mais on a des chiffres et des lettres !
Il n’y a qu’à vendre quelques-uns de nos mots les plus longs… dont on n’a pas l’usage dans le langage courant !

*

C’est fou ce que l’on peut faire avec un mot !
On peut lâcher le mot, prendre au mot, écrire un mot, prendre un mot pour un autre.
On peut ne pas savoir un traître mot.
On peut faire un mot, le croiser, traduire mot pour mot.
On peut jouer sur les mots.
On peut chercher ses mots et ne pas les trouver, peser ses mots, se payer de mots, mâcher ses mots, dire des gros mots, avoir peur des mots, rentrer des mots dans la gorge.
Il y a des mots dénués de signification, vides de sens.
Il y a des mots dont on dit qu’ils ne sont pas des mots.
Il y a des mots qui vous échappent.
Il y en a qui de temps en temps ont leur mot à dire.
D’autres veulent toujours avoir le dernier mot.
Certains n’ont pas dit leur dernier mot.
Il est mort sans avoir dit son dernier mot.
Il y en a qui échangent des mots avec quelqu’un.
Il y en a qui glissent des mots à l’oreille de quelqu’un.
Il y a ceux qui vous résument les choses en deux mots.
Et puis il y a… le mot… de la FIN.

*

Mes cravates s’usent.
Il est vrai que ça fait quelques années qu’elles sont dans le cou(p).

*

Il buvait toutes mes paroles, et comme je parlais beaucoup, à un moment, je l'ai vu qui titubait…

*

Inspirer l'air, l'air inspiré.

*

Un noyau d'atome qui se fend la pêche.

*

J'ai préparé la fête, ce fut une défaite.
J'ai consulté les astres, ce fut un désastre !

*

La pesanteur des mots : c'est pour cela que, parfois, on met sous les mots de la musique.
Ça les porte !
Croyez-vous qu'une phrase telle que « La Victoire en chantant nous ouvre la barrière » passerait, s'il n'y avait pas une musique dessous ?
Allez dire de sang-froid à quelqu'un : « La Victoire en chantant nous ouvre la barrière », il va dire :
– Il déconne !
Tandis que la même phrase chantée, ça vous a une autre gueule !

Music-hall

J'aurais voulu être magicien mais je ne me faisais pas d'illusions.

Musique

Je me suis mis à la clarinette. C'est ce qui se rapproche le plus de l'anglais.

*

Quand on dit que le clairon charge, ce n'est pas dans le sens de l'attaque. C'est dans l'idée « Il en fait un peu » !

*

Premier musicien au second :
– Il n'y a pas que le *si* que tu as eu… Tu nous as eus aussi !
– Hé, que c'est lent ! (Excellent.)

*

Quand pour la première fois j'ai posé les mains sur un piano, je ne savais pas où je mettais les pieds !

*

Se mettre au piano à 50 ans, ça oblige à progresser rapidement.

*

J'avais laissé mon piano dehors, sous la pluie.
Et quand la pluie a cessé, il est tombé des cordes !

*

Après onze ans de piano, je joue déjà comme un enfant de 4 ans. Je suis un vieux prodige. Il n'y en a pas beaucoup car ils n'ont pas d'avenir.

*

À 55 ans, je me suis dit :
– Tiens, je vais apprendre la harpe !
J'ai trouvé un professeur de harpe, une dame très bien, d'un certain âge.
Après mon premier cours, je n'ai pas pu résister, je lui ai demandé :
– Vous ne trouvez pas cela gênant d'apprendre la harpe à un homme de mon âge ?
– Oh, pas du tout ! J'ai des élèves qui sont plus âgés que vous, surtout des dames…
Je lui ai demandé :
– Et ces dames sont-elles arrivées à un résultat ?
Elle m'a répondu :
– Jamais !

*

Un diable de pianiste… tire le piano par la queue.

*

Un jour, je jouais du piano… Toutes mes touches blanches étaient devenues vertes.
Je me disais :
– Que se passe-t-il ?
C'était le foie… une crise de foie !

*

Jadis, pour écouter de la musique, on se déplaçait, on allait au concert, et l'on avait un moment musical.
On consacrait une soirée à « écouter » de la musique.
De nos jours, la musique, on l'écoute à longueur de journée, sur n'importe quelle longueur d'onde.
On l'écoute en travaillant.
C'est-à-dire que si l'on travaille bien, on ne l'entend pas.

Car si on l'entend, c'est que l'on travaille mal.
De nos jours, la musique, on l'écoute d'une oreille distraite.

Tout mon moi
J'ai eu l'imprudence de dire à celle que j'aime : « Tout mon moi t'appartient. » Depuis, elle garde entièrement ma paye – mon salaire.

J'avais pourtant dit à celle que j'aime : tout mon « moi » t'appartient.
Elle n'a retenu qu'une chose : ma paye.
(Version définitive p. 339.)

N

Nationalité

Je suis né avec un pied en Belgique et un pied en France. C'est pour cela que je marche les pieds écartés.

*

Moi, je m'appelle Devos. Ça veut dire « renard » en flamand mais je suis français ! Mon pianiste s'appelle Dupont et il est belge... Je sais que j'ai l'air de faire un numéro mais c'est la pure vérité ! Je suis français, j'ai toujours été français et tout le monde me prend pour un Belge, que voulez-vous que je vous dise ? Ce sera ainsi jusqu'à ma mort !

*

J'ai mis toute une vie à m'apercevoir que j'avais perdu le Nord ! Plus exactement le département du Nord, d'où sont originaires mon père et mon grand-père. Je suis né à Mouscron, en Belgique, et j'ai récemment découvert que le

citoyen français nordiste que je croyais être se trouvait dans une sorte de *no man's land* administratif. Malgré des papiers d'identité établis en bonne et due forme et un permis de conduire réglementaire, je n'avais pas d'existence légale ! Renseignements pris à Nantes, auprès des services concernant les Français nés à l'étranger, j'ai appris que j'étais un parfait inconnu ! À ma naissance, mon père m'a déclaré à la mairie de Mouscron où mes parents avaient une propriété, le château de Tourelles. Mais comme il a oublié de m'inscrire au consulat de France, ma situation n'a jamais été régularisée. À Nantes, on m'a dit : « Il n'y a pas de M. Devos sur nos tablettes. » Il faudra que je pense à faire un sketch…

Négation positive

Ne me faites pas dire ce que je veux dire !

*

Je vous le dis comme je ne le pense pas !

*

Il faut prendre les choses comme elles ne sont pas !

*

Posséder des qualités n'est pas un défaut.

*

Être poli n'est pas irrespectueux.

N'importe quoi

Comme je dis n'importe quoi, je peux soutenir une conversation avec n'importe qui !

*

Je suis tellement sûr qu'il ferait n'importe quoi pour moi que je n'arrête pas de faire n'importe quoi pour lui !

*

Comment peut-on rester coi en disant n'importe quoi ?
C'est lorsque vous dites n'importe quoi à quelqu'un et qu'il vous dit (comble de malentendu) :
– Ce que vous dites, ce n'est *pas* n'importe quoi !
Alors là, vous ne savez plus quoi dire.
Vous restez coi !

*

Avant, je disais n'importe quoi et je faisais un succès fou !
Malheureusement, je ne me souviens plus de ce que je disais…
De plus, comme je le disais n'importe où, je ne me souviens plus où je le disais ni quand.
Déjà, si je me souvenais quand je le disais, je me souviendrais où.
Je suis sûr qu'il me suffirait de me rendre à *où*…
Pour me rappeler ce que je disais…
Seulement, à l'époque où je disais n'importe quoi, je le disais n'importe comment !
Et c'est parce que je le disais n'importe comment qu'avec ce n'importe quoi, je faisais un succès fou !

La preuve, c'est qu'aujourd'hui je dis toujours n'importe quoi, mais pas n'importe comment !

Nourriture

Lorsque je mange avec mes doigts, je me revois... vêtu de peau de bête, dans la savane, assis au pied d'un arbre d'où je viens de descendre, je casse la croûte terrestre dans l'espoir d'y trouver... quoi? Un os qu'un primitif ancêtre aurait enfoui là, il y a des siècles et qui pourrait éventuellement raconter mes origines, lesquelles pourraient se situer...
On a le choix entre deux dates... Il y a une fourchette...
Le mot «fourchette» me ramène brutalement à la réalité...
Et je vais me chercher un couvert à la cuisine...

*

Entre la nourriture et l'amour, je choisis les deux!

Nudité

Un homme nu, c'est un homme seul.
Dès qu'il est vêtu, il fait partie de la communauté.

*

Un va-nu-pieds qui se déshabille peut révéler des trésors.

*

Il y a des gens qui croient que les individus ne sont nus que chez eux!
C'est faux!
Ils sont nus partout!

*

Quand les gens sortent, ils emportent leur nudité sur eux, enfin sous eux, qu'ils cachent !
On ne sait trop pourquoi !

*

Au lieu de jurer de dire toute la vérité, on ferait mieux de mettre le témoin dans la tenue d'Adam.
– Vous connaissez l'accusé ?
– Ben… C'est-à-dire que je ne l'ai… jamais vu dans…
– Alors, vous ignorez tout de lui. Sortez !

*

Qui n'a pas vu un homme nu ne l'a jamais vu !
C'est comme pour les artistes.
Jouer nu… c'est jouer sincère !
C'est pour cela qu'il y en a de plus en plus sur nos écrans.
C'est le cinéma-vérité !

*

Si l'on était obligé de se montrer tout nu, il y a un tas de gens qui seraient obligés de changer de métier !
À commencer par les mannequins !
Parce qu'en général les mannequins n'ont rien en dessous…
C'est-à-dire qu'on ne trouve pas à l'intérieur ce que l'on voit de l'extérieur !

O

Œuf

Qu'est-ce qui différencie votre œuf de celui d'une poule ?
– Rien ! C'est le même œuf sauf que le mien est mou.
Ce que je reproche à la poule, c'est la dureté de son œuf. Or, dur, l'œuf casse. Alors que mou, il dure ! C'est comme le chêne et le roseau. Eh bien, mon œuf plie mais ne rompt point. D'ailleurs, mon œuf mou, si je l'avais fait dur, on aurait dit :
– Il a copié !
Parce que les réflexions des gens :
– L'œuf mou de Devos, à quoi sert-il ?
– Et la montre molle de Dalí, à quoi sert-elle ?

❉

Manger un poussin, c'est tuer la poule pour avoir l'œuf !

Oies

Jeu de l'oie.
Coup de téléphone de mon voisin :
– Monsieur, il y a une oie dans votre étang ! Elle doit être sauvage parce qu'elle vole...
– Gentil de me le dire. Merci du renseignement !
C'est comme s'il m'avait dit : « Il y a un nid dans votre poirier ou des poussins dans l'eau... ou des grenouilles dans le bénitier ! »
– En quoi cela vous gêne ? dis-je un peu glacé.
– Cela me gêne ! Cela me gêne ! Pas moins que vos grands arbres qui ombragent mes terres... comme votre clôture qui rejette ses vieilles pierres dans mon jardin.
– Comme me gênent les pavés que vous lancez dans ma mare...
– C'est comme les piqûres de vos moustiques que votre étang attire...
– Vous voudriez peut-être que je mette des moustiquaires autour de la pièce d'eau ? Est-ce que je me plains des coassements des grenouilles dont vous emplissez vos bénitiers ?
– Qu'appelez-vous mes grenouilles ?
– Vos petites oies blanches !
On y revenait...

*

Pourquoi mangeons-nous plus volontiers une aile de poulet ou une cuisse qu'une aile d'oie ?
Avez-vous déjà entendu quelqu'un commander une cuisse d'oie ?
Avez-vous remarqué que, lorsque l'on parle d'œufs... c'est toujours d'œuf de poule, jamais d'oie...
Pourtant, les oies pondent des œufs !
Vous me direz qu'à propos d'oie, on parle de foie.
Le foie d'oie, le foie gras d'oie !
On parle aussi de foie de canard, jamais de foie de poule !
Pourquoi ? Cela reste une énigme.

Ombre

Mon ombre n'existe que par moi.

*

Chaque fois que je vois mon ombre à mes pieds, j'ai toujours peur de marcher dessus !
Ce n'est pas que je me prenne pour une lumière...
Mais mon ombre, c'est tout de même le reflet de moi-même !
Je la respecte. J'évite de lui marcher dessus !

On raconte n'importe quoi

De tout ce qu'on raconte, rien n'est vrai.
C'est tellement énorme que ce n'est pas possible.
Ce sont des événements que l'on invente pour alimenter la chronique.
Les guerres ?... De nos jours ?... Enfin, soyons sérieux !
La guerre du Vietnam n'a jamais existé !
C'est une guerre inventée de toutes pièces...
Croyez-vous vraiment que si l'Amérique avait fait la guerre au Vietnam, elle ne l'aurait pas gagnée ? Allons, allons !
Cette toute-puissance contre ces va-nu-pieds à vélo ?
À qui veut-on faire croire cela ?
La preuve qu'elle n'a jamais existé, c'est qu'elle s'est terminée comme elle avait commencé, clandestinement !
Les morts du week-end ? Ils n'ont jamais existé !
Cent quarante morts sur les routes !

Moi qui roule beaucoup, je n'ai jamais vu cent quarante morts sur les routes, surtout un dimanche !
Ce sont des chiffres inventés pour impressionner les automobilistes !
D'ailleurs, quand il y a des morts, en général, on ne les compte pas.
Croyez-vous que si la route faisait tant de morts, les gens s'y précipiteraient dès qu'un rayon de soleil paraît ?
Allons, allons !
Les gens ne sont pas fous !

Optimisme

Quand on est dans un avion et qu'il prend son élan, on ne peut pas ne pas être optimiste.

*

Érigeons des montagnes et exhortons les gens à y grimper, au lieu de creuser des trous et d'y pousser les gens !

*

L'optimisme délirant donne naissance à un pessimisme incurable.

Volée de pensées

J'ai horreur que l'on me contredise avec des idées qui sont de moi.

P

Parole

La parole est à ceux qui ne la possèdent pas.
L'huître : Vous me la baillez belle. Ma femme, c'est une perle.
Le champignon (à l'homme) : Ne m'écrasez pas avec votre pied !
La rose : Ne me cueillez pas à la fleur de l'âge !
Le pissenlit : Je suis mangé par tous les bouts.
Le raisin : Je suis rouge de colère.
La prune : On me prend pour pas grand-chose.
La poire : Je suis bonne comme la romaine.
Le citron : Vite ! Je suis pressé !
L'orange : Au jus, là-dedans !
La pomme : C'est moi !
Le petit pois : Je ne pèse pas lourd.
Le haricot : Je suis un fayot.
Le poireau : J'attends toujours.
L'asperge : J'arrose.
Le thym : J'ai bonne mine.
Le laurier : À moi les honneurs !
Le blé : Je finirai dans le pétrin.
La salade : Je vais encore me faire assaisonner !

Patin

Il ne faut pas confondre. Il y a patin, patin et patin.
Il y a le patin, pièce de tissu sur laquelle on pose le pied pour préserver un parquet.
– Prends les patins !
Il y a le patin à glace ou à roulettes qui amène la bûche, et le patin que l'on roule qui amène le bouche-à-bouche.
Quoique… le patin à glace, après quelques bûches, puisse nécessiter le bouche-à-bouche.
On ne peut rouler qu'un patin à quelqu'un alors que pour rouler en patins, il en faut deux !
Par contre, on peut filer un patin et rouler en patins !
On peut filer un patin à une patineuse qui en voudrait un deuxième pour patiner.
Autre similitude : on dit aussi, au lieu de rouler un patin, rouler une pelle.
On peut la prendre, la pelle, en chaussant des patins !

Péché

Ah, je n'aime pas beaucoup les gens qui n'ont jamais péché…
Ils ont tendance à vous jeter la première pierre !

Pensée

Jeune, j'avais des pensées.
Vieux, je n'ai que des arrière-pensées…

Celui qui pense vraiment le fait sans y penser.

*

Penser totalement à ce qu'on fait, c'est faire la moitié de son travail.

*

À la limite, on pourrait dire que toute écriture est automatique.
C'est la pensée qui ne l'est pas.
Le drame, c'est lorsqu'elle le devient.

*

Même la pensée s'habitue à l'obscurité.
Elle finit par s'éclaircir.

*

Transmission de pensée ?
Oui, mais sans intermédiaire !

*

Une pensée qui ne s'appuie sur rien… sombre.
Elle s'enferme sur elle-même et finit par imploser.

*

Le secrétaire perpétuel de l'Académie française m'en fera grief :
– Il manque à toutes les règles. Il place bien ses virgules mais sur les points-virgules, il est faible… On le sent qui hésite…
Savez-vous ce que c'est, monsieur, qu'une pensée sous-alimentée ?
Une pensée qui souffre de malnutrition ?
Une pensée trop tôt sevrée ?

*

Pour trouver une pensée, il faut se lever de bonne heure !
Moi, à l'heure tardive à laquelle je rentre chez moi, je n'ai plus qu'une pensée : me coucher !

*

Certains matins, je me dis en me levant :
– Voyons, à quoi vais-je penser aujourd'hui ?
Tss… c'est terrible ! Parce que depuis que j'ai l'âge de raison, je n'ai pas cessé de penser !
Je crois même finalement que j'ai pensé à tout, à tel point que je ne sais plus quoi penser !
Je n'arrive plus à penser à quelque chose que je n'aie déjà pensé…
Il y a saturation…
Pour bien faire, il faudrait que je dépense tout ce que j'ai pensé, pour le repenser différemment…

*

Penser ! J'en ai tellement pris l'habitude que je ne sais plus ce que c'est !
Je pense distraitement, en pensant à autre chose !
Quelquefois, les gens me disent :
– À quoi pensez-vous ?
– À rien !
Ça les épate. Ils me disent :
– Mais on pense toujours à quelque chose !
Je sais ! Je sais ! On peut penser à l'ordonnance de sa coiffure, à sa cravate, à ses souliers… qui, bien cirés, peuvent refléter votre caractère. Ou bien penser aux autres aussi ! Mais ça, c'est plus rare. Mais penser à rien, ce n'est pas facile.
D'ailleurs, je ne vous le conseille pas, c'est trop dangereux ! Vous n'y arriveriez pas ! Ça ne s'apprend pas ! C'est le grand luxe !
C'est un don gratuit !
Pensez ! Un homme qui ne pense à rien est très vulnérable !
Parce que la pensée des autres est là, qui le guette !
Il faut y penser à cela !
Parce que, s'il n'y pense pas, un autre va penser pour lui !
Et alors ?… Eh !… Où il va ? Hein ?
On n'a pas besoin de penser beaucoup pour être heureux !
Moi, tout en pensant normalement, sans excès… mais sans me priver non plus… j'ai réussi à mettre quelques idées de côté.
J'ai économisé suffisamment de pensées pour en avoir jusqu'à la fin de mes jours… et même au-delà !
Si bien que de là-haut… j'aurai peut-être encore une pensée pour ceux qui restent !

✽

Un jour, j'ai fait un rêve insensé...
Je plantais quelques-unes de mes pensées (j'entends «idées») dans la terre...
À ma grande stupeur, les idées ont germé...
Certaines à mon ravissement, d'autres à ma honte !
Exemple : certaines sont restées ce qu'elles étaient, de simples pensées... (Juste de quoi faire un bouquet.)
Les autres... ah, les autres... avaient déjà été pensées par d'autres...
La première pensée que j'ai plantée est sortie de terre sous la forme d'une rose.
Elle était telle que je l'espérais...
Déjà, sa jeune tige était parfumée, prometteuse...
Elle a donné, tenez-vous bien, une rose odorante, rouge, pleine de pétales !
Ah, si elle n'avait pas été déjà pensée par un autre, j'aurais été fier et heureux, que dis-je, comblé de l'avoir conçue !
J'ai compris que je n'avais qu'imité, calqué ce que la nature avait déjà inventé, avant de m'inventer moi-même.
Il ne me reste dans la tête que quelques fleurs étranges, inhumaines, déformées, imprésentables, tout juste bonnes à garnir une couronne mortuaire.
Je les garde pour moi. C'est d'une tristesse... !

Pensées créatives

Un jour, ou plutôt une nuit, j'ai fait un rêve insensé...
J'étais assis sur un banc de pierre, entouré de fleurs toutes plus belles les unes que les autres, toutes plus colorées, toutes plus parfumées...
J'étais en extase devant ces merveilles, ces chefs-d'œuvre de formes, de couleurs et de parfums.
Je me disais :
– Mais qui a inventé tout ça ? Qui les a conçues ? Qui les a programmées ?
J'en étais là de mes réflexions lorsque je vis un homme coiffé d'un immense chapeau de paille, le jardinier sans doute !
Il était en train de faire des trous dans la terre avec son index.
Dans chaque trou, il déposait quelque chose d'invisible à mes yeux, de si minuscules graines qu'elles étaient invisibles à l'œil nu.
Je m'approchai.
– Que plantez-vous là ? lui demandai-je.
– Des pensées ! me répondit-il.
– Des fleurs ?
– Non, des pensées... des idées, si vous préférez ! Chaque fois que j'ai un embryon de pensée, je l'implante dans la terre, afin qu'elle germe, s'enracine puis cristallise ma pensée.
– Ne me dites pas que toutes ces fleurs que je vois autour de nous sont nées de vos pensées ?
– Hélas non ! Elles ont été conçues, alors que j'étais encore dans les limbes, par des cerveaux beaucoup plus imaginatifs que le mien ! Regardez ces belles roses ! Si je pouvais savoir qui en a eu l'idée, je lui enverrais des fleurs !
– Ici, vous n'avez que l'embarras du choix...
– Non, monsieur, les miennes de fleurs ! Toutes ces fleurs ont été créées par d'autres, des esprits surdoués. Mais moi, je voudrais apporter ma petite pièce à cet immense bouquet...

Pensées mauvaises

Il m'arrive d'avoir de mauvaises pensées. Mauvaises au sens de médiocres. Celles-là, je les garde pour moi. Je les biffe, je les efface. Je ne donne aux gens à entendre que les bonnes. Du moins, celles que je juge comme telles.

*

– Cher ami, il y a vraiment pour vous des choses qui sont sans intérêt.
– Lesquelles ?
– Par exemple, l'argent que je vous ai prêté...

Peur

Sous le coup de la peur... il sentit ses cheveux se hérisser...
Machinalement, il se passa la main sur son crâne chauve...
Il comprit alors que sa crainte était vaine.

Philosophie

Il y a des gens qui me disent : « Vous dites n'importe quoi ! »
C'est vrai !
Et encore, je ne dis pas tout. Il y a certaines pensées que je ne divulgue pas... que je garde pour moi. Des pensées profondes telles que :
– être ou ne pas être... exige une réponse,
– celui qui pense vraiment le fait sans y penser,
– croire aveuglément demande réflexion.

*

Je soupçonne l'homme de prendre plaisir à se poser des questions auxquelles il ne peut répondre.

*

Le jour où un savant découvrira en observant deux mouvements atomiques que l'un est gai et l'autre triste, alors je dirai : « La science est humaine », et je commencerai à m'y intéresser en philosophe.

*

– Qu'est-ce qu'un homme vertueux ?
– C'est quelqu'un qui ne voit pas plus loin que le bout de sa vérité.

*

Lorsque les choses vont bien, il y a un laisser-aller qui ne mène nulle part.
Alors que lorsque les choses se détériorent, on s'empresse de les réparer !
On s'ingénie à faire des prouesses pour qu'elles aillent bien jusqu'à un laisser-aller qui ne mène nulle part.
Et on recommence…

*

Pas d'indulgence vis-à-vis des autres sans rigueur envers soi-même.

Physique

Je ne sais pas si je pourrai garder mon ventre.
Il est frappé d'alignement.

*

Je connais un boxeur célèbre. Il n'aime pas recevoir des coups. Il me l'a dit :

– Non seulement j'ai horreur de recevoir des coups mais je déteste en donner.

– Pourquoi êtes-vous devenu boxeur ?

– Vous avez vu le physique que j'ai ? Le nez aplati, les pommettes écrasées, les oreilles en chou-fleur ! Je ne pouvais pas faire autre chose !

Pluies

Récemment, des gens viennent me voir sous une pluie battante.
Ils me disent :
– C'est curieux. Il ne pleut que chez vous. Aux alentours, le temps est magnifique.
Parce que je m'offre des pluies dont personne ne veut sauf les paysans, mais eux ils ne veulent pas payer.
Je paye en liquide. De temps en temps, je m'offre une petite ondée.

Poing

Quand les communistes brandissent le poing fermé, ils ne se rendent pas compte qu'ils enferment le *v* de la victoire à l'intérieur.

Politique

Je ne me suis jamais engagé. Et comme je suis de nulle part, on me met partout.

*

Les chauffeurs de taxi sont redoutables. J'en ai connu un qui, en passant devant les Invalides, s'est exclamé :
– On dit que Napoléon a ruiné la France avec ses guerres et ses conquêtes mais depuis qu'il est enterré ici, il rapporte encore trois euros par tête de pipe. Mettez-y un de ceux qui nous gouvernent, il ne fera pas un rond !

*

Le politicien :
– Qu'est-ce que vous voulez au juste ?
La baisse des prix ?
Allez, vous l'avez !
La contraception ?
Allez, vous l'avez !
La réforme scolaire ?
Allez, vous l'avez !
La réforme agraire ?
Allez, vous l'avez !
La réforme fiscale ?
Allez, vous l'avez !
Le bien-être ?
Allez, vous l'avez !
Conclusion : avec tous ces « Allez, vous l'avez ! », on est propres !

*

Le concertina, c'est l'instrument de l'alternance par excellence.
Quand on appuie à droite, ça souffle à gauche, et quand on appuie à gauche, ça siffle à droite.
Et à l'intérieur... c'est du vent !

*

Comment voulez-vous que l'on fasse l'unanimité ?
Personne ne vote de la même façon.
Il y en a qui votent à main levée, la droite.
La gauche vote à poing fermé.
Le centre à point nommé.
Cela dépend des caractères.
Certains Corses votent à main armée.
Les espions à bulletin secret.
Et moi, je vote tête baissée.

*

Changement de climat et d'orientation politique : quand le soleil décline, c'est la lune qui brille pour tout le monde.

*

Dimanche, on va voter entre deux candidats.
Il y en a un, c'est Dieu.
L'autre, c'est le diable.
Si c'est le diable qui est élu, on n'aura plus qu'à prier le bon Dieu !

*

Souvent, nous lisons dans la presse qui n'est pas tendre – comme chacun sait :
«L'opposition n'a pas été tendre avec le gouvernement.»
«Le gouvernement n'a pas été tendre avec les syndicats.»
«La police n'a pas été tendre avec les manifestants.»
Il ressort de tout cela que... finalement... nous manquons de tendresse !

*

L'Europe verte n'est pas mûre.

Pompiers

Quand, après avoir éteint un incendie, je rentre à la maison et que ma femme me demande de rallumer le feu, j'ai l'impression que ce que j'ai fait dans la journée n'a servi à rien !

*

À une époque où il y avait pénurie de bois, lorsque le feu menaçait de s'éteindre, les primitifs appelaient les pompiers.
Les pompiers arrivaient.
Les primitifs criaient :
– Au feu les pompiers !
Et ils les jetaient dans le feu !
Et le feu reprenait !

*

Conversation entre deux pompiers :
– Le feu s'est éteint…
– C'était un quoi ?
– C'était un feu !

Portes

J'adore les portes fermées.
J'imagine toujours qu'il y a des gens «bien» derrière.

*

Pourquoi faut-il qu'une porte soit ouverte ou fermée ? Parce que lorsqu'elle est entrebâillée, on s'ennuie !

Portier

X a présenté à Z une réalisation audacieuse.
Z fait la fine bouche et tandis que X le raccompagne jusqu'à la porte :
– Monsieur, vous nous avez ouvert des portes. Ce que vous avez fait est raté mais, grâce à vos idées, à vos audaces… oui, vous nous avez ouvert des portes !
X *(tendant son chapeau)* :
– N'oubliez pas le portier !

Pouvoir

Celui qui peut ne le veut pas toujours.

Presse

Une personnalité qui rate son suicide est aujourd'hui la proie des journalistes et se fait souvent assassiner sous leur plume.

Prise en charge

Je suis un travailleur.
Moi, je charge des paquets toute la journée.
Donc, je travaille… Vous comprenez ?
Quand j'ai fini de charger, j'attends… qu'on me prenne en charge !
Nourrissez-moi !
Portez-moi !
Trimballez-moi !
Reposez-moi !
Baignez-moi !
Séchez-moi !
Bichonnez-moi !
Sinon je gueule !
Et quand je dis que l'on me prenne en charge, je sous-entends… toute ma famille ! Je ne suis pas égoïste.
Sinon, eux aussi ils vont gueuler !

Prison

On avait dit au prisonnier :
– Quand l'heure de ton évasion aura sonné, tu scieras les barreaux de ta prison. Puis, appuyée au mur, tu trouveras une échelle, etc.
Le prisonnier, dans sa hâte de retrouver la liberté, a bien scié les barreaux de sa geôle mais il a aussi scié les barreaux de l'échelle…
Cette perte de temps lui a valu d'être repris…

Prix

Je ne suis pas un homme d'affaires.
Je me suis vendu pour pas cher et quand j'ai voulu me racheter, je me suis payé un prix fou.

Publicité pour rire

Le mort, couché dans le cercueil, se redresse, rote et dit :
– Bonne bière !
Puis il se recouche.
Le croque-mort :
– Enfin, un connaisseur !

Q

Questions

Ne vaut-il pas mieux poser des questions qui n'ont pas de sens et s'efforcer d'y répondre avec bon sens que de continuer de poser des questions qui sont pleines de sens mais qui ne comportent pas de réponses ?
Je vous pose la question mais je n'attends rien de votre réponse !

❉

Pourquoi une bouteille de champagne fait « pschitt ! » quand on la débouche, alors qu'une bouteille de Pschitt ne fait pas « champagne ! » quand on la débouche ? C'est d'une injustice déflagrante.

❉

– Puis-je vous poser quelques questions ?
– Je vous en prie.

– À quel endroit ? À quel moment ? De quelle manière ? Par quel moyen ? Pour quelle raison ? Dans quelle intention ?
– Vous voulez tout savoir, vous !

*

Un journaliste :
– Quelle est la question que vous voudriez que l'on vous pose ?
– C'est la question que je me pose.

*

À question à tout, réponse à tout !

*

Une foule, cela fait combien d'hommes ?

R

Raison

Maintenant, ce n'est plus le langage de la raison, mais le langage de la rançon.

Raté

Quand on est un raté, qu'est-ce que l'on peut faire qui ne le soit pas ?
Du karaté !
C'est facile, il n'y a qu'à rater !

Réel

Se divertir, c'est s'éloigner (s'évader) des lois du réel.

*

Je me défends du réel comme de quelqu'un qui voudrait mettre la main sur moi.
Ce quelqu'un, ne serait-ce pas, en fin de compte, la Camarde ?

*

Voici l'exemple que donne Freud du comique né d'une faute de raisonnement.
A a emprunté à B un chaudron de cuivre. Lorsqu'il le rend, B se plaint de ce que le chaudron a un grand trou qui le met hors d'usage.
A se défend de cette manière :
– *Primo,* je n'ai jamais emprunté de chaudron à B. *Secundo,* le chaudron avait un trou lorsque je l'ai emprunté à B. *Tertio,* j'ai rendu le chaudron intact.
En conclusion : qu'est-ce que vous voulez répondre à cela ?

Réflexion étrange

En Russie, si des gens cachent tant de choses à tant de gens, c'est pour que l'on ne sache pas que, derrière les choses, ils cachent tant de gens...
Signé : Jean Chose.

*

Naïf raisonnement.
Le soleil se lève au levant. Le jour aussi.
C'est pour cela que l'on peut voir le soleil se lever !

Relativité

Il n'y a pas plus piéton qu'un automobiliste.
Entre l'endroit où il réussit à garer sa voiture et celui où il doit se rendre, quel trajet !

*

Suivant les objets auxquels on le compare, l'homme apparaît grand ou petit.
Exemple : par rapport à une montagne, j'ai la taille d'une puce…
Et au regard d'une puce… je suis grand comme une montagne !
C'est pourquoi j'ai toujours une puce sur moi… qui me sert d'élément de comparaison.
Dès que je vois une montagne, je sors ma puce… et je la contemple !
Et j'observe que, dès que la puce me voit, elle sort un microbe qu'elle a toujours sur elle qui lui sert d'élément de comparaison, et aux yeux duquel elle doit passer pour une montagne !
Je n'ai qu'une crainte : c'est que la puce laisse tomber son microbe, que le microbe me tombe dessus et que moi, j'en tombe malade !
Tout se tient.
Cela dit… un microbe… hein, il ne faut pas s'en faire une montagne !

*

Mesdames et messieurs, bonsoir !
Je suis venu pour vous prévenir qu'il faut garder ses distances.
Il faut se méfier des illusions d'optique. Regardez-moi, par exemple !
De loin, je ressemble à Devos alors que de près, Devos est beaucoup plus fort que moi… et de loin ! Ce qui tendrait à prouver que de loin, la ressemblance est assez proche alors que de près, elle est assez lointaine !
Il faut savoir garder ses distances.
Par exemple, à la campagne, vous ne reconnaissez un pré que de loin.
Parce qu'un pré, de près, c'est de l'herbe !
Alors que si vous reculez un peu, de loin, vous vous apercevez que c'est un pré.
Il faut savoir garder ses distances, mesdames et messieurs.

Religion

Croire aveuglément demande réflexion.
Supposez que j'aille voir le curé de ma paroisse en lui disant :
– Cette nuit, Dieu m'est apparu.
Que va-t-il dire ?
– Asseyez-vous, cher Devos, détendez-vous !
Il va aller dans la pièce voisine et téléphoner chez moi.
– Raymond est ici et j'ai l'impression qu'il n'est pas bien !

✽

– Il est chrétien ?
– Oui, mais… il n'est pas catholique !
– Comment cela ?
– Il entretient des rapports diaboliques avec Dieu !

*

Le prêtre est le critique des états d'âme.

*

Le problème de la religion préoccupe fort les gens… s'il ne les obsède.
Récemment, un monsieur vient vers moi.
– Je cherche, me dit-il, une force surnaturelle… qui éventuellement aurait pitié de nous et dont la miséricorde se traduirait par des grâces, des faveurs… voire des miracles… sur le plan temporel… Vous voyez ce que je veux dire ?
Je lui dis :
– Oui ! Vous avez besoin d'assistance divine, quoi ?
– C'est cela même.
Je lui dis :
– Écoutez… il y a une église qui n'est pas loin. Vous y trouverez peut-être ce genre d'appui. Mais je ne vous garantis rien.

Rentrée (parisienne)

– Vous ne faites jamais de rentrée ?
– Non !
– Pourquoi ?
– Parce que je ne fais jamais de sortie !

*

– Vous avez fait cinquante galas avant Paris. Pour vous, la capitale, c'est important ?
– Vous savez, pour moi, Paris, c'est comme ailleurs. Tous les soirs, je fais des paris.

Restaurant

– Garçon, une raie au beurre noir, s'il vous plaît !
– Vous savez... je ne sais pas si à cette heure-ci...
– Insistez auprès du chef !
– Vous savez... le chef n'est pas accommodant !
– Insistez tout de même !
– Bon ! Je vais voir...
Deux minutes plus tard, le garçon revient avec un œil au beurre noir.
– Ce n'est pas ce que je vous ai demandé !
– Je sais, monsieur, mais il n'y a plus de raie !

Rêves

Le rêve est une prise de subconscience.

*

Il paraît que l'on vient des mers, que l'on a commencé par être un cœlacanthe...
Ça fait rêver !

*

Lambeaux de rêves !
Le poète en haillons ne se souvient que de lambeaux de rêves.

*

L'un de mes rêves serait de jouer au ralenti. Parce qu'en ralentissant le mouvement, on voit mieux ! Par exemple, je voudrais dire aux gens :
– Mesdames et messieurs, je vais vous faire un clin d'œil au ralenti !
Car un clin d'œil, c'est charmant, mais ça va trop vite !
Pour peu que la personne à qui vous le destinez soit distraite ou ferme les yeux à ce moment-là, votre clin d'œil lui échappe !

Richesse

Dès que l'homme vit intelligemment, il vit au-dessus de ses moyens !

*

Si on ne prête qu'aux riches, il n'y a qu'aux riches qu'on emprunte !

*

Oyez, oyez, gens de bonne fortune !
Si vous n'avez pas le courage de faire la révolution, faites-la faire par un pauvre ! Il y a intérêt !

*

Pour gueuler : «À bas l'argent ! », il faut avoir du coffre !

*

Mon vœu le plus cher ?
Il restera encore longtemps mon vœu le plus cher, car mon vœu le plus cher est au-dessus de mes moyens !

Rideau de scène

Le rideau de scène n'est pas un rideau…
C'est un mur… mou !

Ridicule

On dit que le ridicule tue. C'est vrai !
Je connais un type qui, devant un autre, a sorti son ridicule…
L'autre est tombé raide !

*

Si le ridicule tuait vraiment, pourquoi y aurait-il autour de nous tant de gens bien portants ?

*

Avant, le ridicule tuait. Plus maintenant. Qu'est-ce qu'on sauve depuis comme vies !
Il n'y a pas que la ceinture de sécurité qui diminue le nombre de tués !

*

Quand on n'a pas le sens du ridicule, on est grotesque !

Rien

Moi, lorsque je n'ai rien à dire, je veux qu'on le sache !
Je veux en faire profiter les autres !

*

Si vous demandez à un ignorant :
– Qu'est-ce que rien ?
Il vous répondra bêtement :
– C'est rien !
Alors que rien, dans un langage soutenu, c'est une substance imaginée de quantité nulle. C'est déjà un langage de robot.

Rire

Le sourire est l'amorce du rire.

*

Le rire, c'est le contrepoids de l'intelligence.
En contrepoids de mon esprit, l'intelligence...
Heureusement, j'ai mes fesses...

*

Le divertissement est une profession légère que l'on doit exercer d'une manière extrêmement sérieuse.

*

L'homme ne peut échapper aux contraintes qu'il s'impose que par le rire.

*

On s'est souvent mépris sur le sens de la phrase : «Le rire est le propre de l'homme.» Cela veut dire que, s'il y a quelque chose de propre chez l'homme, c'est le rire !

*

Qui prête à rire n'est pas sûr d'être remboursé.

*

Le rire, c'est une réplique. La plus belle d'entre toutes.

*

Pour rire ensemble, il faut avoir décelé les mêmes pièges, les mêmes travers, les mêmes faiblesses et les reconnaître ensemble.
Le rire, c'est presque une gigantesque autocritique.

*

Quand on ne peut plus rire d'une situation, elle devient inquiétante.
La vraie sonnette d'alarme est la sonnette du rire.
Le paradoxe est donc là : le rire est le propre de l'homme et s'il ne peut plus s'en servir, sa condition devient alarmante.

*

Une journée sans rire, c'est une journée morte.

*

Plus j'avance dans la vie, plus j'estime qu'il n'est vraiment pas sérieux de manquer d'humour.

*

Le rire, c'est le contraire du fanatisme.

*

**Raconter une histoire, tout le monde peut le faire.
Mais raconter une histoire qui fasse rire, ça, c'est une autre histoire !**

*

**Quand on attend un rire qui ne vient pas, c'est un silence terrible !
C'est comme si on ratait une marche. C'est la même surprise, la même stupeur !
Ou comme lorsqu'on croit que l'escalier est fini alors qu'il y a encore une marche, il y a une secousse !
Tout l'organisme s'attendait à ce qu'il y ait une marche et d'un seul coup, c'est l'interdiction !
C'est atroce.**

*

Il y a des rires tabous... et pourtant... pourtant il faudrait rire du racisme, cela voudrait dire qu'on l'a déjà un peu maîtrisé.
Il faudrait rire des grands problèmes, il ne faudrait même rire que de ça, parce que c'est de ça que l'on a le plus besoin de rire.
Il y a des sujets tabous et dont il faudrait pourtant venir à bout !

*

Moi, l'amuseur, je prends vos soucis et j'en fais une histoire.
Si je parviens à vous amuser avec cette petite histoire, je vais vous en soulager parce que ces soucis, je les ai pris en charge momentanément.
Voilà la grande justification du comique.
Voilà ma justification.

*

L'artiste qui fait pleurer peut entendre des gens renifler, en voir d'autres sortir leurs mouchoirs.
Le rire, lui, c'est un phénomène immédiat sur lequel on ne peut se méprendre.
Si quelqu'un sort son mouchoir, on peut évidemment penser qu'il va pleurer, mais il peut tout aussi bien être enrhumé.
Tandis que dès que les gens rient, c'est que le miracle s'est produit.
Un rire, cela s'entend. C'est le verdict, sans sursis.
Un drame peut très bien se passer dans un silence de mort. Mais un *rire de mort*, ça n'existe pas !

*

Le fou rire

C'est un rire double.
Nous rions de quelque chose et il y a encore autre chose qui vient s'ajouter à notre rire.
Tant et si bien que nous rions de notre propre rire.
Cela devient hystérique.

*

Un texte comique écrit pour amuser ne tient que par les rires qu'il provoque.

*

Peut-être qu'en riant, on se vide d'une certaine amertume, et surtout d'un certain quant-à-soi, d'une raideur…
Je crois qu'en riant, on élague un tas de choses gênantes.
Il y a une clairvoyance dans le rire.

*

Quand j'écris un sketch, je ris.
Quand je le joue, je ne ris plus, ce sont les gens qui rient à ma place.
Et leur rire ressuscite mon rire défunt. Voilà ma récompense !

*

Quand je suis face à la mer, je ris. Mais c'est un rire de joie, de satisfaction, de contentement de vivre. Car il n'y a pas que le rire comique, et heureusement d'ailleurs. Il n'y a pas que le comique provoqué par le ridicule des hommes.

Il y a le rire de l'enfant, simplement parce qu'il est heureux de vivre.

Il y a aussi le sourire, qu'il ne faut pas oublier. Le rire, c'est franc et massif, mais il y en a, des formes de sourires ! Il y a le sourire d'accueil, c'est un sourire très important. Il y a le sourire poli aussi, beaucoup plus froid.

Et puis, il y a le rire sardonique.

Quant au rire du chatouillement... c'est un rire très mystérieux ! Pourquoi rit-on quand on vous chatouille ? Il n'y a pas d'explication très précise, mais c'est un fait. Le plus extraordinaire, c'est qu'on ne peut pas se faire rire en se chatouillant soi-même. Il faut que ce soit quelqu'un d'autre. C'est assez étonnant ! Ou alors, recourir à un objet. Une plume, par exemple. Vous prenez une plume, vous vous chatouillez et vous riez.

On pourrait vendre des plumes qui amusent, des plumes pour faire rire ! On n'aurait plus besoin, nous autres comiques, d'inventer des monologues pour amuser les gens. Je me mettrais dans un coin de rue et j'ouvrirais mon éventaire rempli de plumes. Je dirais :

– Mesdames et messieurs, achetez des plumes qui font rire !

Et les gens, chez eux, se chatouilleraient quand ils en auraient envie. Ça simplifierait tellement les choses !

Tandis que moi, je suis préoccupé, je cherche des sujets pour amuser les gens... ce n'est pas facile ! Car je crois que le rire le plus difficile à pratiquer, c'est le rire comique.

*

Le rire salvateur

Un jour, on sonne à ma porte. Je vais ouvrir.
Un type se précipite dans mes bras :
– Merci, monsieur !... Vous m'avez sauvé la vie !
– Comment ça ?
– Eh bien, pas plus tard qu'hier, j'étais à l'article de la mort... J'étais sur le point de rendre mon dernier soupir... Rah... je l'avais déjà amorcé lorsque, d'une radio voisine, je vous ai entendu raconter une histoire drôle, drôle, mais tellement que j'en ai eu le souffle coupé. Je me suis mis à éclater de rire... J'étais sauvé. Je viens donc vous témoigner toute ma reconnaissance. Merci, monsieur !
– Merci, monsieur !
– Au revoir, monsieur !
Six mois plus tard, on sonne à nouveau. Je vais ouvrir...
C'était le type à qui j'avais sauvé la vie. Il suffoquait !
– On ne vous entend plus beaucoup à la radio, ces temps-ci. Vite, faites-moi rire ! Je suis en manque de Ha ! Ha ! J'ai mon dernier soupir qui me reprend... Rah ! Au secours ! À l'aide ! Donnez-moi une pinte de bon sang ou je meurs !
Aussitôt, je lui raconte une histoire toute fraîche.
– Ha ! Ha ! Je renais, me dit-il entre deux éclats de rire ! Merci ! Vous êtes mon bienfaiteur.
Six mois après, comme je sortais de chez moi, je bute sur le même type qui était en train de rendre son dernier soupir sur mon paillasson. Rah ! Rah ! De toute urgence, je lui raconte une histoire drôle...
Aussitôt, il se remet sur ses pieds.
– Encore merci pour vos bons soins !
– Au revoir, monsieur ! À la prochaine !
Ça a duré des années.
Il me poursuivait partout de son dernier soupir.
Combien de fois l'ai-je ranimé avec une histoire drôle ?
Tout mon répertoire y est passé.

Si bien que la dernière fois qu'il est venu me demander de le faire rire, pris de court, je lui ai raconté sa propre histoire... celle que je viens de vous conter...
Il a fait :
– Ha !
Ce fut le dernier !
Il était mort de rire.
Heureusement qu'il ne connaissait pas la chute de son histoire !
Je suis un homme de parole(s).

S

Santé

J'ai appelé mon médecin :
– Docteur, j'ai besoin de vos lumières…
Quelques jours plus tard, il m'a apporté une boîte d'ampoules.

*

Mon médecin m'a dit :
– Vous mangez trop. Regardez le lion, il mange uniquement quand il a faim. La girafe, c'est pareil.
Mon médecin veut que je mange comme une bête !

*

J'ai eu quelques petits soucis de santé. Je ne voulais pas m'être fêlé deux côtes pour rien.
J'en ai fait un sketch.

*

Je ferais bien de disparaître assez vite si je ne veux pas abîmer mon image de marque.

Savoir

Le savoir, ça ne sert à rien…
Mais… il faut le savoir !
Signé : X

*

Il ne faut pas proposer aux gens ce qu'ils savent.

*

Le non-savoir a des vertus que les gens qui possèdent le savoir ne connaîtront jamais.

*

Je ne suis jamais sûr d'avoir compris ce que j'ai compris sans savoir.

*

C'est très intéressant l'avis d'un homme qui n'y connaît rien !
On ne parle bien que de choses qu'on ne connaît pas !

*

L'eau, que l'on boit, la rafraîchissante, savez-vous de quoi elle est faite ?
De deux volumes d'hydrogène et d'un d'oxygène !
Quand il pleut, il vous tombe dessus deux volumes d'hydrogène et un d'oxygène !
Deux grammes d'hydrogène et seize grammes d'oxygène !
On se baigne dans de l'H_2O et on ne le dit pas !
La baignade dans de l'H_2O devrait être interdite.
Les larmes que l'on verse, savez-vous ce que c'est ?
De l'eau.
Je pleure de l'H_2O.
Et moi, savez-vous ce que je suis, au bout du compte ?
Le résultat d'un nombre multiplié par lui-même ! Voilà ce que je suis !
Et il n'y a pas que moi. Vous aussi, vous êtes du nombre…
Nous sommes nombreux à n'être que des nombres !
Croissez et multipliez !

❉

Chez moi, je ne sais pas comment on ferme le gaz…
Je sais comment on l'ouvre, mais comme je ne sais pas comment on le ferme…
Je ne l'ouvre jamais.

❉

Jadis, alors que je ne savais rien, je comprenais beaucoup de choses.
Aujourd'hui que je sais beaucoup de choses, je n'y comprends plus rien.
Allez savoir pourquoi ?

*

Au vieux savant dont le crâne énorme contient tant de choses, on lui annonce qu'il ne sait rien.
– Quel espoir vous me rendez ! s'écrie-t-il.

*

LE PROFESSEUR

Moi, ma méthode, c'est : « Enfoncez-vous bien ça dans la tête ! » D'ailleurs, j'ai là un élève qui peut témoigner de l'efficacité de mon enseignement.
– Entrez, mon petit !
Mon petit entre, la tête pleine de bosses.
Le professeur :
– Que pouvez-vous dire à propos de ce que vous avez appris ?
– Je sais.
Vous voyez ? Il sait.

Secret

Les carpes ne sont pas toujours muettes et quand elles ne le sont pas, elles se disent aveugles.

*

– Je n'ai rien à cacher !
– Oui ! Mais faites en sorte que l'on ne découvre pas ce *rien* que vous ne cachez pas !

Service rendu

Les gens sont toujours prêts à ce qu'on leur rende service. Il faut faire attention.
Si vous dites à quelqu'un :
– Est-ce que je peux vous rendre service ?
Il ne vous dira pas non. Il vous dira oui sans vergogne !
Ensuite, quand vous l'aurez rendu, ce service, il estimera ne rien vous devoir.
Parce que, paradoxalement, un service rendu, il est rendu par celui qui donne !

*

Rendre service peut parfois être héroïque.
On peut décorer quelqu'un pour service rendu !

Silence

Un silence…
Un silence tel que j'ai vu passer trois anges qui dansaient autour de moi…
Un ange, passe encore, mais trois !
C'est vous dire si le silence était dense !

*

Avez-vous déjà eu le loisir d'observer un profond silence ?

Société

On ne peut plus rire des travers de personnages comme à l'époque de Molière, parce que les personnages sont affaiblis. Il n'y a plus d'Avare, il n'y a plus de Tartuffe.
Un avare, c'est devenu un radin, et un tartuffe, c'est un petit hypocrite qui ment comme tout le monde.

*

**Je suis contre la société autant que vous !
Sans trop penser que… la société, c'est vous ! C'est moi !
Si bien qu'en tapant sur elle, c'est sur vous, sur moi, que je tape !**

Soi

Bien se connaître est déprimant.

*

Pour que l'on vous reconnaisse, il faut d'abord être soi-même.
Parce que si vous n'êtes pas vous-même, on vous prendra pour quelqu'un d'autre et l'on ne vous saluera pas.
À moins que ce quelqu'un d'autre soit connu !
Mais les vrais artistes n'aiment pas que l'on reconnaisse en eux le mérite d'un autre.

*

Malheureusement, on ne peut sortir de soi-même.
On peut être un autre en pensée, en imagination.
On ne peut pas l'être physiquement.
On est tributaire d'un physique.
Pour certaines personnes, c'est un drame de ne pas avoir un physique qui corresponde à son moral.

*

Je ne me suffis plus à moi-même.
Il faut que je (me) trouve quelqu'un d'autre !

*

Si les gens m'aiment, c'est parce qu'ils sentent que je les aime.

*

Je suis un solitaire qui a besoin de compagnie.

*

Dresser une bête de théâtre.
Lorsqu'il s'est agi de me dresser, j'avais le choix entre deux méthodes : le dressage dit en férocité ou le dressage en douceur.
Avec quelqu'un d'autre que moi, j'aurais peut-être employé la férocité…
Mais connaissant ma personne mieux que quiconque, j'ai préféré me prendre par la douceur.

Soif

Comme il buvait sec, il avait toujours soif.

Sommeil

**Il y a des choses que l'on pourrait faire soi-même et que l'on fait faire par d'autres.
Son lit, par exemple !
On devrait faire son lit soi-même.
« Tel on fait son lit, on se couche », c'est bien connu !
Or rares sont ceux qui font leur lit. Ils le font faire par n'importe qui !
C'est-à-dire qu'ils se couchent tels que… tels que les autres ont fait leur lit.
C'est ce qui me traversait l'esprit, l'autre nuit, alors que je cherchais vainement à m'endormir.**

J'ai voulu faire une étude sur l'insomnie.
Le thème me fascinait !
Je n'en dormais pas la nuit !
« Qu'est-ce qui provoque l'insomnie ? »
Très vite, j'ai compris que l'insomnie provenait du fait que le sujet ne trouvait pas le sommeil.
Las !
Chaque fois que je le trouvais... alors que je m'apprêtais à le décrire, je m'endormais... ce qui, évidemment, m'éloignait du thème initial... qu'est l'insomnie...

Sort

Pourquoi dit-on toujours un mauvais sort et jamais un bon sort ?

*

Méfiez-vous des gens qui jettent des sorts !
Ils sont mauvais.
Il est évident que s'ils étaient bons, ils les garderaient pour eux !

*

J'ai connu un type qui jetait comme ça un tas de mauvais sorts.
Et puis un jour, par inadvertance, il en a jeté un bon !
Quand il s'en est aperçu, il est allé fouiller dans le tas de mauvais sorts qu'il avait jetés… et il l'a récupéré.
Mais… ce n'était pas le bon !

Sourd

Dire à un sourd « Fais comme tu l'entends ! » est une erreur de psychologie.

Spectateur

Ce n'est pas tellement à la tête des gens qu'il faut s'adresser. C'est à leur esprit, à leur cœur. Il y a des choses que les gens ne peuvent comprendre qu'avec leur cœur, même si elles sont largement élaborées. Je vais même plus loin : je dis que si les gens, oubliant leur sensibilité, cherchent à comprendre, ils ne comprendront pas du tout. Mais s'ils se contentent de ressentir, je crois qu'ils comprendront, après. Il ne faut pas décrire, expliquer… Il faut secouer.

Il y a des auditeurs qui ne rient jamais, tout en vous disant :
– Comme c'est drôle !
Ils ont souvent de grands fronts. Ils viennent me voir, très admiratifs, et me disent :
– Vous savez, je ne ris pas de ce que vous faites parce que, moi, je trouve que ça va beaucoup plus loin !

Sports

On demande au boxeur :
– Racontez-moi votre match.
– Ben ! Je lui ai bourré la gueule, quoi !
– Vous vous y êtes pris comment ?
– Ben, je lui ai bourré la gueule.
– Mais l'autre n'a pas réagi ?
– Si ! À un moment, il m'a bourré la gueule, quoi !
– Et ça a fini comment ?
– Ça a fini que je suis allé me bourrer la gueule !

Station-service

J'ai fait cette constatation ahurissante : une station d'essence… c'est moins beau qu'un bureau de tabac… mais c'est plus beau qu'une pharmacie !
En tout cas, grâce à la crise du pétrole, j'ai découvert la beauté architecturale des stations-service.
Avant la crise, je les regardais d'un œil distrait.
Souvent, je passais devant, tête baissée !
Parfois, je m'arrêtais… pour faire le plein, comme tout le monde.
Et puis, j'ai vu des touristes qui faisaient la queue devant une station-service.

Tiens ? Elle est peut-être classée !
Et j'ai fait comme tout le monde. J'ai visité.
Grâce à la crise, je les ai vues d'un autre œil.
La beauté d'une station d'essence… la sobriété des lignes…
La légèreté de son matériau…
Le rapport harmonieux entre ses éléments, tout concourt à faire de la station-service un poste avancé de l'architecture moderne.
Et je ne parle pas du décorum, des illuminations !
Des petits drapeaux qui donnent à l'ensemble de la station un petit air de fête !
Moi, j'y vais pour faire le plein… d'optimisme !
Quand ça ne roule pas très bien, je vais y faire un petit tour. Et ça me regonfle !
C'est un véritable centre d'accueil !
Il faut voir le pompiste dans ses œuvres. Tous les matins, il cire ses pompes !
Il y a un pognon fou là-dedans, en liquide.
J'ai déniché, en visitant les stations de Chamonix, un super Shell perdu dans la montagne. Splendide !
Il faut avoir vu l'Antar du Mont-Saint-Michel !
Qui n'a pas vu le Elf Côte d'Azur ne sait pas ce que c'est qu'un centre d'accueil !
Cet été, je vais faire tout le circuit Esso de la vallée de la Loire !
Je ne veux pas manquer ça !

Superstition

Les gens superstitieux croient que passer sous une échelle, cela porte malheur.
Oui, si l'échelle est en métal.
Mais si l'échelle est en bois, il suffit de la toucher en passant dessous !

Surréalisme

Vous savez qu'il y a une musique surréaliste ?
Il n'y a pas qu'une peinture surréaliste…
Je vais vous jouer un petit morceau surréaliste qui s'appelle *La Paresse*.

(Il se couche, les deux coudes sur le clavier, provoquant une certaine cacophonie.)

Merci beaucoup !
Un autre morceau intitulé *Fin de morceau*.

(Il referme le couvercle du piano.)

Clac !
Ouverture… *(Il ouvre le couvercle.)*
Fermeture… *(Il le ferme.)*

(Le rouvrant.)

Vous avez vu ce virtuose, ce grand pianiste qui a donné un concert pour la sauvegarde des éléphants ?
Vous n'avez pas vu ça ?
Au milieu du concert, il a réalisé que les touches… étaient recouvertes d'ivoire…
Alors, il a plaqué un dernier accord et il est allé en Côte d'Ivoire pour y prendre leur défense !

T

Télévision

La télévision m'avait demandé d'être l'invité surprise d'une grande émission sur le destin d'un artiste de très grand talent que j'admire beaucoup et que j'aime pour ses qualités humaines.

J'avais accepté avec joie. Lorsque, le jour de l'enregistrement, je me suis présenté au studio, on s'est précipité sur moi…

– Vous êtes l'invité surprise ?

– Oui !

– Passez ! Venez par ici ! Surtout qu'on ne vous voie pas ! Suivez-nous !

Ils m'ont fait passer par d'innombrables couloirs, descendre des escaliers, en remonter d'autres… enfin, ils m'ont ouvert la porte d'une loge, m'y ont poussé presque…

– Surtout, n'en sortez pas avant que l'on ne vous appelle ! N'oubliez pas que vous êtes l'invité surprise ! De toute

façon, ce ne sera pas long. Vous passez en début d'émission.
Ils sont sortis, ont refermé la porte et j'ai attendu patiemment… trois heures !
De temps en temps, le coiffeur entrait :
– Vous n'avez pas besoin d'un petit coup de peigne ?
– Non, non ! Ça va !
– Il y a un peu de retard, mais ce ne sera pas long !
Trois heures, j'ai attendu, entrecoupées de :
– Vous n'avez pas besoin d'un petit coup de peigne ?
Enfin, quelqu'un est venu, est entré :
– Vous pouvez sortir. L'émission est terminée. Il n'y a plus de danger !
Je suis sorti ouvertement par la grande porte. Personne ne m'avait vu. C'était réussi !
Je n'ai compris qu'après coup que la surprise, c'était pour moi !

*

Quand je fais de la télévision, même si le succès est au rendez-vous, je ne me sens pas comblé.
Il faudrait que tous les téléspectateurs m'envoient un *satisfecit*.
Car même si je reçois dix petits mots qui me disent « C'était très bien », cela ne me suffit pas.
Qu'ont pensé les autres ?

*

Le présentateur à l'invité :
– J'ai réuni tous vos amis.
– Ah ! Voulez-vous me les présenter ?

*

Les rires enregistrés, c'est la caricature du rire. Une imposture.

Temps

On dit que le temps passe. C'est faux. Le temps est immobile. C'est nous qui passons !

*

Jadis, le *temps qui passe*, on le voyait passer.
De nos jours, le temps qui passe, c'est du passé.

*

C'est quand on se met à prendre conscience du temps qu'il paraît long.
Il ne passe pas, il faut le subir, on s'ennuie.
L'homme a beaucoup de mal à être heureux parce qu'il ne peut jouir du temps présent.

*

Le temps de lire le journal du jour… c'était déjà demain.

*

Hier, j'ai passé ma journée à essayer de séparer l'ivraie du bon grain…
J'ai perdu mon temps !

*

Je bavarde avec une personne comme ça, histoire de causer, de passer un petit moment.
Au bout de dix minutes, cette personne me dit :
– Monsieur, ce que vous me dites est parfaitement inintéressant. Vous m'avez fait perdre mon temps, dix minutes de perdues, de perdues par votre faute.
Et puis, il fiche le camp.
Moi, voyez-vous, je n'aime pas que l'on me fasse des reproches lorsque j'estime qu'ils sont injustifiés.
Enfin, de quel droit cette personne...
Alors, je me ressaisis, je cours, je rattrape mon bonhomme et je lui dis :
– Monsieur, je vous ai fait perdre dix minutes, m'avez-vous dit. Eh bien, je viens d'en perdre dix à vous rattraper. J'ai l'honneur de vous informer que nous sommes quittes.

*

Chez moi, je ne peux pas travailler si je n'ai pas un réveil ou une montre.
Je mets l'un ou l'autre devant moi et je me dis :
– Je vais travailler jusqu'à 11 heures.
En fait, si j'agis de cette façon, c'est dans le but d'occuper mon temps.
Je le découpe en tranches.
Mon voisin, lui, fait comme moi. Seulement, il arrive que mon voisin s'ennuie.
Et quand mon voisin s'ennuie, il vient frapper à ma porte.
Pour prendre mon temps.

Alors là, tout à coup, il devient indésirable. Il m'ennuie. Remarquez, il lui arrive parfois de bien tomber, quand il arrive, juste au moment où je commençais à ne plus savoir que faire de mon temps !

*

– Il y a longtemps que vous êtes là ?
– Oui !
– Vous n'avez pas vu le temps passer ?
– Non ! Pourquoi ?
– Parce que j'ai perdu le mien !
– Vous avez perdu votre temps ?
– Oui ! Je voudrais bien le retrouver.
– Vous savez… le temps ne se retrouve jamais !
– Je sais ! Mais enfin… je vais tout de même partir à sa recherche…
– Si vous voulez, monsieur Proust !

*

Un comptable fait le compte du temps qu'il perd à se lever, se laver, se raser, se brosser les dents, s'essuyer, se déplacer, etc.
Résultat : le temps ainsi perdu remplit sa journée.
Il n'y a plus de temps pour le travail.
– J'ai dû faire une erreur de calcul quelque part, conclut-il !

*

À l'heure de l'apéritif, l'homme pris de boisson regarde sa montre et dit :
– Il est le quart de vingt. J'ai le temps de boire encore un demi !
Deux heures plus tard, l'homme ivre regarde sa montre :
– Il n'est que deux litres moins le quart. Donnez-moi encore une demi-heure sans mousse !

*

ALLER ET RETOUR DANS LE TEMPS.
Je suis ici, à cette place. Supposez que je veuille me rendre là-bas, à cette autre.
Je quitte ce lieu que je laisse derrière moi et j'avance...
Je parcours une certaine distance pendant un certain temps...
Et présentement, je suis ici, à cette place.
Eh bien, supposez que je veuille retourner d'où je viens, que je fasse machine arrière, que je remonte le temps... le... remonte je que, arrière machine fasse je que, viens je d'où retourner veuille je que supposez, bien eh... place cette à ici suis je présentement et...
(Il se met à refaire en marche arrière le même trajet avec les mêmes mouvements mais à l'envers et plus ou moins au ralenti.)
... temps certain un pendant... distance certaine une parcours je... avance j'et moi derrière laisse je que lieu ce quitte je place cette à... ici suis je...

*

Il attendait son heure… il ne l'a pas vue passer ! Dommage, c'était la dernière !

*

C'est précisément quand on risque d'arriver en retard à la gare qu'il ne faudrait pas avoir un train à prendre !

Temps qu'il fait

On a eu du brouillard jusqu'au moment où on m'a fait laver le pare-brise.

Tête

Plus on bourre le crâne des gens, plus leur tête rétrécit !

*

À propos de quelqu'un assez maigrichon qui cherche la bagarre :
– Ce n'est pas qu'il ait de gros bras mais il a la grosse tête !

*

Il est bon parfois de perdre la tête, mais il faut d'abord en avoir une !

*

J'ai trop de brouillons dans la tête que j'aurais dû effacer.

*

Menacé de recevoir douze balles dans la peau, il a préféré se tirer une balle dans la tête !

*

Se creuser la tête le ventre creux !

*

À Béthune :
– À quelle heure ouvre le bourreau ?
– À l'heure H !

*

À propos de la dernière audace de la science.
Greffer la tête de quelqu'un sur le corps d'un autre.
Je suis désolé, mais cela a déjà été fait !
Au cinéma, certes… mais bien fait !
Exemple : greffer sur le corps de Christophe Colomb la tête de Depardieu !
Il faut une certaine audace…
Depardieu a dit oui !
Greffer sur le corps de Balzac la tête de Depardieu…
Il faut encore de l'audace.
Depardieu a dit oui !
Greffer sur le corps de Danton la tête du ci-devant Depardieu.
Il faut toujours de l'audace.
Depardieu a dit oui !
Il a même été question de mettre sur le corps de Charles de Gaulle (celui qui a dit non) la tête de Depardieu…
Mais là, c'est Depardieu qui n'a pas dit oui !

Théâtre

Les ressorts dramatiques d'un vaudeville ne sont dans la plupart des cas que des ressorts de sommier.

Tourisme

Entendu en Bretagne :

– C'est quand vous n'êtes pas là qu'il faut venir !

*

Pendant sept jours, j'ai contemplé les Sept Merveilles du monde et le huitième jour, je me suis regardé dans la glace…
Horreur !…

Tourments

Si vous voulez exprimer des choses intéressantes, il faut rester dans les tourments.
Si vous vous installez dans le bien-être, vous ne pourrez plus exprimer que des caprices.

Tout

Mesdames et messieurs, puisque de tout l'on parle, si nous parlions de tout ?
Tout porte à croire que tout est dans tout.
Mais comme tout a une fin, commençons par la fin du tout !
Je pars d'un point, c'est tout !
À partir de là, tout commence, tout s'organise.
Tout bouge, tout s'agite.
Tout se heurte, tout vibre, tout vit.
C'est beau comme tout !
Tout réussit, tout rate.
C'est moche comme tout !
Tout s'éloigne, tout s'approche, tout s'attire.
Tout s'empare de tout.
Tout renaît !
Tout se fait, tout s'écrit !
On efface tout et tout recommence... itou !
Enfin... jusqu'à un certain point !
C'est tout !

Trac

On n'a pas le trac parce qu'on a peur d'oublier son texte.
On a le trac parce qu'on a peur de ne pas s'oublier soi-même, de garder ses soucis...
Je m'appelle Untel, j'habite à tel endroit, j'ai mal aux dents, etc.
C'est tout cela qu'il faut oublier complètement, pour penser à l'autre...

Quand j'ai le trac, je suis patraque.
– Avant d'entrer en scène, avez-vous le trac ?
– Non, mais je suis toujours patraque !

Travail

Il s'était convaincu que le travail, pour les autres, c'était un plaisir, alors que pour lui, c'était une contrainte.

– Laissons donc ce plaisir aux autres, s'était-il dit !

Mais comme il faut bien gagner sa vie, son travail consistait à donner du plaisir aux autres.

V

Vacances

– Qu'est-ce que vous faites pendant les vacances ?
– Je travaille et, croyez-moi, c'est formidable de travailler quand on n'a rien à faire !

Vent

Le vent est une matière en exil… qui ne peut s'arrêter nulle part !
Le vent sème les grains et les grains sèment le vent.

Verbes

Je hais le passé simple du verbe « pouvoir ». Lisez :
Je pus.
Tu pus.
Il put.
Nous pûmes.
Vous pûtes.
Ils purent.

*

Mon professeur de français aurait voulu que je me battisse la coulpe, que j'avouasse mes fautes d'orthographe, que je me confondisse en excuses, que je me fustigeasse, que j'allasse même jusqu'à me châtier !

Simplement pour donner un exemple de l'emploi du subjonctif !

– Comme châtiment, me disait-il, conjuguez-moi le verbe « se châtier » à l'imparfait du subjonctif.

– Bien, monsieur.

– Je vous écoute.

– Que je me châtiasse, que tu te châtiasses, qu'il se châtiât, que nous nous châtiassions, que vous vous châtiassiez, qu'ils se châtiassent.

– Parfait !

*

Le professeur à l'élève :

– Voulez-vous me conjuguer le verbe « sentir » au passé simple ?

L'élève :

– Je sentis, tu sentis, il sentit, nous sentîmes, vous sentîtes, ils sentirent.

Le professeur :

– Il s'en tire pas mal !

*

Au passé simple :
Je ris, tu ris, il rit, nous rîmes, vous rîtes, ils rirent.
Il fit quelques rimes. Nous rîmes de ses rimes.

*

Je crois qu'il croît…

*

Je croîs en doute. (Mon doute s'accroît.)

*

Depuis que les jours croissent, les corbeaux croassent aussi.

*

Le bruit qui court croît.

*

La population croît.
Eh bien, dites donc, qu'est-ce que vous croissez !

*

Le verbe « sourdre ».
Il sourd, ils sourdent.

*

Un bruit sourd sourd.

Vérité

Est-ce ma faute si parfois, la nuit, de ma fenêtre, je vois comme dans un halo, sortir du puits qui est dans mon jardin la vérité… toute nue, tenant un seau d'eau à la main.
Heureusement que je suis le seul à la voir… parce que les gens s'en offusqueraient, d'autant qu'elle n'est pas toujours belle à voir…
Chez l'artiste, il s'en passe des choses !
Parfois, la vérité me fait signe, comme une invite. Moi, je plonge !
Évidemment, lorsque, ensuite, on me retrouve au fond du puits, avec un seau sur la tête, et la corde au cou, et que l'on me demande ce que

j'y fais… et qu'il faut que je fournisse une explication… je balbutie… Alors, on dit :
– Devos, il délire, il divague, il extravague…

*

Le puits de science a beau chercher la vérité au fond de lui-même, il ne la trouvera pas !

Vie

Je regarde la vie avec des yeux grands ouverts et cela m'empêche de dormir.

*

La vie telle que l'on voudrait qu'elle soit, c'est celle qui fut !

*

J'ai traversé ma vie comme un boulet, attaché au pied de quelqu'un.

*

La blessure de la misère, c'est terrible. J'ai revêtu le manteau de la misère trop longtemps.
Et quand on arrive à le retirer, ou il vous en reste encore quelques lambeaux, ou vous avez arraché un peu de vous-même.
C'est une blessure qui ne guérit pas.
On reste écorché vif.

*

Je peux accepter les décorations puisque j'ai accepté les hontes, les gifles et les blessures.

*

J'ai commencé par la faim.

*

Les gens adorent s'identifier. C'est l'explication des idoles, des héros, des vedettes.

Un monsieur qui entre au cinéma – je dis bien un monsieur – et qui voit un acteur du genre Gary Cooper, quand il sort, il prend sa démarche.

Moi, en tout cas, ça m'est arrivé. J'entrais au bistrot d'en face et j'étais tout surpris qu'on ne me fasse pas glisser mon demi le long du comptoir.

En moi-même, je me disais :

– Celui-là, s'il continue à se moquer de moi, je sors mon colt…

*

Excusez-moi ! En ce moment, je suis inattentif à la vie !

Entre le premier cri et le dernier soupir, toute une vie !

*

Une double vie…

On n'en a qu'une. Il vaut mieux ne pas la gâcher.

*

– Alors, cela vous est arrivé aussi à vous ?
– Quoi ?
– L'aventure de la vie ! Un jour, vous avez pris conscience d'exister ?
– Oui, mais j'étais si petit ! J'avais 3 ans.
– Qu'est-ce que vous avez pensé ?
– J'ai pensé : la vie, c'est formidable ! J'ai bien envie de raconter la mienne mais il me semble que c'est un peu tôt.
– Vous avez bien fait ! Il faut, dès l'âge le plus tendre, prendre un peu de recul.
– Je ne suis pas de votre avis… Plus je prenais du recul, plus on disait que j'étais un enfant attardé…
– Oui ! Mais cela vous a permis de réfléchir…

Vieillesse

En prenant de l'âge, je me porte de mieux en mieux. Malheureusement, je vieillis.

✽

À force de ne pas vieillir, on se rend compte un jour qu'on n'a pas eu de vieillesse.
On m'a volé ma vieillesse !

✽

Quand on me demande le secret de ma forme, j'explique que mon âge n'a rien à voir avec l'état civil.
En effet, dans mon esprit, le temps passé sur scène ne m'est pas compté.
Quand on est dans l'imaginaire, on ne vieillit pas.
Le temps a prise sur le réel, pas sur l'imaginaire.

✽

LE VIEUX COMIQUE.

Plus il se ride, plus il déride !

*

Il y a une cinquantaine d'années, les vieux avaient mon âge.

*

IL FAUT UN MONDE JEUNE !... *(écrit en 1965)*

Parce que maintenant, vous savez qu'on rajeunit à vue, en moins de temps qu'il n'en faut pour faire un jeune.
C'est pour cela qu'on a le droit de se dire :
– Où va notre vieillesse ?
À mon sens, elle est mal partie ! C'est que le rajeunissement, c'est beau...
Mais si on rajeunit tout le monde, on n'aura plus de vieillards !
Pensez à ça !
Plus de nobles barbes ! Que des jeunes gens !
Les maisons de jeunes refuseront du monde.
Quand on dira : «Place aux jeunes !», ce seront les vieux qui se présenteront !
Quand on aura élu un président, on le gardera jusqu'à la dixième République,
République de jeunes !
On ne pourra plus distinguer le père du fils ; on sera tous frères.
Dans vingt ans, Jazy, de plus en plus jeune, pour fêter son cinquantième anniversaire, battra son propre record du 500 mètres !
À moins que Ladoumègue, ayant repris son entraînement, n'arrive à le battre sur la distance !
Maurice Chevalier aura repris son ancien répertoire.
Moi-même, dans vingt ans, il est possible que je dise ce que je pense et que je fasse ce que je veux. Comprenez-le !

– Mais alors, me direz-vous, dans tout cela, que feront les jeunes, les vrais ?
– Eh bien, ils attendront d'être assez âgés pour prendre la place des jeunes.
C'est tout ! Alors, ils entreront dans la carrière quand leurs cadets n'y seront plus !
À la télévision, les programmes seront rajeunis ! On fera des jeux pour tout le monde, sans frontières ni limites d'âge.
On verra les aventures de Tintin, Rintintin et autres bêtes !
Au Vietnam, par exemple, l'escalade ne sera plus qu'un jeu d'enfant !
Tout le monde aura son hochet.
À la cinémathèque, on ira applaudir *Le Vieil Homme et la Mer,* une vision d'un autre âge.
La moyenne d'âge étant déjà de 70 ans, celui qui voudra pousser une petite pointe pourra monter jusqu'à 110, 120 ou 130 même, sans forcer !
– Mais alors, me direz-vous, plus personne ne mourra ?
– Si, mais jeune !

*

J'en ai plus qu'assez de vieillir. Tous les jours, je vieillis un peu plus !
Je pensais qu'avec le temps, cela s'arrangerait.
Au contraire, cela empire ! Il n'y a pas d'amélioration.

*

Le vieux monsieur qui est en moi.
Depuis quelque temps déjà, j'héberge un vieux monsieur de 80 berges...
De plus, il gamberge ! Il n'a plus que moi pour s'occuper de lui.
Il faut dire que, longtemps, c'est lui qui s'est occupé de moi.
Il est normal que, maintenant, je veille sur lui.
J'ai un certain mérite, parce qu'il a un foutu caractère.
Qu'est-ce qu'il peut me les briser, par moments !
La cohabitation n'est pas toujours facile.
Lorsque je sors, je l'emmène avec moi. Je suis obligé de marcher à son pas.
Les gens croient que le vieux, c'est moi !
J'avais pensé le mettre à l'hospice, mais pour y aller, c'est trop loin !
Parfois, on croit que je radote... C'est faux !
C'est lui qui répète tout ce que je dis !
Le vieux, il a un inconvénient majeur : il tousse. Des quintes !
Et quand il *quinte*, j'expectore !
Il n'en fait qu'à sa tête.
Chez moi, il est nourri, couché, logé...
Il est d'une ingratitude...
Pourtant, chez moi, il est bien nourri...
Eh bien, récemment, après avoir dîné copieusement chez moi, il est allé remettre ça aux Restaurants du cœur.
Eh bien, quand il est rentré, il m'a traité d'enfoiré !
Je dois dire que je ne l'ai pas vu vieillir...
Le jour où il quittera ce bas monde, c'est toute ma jeunesse qui s'en ira !

NOTES
Le comique (vieux)
Plus il se ride
Plus il déride

Une double vie…
On n'en a qu'une
Il vaut mieux ne pas la gâcher

(perdre)
Mot perdu de vue
Il y a des mots que l'on perd de vue
(trop longtemps)
Lorsqu'on les retrouve
On ne les reconnaît plus.
(VERSIONS DÉFINITIVES P. 344, 427 ET 429.)

Cet ouvrage à peine terminé, il m'inspire quelques réflexions.
Cet ouvrage, quel est-il ?
Peu importe !
C'est un ouvrage…
Mérite-t-il le titre d'ouvrage ?
Est-il un ouvrage comme l'entendait Boileau dans son *Art poétique* ?
L'ouvrage que l'on remet cent fois sur le métier…
Cent fois poli et repoli… sur le métier.
Est-ce le même métier aujourd'hui ?
J'ai lu et relu cent fois son *Art poétique* jusqu'à la lie.

La vie telle que… l'on voudrait qu'elle soit, c'est celle qui fut.

LES 40es DÉLIRANTS

Quand on a la prétention d'entraîner les gens
dans l'imaginaire, il faut pouvoir les ramener
dans le réel… et sans dommage.

R. D.

« Qu'est-ce qui vous a donné l'idée de faire la traversée du désert dans l'imaginaire ?

– C'est en écoutant un air de Duke Ellington… "Caravan". La… la la la la… etc. »*

* *Cf p. 439.*

Au-delà de l'imaginaire

Ceci n'est pas un roman.
C'est un récit… rocambolesque.
Le récit d'un voyage dans l'imaginaire,
c'est-à-dire qui ne répond pas aux lois du réel.
Pas d'horaires… ni d'avance, ni de retard !
On part quand on veut.
On ne revient pas à heure dite.
Personne ne vous attend au pied
de la grande horloge.
Aucun décalage horaire.
Aucun train ne vous siffle.
L'esprit suit son chemin, vagabonde…
sans carte ni boussole,
ce qui n'empêche (n'exclut)
ni les sentiments, ni les drames…
ni… d'en rire…
si l'envie vous en prend.
Max.

Chapitre premier

Géométrie variable

Le chapiteau qui employait le mime Max s'était installé sur l'esplanade des Invalides.

Pourquoi aux Invalides ?

Max en avait demandé la raison au directeur de la troupe, qui lui avait répondu que la proximité du tombeau de Napoléon créait un certain mouvement de foule favorable aux enfants de la balle !

Elle leur apportait un fond de clientèle de passage. Napoléon était, sur le plan de la recette, un appoint. Il faisait office de « parade ».

Il remplaçait tous les roulements de tambour, tous les « avis à la population ».

Le directeur avait même ajouté, en voyant les gens faire la queue devant son tombeau…

« On dit que Napoléon a ruiné la France avec ses guerres et ses conquêtes…

Depuis qu'il est aux Invalides, il fait encore quarante balles par tête de pipe !

Mettez un de ceux qui nous gouvernent aux Invalides, il ne fait pas un rond ! »

Mais la vraie raison pour laquelle le directeur avait dressé son chapiteau sur l'esplanade des Invalides (Max ne l'apprit que plus tard), c'est que le directeur croyait en la métempsycose.

Il était persuadé d'avoir été, dans une vie antérieure, Napoléon ! Oui, Napoléon en personne !

Voilà pourquoi le directeur avait planté sa tente à proximité du tombeau de l'empereur, devant lequel il allait parfois se recueillir.

Max avait été engagé dans ce cirque comme mime-parleur. C'était assez révolutionnaire.

Il était parti du principe que, puisque après le cinéma muet il y avait eu le cinéma parlant, si l'on voulait que le mime évolue, il fallait aussi lui donner la parole… d'où le nom de mime-parlant.

Ce chapiteau était à géométrie variable, c'est-à-dire que ses dimensions étaient modulables… On pouvait l'agrandir ou le rétrécir selon le nombre de spectateurs, si bien que la salle était toujours pleine comme un œuf, œuf modulable, tantôt œuf de pigeon, tantôt œuf d'autruche !

Max y présentait des pantomimes traditionnelles telles que « le tireur de corde », « les dents de la mer », « la marche contre le vent », « le voyage en ballon » et surtout là où, paraît-il, il excellait, c'était dans le mime de « l'homme qui a soif et qui boit » !

Un soir, après le spectacle, alors que Max était de retour dans la caravane qui lui servait de loge… un monsieur vint le voir. Il lui dit : « Puis-je vous parler ? »

Chapitre II

La traversée du désert

« Écoutez, je dois rentrer chez moi, lui dit Max. J'habite à l'autre bout de la capitale…

– Moi aussi ! Et j'ai traversé tout Paris pour vous voir…

– Ah bon ! Eh bien, je vous écoute…

– Voilà ! Je voudrais faire la traversée du désert dans l'imaginaire. Pouvez-vous me servir de guide ?

– Pourquoi moi ? demanda Max.

– Parce que, l'autre soir, je vous ai vu sur la piste. Vous jouiez un monsieur qui a soif et qui boit. Vous mimiez la forme d'une bouteille… et vous en buviez le contenu avec une telle conviction… que cela m'a mis l'eau à la bouche. J'ai pensé : "Avec ce monsieur comme guide dans une traversée du désert, au moins, on est assuré de ne pas mourir de soif !"

– Je vous remercie… Mais qu'est-ce qui vous a donné l'idée de faire la traversée du désert dans l'imaginaire ?

– Un air de flûte ! C'est en écoutant un air de Duke Ellington…

"Caravan", joué sur une flûte traversière *(il siffla le motif)*, la… la la la la… etc.

– Je connais, lui répondit Max. La… la la la la… En effet, cela évoque bien le désert.

Quand j'entends cet air, je vois défiler des chameaux qui marchent à la queue leu leu… »

Le spectateur lui dit :

« Eh bien moi, je vois des petites femmes voilées qui marchent en file indienne et qui dansent la danse du ventre !

– Moi, je vois des chameaux !

– Moi, des petites femmes voilées !

– Je ne voudrais pas vous décourager, dit Max, mais moi qui ai déjà fait plusieurs fois la traversée du désert dans l'imaginaire, des petites femmes voilées qui dansent la danse du ventre, je n'en ai jamais vu !

– Avez-vous bien regardé derrière chaque dune ?

– J'ai fait le tour de plus d'une, mais pas de toutes… C'est impossible !

– D'autant qu'une dune peut en cacher une autre.

– Je ne vous le fais pas dire. Écoutez, c'est simple ! On va aller vérifier sur place.

– Quand partons-nous ?

– Tout de suite, si vous voulez ?

– D'accord !

– Puis-je connaître votre nom ?

– Appelez-moi Duke !

– D'accord ! Alors, Duke, en piste !

– Pardon ?

– En piste ! Il faut bien la faire partir de quelque part, cette traversée du désert ! »

Ils quittèrent la loge-caravane et gagnèrent la piste encore toute chaude du spectacle qui venait de se terminer.

L'atmosphère y était favorable.

Après avoir fait plusieurs tours de piste pour se mettre en jambes, le spectateur dit à Max :

« On ne va pas tourner en rond pendant des heures ?

– On ne tourne pas en rond, monsieur !

Croyez-vous que les chevaux de cirque ont l'impression de tourner en rond ?... Non, monsieur !

Ils foncent tête baissée, sans jamais tenir compte des tournants, l'un suivant l'autre.

– Vous n'avez qu'à me suivre, puisque je suis votre guide.

– Bon ! Je vous fais confiance. »

Éclairés de face par un seul projecteur, une « poursuite » qui les suivait comme leur ombre... ils entreprirent leur « traversée du désert ».

« Eh bien allons-y ! »

Et tout à coup, le spectateur fit mine de soulever quelque chose de pesant.

« Qu'est-ce que vous faites là ? dit Max.

– Je prends ma valise.

– Qu'est-ce qu'il y a dedans ?

– Du sable.

– Du sable ? Vous voulez emporter du sable dans le désert ? Mais, monsieur, dans un désert, même imaginaire, du sable il y en a à la pelle ! Il n'y a qu'à se baisser !

– Non, non ! lui répondit-il. Je tiens à emporter mon propre sable !

Cela me permettra, si la traversée s'avère trop fatigante, de lâcher de temps en temps du lest, sans que cela se voie ! »

Il ne manque pas d'imagination, ce monsieur, pensa Max. Après tout, la valise, c'est lui qui la porte. Moi, je me charge de la bouteille.

Et Max fit le geste de prendre la bouteille.

« Qu'est-elle censée contenir ? dit le spectateur.

– De l'eau.

– Est-ce qu'avec un petit effort d'imagination, on ne pourrait pas remplacer l'eau par du champagne ?

– Oh ! Eh ! Attention ! dit Max. Ce n'est pas une traversée du désert *by night*, avec strip-tease à chaque oasis. Entendons-nous bien !

– D'accord !

– Alors, en route ! »

Ils se remirent à mimer la marche sur place… Il faut savoir que dans l'imaginaire, quand on marche, c'est sur place. Outre que cela raccourcit les distances, on peut donner libre cours à son imagination.

Et tout à coup, Max eut la sensation d'avancer (sur place) à reculons… Illusion d'optique… C'était le spectateur qui marchait sur place plus vite que lui !

Subrepticement, tout en donnant l'impression de ne pas avancer, il grignotait du terrain ! Il cherchait à le doubler !

De plus, il faisait des réflexions désobligeantes : « À cette allure-là, on n'est pas près d'arriver ! »

« Monsieur, lui dit Max, quand on marche sur place… dans le désert, contre un fort vent debout, sous un soleil de plomb, on ne peut pas aller vite !

– Vous auriez pu le dire plus tôt que les conditions météorologiques n'étaient pas favorables !

– Monsieur, sachez que dans l'imaginaire, sur le plan du temps qu'il fera, il n'y a pas de prévisions ! (C'est comme ça, il faudra vous y faire !)

– Passez-moi la bouteille ! dit-il. J'ai soif. »

Max fit mine de lui passer la bouteille d'eau. Duke fit le simulacre de la déboucher comme on débouche une bouteille de champagne, avec le bruit du bouchon qui saute…

« Allez ! On sable le champagne ! On sable le champagne ! »

Et il en but le contenu avec une telle conviction que Max en eut le champagne à la bouche.

« Oh ! Eh ! Moi aussi, je sablerais bien le champagne ! »

Il lui fit signe de lui repasser la bouteille. Ah, dis donc ! Il avait bu tout le champagne ! Il ne lui avait laissé que le sable. Ah, le salaud !

Max pensa : C'est le moment de faire miroiter mes chameaux.

« Oh, regardez tous ces chameaux !

– !! Quels chameaux ?

– Ces chameaux qui marchent à la queue leu leu !

– Je me fous de vos chameaux ! dit Duke.

Je suis venu ici pour voir des petites femmes voilées qui dansent la danse du ventre !

– !! Je ne demande qu'à les voir aussi. Où sont-elles, vos femmes voilées ?

– Derrière vos chameaux ! Retirez vos chameaux et vous les verrez, mes petites femmes voilées ! »

Là, Max prit une décision.

« Stop ! La traversée est terminée. D'ailleurs, vos petites femmes voilées, vous pouvez en faire votre deuil !

– Comment ? On ne va pas plus loin ?

– Non !

– Pourquoi ?

– Parce que... c'est dangereux. C'est l'Inconnu !

Le désert n'est plus balisé. D'ailleurs, vous voyez, le désert finit là.

– Où là ?

– Là où le sable s'arrête... et dans le désert, dès que la piste n'est plus sablée, elle est glissante. »

Le spectateur lui répondit :

« Décidément, vous avez l'imagination bornée, étriquée, vétuste ! Rétro ! »

Il ouvrit sa valise et du geste auguste du semeur, il fit mine de jeter des poignées de sable, en criant :

« Et le désert continue ! »

Du sable, il y en avait à perte de vue !

Là, Max comprit qu'il avait embarqué dans l'imaginaire quelqu'un qui avait plus d'imagination que lui.

Et que c'était le client, maintenant, qui avait pris la direction des opérations.

Max le vit s'éloigner.

Ah, la silhouette du spectateur qui courait, en criant :

« À moi, les petites femmes voilées ! » en titubant sous l'effet du champagne qui devait lui monter à la tête…

Tout ce que Max aurait voulu éviter ! Il fallait qu'il réagisse vite !

Le spectateur s'était permis d'intervenir dans son imaginaire, de le modifier, d'y ajouter son grain de sable ?

Max allait lui montrer qu'il était encore capable de faire la pluie et le beau temps !

Ah, il avait semé le sable ?

Eh bien, lui, Max, il allait semer le vent !

À peine avait-il évoqué l'idée de vent que celui-ci se leva.

Aussitôt, Max se mit à mimer « la marche contre le vent », comme il le faisait tous les soirs sous le chapiteau. Mais alors que sous le chapiteau, ce vent qui soufflait n'était que du « vent », c'est-à-dire « rien »... le vent contre lequel il devait marcher, à son grand étonnement, n'avait rien d'imaginaire.

Il soufflait réellement et violemment ! Et en rafales !

Que se passait-il ?

Il avait simplement oublié que, même dans l'imaginaire, qui sème le vent récolte la tempête.

Un vent violent se leva, soulevant le sable et le faisant tourbillonner.

Le ciel en était tout obscurci !

La tempête de sable lui en mettait plein la vue… Une tempête sous un crâne certes, mais ce n'en était pas moins une tempête…

Et puis, aussi vite qu'il s'était levé, le vent retomba. Le rideau de sable s'entrouvrit… Stupeur !

L'atmosphère avait changé du tout au tout.

D'abord, le ciel était plus bleu… rayé par des vols de mouettes qui poussaient des cris d'enfants.

Devant Max… l'étendue du sable refluait au loin comme une mer de sable qui se retire à l'infini. Puis, en retour… le flux des flots de mer… qui, par vagues successives, recouvrait maintenant l'espace laissé vacant par le retrait du sable du désert… pour venir mourir à ses pieds… Sublime !

Autre étrangeté : au lieu de marcher sur place, Max avançait. Ses « semelles » laissaient des traces.

« Ah, monsieur mon client, monsieur Duke, s'écria-t-il… Ah, mon imaginaire est vétuste…

Qu'est-ce que votre mesquine vision de petites femmes voilées qui dansent la danse du ventre comparée à cette émanation de mon esprit ?

Votre imagination prétendument fertile est-elle capable de changer le sable grossier du désert en sable fin de la plage ?

De remplacer un désert aride et monotone en reflets d'argent, reflets changeants de la mer que l'on voit danser le long des golfes clairs, avec ses blancs moutons ? La mer, bergère d'azur infinie !

Vous qui refusiez obstinément de voir défiler mes chameaux à la queue leu leu, sur la crête des dunes, les voyez-vous, tous ces moutons blancs qui marchent à la queue leu leu sur la pointe des vagues ? »

Et soudain, il réalisa qu'il parlait tout seul.

Son client n'était plus à ses côtés ; il avait perdu son témoin. Il appela :

« Duke ? Duke ! »

Aucune réponse ! Que l'écho de sa voix et :

« le clapotis des vagues »

« le murmure du vent »

« les cris des mouettes ».

Chapitre III

L'au-delà de l'imaginaire

C'est alors qu'il vit, à ses pieds, une bouteille à moitié enfouie dans le sable.

Il la ramassa. Il la tourna et retourna dans sa main. Stupeur !

C'était sa bouteille !

Enfin, celle qu'il avait mimée au départ de la traversée du désert… celle dont Duke (le spectateur) avait feint de boire le contenu…

Il ne pouvait pas se tromper. C'était la sienne, celle qu'il avait emportée…

Il y a un instant à peine, il en mimait encore la forme dans la main.

Or, cette bouteille était palpable.

Comment cela pouvait-il se faire ? Comment un objet simplement évoqué, suggéré… dans le réel… pouvait-il avoir pris corps dans l'imaginaire ? Plus grave ! Il frappait de réalité tout l'entourage fictif… rendant caduc tout ce qui avait été évoqué jusque-là sous couvert d'imagination ! Soudain, un coup de feu éclata !

La bouteille vola en éclats !

Quelqu'un venait de tirer sur Max.

Il resta là, contemplant, hébété, les quelques morceaux de la bouteille qui lui étaient restés dans la main. « Allez jeter vos ordures ailleurs ! »

La voix venait d'au-dessus de lui…

C'est ainsi qu'il découvrit qu'il était au pied d'un phare…

« Phare des Robinsons » pouvait-on lire.

« Pourquoi m'avez-vous tiré dessus ? »

La silhouette de celui qui devait être le gardien apparut sur la galerie supérieure, en brandissant un fusil.

« La mer n'est pas une poubelle !

Vous trouvez qu'elle n'est pas assez polluée comme ça, dit-il à Max en désignant le large où, effectivement, flottaient çà et là quelques débris ?

Et je ne parle pas des requins qui pullulent le long de la côte ! »

Max comprit… que le gardien était en train de noircir volontairement le tableau, son tableau, sans doute pour l'en dégoûter.

« D'abord, d'où venez-vous ? lui dit le gardien.

– De l'autre côté du désert !

– !! Vous avez traversé tout un désert pour venir jeter vos bouteilles vides dans MA mer ?

Vous n'avez donc pas de mer sur vos terres ?

– Si, mais…

– Alors, retournez-y et n'oubliez pas d'emporter vos bris de bouteilles ! »

Il ponctua sa phrase d'un nouveau coup de fusil qu'il tira, mais en l'air, cette fois ! Devant tant d'hostilité, Max s'apprêta à rebrousser chemin.

Il était évident qu'il n'était pas le bienvenu. Il avait intérêt à regagner le réel au plus vite mais… pas sans son spectateur !

« Quand on a la prétention d'entraîner les gens dans l'imaginaire, il faut pouvoir les ramener dans le réel et sans dommages !

C'est une question de déontologie. »

Où était-il à l'heure présente ?

Toujours dans le désert imaginaire, à courir après ses danseuses ou passé de ce côté-ci ?

Max appela :

« Duke ! Duke ! »

Seul l'écho… uke… uke…

Chapitre IV

L'amiral

Max regarda autour de lui… Pas âme qui vive !
Et pourtant, si ! Là-bas, la silhouette d'un homme, de dos, qui regardait la mer.

« Duke ! » cria-t-il.

L'homme se tourna vers lui…

Ce n'était pas son spectateur.

« Excusez-moi ! lui dit Max. Je vous avais pris pour quelqu'un d'autre.

– Je me présente, dit l'homme, Christophe, amiral de la flotte !

– Bonjour, amiral !

– De la flotte ! Je tiens à “de la flotte” !

– Amiral de la flotte !

– C'est sur vous que le gardien de phare a tiré ?

– Oui !

– Vous n'êtes pas blessé au moins ?

– Non ! Quelques égratignures…

– Vous n'êtes pas d'ici ? Je ne vous ai jamais vu.

– Je viens du réel.

– Du réel… ? »

Il semblait prodigieusement intéressé.

« Comme moi ! Par où êtes-vous passé ?

– J'ai traversé le désert qui est derrière moi.

– Le désert qui est derrière vous n'existe pas ! C'est un désert imaginaire…

– Je le sais, c'est le mien !

– C'était le vôtre, ça ne l'est plus ! »

Max se retourna. Stupeur ! Plus de désert ! Évaporé le désert !

Effacé, rayé de la carte de son imaginaire !

En lieu et place, un petit village de bord de mer. Quelques maisons de pêcheurs, derrière lesquelles on voyait se balancer le haut des mâts des voiliers, le port sans doute.

À droite, un hôtel de la plage.

Un peu à l'écart, une bâtisse, sorte de hangar et un pavillon.

« Que s'est-il passé ?

– Il s'est passé que, comme il y a un au-delà du réel, il y a aussi un au-delà de l'imaginaire et que vous êtes en plein dedans !

– C'est quoi l'au-delà de l'imaginaire ?

– C'est un espace paradoxal, une sorte d'île déserte peuplée de "Robinsons" !

– Et vous, amiral, peut-on savoir d'où vous venez ?

– Du même monde que vous, le réel !

J'ai voulu découvrir un monde nouveau…

– Comme Christophe Colomb ?

– Oui ! Mais comme, dans le réel, il n'y a plus de monde à découvrir, je suis allé au-delà…

Tous les gens d'ici sont des gens qui, comme vous et moi, ont voulu faire un voyage dans l'imaginaire et qui, comme vous et moi, sont allés trop loin !

Ils ont passé une ligne qu'ils n'auraient jamais dû franchir.

Ils ont un point commun, aussi étrange que cela puisse paraître, ils croient tous en la métempsycose…

– C'est-à-dire ?

– Qu'ils prétendent qu'avant d'être ce qu'ils sont, ils ont tous été quelqu'un d'autre dans une vie antérieure. Et vous, croyez-vous en la métempsycose ?

– Oui, j'y crois ! dit Max. Ce qui me gêne, chez les gens qui prétendent avoir été quelqu'un d'autre dans une vie antérieure, c'est qu'ils ont tous été, selon leurs dires, des personnages célèbres, illustres, tels que Ramsès II, excusez du peu, Alexandre le Grand ou même Napoléon ! Jamais, je n'ai entendu quelqu'un se vanter d'avoir été dans une vie antérieure, chez les Spartiates par exemple, un simple et obscur cordonnier !

– C'est vrai, ce que vous dites ! Tenez, prenez le cas du gardien de phare ! Savez-vous ce qu'il prétend avoir été dans une vie antérieure ?

– ??

– Noé !

– Qui ?

– Le vieux Noé !

– Le vieux Noé… de l'Arche ?

– Oui !

– Celui qui a mis à l'abri du déluge un couple de chaque espèce d'animaux ?

– Celui-là même ! Pour contenir autant de couples, l'Arche de Noé devait être à géométrie variable… »

Cette notion de géométrie variable ramena un instant Max au chapiteau de l'esplanade des Invalides que l'on pouvait agrandir ou rapetisser selon le nombre de spectateurs.

L'Arche devait être constamment pleine comme un œuf d'autruche. Ses flancs devaient s'écarter et se resserrer, ce qui autorisait Noé de conseiller à toutes ses bêtes de croître et de se multiplier ! Ce qu'elles se sont empressées de faire !

« Où les choses se sont gâtées, continua l'amiral, c'est que le couple Noé lui-même ne se privait pas de croître et de se multiplier…

Leurs quatre fils, en grandissant, se sont révélés de redoutables chasseurs.

D'abord par jeu, ils ont organisé des safaris. Ils ont ainsi fini par exterminer tous les couples d'animaux que le vieux Noé avait sauvés de la noyade. À la suite de quoi, par désespoir, le vieux Noé s'est mis à boire plus que de raison… pour finir (chacun connaît la suite) dans le dénuement le plus complet…

C'est sans doute en souvenir de toute cette beuverie que le gardien de phare a pris l'habitude de tirer sur toutes les bouteilles qui portent en leur flanc la tentation…

C'est un personnage qui vaut le détour, c'est-à-dire qu'il vaut mieux éviter. »

Max jeta un dernier regard sur ce qui était encore il y a un instant « son » désert !

Il fut pris de panique…

C'est comme si un piège s'était refermé sur lui.

« Par où regagner le réel ? »

Il avait dû prononcer la phrase à haute voix…

« Par la mer ! lui lança l'amiral.

Il n'y a que par la mer ! J'ai, d'ailleurs, un projet d'évasion dont je vous reparlerai.

Ah, dites, où comptez-vous passer la nuit, si ce n'est pas indiscret ?

– À la belle étoile !

– Écoutez ! La belle étoile n'est pas toujours la bonne. Si vous voulez une chambre à l'hôtel où je suis descendu ? Ce n'est pas un "trois étoiles", mais la patronne est très gentille. Si vous voulez, je vais vous y accompagner.

– Volontiers ! »

En remontant la pente sablonneuse qui menait à l'hôtel, ils croisèrent un vieux pêcheur, assis sur les débris d'une barque.

Apparemment, il était en train de réparer son filet de pêche.

« Qui est-il ? demanda Max.

– Demandez-le-lui ! dit l'amiral. Vous allez être édifié. »

Chapitre V

Le fils de Dieu

Max s'approcha du vieil homme.
«Pardon, monsieur ?»

Le pêcheur leva lentement la tête.

«Puis-je savoir qui vous êtes ?

– Je suis un pauvre pêcheur. Je revends les quelques poissons que je prends pour assurer mon pain quotidien.

Quand je pense à ce que j'étais avant, monsieur… à la vie que je menais…

– Avant quoi ?

– Avant moi !

– Avant vous ?

– Oui, monsieur ! Savez-vous qui j'étais dans une vie antérieure… ?

(Ah, nous y voilà ! pensa Max.)

J'ose à peine le dire…

– Dites toujours !

– Le fils de Dieu !

– Pardon ?

– Le fils de Dieu, c'était moi !

– Nom de D... »

Max avala le mot mais n'en pensa pas moins.

« Le fils de Dieu... de Dieu le Père ? dit Max stupidement. Jésus ?

– Lui-même, en personne !

– Vous plaisantez ?

– Jamais avec la religion !

Et vous voyez en quoi je me suis réincarné, monsieur ? En humble pêcheur, pêcheur comme l'étaient tous mes disciples !

– Vous venez, Max ? dit l'amiral.

– Oui ! Excusez-moi... Jésus, de vous avoir dérangé ! »

Ils reprirent leur marche.

« Juste retour des choses ! dit l'amiral. Après avoir miraculeusement multiplié les petits pains et les poissons, les poissons, aujourd'hui, il est obligé de les pêcher lui-même pour assurer son pain quotidien.

– Et où crèche-t-il ?... Pardon, où dort-il ?

– Dans le même hôtel que nous !

Allons-y !

– Dites, amiral ?

– De la flotte !

– Pourquoi tenez-vous absolument à "de la flotte" ?

– Parce que j'ai une flotte... en rade...

– Où ?

– Là-bas ! »

Il désigna un point vague à l'horizon.

« Sur la mer ?

– Non, au fond ! »

Ils partirent d'un grand éclat de rire.

« Dernière question : de vous à moi, comment est-on sûr que l'on est dans l'au-delà de l'imaginaire ? »

L'amiral prit, avant de répondre, un léger temps.

« Quand on peut "toucher" ce que l'on imagine ! »

Max ouvrit la main, soupesa les morceaux de verre qui s'y trouvaient toujours et les glissa dans sa poche.

Lorsqu'ils entrèrent dans l'hôtel, le hall semblait vide.

« Il y a quelqu'un ? » demanda l'amiral.

Une petite fille apparut derrière le comptoir.

« Bonjour !

– Bonjour, petite Marie ! Ta maman n'est pas là ?

– Si ! *(Elle appela.)* Maman ? »

L'hôtelière entra.

Une fort jolie femme, chevelure noire, beaux yeux verts, un nez anormalement long…

« Bonjour, messieurs… ! »

Tandis qu'elle accrochait des clefs au tableau…

« Elle ne vous rappelle rien ? dit à mi-voix l'amiral, en se penchant vers Max.

– !! Je ne vois pas…

– Mais si ! Quelqu'un d'important et de fort connu dans l'Antiquité.

– !! Je ne vois pas !

– Elle en a gardé le profil…

– Ah, Cléopâtre !

– Tout juste ! Gagné ! »

Pour Max, c'était déjà devenu un jeu.

« Que puis-je pour vous ?

– Je vous amène un client. Il voudrait une chambre pour la nuit.

– Bien sûr ! Si vous voulez bien remplir cette fiche ?

– Bon ! dit l'amiral. Max, je vous laisse.

Je vous reverrai bientôt pour le projet dont je vous ai parlé ! »

L'amiral sortit.

Tandis que Max remplissait sa fiche, il vit la petite Marie s'approcher du tourniquet disposé dans le hall et y placer les cartes postales qu'elle tenait dans les mains.

Il s'approcha.

« Que représentent-elles ? demanda Max, intrigué.

– Un mirage !

– Un mirage ?... Quel mirage ?

– Comment, dit l'hôtelière, vous n'avez pas entendu parler de notre mirage ?

– Qu'a-t-il de particulier, ce mirage ?

– Je dis "ce mirage", je devrais dire "ces mirages" ! dit Cléopâtre. Parce que, figurez-vous, monsieur, que ce mirage n'est jamais le même ! Chaque fois, il a un aspect différent et plus étrange encore, à chaque "apparition", il évoque une image déformée du réel... comme si le réel que nous avons perdu se rappelait à notre bon souvenir !

Ce mirage, monsieur, c'est la seule curiosité touristique de l'île... On y tient ! »

Max fut très surpris que certaines de ces cartes postales représentent, malgré leurs contours imprécis, ou peut-être à cause de leurs contours imprécis, des célèbres monuments du réel...

L'évocation du réel lui fit penser qu'il serait bon de prévenir le chapiteau des Invalides de son absence prolongée.

Il choisit une carte postale dont les contours rappelaient à s'y méprendre le dôme des Invalides.

« Cela brouillera les pistes ! se dit-il amusé. »

Il écrivit au dos quelques mots :

« Chers amis du chapiteau, retenu dans l'imaginaire pour des raisons trop longues à vous expliquer, je ne pourrai, à regret, assurer les prochaines représentations. Désolé ! Je pense bien à vous et vous embrasse.

Max. »

Il ne restait plus qu'à l'expédier.

« Pouvez-vous m'indiquer où est la poste ?

– !! La poste ? dit la patronne. Quelle poste ? Je ne vois pas de quoi vous voulez parler ?

– C’est pour faire parvenir ce petit mot dans le réel.

– Dans le réel ? Ah, il n’y a qu’un moyen, monsieur, c’est la bouteille à la mer, mais attention, pas n’importe quelle bouteille ! Il faut une bouteille spéciale…

– Ah ? Et où peut-on se procurer ce genre de bouteille ?

– Chez Balthazar ! Il n’y a que lui qui en fabrique… C’est un souffleur de verre comme on n’en fait plus. Il est l’inventeur de la bouteille à géométrie variable…

– Où se trouve-t-il ?

– Dans le centre-ville ! Vous demandez Balthazar. Tout le monde connaît.

– Et pour le centre-ville ?

– Le centre-ville ? Attendez… »

Elle sortit pour lui montrer le chemin.

« Vous voyez le hangar là-bas, à droite ? Eh bien, le pavillon de Balthazar est juste derrière !

– Merci ! »

Chapitre VI

Chez Balthazar

Il se rendit donc, sans trop y croire, chez ce souffleur de verre. La pièce ressemblait à une cave. Partout des bouteilles.

Dans un coin, une forge qui ronflait. Au milieu de la pièce, Balthazar, assis sur un tabouret, soufflait dans un chalumeau et, à mesure qu'il soufflait, apparaissait à l'extrémité du chalumeau une bouteille…

C'est-à-dire qu'au lieu de faire des bulles de verre et de les modeler ensuite en bouteilles, il soufflait les bouteilles « toutes faites », puis il les faisait cuire comme le boulanger son pain.

Il se servait pour le temps de la cuisson d'un sablier qu'il retournait avant de les enfourner et, trois minutes plus tard, il les sortait du four.

C'était si suggestif qu'une bonne odeur de pain grillé flottait un instant dans l'atelier.

« Asseyez-vous ! lui dit Balthazar. Qu'attendez-vous de moi ?

– Je voudrais expédier ce message dans le réel.

– Rien de plus facile. Voyons… »

Il choisit parmi plusieurs bouteilles…

« Celle-ci, dit-il, devrait convenir… »

Il en retira le bouchon, glissa la carte roulée à l'intérieur.

« À l'aise ! » dit-il.

Il reboucha la bouteille, l'enroba de cire à cacheter, y appliqua son sceau et la tendit à Max :

« Voilà ! Vous n'avez plus qu'à la jeter !

– Combien vous dois-je ?

– Allons ! Je ne vais pas vous faire payer une bouteille vide !

– Ah ? Parce que… parfois, vous les vendez pleines ?

– Oui monsieur ! Je les vends garnies. Tenez, regardez ! *(Il lui désigna le plafond.)* Toutes ces bouteilles suspendues, qui s'entrechoquent comme des carillons, c'est ma musique !

Elles renferment toutes en leur flanc l'image en trois dimensions qui me traversait l'esprit dans l'instant où je les concevais.

Regardez… à l'intérieur de celle-ci !

Je pensais à un paysage lunaire.

Cette autre-là, à un coucher de soleil sur la mer !

– Fabuleux ! s'exclama Max.

– Venez, lui dit-il, je vais vous montrer quelque chose… »

Il le fit passer dans la pièce à côté.

Les murs étaient couverts de rayonnages de bibliothèques contenant, à la place de livres, des bouteilles… et à l'intérieur de chacune de ces bouteilles, il y avait une tête…

Il y en avait des centaines alignées, des rangées entières, toutes étiquetées.

Max s'en approcha.

« Toutes ces figures virtuelles représentent les célèbres, les illustres personnages que les gens d'ici prétendent avoir été dans une vie antérieure ! »

Toutes ces têtes paraissaient vivantes, grâce à leur substance sans doute, résineuse, gélatineuse, que sais-je ? sulfureuse peut-être aussi… !

À chaque craquement du plancher, manifestement vétuste, elles donnaient l'impression de branler du chef, de dodeliner, allant même jusqu'à changer d'expression…

« Cela vous plaît ? » demanda Balthazar.

Max opina du chef.

« C'est prodigieux ! Qui est celui-là ? dit-il en montrant une des têtes du doigt.

– Ramsès II !

– Et celui-ci ?

– Le vieux Noé ! »

Max faillit dire : C'est fou ce qu'il est ressemblant.

« Comment avez-vous obtenu un tel résultat ?

– Simple ! Tandis que je donne forme à une bouteille… je demande à l'intéressé d'oublier qui il est… puis de remonter dans son passé, de se "revoir" tel qu'il était au cours de sa précédente vie… et de se décrire…

Il y a parfois des usurpateurs… L'un d'eux prétendait avoir été, dans une vie antérieure, Danton, puis il était revenu sur ses dires.

"Excusez-moi ! Ce n'est pas Danton que j'ai été dans une vie antérieure, c'est Robespierre !"

Et puis, une troisième fois :

"Où avais-je la tête ?…

L'homme que je prétends avoir été, ce n'est pas Robespierre, c'est Monte-Cristo que j'ai incarné dans une précédente vie !"

Alors là, dit Balthazar, je n'ai pas pu laisser passer ça : "Je vous surprends en flagrant délit de mensonge ! Vous ne pouvez pas prétendre avoir été le comte de Monte-Cristo dans une précédente vie ! lui dis-je. Pour la bonne raison que le comte de Monte-Cristo n'a jamais existé, que c'est un personnage de roman d'Alexandre Dumas… !"

Il m'a répondu, avec un aplomb qui m'a stupéfié :

"Ça y est ! Voilà le nom que je cherchais… ! Alexandre Dumas ! Alexandre Dumas, c'était moi !"

Que vouliez-vous que je réponde ? (Obligé d'admettre !) Je l'ai félicité pour son œuvre !

– À qui ressemblait-il, ce pseudo-Danton-Robespierre, *alias* Alexandre Dumas ? »

Balthazar désigna du doigt une bouteille à l'intérieur de laquelle il y avait une belle tête d'homme, qui ressemblait comme deux gouttes d'eau à Gérard Depardieu !

« Tenez, je vais vous faire une démonstration ! »

Il se mit à souffler dans son chalumeau.

Une énorme bouteille en sortit.

Soudain, Balthazar éclata d'un rire… cristallin…

« Qu'est-ce qui vous fait rire ?

– Vous ! Regardez-vous », dit-il à Max, en désignant du doigt la bouteille qui s'élevait péniblement dans les airs.

Que vit Max à l'intérieur de la bouteille ?

Sa tête ! C'était sa propre tête qui le regardait et… qui lui souriait…

« Par quel sortilège ?…

– Aucun sortilège ! C'est un phénomène chimique d'une part et psychique de l'autre. Je m'explique. Le phénomène est chimique, parce que je me sers d'une substance qui, tout en s'apparentant à du verre, en diffère, en ceci que… »

Max ne l'écoutait plus.

Il suivait du regard sa tête à l'intérieur de cette bouteille qui évoluait dans les airs, allant d'un paysage lunaire à un coucher de soleil sur la mer !

Balthazar conclut en disant :

« C'est un phénomène de géométrie variable dont je suis l'inventeur. »

Il se remit à souffler dans son chalumeau, donnant naissance à une nouvelle bouteille.

Max jeta un petit coup d'œil à l'intérieur…

Gisant sur fond de sable, un petit bateau… un petit voilier modèle réduit.

Il y distingua assez nettement, malgré la miniaturisation de l'ensemble, des petits pompons rouges sur de minuscules « cols bleus » qui semblaient s'affairer. Il n'en croyait pas ses yeux.

« Magique ! s'écria-t-il.

– C'est pour la petite Marie, la fille de la patronne de l'hôtel. Aujourd'hui, c'est son anniversaire. C'est son “cadeau”...

– Une dernière question, dit Max, tandis que Balthazar l'accompagnait jusqu'à la porte... Pourquoi vous obstinez-vous à ne faire que des bouteilles ?

– Parce que, répondit-il, on m'en commande de plus en plus ! Bon nombre de gens qui sont dans la détresse achètent des bouteilles pour les jeter à la mer.

– Pourquoi à la mer ?

– Parce que ce n'est plus que là qu'un message de détresse risque d'être reçu et entendu !

– Ah !? »

Max jeta un dernier regard au-dessus de lui sur sa tête à jamais embouteillée qui dodelinait à l'intérieur de son habitacle.

Il lui fit de la main un petit signe d'adieu et il sortit sur la pointe des pieds, tandis que le rideau de verre tombait derrière lui. En sortant de chez Balthazar, très impressionné par ses étranges pouvoirs, sa science de l'alchimie... (Autant, lorsqu'il faisait chauffer ses bouteilles, il planait une bonne odeur de pain chaud, autant, lorsqu'il les garnissait, il y avait des relents de soufre !)

Max se dit :

« Qu'avait-il été dans une vie antérieure, ce Balthazar ? Jéhovah ou Belzébuth ? »

CHAPITRE VII

Le gardien de phare

Dès qu'il fut dehors, Max s'empressa d'aller « poster » sa bouteille à la mer.

Au lieu de se cacher du gardien, il décida de le braver.

Il se rendit à l'endroit précis où le gardien l'avait tiré comme un pigeon.

Il l'interpella même :

« Gardien ? »

Celui-ci surgit du haut de sa coupole, comme un diable de sa boîte.

« Encore vous ! »

Max brandit sa bouteille pour montrer qu'il n'avait rien à cacher.

Le gardien sembla apprécier.

« Attendez ! Je descends. »

Il devait dévaler les marches quatre à quatre parce qu'il ne tarda pas à paraître devant la porte. Tout de suite, il lui tendit les bras, sans doute pour lui montrer qu'ils étaient désarmés…

« Vous ne m'aviez pas dit que vous étiez des nôtres ?

– Je ne l'étais pas encore ! répondit Max.

– Entrez, vous lancerez votre bouteille à message depuis la passerelle supérieure ! Elle atteindra plus vite la haute mer. Suivez-moi ! »

Ce que fit Max en s'appuyant tant bien que mal sur la corde molle qui servait de rampe.

De chaque côté des marches étaient entassées des bouteilles…

De temps en temps, il y en avait une ou deux qui dégringolaient pour aller se fracasser au pied de l'escalier en colimaçon…

Ils débouchèrent sur une espèce de balcon circulaire d'où partaient quelques degrés supplémentaires qui donnaient accès à la coupole où se trouvait la lampe à arc.

Il y avait des bouteilles partout entassées, les unes sur les autres…

Le gardien était en mal de confidence.

En fait, il parla surtout des bouteilles.

« Comme vous voyez, je suis isolé du monde. Toute information passe par les bouteilles. Or, les bouteilles… sont attirées par la lumière du phare…

Je devrais, à chaque fois, sauter dans le canot de sauvetage… et me porter au secours de ces bouteilles en perdition…

Mais… j'ai tellement été échaudé… je suis si souvent tombé sur des bouteilles bidons lancées par des farceurs, des plaisantins…

Que n'ai-je trouvé à l'intérieur de ces bouteilles, au temps où j'allais les repêcher !

Il n'y a que lorsque, portées par la marée montante, elles viennent s'échouer au pied du phare que je consens à les recueillir.

De temps en temps, j'en débouche une au hasard. »

Joignant le geste à la parole, il prit une bouteille déjà ouverte. À l'aide de son doigt, il en extirpa une lettre (lettre écrite par une femme de marin à son marin de mari).

« Cher Yannick,

As-tu reçu ma dernière bouteille ?

Tu es parti, comme d'habitude, sans laisser d'adresse… sans me dire où tu allais…

Si, "en mer", m'as-tu dit d'un ton sibyllin !

J'en suis réduite à envoyer une bouteille à la mer chaque fois que j'ai quelque chose à te dire ou à te demander. Mais, à chaque fois, elle reste sans réponse.

Celle-ci est la treizième bouteille que je lance à la mer. Tu pourrais bien, de temps en temps, m'"offrir" aussi une bouteille !

Je ne te demande pas d'y glisser quelques mots affectueux, bien que cela me ferait plaisir, mais, pour l'amour du ciel, simplement pour me signaler que tu es toujours en vie...»

« Voilà ! C'est touchant, non ? » dit le gardien en enroulant la lettre et en la remettant dans sa bouteille.

« En voici une autre ! Ce n'est pas une lettre, mais une coupure de journal, un extrait de presse...

En gros titre, à la une : Sauvetage d'une bouée !

L'article relatait l'événement...

Voici les faits...

Cela se passe dans les Quarantièmes Rugissants...

Un orage éclate. Luttant contre un fort vent debout, un bateau tangue.

Une bouée de sauvetage, mal arrimée, tombe à l'eau. Sur le pont, un jeune matelot a vu le drame.

Il s'écrie : "Une bouée de sauvetage à la mer !"

Mais les grondements du tonnerre couvrent sa voix. Le temps d'un éclair, le matelot pense à tous les hommes que cette bouée a sauvés du naufrage.

Va-t-il la laisser se perdre corps et biens ?

Ce serait trop injuste ! pense-t-il.

Et puis, en sauvant cette bouée d'une disparition certaine, ne sont-ce pas des futures vies qu'il sauverait par anticipation ?

Courageusement, le matelot se jette à l'eau.

Aussitôt, il se met à nager vers la bouée en détresse.

Mais, plus il croit s'en approcher, plus il s'en éloigne. À lutter contre les éléments déchaînés, très vite, il sent ses forces l'abandonner...

Il est paralysé par le froid. C'est alors qu'il voit la bouée s'approcher de lui... S'il pouvait la saisir, il serait sauvé. Dans un ultime effort, il tend le bras. Trop tard !

Il se sent pris dans un tourbillon et coule à pic. "Drame de la mer."

Et puis, me dit le gardien, il y a là un message qui n'a pas encore été envoyé.

Je vous le lis :

"Il y a quelques jours, un gardien de phare découvre sur la grève, à moitié enfoui dans le sable, le corps d'un matelot, le jeune Yannick, qui semblait dormir...

Sur sa poitrine, ni fleurs ni couronnes, mais quelque chose qui ressemblait, comme deux gouttes d'eau, à une bouée de sauvetage !" »

Le gardien de phare roula son message comme s'il se roulait une cigarette, il le glissa dans la bouteille restée ouverte, la cacheta et la lança à la mer, le plus loin possible !

Max en fit autant de la sienne.

« Un petit coup de rouge ? dit le gardien en sortant une bouteille de derrière les fagots.

C'est la bouteille du patron !

– Ce n'est pas de refus ! dit Max.

– À la vôtre !

– À la vôtre !

– Qu'allez-vous faire maintenant ? lui dit le gardien.

– Il me reste à savoir si mon partenaire...

Je préfère l'appeler "partenaire" plutôt que "client", puisqu'il s'est avéré qu'il avait autant d'imagination que moi, si ce n'est plus... si mon partenaire, donc, a franchi en même temps que moi la limite permise ou s'il est resté dans mon imaginaire, à la poursuite de ses petites femmes voilées...

S'il est ici, il faut que je le retrouve.

– Pourquoi ne feriez-vous pas le tour de l'île ? Elle n'est pas si grande, dit le gardien.

– Et pourquoi pas ?

– Vous traversez la plage, vous longez la côte et… c'est tout droit !

– !!

– Lorsque vous verrez mon phare devant vous, alors qu'au départ il aura été derrière vous, vous saurez que vous avez fait le tour de l'île… »

Max se demanda si le gardien ne se moquait pas de lui… Mais non !

« Je vous dis cela, ajouta le gardien, parce que l'île étant une succession de plages qui se ressemblent comme deux gouttes d'eau… S'il n'y avait pas mon phare pour servir de point de repère ou de point de ralliement, vous risqueriez de faire plusieurs fois le tour de l'île, et, à la limite de vous y perdre !

– Vous exagérez ! dit Max.

– À peine ! À ce propos, avez-vous entendu parler des randonneurs ?

– !! Non ! Qu'est-ce que c'est ?

– C'est un groupe de marcheurs.

Leur passion, c'est la marche à pied.

Or, comme notre île (l'île des Robinsons) est toute petite, ils en ont trop vite fait le tour.

Ils se sont sentis frustrés. Ils ont donc décrété, pour allonger la durée de la randonnée, que l'île ferait dix tours.

Seulement voilà, à chaque tour, ils venaient buter contre la réalité de mon phare.

Alors, au lieu de faire un détour, de l'ignorer, ils l'ont incorporé dans leur circuit, tant et si bien qu'au lieu de dire : "On va faire le tour de l'île", ils disent : "On va faire le circuit des phares !"

– Comme chez nous, on dit : "On va faire le tour des châteaux de la Loire ?" dit Max.

– C'est ça ! Ils considèrent mon phare comme un château. Ils s'arrêtent et s'extasient :

"Oh, le beau phare !"

– Ces randonneurs ne se rendent pas compte que c'est toujours le même phare ?

– Si ! Ils ne sont pas dupes. Mais ils jouent le jeu et moi aussi, car j'en maquille la façade ! J'aide à l'illusion…

– Comment ?

– Vous voulez voir mon phare des Robinsons se transformer en phare d'Ouessant ? »

Il sortit d'un tiroir une bannière soigneusement roulée comme un tapis. Il en accrocha le haut à l'extérieur du « balcon » de son phare, côté village, et laissa la bannière se dérouler le long du mur, comme une tenture, jusqu'au sol.

Max se pencha pour juger de l'effet.

« Descendez ! dit le gardien. Vous la verrez mieux du parterre que du balcon ! »

Max descendit les escaliers quatre à quatre ! Paradoxalement, c'est comme si un rideau s'était levé sur la façade du phare, recouverte d'une toile de fond rouge sur laquelle on pouvait lire en lettres d'or « Phare d'Ouessant ».

« Bravo ! cria Max.

– Attendez ! cria le gardien. Ce n'est que le premier tableau !

Le temps que les randonneurs fassent un nouveau petit tour… deuxième tableau ! »

Sans même « remonter » la bannière d'Ouessant, le gardien la recouvrit de celle de Belle-Île-en-Mer. Suivirent les bannières des phares suivants : île d'Yeu, Cordouan, Biarritz, Porquerolles, Cap-Ferret, La Garoupe, cap Fréhel et île de Batz !

« Grandiose ! » dit Max.

Après avoir félicité le gardien pour sa prestation, Max se mit en route… avec l'impression d'avoir vu un spectacle dont l'originalité résidait dans le changement de décor… à vue !

Chapitre VIII

Le mirage

La marche le long des côtes était pénible, éprouvante, d'autant que le vent s'était levé qui freinait sa progression à tel point qu'à un moment il eut l'impression de marcher sur place, comme il le faisait sous le chapiteau.

Il s'apprêtait à faire demi-tour, lorsqu'il vit un panneau que le vent avait à moitié renversé, sur lequel on pouvait lire « MIRAGE à 20 mètres » souligné d'une flèche qui en indiquait la direction. Max se souvint des paroles de la patronne de l'hôtel.

« L'originalité de ce mirage, c'est que chaque jour il a un aspect différent et plus étrange encore à chaque apparition, il évoque une image déformée du réel. C'est la seule curiosité touristique de l'île… On y tient ! »

Max eut soudain envie de voir « ça ».

Il redressa le panneau et l'enfonça plus profondément dans le sable.

C'est alors qu'il aperçut devant lui, à une vingtaine de mètres de là, un homme bardé d'appareils photo, qui se tenait debout sur un petit rocher.

« C'est vous qui m'avez acheté une carte postale ?

– !! Qui êtes-vous ? dit Max.

– Je suis le photographe du mirage. Je viens prendre en photo celui d'aujourd'hui.

– Où a-t-il lieu ? »

Le photographe désigna un point devant lui…

« Là-bas ! »

Max s'y rendit. Le mirage se faisait attendre. Le temps était en train de se gâter. Le ciel menaçait.

De ciel d'azur… il tournait au ciel d'orage ! D'épais nuages blancs se confrontaient à de lourds nuages noirs…

Grandiose et redoutable !

Un ciel de Rembrandt !

La lumière ambiante donnait l'impression d'être réverbérée.

Max chercha du regard un éventuel abri.

Il aperçut vaguement les contours d'une espèce de bâtisse rudimentaire.

Elle lui fit penser à ce que l'on nomme, dans une autre île (bien réelle celle-là) dite île de Beauté, une paillote !

Devant la façade, une terrasse, avec quelques tables entourées de quelques bancs !

Il s'en approcha.

Celui qui devait être le patron, coiffé d'une toque blanche, semblait l'attendre.

« Vous venez pour le mirage ?

– Oui !

– Vous êtes un peu en avance. Voulez-vous que je vous serve quelque chose en attendant ?

– Euh… oui ! Volontiers ! Qu'est-ce que vous avez ?

– Des moules-frites ! »

Max crut d'abord à une plaisanterie.

Mais l'odeur qui planait sur la paillote et l'accent belge du chef confirmaient le menu… !

« Va pour une moule-frites ! »

Le chef poussa la double porte, style saloon…

« C'est parti ! »

Max était ravi. Non seulement l'occasion lui était donnée de voir de ses yeux le fameux mirage, mais de plus de se restaurer !

Il n'avait rien mangé depuis qu'il avait posé le pied sur l'île…

La double porte claqua.

« Et une moule-frites pour monsieur… une fois ! dit le chef en revenant.

– Je vois, d'après votre accent, que vous êtes belge "une fois" ! dit Max en imitant son accent.

– Non, deux fois ! dit le chef. Je suis né wallon, mais j'ai été, dans une vie antérieure, un célèbre peintre flamand. Vous avez entendu parler de Rembrandt ?

– Bien sûr !

– Eh bien, c'était moi !

– Ciel ! »

Le chef posa devant Max la marmite, en souleva le couvercle. Effectivement, la marmite était pleine de… moules.

« Et… et les frites ? demanda Max.

– Elles sont à l'intérieur des moules.

– Pardon ?

– C'est ma spécialité… On ouvre la moule, on place la frite à l'intérieur… on referme le tout et on fait mijoter ! »

« D'une certaine manière, c'est un artiste ! » pensa Max. D'autant que c'était bon !

Tandis qu'il mangeait, Max s'aperçut que, grâce au ciel, le vent était retombé aussi vite qu'il s'était levé. Les nuages étaient allés crever plus loin.

Le ciel avait repris sa couleur bleue qui lui allait si bien.

« Je vous prie de m'excuser d'interrompre votre repas, dit le patron en faisant irruption sur la terrasse, mais si vous voulez voir le mirage, c'est le moment !

– Ah ! » dit Max.

Il se leva, retira sa serviette et quitta, à regret, ses moules-frites qu'il n'avait pas terminées.

« Vous me les tenez au chaud », dit-il.

Il rejoignit le photographe, sur son rocher.

« Alors, dit celui-ci, qu'en pensez-vous ?

– De quoi ?

– Du mirage ?

– J'attends de l'avoir vu, dit Max.

– Comment ! Mais il vient d'avoir lieu !

– !! Ah ? Cela a dû se produire pendant que je me restaurais.

– Heureusement, je l'ai pris en photo ! Regardez ! »

Il tendit le cliché.

Max éclata de rire...

« Vous avez fait une erreur monumentale... !

Ce que vous avez pris pour le mirage, c'est une paillote !

– !! Une paillote ? Quelle paillote ?

– La paillote qui est là ! *(Il en désigna l'endroit.)*

– !! Je ne vois rien ! »

Max n'en croyait pas ses yeux ! Tout avait disparu. Volatilisé, évaporé, effacé de la carte ! Seule flottait sur le « site » une persistante odeur de moules-frites !

« Que s'est-il passé ? Que s'est-il passé ? répétait-il, éberlué.

– Il s'est passé, dit le photographe, que ce que vous avez pris pour une paillote, c'était tout bonnement le mirage lui-même !

– Ce n'est pas possible ?

– Si ! Et que, étant "dedans", vous n'avez pas pu l'observer du "dehors" !

Allez, bonne journée ! Salut ! »

Max regarda une dernière fois la photo et, en l'examinant attentivement...

Ce personnage, attablé sur la terrasse... ?

Mais oui, c'était bien lui !

Il glissa la photo dans sa poche et reprit son tour de l'île, en regrettant de n'avoir pas eu le temps de finir ses moules-frites !

Chapitre IX

Le voyage en ballon

Tout à ses pensées, Max ne s'était pas aperçu que, depuis un certain temps, quelqu'un marchait à côté de lui… Lorsqu'il en prit conscience, il s'arrêta…

« Qui êtes-vous ? Je vous connais ?

– Je m'appelle Blaise, dit l'homme. Vous ne me connaissez pas mais moi, je vous reconnais. Je vous ai vu, je ne sais combien de fois, dans le réel, sous le chapiteau des Invalides…

Cela ne vous ennuie pas que je vous accompagne un bout de chemin ?

– Non, au contraire ! »

Max n'était pas fâché de trouver quelqu'un à qui parler…

« J'étais, poursuivit l'homme, un de vos spectateurs les plus assidus. Je vous dois quelques beaux voyages au pays des merveilles.

Je connais toutes vos pantomimes par cœur, "l'homme qui a soif et qui boit", naturellement, mais celle que je préfère, qui m'a le plus marqué, c'est "le voyage en ballon".

C'est d'ailleurs au cours d'un de ces voyages que je me suis fourvoyé jusqu'ici.

– Comment êtes-vous parvenu dans l'au-delà de l'imaginaire ? Cela m'intéresse ! lui dit Max.

– Justement, de la façon la plus originale qui soit, en ballon !

– En ballon ?

– Au départ, c'était une idée en l'air… et puis, petit à petit, elle a pris la forme d'un ballon… (J'allais dire : elle a pris du poids.)

C'est la première fois que j'usais de ce moyen de transport.

Mon ambition était de voir jusqu'à quelle hauteur on pouvait aller dans le ciel de l'imaginaire.

Lorsque j'ai commencé mon ascension, j'étais plein d'idées, Dieu merci !

Il me suffisait d'en lancer une en l'air, et le ballon, délesté, prenait de la hauteur…

Lorsqu'il commençait à en perdre, je lançais une nouvelle idée par-dessus bord et le ballon reprenait son ascension.

Je dois dire qu'au-dessus de cinq mille pieds, lorsque je m'aperçus que les étoiles qui me servaient de repères s'éloignaient au fur et à mesure que je croyais m'en approcher, je compris que mon univers imaginaire était, comme celui du réel, en perpétuelle expansion, sans limites, sans bornes…

Je fus pris d'une angoisse métaphysique… L'idée de monter toujours plus haut me parut dérisoire, que dis-je, suicidaire…

Je compris ce que voulait dire l'"inaccessible étoile". Mieux valait rester ver de terre et amoureux !

– Comment êtes-vous redescendu ?

– Dieu merci, mon ballon était captif.

– C'est-à-dire ?

– C'est-à-dire qu'il était retenu au sol par une corde extensible, monsieur Max, aussi extensible qu'expansif était l'espace !

– Sage précaution !

– Je me suis laissé glisser le long de la corde. Quelle descente, monsieur Max !

Interminable ! J'avais beau prier le ciel que ma corde ne se rompe pas !

Plus ma prière s'élevait dans les nues, plus j'avais l'impression qu'elle se perdait dans “le silence éternel des espaces infinis”...

– Vous avez cité Pascal, là ?

– Oui ! Il fut un temps où ses pensées étaient les miennes ! »

Max se demanda si la métempsycose n'était pas une maladie de l'imaginaire !

« Et enfin, vous retouchâtes terre ? dit Max.

– Oui ! Seulement, poussé par quelque vent contraire, au lieu de regagner mon imaginaire, je me suis retrouvé dans l'au-delà, comme vous !

C'est-à-dire en cet endroit dont on ne peut sortir que par la mer ! Que par la mer !

C'est du moins ce que prétend l'amiral. Il n'y a pas d'autre issue pour retrouver le monde réel, celui d'où nous venons tous ! Le seul valable, là où le ciel est le ciel, les étoiles des étoiles et les êtres, des âmes, pas des virtuels, puisque c'est ce que, paraît-il, nous sommes devenus... »

Sur ces paroles d'espoir, ils se séparèrent, en se promettant de se revoir bientôt.

Chapitre X

Les randonneurs

Lorsque enfin Max aperçut le phare devant lui, il sut qu'il n'avait plus qu'une plage à parcourir pour boucler son tour de l'île… Il déboucha sur une étendue de sable qui n'avait rien d'une plage, d'abord parce que le lieu s'écartait du bord de mer, ensuite parce qu'il aboutissait à une succession de dunes plus hautes les unes que les autres… C'est alors qu'il crut voir défiler des chameaux à la queue leu leu sur la crête des dunes…

Très vite, il comprit que c'étaient les randonneurs qui portaient leur sac sur le dos !

L'un d'eux s'écria, en le voyant :

« Mais c'est Max ! »

Tous s'arrêtèrent.

« Oh ! Hé ! C'est bien vous, Max, le dernier venu dans notre île ?

– !! Oui !

– Il paraît que, dans le réel, vous étiez un artiste, un mime-parleur ? ("Décidément, c'est mon jour !" pensa Max.)

– C'est exact !

– Racontez-nous une histoire ! »

Max se fit prier.

« Une histoire ! Une histoire ! »

Il finit par accepter.

« Bon ! »

Les randonneurs posèrent leur sac et firent cercle autour de lui.

« Il était une fois… commença Max.

– Ah non ! dit l'un d'entre eux. Pas celle-là, on la connaît !

– Alors, je vais vous en dire une autre : il était autrefois un homme riche. Il avait fait fortune en vendant des Bibles. D'ailleurs, il avait toujours pensé que la Bible, c'était un livre de contes parce que, évidemment, il ne l'avait pas lue.

Un jour, il ouvrit une de ses Bibles. Il n'avait jamais eu le loisir de le faire, absorbé qu'il était par la bonne tenue de ses propres livres de comptes. Et il lut ceci :

"Heureux les pauvres en esprit, le royaume des cieux leur appartient !"

Il pensa : Je ne vois pas en quoi cela me concerne ? Il tourna la page et passa au chapitre suivant :

"Il est plus facile à un chameau de passer par le trou d'une aiguille qu'à un riche d'entrer dans le royaume des cieux !"

Là, soudain, il se sentit visé ! Aussitôt, il marqua la page d'un signet. Il regarda le nom de l'auteur : saint Luc.

"Mais il parle de moi, ce saint Luc ? Je ne le connais même pas !"

C'est alors qu'il vint me consulter.

"Qu'il soit plus difficile à un homme riche d'entrer au royaume des cieux, me dit-il, je le conçois. On ne peut pas tout acheter…

Mais qu'il soit plus facile à un chameau de passer par le chas d'une aiguille… j'en doute. Cela reste à prouver."

Je lui dis :

"Mais, monsieur, moi, je peux vous le prouver… ! Je vais, si vous le voulez, vous en faire la démonstration… pas grandeur nature à l'échelle humaine, il faudrait, pour ce faire, faire venir un chameau… plus une botte de foin pour sa nourriture.

Ensuite, il faudrait chercher une aiguille.

Or, pour trouver une aiguille dans une botte de foin, c'est encore plus difficile que pour un riche d'entrer au royaume des cieux.

Non ! Je vais donc transposer. Je vais me servir des mots…

Le pouvoir évocateur des mots est tel que, si je vous dis, à vous l'homme riche, que je tiens entre le pouce et l'index une aiguille… est-ce que vous la voyez ?"

Il me dit :

"Oui, monsieur !

– Bien ! Si vous regardez de plus près, est-ce que vous voyez son chas, le chas de l'aiguille ?

– Oui, monsieur !

– Bon ! Si je vous dis que je tiens dans l'autre main le mot 'chameau', est-ce que vous le voyez ?

– !! Non, monsieur !

– !! Écoutez ! Si vous voyez l'aiguille, vous ne pouvez pas ne pas voir le chameau… hein !

Ne cherchez pas la petite bête !

Est-ce que vous voyez le chameau ou pas ?

– !! Maintenant que vous me le dites…

– Bon ! Alors d'un côté, il y a le mot 'chameau' et de l'autre, le mot 'aiguille' !"

Et vous, mesdames et messieurs les randonneurs, est-ce que vous voyez bien les mots que je prononce ? »

Les randonneurs, comme un seul homme :

« Oui !

– Merci ! Alors, suivez bien le fil de mon histoire… Donc, il s'agit de faire passer ce chameau dans le chas de cette aiguille.

Tout de suite, on s'aperçoit qu'il y a un mot qui est plus gros que l'autre, le mot "chameau" et que, si je veux faire passer le gros mot "chameau" dans le petit mot "chas" de l'aiguille, il va falloir que je simplifie.

Je coupe donc le mot “chameau” en deux. Je mets le demi-mot “meau” (du mot “chameau”) de côté. Je m’empare du demi-mot “cha”. Je l’approche du “chas” de l’aiguille…

À partir de ce moment, l’histoire se raconte à demi-mot.

J’approche donc le demi-mot “cha” du chas de l’aiguille.

Entre “cha”, le courant passe… Vrouf !

Le demi-mot “cha” passe comme une demi-lettre à la poste de l’autre côté de l’aiguille.

Bon ! Je reprends le demi-mot “meau” du mot “chameau”. Je le fais glisser le long du fil de mon histoire. Comme je m’apprête à l’introduire dans le chas de l’aiguille, le demi-mot “meau” se refuse…

Il a un mouvement de répulsion…

C’est comme un rejet d’organe.

Je ne me décourage pas.

Avec le fil de mon histoire, j’attache les deux pattes du demi-mot “meau”, je l’embobine. Je lui donne l’aspect d’une pelote de fil…

Est-ce que vous voyez la pelote de fil se balancer au bout du fil de mon histoire ?

Bon ! J’humecte le bout du fil…

Je le glisse dans le chas de l’aiguille et je hisse la bobine à hauteur du chas. Le “chas”, prenant le demi-mot “meau” pour une bobine de fil, se met à jouer avec.

Là, je tire doucement pour ne pas casser le fil de mon histoire et pour ne pas blesser l’animal… Et vrouf ! Le demi-mot “meau” (du mot “chameau”) passe de l’autre côté et va rejoindre son demi-mot “cha” ! Il ne me reste plus qu’à repasser le fil de mon histoire dans le chas de l’aiguille… et avec l’aiguille recoudre les deux demi-mots du mot “chameau”. *(Il mimait l’action.)*

Conclusion :

le chameau reconstitué est bel et bien passé par le chas de l’aiguille.

– Et l’homme riche… ? Comment s’y est-il pris pour entrer au royaume des cieux ? dit celui qui semblait être le chef des randonneurs.

– Il s’est tout bonnement accroché à la queue du chameau !

– Bravo ! HA ! HA ! HA !...

– Voulez-vous vous joindre à nous ? dit l'un des randonneurs.

– Vous êtes gentil, dit Max, mais je m'arrête au prochain phare !

– Dommage ! Les autres valent le détour !

– Oh, vous savez, moi, je ne suis pas fou des phares ! Les phares, quand on en a vu un, on les a tous vus ! Allez, bonne route !

– Salut, Max ! »

Chapitre XI

L’homme-thon

De retour au port, en passant devant le bistrot « Chez Léon », Max vit une multitude de pêcheurs qui en sortaient et qui y entraient…

Poussé par la curiosité et le désir de se détendre, il poussa la porte. L’atmosphère était chaude et bruyante. Max se rendit au bar. Autour de lui, les pêcheurs discutaient ferme. Ils comparaient leurs prises…

Propos cent fois entendus !

« Moi, disait l’un, j’ai pris un saumon grand comme ça !

– Moi, rétorquait l’autre, j’ai pris un saumon plus grand que ça !

– Eh bien moi, surenchérissait un troisième… »

Soudainement, la porte s’ouvrit avec force et un type entra, en tenue de plongeur ! – collant de caoutchouc, palmes aux pieds… lunettes sous-marines et bonbonne sur le dos, dont il tenait l’embout dans la bouche…

Aussitôt, le silence se fit.

Max demanda au barman :

« Qui est-ce ?

– On l'appelle "le plongeur". C'est un ancien marin pêcheur... Depuis qu'on l'a repêché en mer, il se prend pour un thon.

Il va clamant sur tous les tons qu'il est un thon! *(S'adressant à l'intéressé :)*

N'est-ce pas que vous êtes un thon?

– Exact! Je suis un pauvre thon!»

Après avoir retiré son embout et le remettant aussitôt en bouche, comme un vieux marin sa pipe, il s'approcha du bar où Max était accoudé et, retirant à nouveau son embout, il dit au barman :

«Le plein, s'il vous plaît!

– En eau plate ou en eau pétillante?

– En plate!»

Et, tout en remplissant la bonbonne, le patron du bistrot, Léon, dit à Max à voix basse :

«Il est thon comme une baleine...»

Il faut dire que les gens qui se prennent pour ce qu'ils ne sont pas fascinaient Max... Il éprouva le besoin d'en savoir plus :

«Dites, mon brave...? Puis-je vous poser quelques questions? Je viens... *(Max cherchait un prétexte...)* Je viens pour un article...

– De pêche?

– C'est ça! Un article de pêche intitulé *(il improvisa)* :

"La vie des thons hors de l'eau."

– Je suis votre homme.

– Ce n'est pas à l'homme, précisément, que je m'adresse mais au thon que vous prétendez être...

– Je le prétends parce que je le suis!»

Max poursuivit :

«Écoutez... Sans vous offenser, ne seriez-vous pas plutôt un pêcheur qui se prendrait pour un thon?

– Non! C'est tout le contraire! Je suis un thon qui, dans un moment d'égarement, s'est pris pour un pêcheur! Oui, monsieur, je bats ma coulpe, je l'avoue! J'ai pêché comme tous ceux (les pêcheurs ou soi-disant tels) qui sont ici... comme vous, sans doute...

– Ah non ! Moi, je n'ai jamais pêché !

– Ah, je n'aime pas beaucoup les gens qui n'ont jamais pêché... Ils ont tendance à vous jeter la première pierre...

Bref ! Comme tous les pêcheurs qui sont ici, je me suis pris pour un des leurs ! *(Les désignant.)* Vous les voyez comparer leurs prises ? Eh bien, nous, nous comparions nos leurres... »

Max intervint :

« Attendez ! Là, j'ai du mal à vous suivre... Qu'est-ce que vous entendez par "leurres" ?

– Ce que les pêcheurs ou soi-disant tels appellent "leurres", ce sont ces appâts artificiels que l'on accroche au bout de sa ligne pour leurrer les pauvres thons... »

Poursuivant son récit :

« Bref ! Me considérant comme un des leurs, je leur montrais mes leurres... et eux, ils me montraient les leurs.

Évidemment, c'était à celui qui, avec son leurre, avait pris le plus gros thon ! »

Max éprouva le besoin de faire une pause :

« Puis-je vous offrir un verre ? dit-il.

– Volontiers ! Léon, comme d'habitude !

– De l'oxygène ?

– Oui ! Un ballon ! »

Léon, après avoir lancé un clin d'œil à Max, saisissant une bouteille d'une main et un ballon de l'autre, lui dit :

« Il le prend... sans rien... comme ça... pur ! »

Le plongeur, après avoir respiré quelques bouffées d'oxygène :

« Où en étais-je ? Ah oui ! Là, je me suis dit : Henri...

– Parce que vous vous prénommez Henri ? dit Max.

– Oui, Henri ! Mais appelez-moi Riton !

– Pourquoi Riton ?

– Parce que c'est drôle ! HA ! HA ! »

Là, Max comprit que l'oxygène faisait déjà son effet.

« Riton comment ?

– Riton-thon, comme mon père !

– Ah ! Parce que votre père est aussi un thon ?

– Forcément, puisque je suis son fils !

– !! Comment vous différencie-t-on ?

– Moi, on m'appelle “thon-fils” par rapport au père que l'on appelle “thon-père” !

– Là, je ne vous suis pas très bien, avoua Max.

– C'est pourtant simple… Par rapport au père-thon, moi, je suis thon-fils !

– Mais “thon-père”, il vous appelle bien “thon-fils” ?

– Non ! Il m'appelle fiston !

– Vous vous entendez bien, entre “thon-père” et “thon-fils” ?

– Oui, quoique parfois on ait des prises de bec…

– Par exemple ?

– On se traite de “saumon”. C'est la suprême injure-thon : saumon ! Je dis à “thon-père” : “Vous n'êtes qu'un saumon-père !” Et “thon-père” me répond : “Tu es encore plus saumon-fils que ton père !” Et le ton monte ! “Vieux thon !”

“Thon-gueule !”

– Et cela se termine ? intervint Max.

– Par un gueuleton… chez tonton !

– Parce que vous avez un tonton aussi ?

– Oui ! C'est le plus thon de tous !

Il ne parle que le thon !

– Et vous, vous comprenez le thon ?

– Je l'ouïs, oui ! Mais lui, il pense “thon”…

– Exemple ?

– Prenons une phrase de pêcheur… “Homme, tu n'es que poussière et retourneras en poussière !”

Savez-vous comment il traduit ça, le tonton ? “Thon, tu n'es que miettes et retourneras en miettes !” Il est ton comme un ténor… plus grave même… comme un baryton ! »

Tout en poursuivant son récit, de temps en temps, il reprenait en main son «ballon» d'oxygène et, avidement, il en aspirait quelques bouffées.

«Je me suis dit : Riton ! Tu vas leur montrer à tous ces vantards que tes leurres sont les meilleurs ! Tu vas leur rapporter un thon plus grand que les leurs. Aussitôt, je monte dans ma barque et je prends le large... un large grand comme... enfin, le grand large, quoi !

Arrivé en haute mer... une mer haute comme... une mer aussi haute que le large était grand...

Bref ! Arrivé en haute mer, je lance ma ligne et je surveille mon bouchon... Et tout de suite, un thon... mord... enfin un thon mord... un thon, bien vivant, mord !

Je vois mon bouchon qui s'enfonce... Je tire... et je ramène le thon vers ma barque en essayant de noyer le poisson...

Je me disais : "D'après les remous, cela doit être un thon géant !"

En fait de thon géant, monsieur, c'était une sardine naine !

– Il n'y avait pas de quoi se vanter.

– Non ! J'ai failli la rejeter à la mer.

Et puis, me suis-je dit, non ! Avec cinq petites sardines comme celle-là, on peut déjà remplir une boîte...

J'ai pris une boîte de thon vide... – je n'avais pas prévu de boîte de sardines puisque je pêchais le thon ! Comme la mer était d'huile, j'en ai rempli la boîte.

J'ai retiré l'eau.

Je n'ai conservé que l'huile.

J'ai déposé ma sardine dans ma boîte de thon en me disant : il ne me reste plus qu'à la compléter avec d'autres sardines !

– Excusez-moi, intervint Max, mais-là, j'ai l'impression que vous envoyez le bouchon un peu loin !

– Non, monsieur ! Sachez que, bien que les sardines et les thons naviguent de conserve, les sardines se conservent mieux dans des boîtes de thon. Point ! À la ligne !

– Admettons !

– Je relance la mienne (ma ligne)… cette fois-ci avec une telle force que le leurre, par un effet de boomerang… m'est revenu dans la figure !

– Retour à l'envoyeur !

– Effectivement… en vrai thon que je suis, spontanément, j'ai ouvert la bouche toute grande et j'ai mordu à l'hameçon. L'instinct !

Naturellement, en bon pêcheur que j'étais… j'ai ferré sec et… je me suis enferré…

– Tel est pris qui croyait prendre ! HA ! HA !

– Cela vous fait rire ?

– Mais non, Riton !

– Appelez-moi Henri, voulez-vous ?

– Pourquoi Henri ?

– Parce que ce n'est pas drôle !

Bref ! Sous le choc, la barque s'est retournée et je me suis retrouvé dans l'eau parmi un banc de thons qui m'ont tout de suite reconnu comme l'un des leurs. Nous étions sur la même longueur d'onde.

– Et vous êtes resté longtemps sous l'eau… enfin parmi les thons ?

– Hélas non !

J'ai tout de suite été repêché par des marins qui levaient leurs filets dans les parages…

Lorsque je leur ai dit que j'étais un thon, ils n'ont pas voulu me croire.

– Tant mieux !

Ils auraient été capables de faire de vous des miettes et de vous mettre en boîte !

– Ça, monsieur, pour la mise en boîte, ils ne s'en sont pas privés ! Et s'ils ne m'ont pas réduit en miettes, c'est grâce à ma franchise…

Parce que je suis le seul thon, parmi toute cette bande de thons, assez courageux pour reconnaître qu'il est un thon !

Tous les autres, ceux que vous voyez ici, dans cette salle, se prennent pour des pêcheurs !

– !! À quoi voyez-vous que ce sont des thons ? interrogea Max.

– !! Vous ne trouvez pas qu'ils me ressemblent étrangement ?

– Certes !... Dites, entre nous (de vous à moi), vous n'en avez pas plein le dos de vous affubler de la sorte, de vous encombrer de tout cet attirail de plongeur, alors que vous pourriez vous montrer dans votre plus simple appareil ?

– C'est une question de survie, monsieur ! Mais je ne vous cacherai pas que, parfois, il me prend l'envie de me jeter à l'eau !

– Vous y seriez dans votre élément...

– Le drame, monsieur, c'est qu'il m'arrive la pire des choses qui puissent advenir à un thon qui s'est pris trop longtemps pour un pêcheur... Je ne sais plus nager ! »

II a remis son embout en bouche.

Il est passé derrière le comptoir et il s'est mis à faire la plonge !

« Tenez, dit Léon, c'est ma tournée.

Qu'est-ce que vous prenez ?

– Ah tiens ! Donnez-moi donc aussi un petit coup d'oxygène ! dit Max.

– Vous le prenez pur ?

– Je ne sais pas. Cela se prend avec quoi ?

– Avec de l'hydrogène !

– Ça donne quoi ?

– De l'eau !... Ça ne vaut pas le coup !

– Alors, pur ! »

Le patron lui en servit un ballon. Max le respira d'un trait... et, en reposant son verre :

« Dites donc, Léon, votre oxygène, là...

– Eh bien ?

– Il sent le bouchon ! »

Ça y était ! Max était dans le ton... Il sortit pour prendre l'air. Un bon bol !

Chapitre XII

Une nuit à l'hôtel

La nuit tombait. Max regagna son hôtel.

«Bonsoir monsieur ! lui dit le veilleur de nuit. Vous êtes le nouvel arrivant ?

– Je crois. Oui !

– Que pensez-vous de notre île ?

– J'en ai vite fait le tour.

– Avez-vous fait la connaissance de nos fous… ?

– Oui ! À commencer par celui qui prétend être un thon !

– Oh, il y a plus fou que lui !

– Est-ce possible ?

– Tenez ! Nous avons ici, comme client, un violoniste, un fou hors du commun. Un super doué, un virtuose de la folie !

Le matin, dès potron-minet, il se place devant sa glace et, au lieu d'emboucher un clairon ou un cor de chasse, comme le ferait un fou normal (qui se respecte), pour se faire les lèvres, il joue du violon en frottant sa brosse à dents sur ses cordes vocales…

Évidemment, au lieu de mettre du dentifrice (sur sa brosse), il l'enduit de colophane.

Ça évite de grincer des dents. Mais, me direz-vous, avec quoi se brosse-t-il les dents ?

– J'allais vous le demander.

– Avec son archet ! Évidemment, au lieu de mettre sur son archet de la colophane, il l'enduit de dentifrice...

– Il n'est pas si fou que ça ! Et le son est meilleur ?

– Non ! Mais cela donne à son jeu plus de mordant. Vous me direz : comment accorde-t-il ses cordes vocales ?

– J'allais vous le demander.

– Comme celles de son violon, avec ses chevilles ! »

Ils éclatèrent de rire.

« Et avec son pied, il ne fait rien ?

– Si, il bat la mesure !

– HA ! HA ! Donnez-moi ma clef ! »

Le veilleur la lui tendit.

Tandis que Max s'engageait dans l'escalier...

« Avez-vous vu notre mirage ?

– Oui ! dit Max. On y mange de très bonnes moules-frites ! »

« !! Il est aussi fou que les autres, ce type ! » se dit le veilleur.

Max redescendit quelques marches :

« Ah, réveillez-moi demain à 10 heures !

– Bien, monsieur ! 10 heures, chambre 8, c'est noté ! »

La porte de sa chambre refermée, Max se jeta sur le lit, tout habillé. Les mains derrière la tête, il se mit à songer au chapiteau des Invalides.

C'était à peu près l'heure à laquelle il entrait en piste. Il se revit, jouant une de ses petites pantomimes, un mimodrame intitulé « les dents de la mer », une histoire de requin mangeur d'homme. Il se le jouait intérieurement, allant presque jusqu'à se soulever pour saluer... Rideau !

Il ferma les yeux et s'endormit.

Il fit un affreux cauchemar.

CHAPITRE XIII

Le cauchemar

Il était allongé sur la plage, les deux mains derrière la tête.
« Un requin ! Un requin ! »

Max se redressa brusquement et vit… devant lui, à une centaine de brasses environ, une tête de requin qui tenait, serré entre ses deux énormes mâchoires, un bras humain.

Le bras emprisonné, tendu vers lui, semblait implorer son aide.

C'est alors qu'il remarqua, à ses côtés, qu'un homme, qui serrait sous son bras une demi-planche, n'avait plus qu'un bras, l'autre étant sectionné au niveau de l'épaule.

Il fit aussitôt le rapprochement.

Le bras, entre les mâchoires du requin, devait être celui que le planchiste n'avait plus !

En souffrait-il ? Apparemment non !

Il avait gardé toute sa tête…

Il posa sa demi-planche sur le sable… et s'y assit…

« Ne restez pas là, lui dit Max, les bras croisés… *(il rectifia aussitôt)* je veux dire… le bras ballant ! Il faut faire quelque chose…

Ce bras est encore vivant. Je l'ai vu bouger… Il faut essayer de le retirer de la gueule de ce monstre !

– Vous n'y pensez pas !

J'y ai déjà laissé la moitié de ma planche. Je ne voudrais pas qu'il me bouffe l'autre.

– Bon ! Détendez-vous ! Reposez-vous ! Je vais essayer de vous le récupérer, votre bras ! »

Comme Max s'apprêtait à se jeter à l'eau.

« Tenez ! »

Le planchiste lui tendit une dent de requin.

« C'est vous qui l'avez arrachée ?

– Oui !

– Par défi ?

– Non, par réflexe ! Je suis dentiste.

– !! Cela peut toujours servir de monnaie d'échange. »

Max se jeta à l'eau, la dent du requin entre ses dents. Très vite, il rebroussa chemin.

De retour sur la plage, Max dit au planchiste :

« Il y a erreur sur le requin. Ce n'est pas le vôtre !

Ce n'est pas un bras qu'il a entre ses dents, mais une jambe !

– Vous êtes sûr ?

– Certain !... Tenez ! »

Il lui rendit la dent du requin.

Le planchiste reprit sa demi-planche, la glissa sous son bras.

« Salut !

– Où allez-vous ?

– Je vais surfer un peu plus loin, là où il n'y a pas de requin ! »

Max pensa : « Ce type est un mordu de la planche ! » Il s'allongea à nouveau sur la plage.

À peine retombé dans sa somnolence...

« Un requin ! Un requin ! »

Il rouvrit les yeux et il vit venir vers lui un type qui tenait d'une main une bouée de sauvetage et de l'autre, brandissait à bout de bras un bout de bras...

Max fit tout de suite le rapprochement.

« Mais c'est le bras du planchiste ! Où l'avez-vous trouvé ?

– Dans la gueule du requin ! »

!! Là, il ne comprenait plus !

Max lui dit :

« Mais ce n'est pas un bras que le requin serrait entre ses mâchoires, mais une jambe !

– Je sais. C'est la mienne ! » et il désigna la jambe qu'il n'avait plus.

« !! Comment pouvez-vous marcher avec une jambe en moins ?

– En m'appuyant sur ce bras en plus… Regardez ! »

Il s'en servait comme d'une béquille !

« Que s'est-il passé ?

– Voilà ! Je suis maître-nageur sauveteur…

Lorsque j'ai vu ce bras entre les mâchoires du requin, j'ai cru que le reste était déjà à l'intérieur. J'ai voulu sauver le bras. Un bras, cela peut toujours servir !

On en manque tellement, de bras, chez les maîtres-nageurs sauveteurs ! De jambes aussi, d'ailleurs ! Pour attirer son attention, j'ai usé d'un stratagème.

J'ai passé mon bras dans la bouée de sauvetage…

J'ai rabattu les bords…

J'en ai fait une tête de requin…

J'ai agité mon bras comme une marionnette, et j'ai crié :

"Un requin ! Un requin !"

Le requin, voyant dans la gueule d'un autre requin un bras plus gros que le sien, a lâché celui qu'il tenait pour s'emparer du mien ! J'en ai profité pour saisir le sien et retirer le mien !

Le requin, se sentant floué, a ouvert ses mâchoires et saisi une de mes jambes… Moi, de l'autre, je lui ai donné un coup de pied dans sa gueule…

– Et alors ?

– Il a fermé sa gueule ! Horrible détail : dans la lutte, je lui ai fourré le doigt dans l'œil.

– Par défi ?

– Non, par réflexe ! Je suis oculiste. »

Toc ! Toc ! Toc ! Quelqu'un frappait à la porte de la chambre… Max ouvrit péniblement un œil.

« Qu'est-ce que c'est ?

– Service du réveil ! Il est 8 heures, monsieur ! »

Max mit un temps à réaliser…

« 8 heures ? Je vous avais dit de me réveiller à 10 heures ! » Il y eut un silence.

« Ça ne fait rien, monsieur, je reviendrai ! »

Max l'aurait presque remercié de son intervention (intempestive) qui lui permettait de sortir de son cauchemar…

En se retournant dans son lit, il vit que l'on avait glissé un mot sous la porte. Il se leva péniblement. Il alla ramasser le petit mot, le déplia.

Il était signé de Christophe, l'amiral de la flotte.

« Cher Max, bonjour !
Balthazar souhaiterait vous rencontrer.
Il a une proposition à vous faire.
Quant à moi, je serai au bar de l'hôtel vers midi.
Salut ! »

Max glissa le mot dans sa poche et, puisqu'il était debout, il se rendit dans la salle de bains pour s'y rafraîchir… tout en se posant des questions :

Pourquoi Balthazar voulait-il le voir ?

À quel propos ?

En tout cas, lui, Max, en profiterait pour dire un petit bonjour à sa tête embouteillée.

Le reconnaîtrait-elle ?

Il se regarda dans la glace du lavabo et ne s'y vit pas ! Le miroir était recouvert d'une épaisse buée. Machinalement, par jeu, il traça avec son doigt, dans la buée, le contour d'une bouteille puis il retira la buée de l'intérieur du contour et stupeur ! Ce n'était pas sa tête !

C'était celle d'un type, avec des dents de requin, en train de se les brosser avec un archet de violon ! C'était si surprenant et inattendu que Max s'excusa :

« Oh, pardon ! »

Il voulut « reboucher » la buée en soufflant son haleine chaude sur la glace... Haa... ! Haaa... ! etc.

Il l'embua à nouveau, comme on embue les verres d'une paire de lunettes pour les nettoyer.

Il essuya le miroir à l'aide d'un kleenex...

La buée disparue, sa tête apparut. Cette fois, c'était bien la sienne... mais à un détail près... il avait sur le nez une paire de lunettes, un pince-nez plus précisément, lui qui n'en portait jamais !

Il voulut le retirer.

Il ne réussit qu'à se pincer le nez...

Quant aux verres... ? Il n'en restait que deux cernes sous les yeux...

Dormait-il encore ?

Était-il sorti d'un cauchemar pour tomber dans un autre ?

Que lui arrivait-il ?

À force de fréquenter les fous, était-il en train de le devenir ?

Il avait besoin d'air.

Après avoir tiré les rideaux, il ouvrit la fenêtre qui donnait sur la mer.

Il respira profondément l'air... marin !

Il recouvra peu à peu ses esprits.

Pour un peu, il se serait cru en vacances.

Les sensations visuelles et auditives étaient les mêmes.

Max était émerveillé par le « tableau » qu'il avait devant les yeux, sachant pertinemment que c'était un faux ! Une copie du réel ! Ah, c'était bien imité ! Le clapotis des vagues...

Le murmure du vent...

Les cris des mouettes...

Du haut de son balcon, en se penchant légèrement, il vit sortir de l'hôtel la petite Marie.

Elle se dirigea vers la mer, comme pour s'y baigner... Elle y pénétra jusqu'à la hauteur des genoux, jeta un regard autour d'elle, sans doute pour être sûre que personne ne l'observait...

C'est alors que Max vit qu'elle tenait dans ses bras la bouteille contenant le petit voilier miniature que Balthazar avait conçue et que sa maman lui avait offerte.

Après avoir regardé une dernière fois la bouteille et son précieux contenu, elle la jeta à la mer... D'abord, la bouteille disparut, s'enfonça... Inquiétude de l'enfant.

Soulagement ! La bouteille avait refait surface... Donc, elle tenait la mer et par contrecoup, le bateau aussi !

Ce n'était pas, pour ce petit voilier enfermé dans sa coque de verre, le baptême de l'eau... ni de l'air... loin s'en fallait ! S'il naviguait, ce n'était encore qu'en vase clos, toutes voiles dedans...

Le petit voilier devait avoir du moins la sensation de voguer... L'enfant regarda la bouteille s'éloigner...

Le soleil était déjà haut dans le ciel lorsque la petite Marie quitta la grève, visiblement désemparée.

Elle regagna l'hôtel. Sur cette plage déserte, on n'entendit plus que le clapotis des vagues... le murmure du vent... et, rayant le ciel bleu, le vol des mouettes qui semblaient crier :

« Une enfant à la dérive ! »

Ah, ce terrible silence de la mer !

Toc ! Toc ! Toc !

Quelqu'un frappait à la porte.

« Qu'est-ce que c'est ?

– Il est 10 heures ! »

C'était à nouveau le veilleur de nuit.

« Merci ! »

Max referma la fenêtre.

10 heures. Il avait le temps de faire un petit tour sur la plage avant de se rendre chez Balthazar. Il prit sa clef et sortit.

Chapitre XIV

Le cantonnier

Pour accéder à la plage, il fallait contourner quelques rochers. Au détour de l'un d'eux, Max découvrit, à quelques mètres de lui, une valise à moitié enfouie dans le sable. Son cœur se mit à battre… Et si c'était ?… Après avoir tourné autour…

« C'est sûrement la valise de Duke ! se dit-il. Elle se sera matérialisée ainsi que ma bouteille. »

Comme il s'apprêtait à la soulever : « Ne touchez pas à cette valise ! » cria quelqu'un. Le ton était péremptoire.

Max lâcha la poignée.

« Cette valise n'est pas à vous !

– Non ! répondit Max. Mais elle doit appartenir à quelqu'un qui m'accompagnait et que j'ai perdu de vue…

– Certainement pas ! Savez-vous ce que contient cette valise ?

– !! Du sable, je pense !

– Non, monsieur, des pierres !

– !! Quelles pierres ?

– Celles que je ramasse quotidiennement sur les plages.

– !! Peut-on savoir qui vous êtes ?

– Je suis le cantonnier de l'île... Mais je ne l'ai pas toujours été... Savez-vous ce que j'étais avant ? »

Max l'interrompit :

« Attendez ! Attendez ! Laissez-moi deviner... Je parie que vous avez été, dans une vie précédente, une pierre !

– Exact ! Comment le savez-vous ?

– Je présume... !

– Eh bien, oui ! J'ai été une pierre ! Oui, monsieur, j'ai eu ce privilège. J'ai vécu la vie d'une pierre.

– Est-ce que vous vous posiez déjà des questions existentielles, comme "Qui suis-je" ?

– Non ! Je me contentais d'être et de rêver... Parce que je rêvais déjà, monsieur !

– Quel genre de rêves ?

– Que des rêves de chutes ! Je rêvais de dévaler les pentes de la montagne !

Je rêvais de tomber sur quelqu'un qui me ramasserait, me taillerait, m'affinerait, qu'il m'attacherait à l'extrémité d'une hampe et que je serais le fer de lance de toute une évolution !

Hélas, monsieur ! Je suis tombé sur un cantonnier qui, lui, n'aimait pas les pierres et qui a fait de moi un tas de poussière !...

– Et c'est à partir de cette poussière que vous êtes devenu un homme ?

– Oui, monsieur ! Le seul espoir que j'aie, c'est la certitude qu'un jour, je retournerai en poussière !

– Et quand vous serez retourné en poussière ?

– Je demanderai à redevenir pierre !

– Et, présentement, qu'allez-vous faire de toutes celles que vous avez entassées dans cette valise ?

– Je compte les ramener avec moi dans le réel !

– Parce que vous espérez y retourner ?

– Ah oui !

– Comment ?

– Par la mer ! Il n'y a que par la mer !

– Admettons ! Croyez-vous que ces pierres intéresseront les gens du réel ?

– Ah oui, monsieur ! Des pierres qui viennent directement de l'au-delà de l'imaginaire, c'est rarissime ! On va se les arracher comme on s'est précipité sur les pierres que les astronautes ont rapportées de la lune !

– Oui ! Mais les astronautes pouvaient regagner la terre grâce à leur vaisseau spatial !

– Eh bien, nous aussi, grâce au vaisseau de l'amiral !

– Quel vaisseau ?

– Le *boat people* !

– Le *boat people* ?

– Vous n'avez pas l'air au courant ?

– Non !

– Toute la population s'apprête à émigrer sous la conduite de l'amiral.

– Que me dites-vous là ? Pour où ?

– Pour l'autre monde ! Celui d'où nous venons tous, le réel ! »

Subitement, Max réalisa que les propos qu'il entendait étaient insensés. Cet homme affabulait et son histoire de *boat people* ne tenait pas la route, ni la mer !

C'était comme cette histoire de pierre qui rêve de dévaler la pente et de tomber sur quelqu'un... etc. Et lui, Max, il avait failli marcher !

Il était temps de mettre fin à ce délire.

« Excusez-moi, mon brave !

Il faut que je vous quitte. Je suis attendu... Je me suis déjà mis en retard... !

– Au revoir ! dit le cantonnier. Je vous retrouverai à l'embarcadère, le jour J !

– C'est ça ! »

Chapitre XV

Le portrait-robot

Parvenu au centre-ville, Max se dirigea vers le pavillon de Balthazar.

« Vous désiriez me voir ? lui dit Max.

– Oui, merci d'être venu ! J'ai beaucoup pensé à vous. Avez-vous des nouvelles de votre compagnon de voyage ?

– Le spectateur ?

– Oui !

– Je m'emploie désespérément à le retrouver.

– Où en êtes-vous ?

– Au point mort !

– Eh bien, je pense que je peux vous aider.

– !! En quoi ?

– Si vous me le décriviez, je pourrais en faire le portrait-robot, portrait que l'on pourrait divulguer.

– Vous feriez cela pour moi ?

– Si cela peut vous aider à le localiser… »

Tandis que Balthazar préparait son matériel : « Vous permettez, dit Max, que j'en profite pour dire un petit bonjour à ma tête embouteillée ?

– Allez ! Ça lui fera plaisir ! »

Max passa dans la pièce à côté.

Le tête-à-tête fut décevant.

Elles étaient là, à se regarder comme deux étrangers. Elles n'avaient plus rien à se dire, comme deux êtres séparés de corps ! Pénible.

« Max, cria Balthazar, je suis prêt ! »

Max revint…

Balthazar emboucha son chalumeau, en trempa l'extrémité dans une « solution » en ébullition…

« Pensez fortement à votre spectateur, dit-il à Max, pendant que je souffle dans cette bulle de cristal ! Visualisez-le ! »

Chose étrange, plus Max se concentrait… plus il essayait de se le représenter, plus l'image de son client se dérobait, devenait floue… imprécise…

Incapable de fixer ses traits !

« À qui ressemblait-il ? s'impatienta Balthazar.

– Il ressemblait à… un spectateur comme tous ceux qui occupaient le premier rang des fauteuils…

– !! Alors, dites-moi à quoi ressemblait le premier rang des fauteuils ?

– Il ressemblait… comme un fauteuil ressemble à un autre fauteuil… et non numéroté encore ! »

De temps en temps, apparaissait dans la bulle la forme ovale d'un visage sans traits fixes…

« Alors ? questionnait Balthazar.

– Ce n'est pas lui !

– Et là ? »

Le même ovale gris, mais à la place des oreilles, il y avait deux bras de fauteuil…

« Ce n'est pas lui ! » répondait Max à chaque cas de figure.

Soudain, apparurent dans la bulle trois femmes voilées…

« Ça y est, s'écria Max, c'est lui ! Où est-il ?

– À en juger par les grains de sable qui s'élèvent et retombent autour d'elles comme des flocons de neige, dit Balthazar, il est toujours dans votre désert imaginaire, en train de s'acharner sexuellement sur ces trois innocentes créatures ! »

Il ne badinait pas avec les termes, le Baltha !

« Merci, cher Balthazar ! »

Au moins, Max savait à quoi s'en tenir.

Il était fixé.

Il sortit, rassuré et heureux de savoir que son client Duke était resté à l'abri dans son imaginaire et, en même temps, fort triste de l'échec de leur traversée du désert.

Chapitre XVI

Le bateau-cadeau à vau-l'eau

En longeant le quai du vieux port, Max put constater que le gardien n'avait pas menti en parlant de pollution. Il vit, entre deux carcasses de bateaux, dans l'eau croupissante, polluée, infestée de poissons crevés la bouche ouverte, parmi des immondices de toutes sortes qui empestaient, il vit une bouteille… qui surnageait… à l'intérieur de laquelle on pouvait distinguer un bateau. Max reconnut le voilier miniature, le bateau-cadeau que la petite Marie avait mis à l'eau et qui était venu s'échouer là, croupir dans cette lie de l'eau !

Il lui sembla qu'à l'intérieur de la bouteille naufragée, sur le pont du bateau-cadeau, les pompons rouges et les « cols bleus », par leur agitation, lui faisaient signe de les sortir de là. Ce qu'il s'empressa de faire !

Il se pencha, plongea la main dans l'eau fangeuse, sortit la bouteille… l'emporta en prenant soin de ne pas trop la remuer…

Arrivé sur la plage où l'eau était claire, là où l'enfant avait mis son bateau d'anniversaire à la mer, Max brisa la bouteille sur l'arête d'un rocher puis, après avoir retiré ses chaussures et retroussé le bas de son pantalon, il s'avança dans la mer…

Clapotis des vagues…

Murmure du vent…

Cris des mouettes…

Max posa le petit voilier sur l'eau…

Le petit bateau sembla tressaillir, frissonner… hésiter…

Une légère brise gonfla les voiles du modèle réduit qui, emporté par la marée descendante, gagna rapidement le large…

De retour à l'hôtel, Max y retrouva l'amiral.

« Salut, Max !

– Bonjour !

– Qu'est-ce que vous prenez ?

– La même chose que vous !

– Patronne ? Deux "Crusoé" !

Alors, Max, vous avez vu Balthazar ?

– Oui ! Il m'a apporté la preuve que Duke, le compagnon dont j'étais le guide, est resté dans mon désert imaginaire…

– Il n'est donc pas dans notre île ?

– Non !

– Ah, tant mieux ! Je suis plus à l'aise pour vous parler de mon projet.

– Lequel ? Celui de "Par la mer, il n'y a que par la mer" ?

– On pourrait l'appeler comme ça…

– Justement, en me rendant chez Balthazar, j'ai rencontré le cantonnier de l'île.

Il m'a tenu des propos incohérents. Il m'a parlé de *boat people* dont vous seriez soi-disant l'instigateur…

– C'est exact !

– !! Quoi ? Toute la population de l'île s'apprêterait à émigrer sous votre commandement ?

– Oui ! Et le départ est imminent…

– !! Pourquoi ne m'en avez-vous jamais parlé… ?

Ni vous, ni personne d'ailleurs… ce qui n'est pas le moins étrange… Un tel événement aurait dû être le sujet de toutes les conversations !

Même Balthazar n'en a soufflé mot !

– C'était la consigne.

– Mais pourquoi ?

– On ne savait pas si votre compagnon de route était toujours dans votre imaginaire, ou s'il était passé avec vous dans notre au-delà.

Nous étions dans l'expectative. Mais, aujourd'hui qu'il est prouvé qu'il n'est pas dans l'île, rien ne vous empêche de venir avec nous !

– Tout de même, sur un *boat people* !

– Attention, dit l'amiral, ce voyage n'est pas triste. Il y a *boat people* et *boat people* !

Il ne faut pas confondre. Ce n'est pas un abandon, ni une désertion, encore moins une fuite ! C'est le retour à la réalité.

– … S'il n'y a pas d'autre moyen ?

– Il n'y en a pas ! Asseyez-vous !

Il faut que vous sachiez, Max, que ce n'est pas d'aujourd'hui que nous cherchons à regagner le réel. Alors que nombre d'aventuriers cherchent à découvrir de nouveaux mondes, nous, nous voudrions regagner plus modestement l'ancien…

– Comment ?

– Par la mer !… Il n'y a que par la mer !

– On peut ?

– On doit pouvoir, d'après mes estimations.

Autant, dans l'imaginaire, il y a une limite qu'il ne faut pas dépasser…

Et vous l'avez appris à vos dépens… autant, au-delà de l'imaginaire, il y a un obstacle que je n'ai jamais pu franchir…

– Pourquoi ?

– Parce que, parallèlement aux Quarantièmes Rugissants, il y a les Quarantièmes Délirants !

Entre les deux parallèles, il y a un couloir, une voie d'eau, étroite certes, mais praticable… Or, cette voie d'eau est à géométrie variable. Selon que le vent souffle, la mer grossit…

Que le vent tombe, elle s'amenuise… Pour des raisons que seul, peut-être, Balthazar pourrait expliquer.

Moi, je m'y suis plusieurs fois cassé le nez !

– Vous êtes allé jusqu'à ces Quarantièmes Délirants ?

– Oui ! Mais jamais au-delà ! Il a fallu, à chaque fois, rebrousser chemin, dans des conditions désastreuses, avec une coque défoncée et les voiles déchirées qui laissaient passer le vent !

Toutes mes tentatives ont échoué, mais je ne désespère pas. Je trouverai bien quelque jour un passage. Il me fallait un bateau à géométrie variable, capable de se faufiler entre ces deux parallèles capricieux, les Quarantièmes Rugissants et les Quarantièmes Délirants. Seul Balthazar a pu le réaliser.

– Où est-il, ce bateau ? demanda Max.

– Il mouille dans le petit port, à côté.

Il attend le grand jour qui ne saurait tarder. Venez, je vais vous le montrer ! »

Ils contournèrent le hangar et, tout à coup, apparut le *boat people*. Il était à quai. Max faillit tomber à la renverse, pour plusieurs raisons…

D'abord, parce que ce voilier était la réplique exacte (à l'identique) de la *Santa María* de Christophe Colomb.

Ensuite, sur le quai, il y avait des marchandises que l'on hissait sur le pont, sous la surveillance du maître queux.

Et, parmi elles, il y avait, au premier plan, un panier d'œufs à côté d'un autre panier de homards…

Max resta pétrifié.

« Cette scène… je l'ai déjà vécue… Oh, il y a bien longtemps… C'était en 1492. À l'époque, j'étais un œuf.

– Vous avez été un œuf ? dit l'amiral.

– Oui !

– Vous plaisantez, là ?

– Pas du tout ! J'ai été un œuf. Avant d'être ce que je suis, j'ai été un œuf.

Attention, pas n'importe quel œuf !

Celui de Christophe Colomb !

– Tiens, tiens ? fit l'amiral.

– Comme vous le savez peut-être, Christophe Colomb, poursuivit Max, a non seulement découvert l'Amérique, mais…

– Mais il a aussi réussi à faire tenir debout un œuf, sans en briser la coquille, à la suite d'un pari ! ajouta l'amiral.

– Eh bien, cet œuf, c'était moi ! »

CHAPITRE XVII

L'œuf de Christophe Colomb

« Je m'en souviens comme si c'était hier. On m'avait embarqué sur la *Santa María,* une des trois caravelles, avec une douzaine d'œufs tous plus ou moins fêlés… et aussi une vingtaine de homards, pour améliorer l'ordinaire…

Aussitôt à bord, le cuisinier, le maître queux avait mis tous les œufs dans le même panier. De plus, c'était le panier à homards.

Il s'était trompé dans la répartition des paniers. Il les avait intervertis.

Il avait mis tous les homards dans le panier à œufs et tous les œufs dans le panier à homards.

Alors, les œufs et les homards pestaient ferme. Ils voulaient leur panier à eux !

Chez les œufs, la révolte couvait, étouffée aussitôt dans l'œuf par le maître queux… qui a retiré tous les œufs du panier à homards puis tous les homards du panier à œufs qu'il a mis dans leur panier à eux, c'est-à-dire le panier à homards.

Puis, il a mis les œufs dans le panier où étaient les homards, c'est-à-dire le panier à œufs.

L'incident était clos.

Et c'est alors que Christophe Colomb est entré. Il a pris un œuf dans le panier à œufs, le plus gros, le mien. Il a dit au maître queux : “Je vous parie que je fais tenir debout cet œuf sans en briser la coquille !

– Chiche !” a dit le maître queux.

Christophe Colomb a pris mon œuf entre le pouce et l'index et il a tapé doucement le gros bout de mon œuf sur quelque chose de dur…

Sur le moment, je n'ai rien senti, mais j'en ai souffert postérieurement…

Puis, il a déposé délicatement mon œuf sur le bord du comptoir et je suis resté debout !

Bravo ! Pari gagné !

Christophe Colomb sorti, le maître queux a voulu remettre mon œuf avec les autres œufs, mais il s'est encore trompé.

Il m'a déposé dans le panier à homards. Et c'est ce qui m'a sauvé !

Un des homards, découvrant sous lui un œuf, a cru que c'était lui qui l'avait pondu !

Aussitôt, il m'a pris sous son aile, couvé pour ainsi dire… Et c'est grâce à “Omar”… (C'est ainsi que j'avais surnommé mon homard afin de le distinguer des autres homards mais j'aurais pu l'appeler Homère…) c'est grâce à “Omar”, à sa douce chaleur que l'embryon que j'étais au départ a pu se développer et devenir rapidement un robuste poussin.

Et un jour, ma coquille a volé en éclats. (Tête du vieux homard qui n'arrêtait pas de se pincer pour voir s'il ne rêvait pas !) Et qui je vois devant moi ?

Le maître queux, plein comme un œuf, tenant à peine debout.

Il était en train de rédiger le menu du jour : “Omelette du chef”.

Tête des œufs qui savaient fort bien que l'on ne fait pas d'omelette sans casser des œufs… et qu'ils ne feraient pas de vieux œufs…

C'est alors qu'il m'a vu, dressé sur mes ergots. Il s'est écrié :

"C'est un coq ! C'est un coq !"

Aussitôt, il a rayé de la carte "Omelette du chef" et il a écrit "Coq au vin".

À ce moment-là, on a entendu la voix de Christophe Colomb crier :

"Terre ! Terre !"

L'Amérique était en vue.

Aussitôt, le maître queux a rayé sur le menu "Coq au vin" et il a écrit… »

« Homard à l'américaine ! » poursuivit l'amiral.

Max en resta sans voix.

« Comment connaissez-vous ce détail ? Comment le savez-vous ?

– J'étais là !

– Qu'est-ce que vous dites ?

– Christophe Colomb, c'était moi !

– Vous plaisantez ? Pourriez-vous m'en apporter la preuve ?

– Facile ! » dit l'amiral.

Il prit un œuf dans un panier, le plus gros… Max s'écria :

« Je vous crois ! Je vous crois !

Alors, c'était vous ?

– C'était nous ! »

Ils se tombèrent dans les bras.

Chapitre XVIII

La bouteille de sauvetage

« Venez, Max ! dit l'amiral.

– Où allons-nous ?

– Chez Balthazar ! Je vais vous montrer ce qu'il a inventé en cas d'échec. Nous avons maintenant, grâce à son génie, le moyen de rapatrier le voilier et sa précieuse cargaison sans dommages ni pour l'un ni pour les autres ! C'est une bouteille géante volante !

Cette bouteille est destinée à repêcher les bateaux en difficulté. Avec cette bouteille, les naufrages du *Titanic,* les radeaux de la *Méduse,* c'est fini ! »

Balthazar les attendait.

« Suivez-moi ! »

Il les fit pénétrer dans un immense hangar au milieu duquel se dressait une gigantesque bouteille de la grosseur d'une montgolfière.

« Mon chef-d'œuvre ! Voici comment se déroulera l'opération sauvetage. Suivez bien le processus… Le gardien de phare reçoit des signaux lumineux…

"S.O.S... Nous coulons..."

Aussitôt, il m'envoie un appel de phare ! Dès qu'on connaît la longitude et la latitude du bateau, on met la bouteille sous pression... et elle s'élève comme une fusée...

– Et ça marche ? demanda Max.

– Je l'ai même expérimentée. Ma bouteille, baptisée "Moët", a pris l'air, mais comme les gens de "mer" ne regardent jamais en l'air... – ils se contentent de regarder devant eux – personne n'a remarqué cette immense bouteille sillonner le ciel. La surprise fut l'absence d'effet.

La bouteille, pourtant visible à l'œil nu, survola l'île, sans que personne n'y prête attention !

Cependant, il y eut un témoin. La petite Marie qui se promenait avec sa maman s'écria en regardant le ciel :

"Maman ! Maman ! Regarde un objet non identifié !

– Allons ! Allons ! Marie, ne dis pas de bêtises !

Il y a belle lurette que les objets non identifiés le sont !

– Alors, dit Marie, c'est une apparition !

– Allons ! Marie, il y a belle lurette que les petites filles de ton âge n'ont plus d'apparitions !

– Alors ça, qu'est-ce que c'est ?" dit la petite fille en montrant du doigt l'objet litigieux.

La patronne de l'hôtel leva les yeux au ciel :

"Ça ? C'est une bouteille ! Une simple bouteille de champagne !

– Ah ! Excuse-moi, m'man ! dit Marie.

– Tout le monde peut se tromper", dit la mère.

Elles reprirent leur promenade.

"Marie, dit la mère, combien de fois faudra-t-il te répéter que, lorsque tu marches, au lieu de regarder en l'air, tu dois regarder où tu mets les pieds !"

Il était temps. La petite fille allait mettre le pied sur un coquillage qui sert de bénitier dans les églises...

Pour en revenir à ma bouteille, reprit Balthazar, dès que l'on a fait le plein, le pilote monte dans la capsule...

– L'habitacle ?

– Non, non ! La capsule… que vous voyez là…

C'est une capsule courante… agrandie évidemment. On secoue la bouteille…

– Ah, il faut la secouer ?

– Ah oui, violemment ! Comme toute bouteille, avant de s'en servir… Cela fait monter la pression… Puis, la bouteille s'élève comme une fusée… et vous ne vous occupez plus de rien !

Elle est programmée. Elle connaît sa destination. Arrivée sur les lieux du drame, la "Moët" se place à la verticale du bâtiment à sauver… Elle amerrira devant la proue.

Le fondement de la bouteille s'ouvrira alors comme un couvercle de boîte de conserve… On fera pénétrer le bâtiment à l'intérieur de la "Moët". On refermera le cul de la bouteille. Et la bouteille salvatrice ramènera à bon port sa précieuse cargaison…

– Bravo ! s'écrièrent Max et Christophe. Espérons, toutefois, que vous n'aurez pas l'occasion de vous en servir ! »

Sur ces bonnes paroles, ils se séparèrent…

Chapitre XIX

La surfeuse

Max se retrouva, sans même s'en rendre compte, sur la plage, face à la mer.

Il vit, non loin de lui, des vêtements de femme...

À qui appartenaient-ils ?

Il chercha du regard quelque éventuelle petite femme voilée qui danserait la danse du ventre, rien que pour lui !

Pas une baigneuse en vue !

L'abstinence visuelle !

Là-bas, à quelques encablures, il y avait les Quarantièmes qui rugissaient et les Quarantièmes qui déliraient...

Il se surprit à penser que, dans ce monde imaginaire et au-delà de ce monde, il était un immigré.

Pourquoi s'entêtait-il à toujours fuir le réel ?

S'y sentait-il indésirable ?

Le monde imaginaire n'était-il qu'un asile ?

Il pensait à ceux-là qui, toujours, gardaient les pieds sur terre, contre vents et marées !

Il s'allongea sur le sable et se mit à rêver des jours heureux…

Des souvenirs de vacances abondaient, l'assaillaient, se bousculaient pêle-mêle…

Soudain, devant lui, il vit déferler une vague plus haute que les autres qui s'enroulait sur elle-même et, dessous, comme s'y abritant, une créature de toute beauté, dans toute sa nudité, qui slalomait sur sa planche et que la vague, après s'être déroulée comme un tapis, vint déposer presque aux pieds de Max. Quelle offrande !

Il se dressa aussitôt et ne sut que balbutier :

« Mes hommages, madame ! »

Il savait que c'était ridicule… mais c'était spontané.

Ils se regardèrent.

Et, tout de suite, il se passa une chose inouïe ! Est-ce cela que l'on appelle le coup de foudre ?

« Restez… restez couché ! » lui dit-elle en déposant sa planche sur le sable, ce qu'il s'empressa de faire.

Elle s'allongea près de lui.

« Je ne vous écrase pas ? » lui dit-elle, anticipant sur ce qui risquait de suivre. D'un commun accord, ils s'étreignirent…

« Il me semble que je vous connais depuis toujours…

– C'est possible. Savez-vous qui j'étais dans une vie antérieure ?

– Non !

– Je vais vous surprendre…

– Allez-y ! J'en ai entendu d'autres…

– Ève !

– !! Ève ? d'Adam et Ève ?

– Oui ! Mais vous, qui êtes-vous ? C'est la première fois que je vous vois. Vous n'êtes pas d'ici ?

– Non ! Je viens du réel…

– Qu'y faisiez-vous ? »

Max lui expliqua toute l'histoire.

« Un mime, qu'est-ce que c'est ? » dit-elle.

De ses deux mains, il mima une rose qu'il lui offrit.

Elle fit mine de la prendre et d'en respirer le parfum.

« C'est magique ! » dit-elle.

Elle se mit à mimer un fruit qu'elle lui tendit… C'était une pomme !

Pour bien montrer qu'il en avait saisi le symbole, il se mit à la croquer…

« Bon sang ! dit-elle en se levant soudainement. Il faut que j'aille retenir ma place sur la caravelle. L'embarquement immédiat est pour demain. Où sont mes vêtements ? »

Max courut les chercher.

C'est tout juste s'il ne lui a pas dit, en les lui tendant :

« Vous avez laissé tomber votre mouchoir ! »

« Partez-vous aussi ? » lui lança-t-elle en s'éloignant.

Maintenant qu'il savait Duke toujours dans son désert, en sécurité, plus rien ni personne ne l'en empêchait.

Duke pouvait retourner dans le réel par ses propres moyens…

La seule possibilité qui restait à Max de retourner dans le réel… c'étaient les moyens du bord…

« Il n'y a que par la mer ! avait dit l'amiral. Par la mer !… »

« Retenez-moi une place », cria-t-il à…

C'est alors qu'il réalisa qu'il ne savait même pas son nom !

CHAPITRE XX

L'apprenti sorcier

On vint prévenir Max que Balthazar le cherchait partout… Max se rendit chez lui. Il lui trouva fort mauvaise mine.

« Que se passe-t-il ? lui dit-il.

– Max, je dois vous faire un aveu… j'ai peur…

– De quoi, grand Dieu ?

– Des fantômes !

– Quoi, vous ?

– Oui, moi ! Ma maison est hantée !

– Par qui ?

– Par ces ectoplasmes de personnages illustres que j'ai créés, accumulés autour de moi et qui se vengent.

Je ne dors plus à la pensée que, lorsque tous les gens d'ici seront partis pour l'autre monde… ("Façon de parler !" pensa Max.)… je resterai seul, en tête à tête avec toutes ces bouteilles ensorcelées. Si vous saviez ce qui se passe chez moi, dès que la nuit tombe… ?

Tous les bouchons de mes bouteilles sautent les uns après les autres !

Toutes les têtes sortent à la queue leu leu sur un air de Duke Ellington.

Elles me regardent et se mettent à me faire des grimaces. Même la vôtre de tête, Max, se met de la partie ! Jusqu'aux petites femmes voilées du portrait-robot qui se mettent à danser la danse du ventre ! C'est une sarabande, une bacchanale !

Les têtes se déchaînent ! Je n'en peux plus ! Je deviens fou...

– Enfin, Balthazar, dit Max, reprenez-vous !

Ce ne sont que des émanations de votre esprit. C'est vous qui avez introduit ces ectoplasmes dans ces bouteilles !

– Je sais. Max, je me suis pris pour un maître sorcier, alors que je ne suis qu'un apprenti...

– Alors empressez-vous de vous débarrasser de ces entités envahissantes...

– De quelle manière ?

– Eh bien... je vous suggère de déposer toutes ces têtes embouteillées chez le gardien de phare ! Là, elles se mélangeront à d'autres bouteilles plus... anonymes !

– Riche idée ! » admit Balthazar.

On en parla au gardien de phare, qui accepta aussitôt.

Chapitre XXI

Le cimetière marin (ball-trap)

Le soir même, Max, aidé du gardien, se chargea de sortir du pavillon de Balthazar toutes les bouteilles ensorcelées, à l'exception de celle renfermant sa propre tête qu'il alla cacher dans un coin de la forge, après l'avoir roulée dans la poussière pour dissimuler sa tête. Il avait la ferme intention de venir la récupérer plus tard.

« Puisque le cantonnier, s'était-il dit, ramenait une valise pleine de pierres de l'au-delà de l'imaginaire, pourquoi lui, le mime qu'il était, ne rapporterait-il pas sa tête embouteillée, comme preuve de son escapade ? »

Quelle pub pour le chapiteau !

Ils sortirent du pavillon de Baltha toutes les bouteilles ensorcelées et les transportèrent à l'intérieur du phare déjà fort encombré.

Où les mettre, ces satanées bouteilles supplémentaires ? La cave en était pleine ainsi que les escaliers. Il y en avait partout.

Comme son phare n'était pas à géométrie variable, le gardien eut une idée qualifiée de géniale par lui-même.

« Si on faisait une partie de ball-trap ?

– Le ball-trap ? Qu'est-ce que c'est que ça ?

– C'est ce que l'on appelle le tir au pigeon, mais avec des assiettes.

– Vous avez des assiettes ?

– Non ! Mais nous avons des bouteilles...

Vous allez lancer les bouteilles et moi, je vais les tirer comme des pigeons.

Nous allons en profiter pour faire disparaître à jamais ces bouteilles envoûtées qui font peur à tout le monde.

– Vous allez tirer sur toutes ces célébrités ?

– Non, sur leurs effigies ! Pour montrer que nous respectons leur mémoire, nous allons leur rendre un dernier hommage, comme à des grands marins perdus en mer...

Prêt ? On va commencer par Ramsès II. »

La bouteille, lancée avec force par Max, partit comme une fusée dans le ciel bleu.

Pan !

La bouteille vola en éclats et l'ectoplasme de Ramsès II s'abîma dans les flots. Plouf ! Ce fut le tour de Samson...

« Prêt ? »

Pan ! Plouf !

« Suivant ! Ulysse... »

Pan ! Plouf ! À la mer !

Ils firent un feu d'artifice de toutes ces bouteilles du diable...

La nuit tombant, ils marquèrent une pause.

Le temps pour le gardien d'allumer sa lanterne et le jeu reprit.

Chaque fois que le rayon du phare, qui balayait la mer, passait devant eux, Max lançait une bouteille...

« Cicéron ! »

Pan ! Plouf !

Le gardien faisait mouche à tous les coups. C'était un tireur d'élite...

Au petit jour, la mer qui s'étendait devant eux était jonchée de débris de verres luisants, de feux follets, de lutins, de farfadets... Un vrai cimetière marin !

C'est alors que la première sirène du *boat people* retentit, rappelant aux passagers que l'embarquement était imminent, avant d'être immédiat.

Max et le gardien se séparèrent, avec le sentiment que ce qu'ils venaient de faire, il ne fallait pas trop s'en vanter.

Aussitôt que Max eut pris congé du gardien, il courut chez Balthazar pour y récupérer sa tête embouteillée...

Elle n'était plus là où il l'avait cachée !

Il la chercha partout, dans le moindre recoin de la forge. Introuvable !

Il fallait se rendre à l'évidence... Quelqu'un s'était emparé de sa bouteille. Max se perdit en conjectures.

Il dut se résoudre à quitter les lieux... sans sa tête !

Il prit directement le chemin du port. Très vite, Max se trouva mêlé aux émigrés qui s'acheminaient silencieusement vers le quai d'embarquement.

Parmi eux, il reconnut le cantonnier qui traînait péniblement sa valise pleine de pierres.

Arrivé à sa hauteur, sans doute pour se faire pardonner de l'avoir mal jugé, Max l'aida à porter sa valise.

L'exode était en marche...

Chapitre XXII

Le départ du *boat people*

Jour J.

Sur le quai, le photographe avait préparé ses appareils. Il avait pris quelques photos de la caravelle sous différents angles. La veille déjà, il avait passé sa journée à photographier des « souvenirs » de l'île dont il pensait plus tard tirer quelques bénéfices. Déjà, les émigrés affluaient de tous côtés en désordre. Des ordres !

« Assemblez vos affaires ! Groupez-vous ! Comptez-vous les uns sur les autres ! »

Rumeur… Voilà Balthazar.

Des questions fusent :

« Que laisse-t-on ? Qu'emporte-t-on ?

– Le strict minimum ! »

Un tzigane sortit son violon de sa boîte et se mit à jouer une espèce de gigue en tapant du pied. Les gens se mirent à danser un *square-danse* style acadien, avec entrain, à la grande surprise de Max qui se souvint alors des propos de l'amiral : « Attention, ce voyage n'est pas triste… Ce n'est ni un abandon, ni une désertion, encore moins une fuite ! C'est le retour à la réalité ! »

« Dites, Balthazar, en cas de réussite, puisque toute la population aura émigré… cette île de l'au-delà sera virtuellement déserte ?

Que deviendrez-vous ?

– Je serai là pour accueillir ceux, tous les Robinsons qui, comme vous et moi, ont voulu faire un voyage dans l'imaginaire et qui, comme vous et moi, sont allés trop loin et se retrouvent ici, dans l'au-delà… Et puis, je ne serai pas seul.

Figurez-vous que le gardien de phare, qui ne peut se résoudre à abandonner sa lanterne "magique", comme il l'appelle, s'est proposé pour garder la "maison" !

– Grandiose ! »

Dernier coup de sirène.

« Groupez-vous pour la photo souvenir !…

Serrez-vous !… On ne bouge plus ! »

Flash !

« Merci ! »

« Embarquez ! »

Ce fut la ruée vers… l'avenir.

La passerelle fut prise d'assaut.

Max chercha des yeux sa surfeuse. Il ne la vit point. Était-elle déjà montée à bord ?

La population s'entassa sur le pont.

« Tous ces gens-là, ajouta Balthazar, en avaient assez de faire semblant d'exister, de vivre en marge, au-delà de leurs moyens… comme vous, comme lui ! » dit-il en désignant Christophe qui venait d'arriver.

Il était en grande tenue d'amiral. Le silence se fit. Il passa devant eux, déjà distant, les salua et escalada la passerelle.

« Alors, vous venez, Max ? cria l'amiral. On n'attend plus que vous ! »

Max prit congé de Balthazar, non sans une certaine émotion et rejoignit la foule des passagers.

« Prêt à appareiller ? dit l'amiral à son second.

– Prêt, amiral !

– De la flotte ! rectifia-t-il. De la flotte ! »

« Attendez ! cria quelqu'un. Un retardataire ! »

Arriva en courant un petit bonhomme que tout le monde semblait connaître.

D'une main, il maintenait son chapeau melon sur ses cheveux noirs bouclés et de l'autre, il faisait tournoyer sa badine…

Il grimpa l'escalier de coupée quatre à quatre. Ses chaussures étant trop grandes pour lui, il rata une marche, ce qui déclencha un énorme éclat de rire, se reprit et s'engouffra dans le *boat people.*

« Larguez les amarres !

– Larguez les amarres ! »

Balthazar contenait, avec peine, ses larmes.

Il prit un porte-voix et entonna :

« Ce n'est qu'un au revoir, mes frères ! Ce n'est qu'un au revoir ! »

Tous les passagers du *boat people* reprirent en chœur : « Oui, nous nous reverrons, mes frères… etc. » Moment d'intense émotion.

« En avant toute ! » cria l'amiral.

« En avant toute ! » répéta le second.

« Stop ! Stop ! se mit à crier Balthazar.

– Que se passe-t-il ? demanda l'amiral du haut de son poste de commandement.

– On a oublié de baptiser le bateau ! » dit Balthazar.

« On le baptisera sur les fonds marins ! » cria un plaisantin.

« Ré-amarrez les amarres ! » cria l'amiral.

« Ré-amarrez les amarres ! » cria le second.

On les ré-amarra.

« Il nous faudrait une bouteille de champagne ! dit Baltha. Quelqu'un a-t-il une bouteille de champagne ?

– Moi, dit le photographe, j'ai bien une bouteille mais elle n'est pas de champagne !

– Comme c'est pour la briser, une bouteille de vin ordinaire devrait faire l'affaire. »

Le photographe redescendit la passerelle et tendit à Baltha une bouteille toute recouverte de poussière. Max reconnut tout de suite sa bouteille.

Ainsi donc, c'était le photographe qui avait subtilisé sa tête embouteillée !

Il était trop tard pour intervenir. Balthazar s'approcha du bateau. Le silence se fit de lui-même…

Baltha, tenant la bouteille par le goulot, la lança avec force contre la coque. La bouteille éclata.

« Hurrah ! Hurrah ! » crièrent les hommes en lançant en l'air leur chapeau, tandis que les femmes applaudissaient.

Dans l'euphorie générale, personne ne vit que la bouteille, en se brisant, avait libéré une tête d'homme, laquelle fut propulsée à une hauteur vertigineuse ! (À croire que la tête y avait mis du sien !) C'est alors que l'on entendit claquer des coups de feu. C'était le gardien qui, du haut de son phare, saluait à sa manière le départ du *boat people,* trouant au passage quelques chapeaux !

Le dernier coup de feu visait manifestement la tête de Max, sans toutefois l'atteindre…

« Raté ! » murmura Max.

Ce qui n'empêcha pas sa tête de s'abîmer dans les eaux du port, rejoignant ainsi le peloton… le peloton… de têtes ! Plouf !

Dieu merci, il lui restait l'original bien ancré sur ses épaules.

« Attention au départ ! »

Le photographe regagna la passerelle que l'on retira derrière lui.

« Hissez les voiles ! »

On les hissa.

« En avant toute ! » cria l'amiral.

« En avant toute ! » répéta le second.

Mais, le vent n'étant pas au rendez-vous, le bateau resta à quai.

Un silence s'ensuivit… gênant ! Quelqu'un :

« Qu'est-ce qu'on attend ?

– Le vent ! »

Les passagers du *boat people* se mirent à scander : « Du vent ! Du vent ! Du vent ! »

Max pensa que, de par son métier d'amuseur et de mime, il pouvait se rendre utile.

« Mes amis ! Mes amis !

Il est dit quelque part : "Aide-toi, le ciel t'aidera." Alors, si vous le permettez, je vais vous mimer "la marche contre un fort vent debout". »

Un plaisantin :

« Facile, puisqu'il n'y a pas de vent !

– Au contraire, répliqua Max, c'est *a priori* impossible ! S'il n'y a pas de vent, on ne peut pas lutter contre !

– Alors ?

– Alors, vous allez faire le vent ! Vous voulez bien faire le vent, mesdames et messieurs ?

– Oui ! Oui ! crièrent d'une seule voix les *boat people*.

– À trois, vous allez tous souffler… dans la voilure ! Un, deux, trois…

– Vou… ou… ou ! »

Les voiles se gonflèrent. La caravelle fit un bond en avant.

« Pas si fort ! cria Max. Sur le souffle ! »

La caravelle se détacha doucement du quai. Tous les *boat people* regardèrent s'éloigner, peut-être à jamais, leur village déserté, figé, immobile, ressemblant à une carte postale qui, au fur et à mesure que la caravelle gagnait le large, prenait à leurs yeux la dimension d'un timbre-poste !

Quant à Max, il ne pouvait détacher son regard de l'endroit où sa tête s'était abîmée.

Espérait-il que, tel un ludion, sa tête remonterait à la surface ? Pour cela, il aurait fallu qu'elle soit toujours dans sa bouteille !

Se souvint-il qu'en mettant le pied sur l'île des Robinsons, la bouteille dont il mimait la forme s'était cristallisée puis, touchée par le coup de fusil du gardien, avait éclaté en morceaux ?

Fébrilement, Max plongea la main dans sa poche, en retira les morceaux de la bouteille qui s'y trouvaient toujours… et les lança à la mer, comme on disperse les cendres d'un disparu… Geste dérisoire montrant son désarroi.

Puis, chacun, à bord, s'organisa comme il put. Les uns campèrent sur le pont, comme des clochards sous un pont. D'autres, plus débrouillards, occupèrent les cabines.

Il y eut quelques incidents.

On signala, entre autres, qu'un couloir était inondé… On s'y précipita. En effet, l'eau coulait à flots sous la porte de l'une des salles de bains. On voulut y pénétrer, craignant le pire ! Elle était fermée de l'intérieur.

On eut beau frapper… Personne ne vint ouvrir. On l'enfonça. Qui trouva-t-on, barbotant dans la baignoire qui débordait ? L'homme-thon qui y avait élu domicile !

Chapitre XXIII

En cas d'incendie

À un moment, comme Max était toujours à la recherche de la surfeuse, il vit un des passagers qui allait et venait dans une coursive en marmonnant des phrases qu'il comprenait difficilement.

« Qu'est-ce que vous dites ?

– Gardez votre sang-froid ! dit le passager, en élevant la voix. Quittez votre cabine... Refermez la porte... sans la verrouiller. Gagnez sans affolement le pont supérieur par les escaliers...

Prévenez le service de sécurité...

Veuillez, à l'appel du marin-pompier... »

Max lui dit :

« Pourquoi ? Que se passe-t-il ?

– Rien ! J'essaie d'apprendre par cœur les consignes de sécurité "en cas d'incendie" qui sont affichées sur la cloison, au bout de la coursive. Comme ma cabine est à l'autre extrémité, je n'aurais jamais le temps de courir pour prendre connaissance de ces consignes de sécurité en cas d'incendie !

– Pourquoi ? Il n'y a pas le feu ?

– Non ! Mais il pourrait se déclarer à tout moment, auquel cas… *(il se remit à marcher de long en large.)* Quittez votre cabine… Refermez la porte sans… sans quoi ?…

– Sans la verrouiller ! souffla Max, se référant à ce qui était écrit.

– Ah oui !

– Voulez-vous que je vous fasse répéter ?

– Cela ne vous ennuie pas ?

– Du tout ! Cela me permettra de l'apprendre moi-même !

– Gagnez sans affolement le pont supérieur par les escaliers… Prévenez le service de sécurité… »

Et au fur et à mesure qu'ils répétaient, Max voyait les *boat people* quitter leur cabine, refermer leur porte sans la verrouiller…

« Gagnez sans affolement le pont supérieur… »

Quand tout le monde fut sur le pont, il y eut un grand silence dans la coursive.

C'est alors qu'ils virent arriver le marin-pompier affolé.

« Comment, vous êtes encore là ?

Il n'y a plus que vous !

– Que se passe-t-il ? s'enquit Max.

– Comment, ce qui se passe ? Il y a le feu !

– Qui vous a prévenu ?

– Le service de sécurité !

– Alors, leur dit le marin-pompier, gardez votre sang-froid ! Quittez votre cabine sans la verrouiller et puis… »

Max et le passager gagnèrent, sans affolement, le pont supérieur par les escaliers…

Ensuite, inutile de prévenir le service de sécurité, puisque c'était une fausse alerte !

Chapitre XXIV

Un bateau à la mer

« Un bateau à la mer ! cria la vigie du haut de son poste d'observation.

– Et alors ? ironisa le second. Qu'y a-t-il d'extraordinaire à cela ?

– C'est que celui-là…

– Qu'a-t-il de particulier ?

– Il ne me semble pas conforme aux normes.

– !! Où est-il, ce bateau ?

– Là ! »

L'homme de vigie désignait un point au niveau de la ligne de flottaison.

« À dix pieds sous vous ! »

Le second se pencha par-dessus le bastingage. Il n'en crut pas ses yeux. C'était un petit voilier miniature, un modèle réduit de caravelle…

« Je rêve ou quoi ? » s'exclama-t-il.

Il sortit sa longue-vue télescopique et observa cette « coque de noix » qui, malgré son peu de tonnage, semblait tenir la mer.

« Allez me chercher une épuisette, ordonna le sous-off et amenez-le dans la cabine de l'amiral ! »

Ce qui fut fait.

« Entrez ! » cria l'amiral.

Le second entra.

Il tenait sur un plateau le petit voilier qui baignait dans son eau.

« J'ai fait les sommations d'usage… mais il n'a pas répondu ! dit-il.

– Imbécile, se contenta de dire l'amiral, posez-le sur la table ! »

Il sortit son couteau et, tenant le petit voilier d'une main, son couteau dans l'autre… il se mit à gratter les multiples coquillages qui s'étaient agglutinés sur la coque.

Il inspecta l'intérieur de fond en comble et découvrit, attachée au tableau de bord, une clef… puis, près du moteur, une serrure…

Il glissa la clef dans la serrure et la tourna…

Le ressort étant remonté, il vit que l'hélice tournait…

« Tenez ! dit-il à son stupide second. Remettez ce modèle réduit dans son élément ! Nous n'allons pas priver la mer de ses jouets ! »

Le voilier avait atteint sa vitesse de croisière.

Max était sur le pont, appuyé au bastingage, et pensait à sa surfeuse…

Où était-elle à l'heure présente ?

Avait-elle raté le *boat people* ?

Était-elle arrivée sur le quai pour voir le bateau s'éloigner ou était-elle à bord, noyée dans la foule des réfugiés ? C'est alors que Max entendit une voix de femme prononcer son nom.

Il crut reconnaître la voix de la surfeuse. Il la chercha parmi la foule.

« Vous n'auriez pas vu… une surfeuse ?

– !! Comment est-elle ?

– Elle est… »

Impossible de la décrire !

Chose étrange, plus Max essayait de se la représenter, plus l'image de la belle surfeuse se dérobait, devenait floue, imprécise… comme pour Duke !

Que n'avait-il demandé à Balthazar de faire son portrait-robot ?

Bah ! Qu'aurait pu faire celui-ci devant l'incapacité de Max à fixer les traits de la surfeuse ?

Faire apparaître dans la bulle de cristal une vague femme sur une vague planche… ?

Comme il avait fait le tour de l'île à la recherche de Duke, il entreprit de faire le tour de la caravelle avec l'espoir de rencontrer sa surfeuse…

« Vous n'auriez pas vu une femme avec une planche ?

– Avec une planche ? Non, je regrette !

– Merci ! Excusez-moi ! »

Un peu plus loin…

« Vous n'auriez pas vu une femme avec une planche ? »

Même réponse.

« Vous n'auriez pas vu une planche avec une femme ?

– J'ai bien vu une planche, mais il n'y avait pas de femme ! »

Max devenait dingue.

Enfin, quoi, cette histoire d'amour fou… il l'avait bien vécue ! Physiquement ! Elle était trop belle pour avoir été rêvée ou simplement imaginée !

CHAPITRE XXV

Le rocher fantôme

Et là, il y eut un premier incident notable. Dominant les rugissements des vagues déchaînées, la voix de la vigie :

« Un rocher droit devant !

– Un quoi ?

– Un rocher !

– La barre à gauche toute ! » ordonna l'amiral.

L'ordre se répercuta.

« La barre à gauche toute ! La barre à gauche toute ! » Le bateau fit une embardée.

« Amiral, cria le pilote, quand je barre à gauche toute, le rocher barre à droite toute !

– Eh bien, barrez à droite !

– Oui, mais quand je barre à droite, il se tire à gauche… toute !

– Ma parole, ce rocher nous cherche.

Pourquoi nous chercherait-il ? Que lui a-t-on fait ?

J'ai toujours respecté les rochers, évité tout frottement. Je les ai même souvent salués au passage.

– Le drame, c'est que celui-là ne tient pas en place.

– Oui, c'est ça, l'écueil ! Voulez-vous mon avis, amiral ?
– Donnez-le toujours !
– Ce rocher nous provoque !
– D'où sort-il, ce rocher ?
– Damnation ! dit le second qui avait arraché des mains de l'amiral ses jumelles. C'est le rocher fantôme !
– Expliquez-vous ! somma l'amiral.
– Ce rocher s'étant détaché des abysses a fait un jour surface. Jusqu'à présent, on a évité tout contact avec lui. On a manœuvré, fait en sorte de ne pas le trouver sur notre route.
– Faites-moi le tour de ce rocher, dit l'amiral, que j'en voie les profils ! »
Le bateau se mit lentement à le contourner.
« Vu du sud (d'ici), on dirait un cuirassé… À s'y méprendre ! dit le canonnier.
– D'ici (sud-ouest), il a la forme d'une baleine !
– À s'y méprendre ! dit le pêcheur d'Islande qui ne voyait pas l'arête du rocher.
– Plein ouest, on dirait un iceberg.
– À s'y méprendre ! »
L'amiral piqua une de ces colères que son équipage qualifia de mémorable.
« Pour qui prend-il mon bateau ? Pour le *Titanic* ? Ah, il veut jouer les icebergs ?
Eh bien, nous allons jouer les brise-glaces… En avant toute !
Rentrez-moi de plein fouet dans ce gros tas de pierre ! Faites-en de petits galets !
Droit dessus ! Trop tard, il est sur nous ! »
Il faut avoir vu ce rocher jaillir, surgir de la brume comme la proue d'un gigantesque navire !
Il faut avoir vu cette masse passer au-dessus de leur tête et, au lieu de les écraser de tout son poids, se transformer en pluie de gravier et les effleurer à peine…

Ils se retournèrent et virent le rocher se reconstituer à tribord et s'éloigner…

« Il reviendra ! dit le second.

– Non, dit l'amiral d'un ton assuré, il ne reviendra pas !

– Qu'en savez-vous ? se permit de dire le second second.

– Parce qu'on se tire ! On va prendre nos distances… Lutter contre des forces déchaînées, j'admets… C'est de bonne guerre… Mais contre un fantôme, fût-il rocher, ah non ! Très peu ! Allez, on met les voiles !

On change de parallèle… On prend l'autre…

Comme deux parallèles, en principe, ne se rencontrent pas, on n'est pas près de se retrouver nez à nez ! »

C'est alors qu'il y eut un nouvel incident.

« Quelle heure est-il ? demanda l'amiral à son second.

– Une seconde ! dit ce dernier qui n'arrivait pas à fixer son cadran.

Il est… voyons… 10 heures 10… Non ! 22 heures 30…

Qu'est-ce que je dis… ? Il est à peine 3 heures de l'après-midi… »

Les aiguilles tournaient dans tous les sens…

« Mettez votre montre et vous, vos pendules à l'heure ! Nous perdons du temps ! » dit l'amiral.

Le second sentit qu'il fallait prendre une décision rapide, sous peine de sanction.

« Il est… midi pile, dit-il arbitrairement.

– Ah !?

– Mais… mais… *(constatant que le soleil n'était pas assez haut)*… par rapport au soleil, je dois avancer un peu…

– Moi, j'ai 3 heures moins le quart de l'après-midi, dit le second second.

C'est l'heure de prendre mon quart.

– Vous êtes sûr, dit le second ? »

Le second second regarda à nouveau sa montre.

« Ah non ! Il est 7 heures et quart du soir. Mon quart est passé. »

C'est alors que l'amiral réalisa qu'il y avait quelque chose qui ne tournait pas rond.

Il comprit qu'à la suite d'une erreur de navigation il était en train de patauger dans les Quarantièmes Délirants !

« En avant toute », cria-t-il, les yeux fixés sur la boussole dont l'aiguille, au lieu d'osciller dans la direction du nord, tournait régulièrement autour du cadran de la boussole !

Tantôt, elle marquait nord-est, puis nord-vingt puis nord-vingt-cinq puis sud-sud-ouest pour se pointer vers le nord ! Et le cycle recommençait. Infernal !

« Que se passe-t-il ? cria l'amiral à l'homme de barre qui tentait vainement de la redresser. Que se passe-t-il ? » répéta-t-il.

Mais l'homme de barre était trop occupé à tenter vainement de tourner la « roue » du gouvernail dans le sens contraire de l'aiguille de la boussole pour répondre.

La confusion était extrême.

« La roue tourne ! ne sut que répondre, fataliste, l'homme de barre.

– C'est le moment, dit l'amiral, d'envoyer le signal de détresse à Balthazar pour qu'il mette la bouteille "Moët" sous pression... »

C'est alors que se produisit un événement qui, en soi, n'aurait dû avoir aucune conséquence, mais qui, ajouté à un autre événement qui, en soi, n'aurait dû avoir aucune conséquence, provoqua un événement dont les conséquences furent ici dramatiques.

Le bateau des *boat people*, qui n'était plus gouverné, s'était mis à tourner sur lui-même tout en se rapprochant insensiblement de l'île des Robinsons.

Chapitre XXVI

Un phare à la mer

Deuxième événement qui, en soi, n'aurait dû avoir aucune conséquence : la vigie, du haut de son mât, s'écria :

« Un phare à la mer !

– Un phare à la mer, et alors ? ironisa l'amiral de son poste de commandement. Qu'y a-t-il d'extraordinaire à cela ?

– !! C'est que ce phare-là…

– Qu'a-t-il de particulier ?

– C'est que, depuis un certain temps, il passe de tribord à bâbord, puis de bâbord à tribord !

– Comment ? Il nous tournerait autour ? Il nous chercherait ? »

Troisième événement : la lanterne du phare qui, pour une raison inconnue, s'éteignit brusquement.

N'oublions pas que la nuit était en train de tomber… plongeant le phare lui-même dans une demi-pénombre.

Quatrième événement : l'homme de vigie, qui ne perdait pas le phare de vue, s'écria :

« De plus, il navigue tous feux éteints... !

– Suspect ! Faites les sommations d'usage !

– Bien, amiral ! »

Cinquième événement qui, en soi...

En réponse au coup de semonce, le gardien, qui avait allumé une bougie pour y voir clair, saisit son fusil et, en s'approchant d'un peu trop près de sa réserve de cartouches, les fit exploser !

Sixième événement : le bruit de l'explosion des cartouches qui, en soi, n'aurait dû avoir aucune conséquence, en eut !

Car il fut entendu à vingt lieues à la ronde et considéré comme une provocation !

L'amiral, croyant qu'on lui tirait dessus, riposta aussitôt...

« Branle-bas de combat ! Tout le monde à son poste !

– Que comptez-vous faire ?

– Nous défendre, c'est-à-dire attaquer !

Nous allons tirer sur ce phare... à boulets rouges...

– Nous n'avons pas de boulets de cette couleur, dit le canonnier en s'excusant...

– Et des blancs ? Avez-vous des boulets blancs ?

– Oui, amiral !

– Alors, tirez à blanc ! Ils n'y verront que du feu !

– On va leur en faire voir de toutes les couleurs, dit le second qui avait tendance à en rajouter. Feu à volonté ! »

La première salve atteignit le phare de plein fouet. L'immense tour, qui n'était pas scellée dans le roc, et qui ne tenait que par son poids, vacilla... et, comme un grand chêne qu'on abat, se coucha littéralement sur le flanc, libérant les centaines de bouteilles qu'elle renfermait dans ses caves.

« Des bouteilles à la mer ! s'écria la vigie.

– Combien ?

– Des centaines ! Toute une armada ! »

En y regardant de plus près, avec sa longue-vue, l'amiral arriva à lire sur les étiquettes :

« Bordeaux, Bourgogne, Beaujolais...

Ce sont des bouteilles de vin !

Allez, cria-t-il à ses hommes, récupérez-moi toute cette cargaison de bonnes bouteilles !

Pas de bousculade !

À première vue, il y en a pour tout le monde ! Que personne ne s'abreuve avant mon signal ! »

On mit tout de suite des chaloupes à la mer.

« Amiral, fit calmement observer le second, si ces bouteilles étaient pleines, comme vous semblez le supposer, il y a belle lurette qu'elles auraient coulé, et qu'elles reposeraient au fond de la mer, comme les amphores que transportaient les galions ! »

L'amiral plongea son regard jusqu'au fin fond des yeux bleus du second et... le gifla !

« Vous n'êtes qu'un rabat-joie ! »

Max, qui observait toute la bataille navale à la jumelle, s'écria :

« Amiral ! Mais c'est notre phare !

– Quoi ?

– Et ce sont les bouteilles du gardien ! »

Les équipages des chaloupes, découvrant alors que ce n'étaient que des bouteilles à message, la déception fut grande. Le désappointement se lut sur tous les visages.

Le calme revenu, on constata les dégâts... Le phare avait fait un trou dans la coque. L'amiral s'informa :

« Combien avons-nous perdu de tonneaux ? »

Le bateau, qui jaugeait plusieurs centaines de tonneaux, n'en faisait plus que quarante ! Pour rassurer son équipage, l'amiral ordonna :

« À boire pour tout le monde !

– Amiral, cria l'homme de quart, il n'y a plus de vin dans les tonneaux ! Ils ont tous été percés.

– !! Alors... de l'eau pour tout le monde !

– Amiral, reprit l'homme, il n'y a plus d'eau non plus dans les tonneaux d'eau ! Les tonnes d'eau qui s'y trouvaient se sont déversées, écoulées dans la mer ! »

L'amiral regarda le niveau de la mer.

« Effectivement, il avait monté... »

Le bateau s'inclina dangereusement à bâbord.

« Tout le monde à tribord ! » hurla l'amiral.

Le bateau donna aussitôt de la bande à tribord. Il fallut répartir les gens selon leur poids... C'est alors que le bâtiment commença à gîter et l'équipage à s'agiter...

De tous côtés, des reproches fusèrent à l'endroit de l'amiral.

Un vent de mutinerie soufflait.

Quelques excités escaladèrent la passerelle du haut de laquelle l'amiral donnait ses ordres.

L'un d'eux alla jusqu'à retirer de la tête de l'amiral sa casquette, pour s'en affubler... Un autre s'empara de sa paire de jumelles, etc. Tandis que tout l'équipage ainsi que les passagers chantaient sur l'air des lampions :

« C'est à boire, à boire, à boire... C'est à boire qu'il nous faut ! »

Là encore, Max pensa qu'il pouvait intervenir.

Il rejoignit sur la passerelle les insurgés.

« Arrêtez vos pitreries ! cria-t-il à l'adresse des mutins. Ici, le clown, c'est moi ! »

Il s'adressa à la foule :

« Aimez-vous les illusions ? »

Après avoir montré qu'il n'avait « rien dans les mains, rien dans les poches », Max se mit à mimer « l'homme qui a soif et qui boit » avec une telle conviction que tout le monde en avait l'eau à la bouche !

« Regardez-moi bien et faites comme moi ! dit Max. Voici une bouteille... ! *(Il la mima.)* Est-ce que vous voyez la bouteille ?

– Oui ! répondit en chœur l'auditoire.

– Mais la voyez-vous dans votre main ? Regardez bien, elle y est ! Chacun a la sienne ! Que voyez-vous à l'intérieur ?

– Un message ! cria ironiquement un plaisantin.

– Non, dit Max, c'est de l'eau ! Cette bouteille est pleine d'eau ! »

Le plaisantin cria :

« Est-ce qu'on ne pourrait pas remplacer la flotte par du vin ? »

Tous :

« Oui, du vin ! Du vin ! Du vin !

– D'accord ! » dit Max.

Il s'offrit le luxe de donner à choisir :

« Du rouge ou du blanc ?

– Du rosé ! cria le plaisantin. »

Et Max leur apprit à mimer « le monsieur qui a soif et qui boit ».

Tout le monde avait le vin à la bouche.

Ils le suivirent si bien que, quelques minutes plus tard, ils roulaient, tanguaient, oscillaient, titubaient sur le pont en chantant « Les copains d'abord » :

« Non, ce n'était pas le radeau
De la Méduse ce bateau
Qu'on se le dis' au fond des ports
Dis' au fond des ports… »

« Ça manque d'accompagnement ! dit quelqu'un.

– Messieurs, dit l'amiral, ne possédant pas d'instruments de musique… nous avions un joueur d'harmonica… mais il est tombé à l'eau…

– Qui, cria quelqu'un, le joueur ?

– Non, l'harmonica ! *(Rires.)*

(Désignant un des marins :)

Vous là, le passager clandestin, le violoniste, le tzigane, voulez-vous, tandis que nous coulons, jouer “les sanglots longs des violons de l'automne” ?

– Je ne puis, amiral !

– Pourquoi ?

– D'abord, parce que c'est hors de saison, et de plus, hors de question, puisque je n'ai pas de violon à ma portée !

Mais, amiral, si cela peut vous dépanner, ce que je peux faire, ce sont les sanglots !

– Avec quoi ?

– Avec les yeux !

– Faites ! » dit-il.

Comme les larmes de l'émigré tardaient à perler… (Il en avait tellement versé pendant la traversée !)

« C'est un ordre ! »

Le tzigane se mit à sangloter…

« Trop long ! dit l'amiral. On supprime les sanglots… On s'accompagnera avec les instruments du bord ! Faites venir le cuisinier ! »

Le cuisinier arriva.

« Appelez-moi chef de brigade ! dit le cuisinier.

– Bien, chef !

– De brigade ! Je tiens beaucoup à la particule.

– Chef de brigade, vous allez distribuer à l'équipage et aux passagers des gamelles et des bidons ! »

Ce qui fut fait.

« Envoyez la corne de brume ! »

La corne émit un son grave et soutenu… Tou… out !

« Accordez-vous sur la corne de brume ! » cria l'amiral.

Chacun frappa du poing sur ce qu'il avait sous la main. Il y eut quelques calebasses enfoncées… quelques crânes bosselés !

Tout le monde s'accorda à reconnaître que, à défaut de justesse, c'était bon pour le son !

« Qu'est-ce que l'on joue, amiral ? dit le corne-de-brumiste.

– Nous allons entonner un air de circonstance :

“Plus près de toi, mon Dieu !”

– Je ne le connais pas, celui-là ! dit l'un en parlant de l'air.

– Moi non plus ! dit un autre.

– Je me souviens bien des paroles, dit un troisième, mais la musique m'échappe…

– C'est la musique du film *Titanic* ! précisa Blaise qui avait vu le film.

– C'est bon ! dit l'amiral. Est-ce que tout le monde connaît "Sur le pont d'Avignon" ? »

« Sur le pont », tout le monde connaissait.

« Alors, à mon commandement... Une ! Deux ! Sur le pont d'Avignon, on y danse, on y danse... » Certains se mirent à danser la gigue, à marteler le sol : « ... on y danse tous en rond ! »

C'est alors que le pont supérieur céda. Tandis qu'il s'effondrait, l'amiral cria : « Tout le monde sur le pont inférieur ! » montrant ainsi qu'il restait maître de la situation !

Chapitre XXVII

Le sauvetage

À ce moment-là, on entendit la voix de la vigie :
« Une bouteille dans le ciel !
– Où ça ? demanda l'amiral.
– Juste au-dessus de nous ! »

« Ohé de l'épave ? » cria Balthazar du haut de sa capsule.

L'amiral, ulcéré, se saisit de son porte-voix :

« Je vous interdis de considérer mon bateau comme une épave. Il est tout au plus sinistré…

– Stoppez les machines et jetez l'ancre !

– Il y a longtemps qu'on l'a jetée. Il ne reste que la chaîne !

– Tout le monde dans les soutes ! cria Balthazar. Je ne veux voir personne sur le pont ! »

Et l'opération de sauvetage commença. Tout se déroula comme prévu. Comme prévu, après s'être placée à la verticale du bateau, la « Moët » descendit et vint se placer devant la *Santa María*.

Elle amerrit devant la proue…

Le fondement de la bouteille s'ouvrit alors comme un couvercle de boîte de conserve. Comme prévu, on fit pénétrer le bâtiment à l'intérieur de la «Moët».

On referma la bouteille salvatrice... et on mit le cap sur l'île déserte et désertée...

La bouteille et sa précieuse cargaison vinrent s'échouer, s'immobiliser... le cul s'enfouissant à moitié dans le sable !

Le fond s'ouvrit à la façon d'une barge de débarquement larguant le bateau qui s'immobilisa.

L'amiral, comme il se doit, posa le premier le pied sur la terre ferme.

Puis, un à un, tout le petit peuple de l'au-delà de l'imaginaire descendit de la caravelle, manifestement heureux de regagner ses pénates sain et sauf.

Ensuite, ce fut au tour de Max de prendre pied. C'est alors qu'un vent violent se leva, soulevant le sable, le faisant tourbillonner, formant devant eux comme une muraille de sable !

Le ciel en fut tout obscurci.

Cela ne dura que quelques instants.

Aussi vite qu'il s'était levé, le vent tomba.

Le rideau de sable s'entrouvrit.

Stupeur !

Le village, qui aurait dû apparaître devant les émigrés, n'était plus là !

Évaporé le village ! Rayé de la carte !

En lieu et place, du sable à perte de vue...

Tous ces gens ne comprenaient pas.

«Ma maison ? Elle aurait dû se trouver là ! »

«La mienne ? Ici... ? »

«Où est passé mon hôtel ? » gémissait Cléopâtre.

«Et mon bistrot ? dit Léon. Je n'en vois plus l'enseigne ! »

Le drame de tous ces gens qui avaient perdu leurs marques, leurs repères !

«De notre village, il ne reste plus rien ! »

«Et nous, amiral, qu'allons-nous devenir dans tout cela? dit quelqu'un.

– !! Je n'en sais rien!

– Ah non! C'est trop facile! dit un autre.

Cela fait des jours, des mois que l'on vous fait confiance!

– Moi, je n'y suis pour rien! dit l'amiral. Adressez-vous à Balthazar!»

«Balthazar! hurla Léon, le patron du bistrot. Montrez-vous!

– Attendez! cria Balthazar de l'intérieur de sa bouteille. Je suis en train de vérifier...

– C'est tout vérifié! Et puisque nous en sommes là, je vais vous dire ce que je pense de vous...!

Je vous accuse, Balthazar, de vous être servi de notre naïveté pour exercer vos activités diaboliques...

Vous avez profité du désarroi de chacun de nous! Lorsque nous nous sommes retrouvés dans l'au-delà de l'imaginaire, vous nous avez, en quelque sorte, pris en otages! Vous vous êtes servi de nous pour illustrer... cristalliser tous vos fantasmes!

Vous êtes un être maléfique, démoniaque... Et nous, pauvres imaginatifs, nous sommes tombés dans le panneau! Et quel panneau!

À géométrie variable!»

La voix de Balthazar se fit entendre :

«Qu'est-ce qui vous arrive, Léon?

Vous avez perdu la tête?

– !! Elle n'est pas perdue pour tout le monde, ma tête! répliqua le patron du bistrot.

Ma tête, vous la tenez séquestrée dans l'une de vos satanées bouteilles!

Vous nous avez mis en boîte et nos têtes en bouteilles! Balthazar, vous êtes un charlatan!»

Là, l'amiral crut devoir intervenir :

«Vous exagérez! C'est tout de même Balthazar qui a inventé cette bouteille de sauvetage pour nous ramener à bon port!

– Et où est-il, cria le patron du bistrot, votre bon port?

Évaporé, disparu, ainsi que tout le village ! Quant à vous, amiral d'opérette, vous nous avez manipulés pour, finalement, nous emmener en bateau vers des Quarantièmes soi-disant Rugissants et des Quarantièmes soi-disant Délirants. Des voyages au long cours qui, à chaque fois, tournent court ! »

C'est alors qu'apparut, par le hublot de la bouteille, c'est-à-dire son goulot, la tête de Balthazar.

« Mes amis !

Nous avons fait fausse route...

– Que s'est-il passé ? cria Max.

– Il s'est passé qu'il s'est glissé dans l'ordinateur un grain de sable qui a dévié le trajet programmé au départ. Nous avons dépassé un point limite que nous n'aurions pas dû franchir. Nous n'avons pas accosté au bon endroit. Nous nous trouvons en deçà de l'au-delà de notre imaginaire...

Notre île des Robinsons se trouve à quelques milles derrière nous. »

Un formidable cri de soulagement et de joie accueillit la nouvelle.

« Je vous demanderai donc de bien vouloir regagner immédiatement le *boat people.*

Le bateau va réintégrer sa bouteille protectrice afin de vous rapatrier. Cette plage n'est pas la nôtre.

– C'est la mienne ! s'exclama Max. Ce sont les confins de mon désert imaginaire !

– Êtes-vous sûr que ce soit le vôtre ?

– Regardez ! Il y a encore les traces de mes pas ! »

Une fulgurante pensée, généreuse et désintéressée, traversa l'esprit de Max.

« Mes amis !

Si certains d'entre vous souhaitent regagner le réel... en voici l'occasion ! Je vous invite à emprunter mon désert. Allez, venez ! Suivez le guide ! Le réel est au bout. »

Il y eut une hésitation, puis une concertation, enfin une décision...

Balthazar sortit de sa bouteille.

«Merci, Max ! Nous sommes heureux que vous ayez retrouvé votre désert, mais pour nous, il n'existe pas !

Nous qui sommes dans l'au-delà de notre imaginaire, nous préférons y rester. C'est devenu notre nouveau monde, notre imaginaire collectif, notre île des Robinsons !

– Et vous, amiral, qui souhaitiez tellement retourner dans le réel ? demanda Max.

– Mais je le souhaite toujours ! Je reste persuadé qu'il y a, entre les Quarantièmes Rugissants et les Quarantièmes Délirants, une faille, un passage, ténu certes, où les deux parallèles s'imbriquent. Avec un peu de chance, on doit pouvoir s'y faufiler...

– Oui, dit Max, on doit pouvoir... »

La cause était entendue. Tout était dit !

« Excusez-nous, Max, dit Balthazar, d'avoir pénétré par erreur dans votre imaginaire !

– C'est à moi de vous remercier de m'y avoir conduit ! »

Il y eut des embrassades à n'en plus finir...

Seul le patron du bistrot du port, qui était resté un peu en retrait, s'approcha de Balthazar.

« Monsieur... je... je voulais vous dire...

– Si c'est ce que vous pensez de moi, non seulement vous l'avez déjà dit, mais vous l'avez dit devant tout le monde !

– Et c'est de cela que je tenais à m'excuser !

J'aurais dû garder pour moi ce que je pense de vous !

– !! Et encore, vous n'avez pas tout dit... ce dont je vous remercie. »

« Allez ! Embarquez ! »

Tous les émigrés regagnèrent le pont de la caravelle. Comme Max allait s'éloigner, Balthazar lui tendit un petit paquet...

Max le glissa furtivement dans sa poche.

Le voilier réintégra sa bouteille de sauvetage.

« Larguez les amarres ! En arrière toute », ordonna l'amiral. Le bateau s'éloigna...

Longtemps encore, les chapeaux s'agitèrent...

Chapitre XXVIII

Le retour dans le réel

Avant de se mettre en route, Max ouvrit le paquet offert par Baltha. C'était un sablier.

Son métier de mime reprenant le dessus, sa marche sur place se transforma très vite en démarche de chameau…

Il se surprit à fredonner l'air de Duke Ellington « Caravan », mais sur un mode mineur… (un mouvement de blues…).

Comme un chameau peut rester des jours sans boire, Max put poursuivre sa traversée du désert.

Et sur qui tombe-t-il au détour d'une dune ?

Assis sur son hypothétique valise ?

Sur Duke !

Il faisait du stop. Quand il a vu Max, il s'est écrié :

« Hep, chameau ! »

« Enfin, il consent à en voir un ! » pensa Max.

« Finalement, Duke, lui dit-il, les avez-vous vues vos petites femmes voilées qui dansent la danse du ventre ?

– Oui ! J'ai même pu les prendre en photo, un jour où elles se sont montrées à visage découvert !

– Puis-je voir les photos ? demanda Max.

– Volontiers ! »

Ah, dis donc, elles étaient toutes voilées, aussi floues que les mirages des cartes postales !

« Où allez-vous là, Duke ? demanda Max.

– Je retourne dans le réel, chez moi, à l'autre bout de Paris !

– C'est sur ma route. Montez ! »

Savez-vous comment le spectateur a terminé la traversée de Paris *by night* ?... Sur le dos de Max ! *(Musique de Duke Ellington.)* La... la la la la... *(En imitant la démarche du chameau.)*

Heureusement qu'à cette heure-là Paris était désert !

Chapitre XXIX

Retour sur le gardien de phare

Mais, vous direz-vous, qu'est devenu le gardien de phare ?
Le lendemain, en ouvrant le journal, à la une :

« Stupéfiante nouvelle :

Un gardien de phare repêché au large des Quarantièmes Rugissants par un chalutier. »

Max lut :

« C'est un gardien de phare complètement imbibé et inconscient que le pêcheur de morue, un dénommé Martin, remonta dans son chalut. N'ayant d'yeux que pour ses morues, le pêcheur ne vit pas l'infortuné gardien qui disparut dans la cale, très vite recouvert par une couche de gros sel… Ce n'est que lorsque le pêcheur voulut préparer sa brandade qu'il sentit monter de la cale une forte odeur de vinasse…

Le premier réflexe du pêcheur fut de rejeter à la mer cet intempestif empesteur !

Mais, après réflexion, il se dit que la mer, la mer nourricière qui sentait déjà le mazout, ne méritait pas un pareil traitement.

C'est ainsi que notre poisseux gardien fut sauvé des eaux. Quand il reprit enfin conscience et qu'il vit le sourire de l'infirmière de service qui le bordait, une lumière intense brilla dans ses yeux.

Elle en fut tout éblouie.

“Qui êtes-vous ? lui dit-elle.

– Je suis un phare.

– !! Un quoi ?

– Un phare !

– Interne !” appela-t-elle.

L'interne de service qui suivait toujours l'infirmière de très près surgit.

“Qu'y a-t-il ?

– Monsieur dit qu'il est un phare !

– !! Un gyro ? interrogea l'interne.

– Un gyro ? demanda-t-elle au dénommé ‘phare’ qui l'éblouissait de plus en plus.

– Non, dit d'une voix blanche le gardien, pas un gyrophare, un phare comme celui d'Ouessant… cap Fréhel… île de Batz… Belle-Île… île d'Yeu… Cordouan… Biarritz… Porquerolles… Cap-Ferret… La Garoupe…”

L'interne se pencha rapidement vers l'infirmière et lui glissa dans le creux de l'oreille :

“Effarant ! C'est un illuminé. À surveiller avec le plus grand soin !”

Il s'aperçut qu'elle ne l'écoutait plus…

Elle avait le regard fixe… au-delà du réel… » poursuivait l'auteur de l'article, etc.

Max se rendit dans la maison de repos qui hébergeait le gardien, afin de lui apporter un éventuel soutien. Il était en salle de désinfection…

Max interrogea son entourage :

« Comment se sent-il ?

– Pas bon ! lui fut-il répondu. Il réclame ses copains.

– !! Quels copains ? Il a donné des noms ?

– Oui ! Des noms bizarres ! Ramsès II… Samson ! Ulysse ! Cicéron… etc. »

L'avouerait-il ? Max fut un peu triste de ne pas être sur la liste !

Ainsi donc, de tous les gens du village de l'au-delà, le gardien de phare était le seul à être passé à travers les mailles du filet de ces Quarantièmes, qu'ils soient Délirants ou Rugissants, et à avoir rejoint le réel !

Depuis, Max a repris le cours de ses représentations. Il continue de mimer sur scène le monsieur qui a soif et qui boit avec, semble-t-il, de plus en plus de conviction !

Le rideau tombé, lorsqu'il se retrouve dans sa loge et que personne ne l'y attend, Max s'offre trois minutes de répit. Il retourne le sablier que lui a offert Balthazar et regarde le sable s'écouler…

Il y voit les visages de tous ceux qu'il a laissés là-bas ! Chacun lui fait un petit signe amical, parfois affectueux ! Max le leur rend bien. Oh, il ne s'éternise pas.

Passé les trois minutes, il retourne le sablier et il se fait cuire un œuf !

Attention ! Pas n'importe quel œuf ! Celui de Christophe Colomb, s'il vous plaît !

Quand Max relut ce qu'il venait de pondre…

« Ouais, se dit-il ! Il n'y a pas de quoi se taper le derrière par terre ! »

À ce moment, on frappa à la porte.

Il alla ouvrir.

C'était… la surfeuse qui voulait monter sur les planches !

FIN

SANS TITRE DE NOBLESSE

Le château des Tourelles

Le château des Tourelles ne se visitait pas, comme les châteaux de la Loire…

Il se situait plus modestement sur les bords de la Meuse, dans un petit village des environs de Charleville.

Ce château se tenait à la croisée de tous les conflits.

Mis à sac, pillé, pendant la Révolution française, occupé pendant la guerre de 14-18, il avait, sans tomber en ruine, un aspect quelque peu délabré, à telle enseigne qu'en 39-40, lorsque les Allemands envahirent les Ardennes et qu'ils tombèrent sur ce château, ils crurent qu'ils l'avaient déjà bombardé et passèrent outre !

Le village était connu pour son château, mais surtout pour son beffroi dont l'originalité était qu'après avoir sonné chaque heure de la journée il enchaînait sur la musique de :

La République nous appelle,
Sachons vaincre ou sachons périr.
Un Français doit vivre pour elle…

« Vivre pour elle », c'est ce qu'essayaient de faire tous ces villageois pour que la République ne meure pas !

Lorsque ce récit commence, le baron Louis Charles Maximilien de La Touche et sa digne épouse, la baronne Eugénie Marie Adélaïde, ont la jouissance de ces superbes ruines médiévales. Ils y vivent heureux.

Il ne manque qu'une chose à leur félicité : un successeur !

Mais cet héritier, tant désiré, se fait attendre. Et les années passent si vite !

« Encore une année sans... » murmura le baron en cette veille de fin d'année-là.

Il se levait régulièrement de son fauteuil, le tisonnier à la main pour attiser le feu, ranimer la flamme, lorsque celle-ci semblait faiblir.

Tandis que la baronne, perdue dans ses pensées, tricotait une paire de chaussons en laine pour le petit Jésus de la crèche.

Le baron s'approcha de nouveau de l'âtre. Il embrocha une des bûches à moitié consumées. Il la brandit comme une torche...

« Je ne voudrais pas que le château de famille devienne le tombeau des De La Touche ! »

La baronne fit celle qui n'avait rien entendu et continua de tricoter les chaussons pour l'enfant Jésus de la crèche.

Mais le baron remarqua que les aiguilles étaient tombées des mains de la baronne... et qu'elle continuait de tricoter en frottant ses deux doigts !

Un peu plus tard…

Un peu plus tard, dans une des deux églises de Charleville, l'église du Sacré-Cœur, ce 24 décembre, tandis que Joseph, le bedeau, allumait les bougies pour la messe de minuit, il découvrit dans la crèche, à côté du petit Jésus qui, virtuellement, venait de naître, un autre petit Jésus, identique…

Il s'écria :

« Monsieur le curé ! Monsieur le curé ! Ce sont des jumeaux ! »

Le curé accourut. Il fallait se rendre à l'évidence. Le petit Jésus « était deux ».

Le bedeau, dans son désarroi, tomba à genoux. Il se mit à chanter :

« Ils sont nés les divins enfants… Jouez, hautbois…

– Taisez-vous, imbécile ! » cria le curé.

Il aida le bedeau à se relever.

« Taisez-vous, Joseph, et éteignez les cierges ! Voyons… Avant que la nouvelle ne se répande, vous allez prendre cet enfant…

– Lequel ?

– L'illégitime ! Vous allez l'envelopper dans un peu de paille et vous allez le porter dans l'autre église, l'église Saint-Rémy. Vous le déposerez dans la crèche, à côté du petit Jésus, ni vu ni connu ! »

Ce qui fut fait.

Oui, mais le sacristain de Saint-Rémy, découvrant les deux nouveau-nés… La même scène se reproduisit :

« Monsieur le curé ! Monsieur le curé ! Ce sont des jumeaux !

– Taisez-vous, imbécile ! Éteignez les cierges et, avant que la nouvelle ne se répande, vous allez prendre cet enfant...

– Lequel ?

– L'illégitime ! Vous allez l'envelopper dans un peu de paille et vous allez le déposer dans l'église du Sacré-Cœur, à côté de leur petit Jésus ! »

Ce qui fut fait.

Une heure plus tard, dans cette même église du Sacré-Cœur, le bedeau Joseph :

« Monsieur le curé ! Monsieur le curé ! »

Le curé surgit de la sacristie :

« Quoi encore ?

– Ils nous l'ont renvoyé !

– Qui ?

– Le jumeau.

– Ah, les sans-cœur ! Et ça se dit chrétien ! Tout est à refaire ! »

Il s'approcha de l'enfant, qui s'était endormi à nouveau dans les bras du petit Jésus. Son cœur se serra. Comment sortir de ce dilemme ?

« Nous avons de la chance qu'il n'y ait pas de témoins... »

Une voix résonna sous la voûte :

« Si ! Moi ! »

Le curé tomba à genoux.

« Oh, mon Dieu, pardon ! »

La voix reprit :

« Relevez-vous, monsieur le curé ! Ce n'est que le Père Noël !

– Ah, c'est vous, Amédée ? Vous nous avez fait peur. D'où venez-vous ?

– De la garderie d'enfants.

– Suivez-moi à la sacristie ! Il faut absolument confier celui-ci à quelqu'un... Il me vient une idée. Avez-vous, Amédée, le numéro de téléphone de la baronne Eugénie de La Touche ?

– Je crois que oui ! »

Il sortit une liste de sa houppelande rouge.

« Tenez ! C'est la seule personne que je n'aie pas visitée. Et pour cause, elle n'a pas d'enfant !

– Précisément ! »

Le prêtre composa fébrilement le numéro et attendit…

« Ça sonne ! – Allô ? La baronne Eugénie, s'il vous plaît ? Merci ! – Ils me la passent. – Oui, j'attends…

Allô ? La baronne Eugénie de La Touche ? Ici le curé du Sacré-Cœur de Charleville ! Mes hommages, chère baronne ! Voilà, j'irai droit au but. Désirez-vous toujours un enfant ? »

Elle lui répondit que, comme elle n'en avait jamais eu, elle ne savait pas ce que c'était mais qu'elle était prête, pour l'amour de son cher Louis, à en adopter un !

« J'ai ce qu'il vous faut !

Oui, baronne ! Une occasion à saisir tout de suite !

Le genre ? Masculin ! Oui ! Il est beau comme un Dieu !

S'il a des références ? Euh… non !…

C'est un sans-papiers ! Oui !

Sans domicile fixe !

On l'a déposé dans la crèche de mon église, à côté du petit Jésus…

Eh bien, il est carrément tombé du ciel !

Bon ! Oui, madame, je vous le fais parvenir.

Comment ? Attendez, laissez-moi réfléchir…

Il faudrait un homme en qui j'aie une entière confiance… »

Le Père Noël se désigna :

« Moi !

– Eh oui ! Mais c'est bien sûr, cher Amédée ! »

Il reprit l'appareil :

« Madame la baronne, je crois avoir l'homme qu'il nous faut… »

La baronne hésita :

« Je croyais qu'il s'agissait d'un enfant… »

Le curé sourit.

« Madame, je vous parle de l'homme qui serait chargé de vous amener l'enfant, le Père Noël !

Non, madame la baronne, je ne plaisante pas. C'est un jeune homme de très bonne famille... Il vient de sortir premier de l'école des majordomes. En ce moment, il assume pour la paroisse le rôle du Père Noël avec beaucoup de conviction, ma foi... Il est à côté de moi. Je vais lui en parler. Mes hommages, madame la baronne ! »

Le curé, après avoir raccroché, expliqua à Amédée ce qu'il attendait de lui : transporter dans sa hotte le petit enfant et le déposer chez la baronne Eugénie de La Touche...

Comme Amédée s'apprêtait à le faire, la porte de la sacristie s'ouvrit et une femme, la tête recouverte d'un châle noir, tenant dans ses bras l'enfant enrobé de paille, entra et, voyant le curé et le Père Noël, voulut rebrousser chemin.

« Oh ! Hep là ! dit le Père Noël. Cet enfant n'est pas à vous ! »

Le Père Noël se précipita :

« Où allez-vous ? »

Il lui arracha l'enfant.

« Donnez-moi mon enfant ! supplia la femme.

– Il n'est plus à vous, madame ! »

Le curé, offusqué, réagit violemment :

« Qu'est-ce que vous dites ?

– Oui, monsieur le curé ! Cet enfant appartient depuis quelques instants à madame la baronne de La Touche, qui vient de l'adopter.

– Vous perdez la tête, Amédée ! Vous renversez les rôles, Père Noël ! Rendez cet enfant à sa mère ! Je vais immédiatement appeler la baronne et lui expliquer... »

À cet instant, le bedeau Joseph poussa la porte.

« Chut ! On vous entend dans toute l'église ! » Et il referma la porte derrière lui, si bien que l'on ne sut pas comment cette pénible affaire s'était terminée...

La nouvelle, contrairement à ce que souhaitait le curé, se répandit comme une traînée de poudre dans la ville, à telle enseigne que, dès le lendemain, le Père Noël reçut un télégramme émanant d'une maison d'édition.

«Suis intéressé par sujet enfant trouvé dans crèche et transporté dans hotte chez une personne pour adoption immédiate. Aimerais avoir des détails.

«Signé : Beaudricourt, éditeur.»

Le majordome répondit par téléphone qu'il n'en avait pas le droit, que c'était confidentiel… et qu'il regrettait… etc.

Il raccrocha.

Mais le majordome retint l'idée.

Il se dit qu'il pouvait être intéressant de noter jour après jour les faits et gestes de cet enfant qui portait maintenant le nom de baron.

Il était tellement séduit par cette idée que, dès le lendemain, il prit la plume et rapporta ce qui s'était passé la veille, l'arrivée au château et la remise du jeune baron.

Il laissa un blanc, ne sachant quel prénom le baron donnerait à son successeur, et poursuivit :

«… Lorsque j'ai retiré l'enfant de la hotte pour le remettre aux parents adoptifs, à ma grande surprise, ni le baron Louis ni la baronne Eugénie n'étaient là pour l'accueillir.

C'est la nurse, Pauline d'Anniviers, qui me reçut. Je lui remis l'enfant.

“Oh, il doit peser au moins neuf livres ! Suivez-moi !” dit-elle. Elle se dirigea vers une porte et frappa doucement.

Une infirmière vint ouvrir. La baronne était alitée.

“Madame, c'est un garçon !”

Elle le déposa dans les bras de la baronne, sa future mère, qui le serra sur sa poitrine.

Le baron entra, radieux :

“Vous n'avez pas trop souffert, madame ?

– Si ! Énormément !

– Pauvre chérie !"

Moi qui étais dans le secret des dieux, je me demandais à quoi pouvait rimer toute cette mise en scène ! C'était grotesque !

Comme je m'apprêtais à quitter les lieux, avec ma hotte sous le bras…

"Attendez ! me dit le baron. Monsieur, ajouta-t-il, sincèrement ému, le nouveau-né vous réclame…"

Non seulement l'enfant ne voulait pas que je parte, mais il s'accrochait à ma hotte ! Il ne voulait plus la lâcher !

"Monsieur, me dit le baron, il semble tenir à vous. Alors, voilà ! Monsieur le curé a dit à mon épouse que vous recherchiez une place de majordome.

– C'est exact !

– Si vous le désirez, je vous prends à mon service et à celui de mon fils !"

J'acceptai. Je m'étais déjà attaché à cet enfant… »

Le baptême fut célébré en la chapelle Saint-Louis du château, par l'évêque et le maître de chapelle.

En dehors de la famille et des dignitaires, seul le majordome eut le privilège d'assister à la cérémonie.

La célébration dura deux heures.

À la sortie de la chapelle, le cor de chasse du canton joua (participant ainsi à l'événement). Il reçut des mains de la baronne dix écus.

Un grand banquet eut lieu, où les mets et les boissons les plus raffinés furent servis dans de la luxueuse vaisselle.

Lorsque l'enfant paraît

On appela l'enfant, compte tenu des circonstances, Jésus.

Le baron aurait souhaité qu'on prénommât le nouveau-né Alexandre, mais la baronne tenait à Jésus.

Son époux, trop heureux d'avoir un héritier, ne discuta pas.

« Va pour Jésus ! »

Mais, pour le distinguer du petit Jésus de la crèche, il proposa « Jésus le Petit ».

Hé ! Il y avait bien eu Alexandre le Grand !

La baronne, qui voyait grand, refusa d'ajouter « le Petit ».

On l'appela Jésus tout court.

L'enfant fut bien accueilli, non seulement par ses parents adoptifs, mais aussi par l'entourage qui, pourtant, n'était pas dupe…

La baronne n'avait jamais eu d'enfants, parce qu'elle ne pouvait pas en avoir.

Et ça, tout le monde le savait !

Il n'y a que l'enfant qui l'ignorerait !

Cela n'empêcha pas ces dames qui l'entouraient de s'enticher de l'enfant qu'elles caressaient en s'exclamant :

« Il a une peau de bébé !

– Oui ! Mais un tempérament du feu de Dieu, rectifia le baron en voyant son futur héritier empoigner à pleines menottes la poitrine de toutes ces gentes dames en criant : “Lolo ! Lolo !”

– Il est insatiable ! s'exclamaient-elles, toutes chavirées. Pourtant, il a sa nourrice ! » ajoutaient-elles.

L'enfant faisait facilement des caprices.

Exemple : il ne pouvait pas dormir dans des draps brodés (aux armes des De La Touche !), ça le grattait !

Il ne trouvait le sommeil que couché sur une botte de paille… et, à défaut de paille, carrément sur le paillasson !

De plus, il lui fallait de la compagnie.

Le majordome, Amédée, qui avait bien compris le pourquoi, glissait tous les soirs à côté de Jésus un des nains du jardin. L'enfant, rassuré, se tenait contre lui et s'endormait aussitôt.

Une fois qu'il était dans les bras de Morphée, Amédée s'approchait sur la pointe des pieds, retirait le nain et l'envoyait coucher dehors comme un grand.

Dès que l'enfant put émettre des sons, on comprit très vite qu'il avait des difficultés d'élocution.

Il n'arrivait pas à prononcer correctement le mot « a-reu ». Il disait « reu-reu ». Lorsqu'il put prononcer le « a » de « a-reu », il le reporta à la fin.

Au lieu de « a-reu », il balbutiait « reu-a ! reu-a ! », ce qui ne voulait plus rien dire, au grand désespoir de ses parents qui ne cessaient de lui répéter « a-reu » et au grand dam des marquises et autres vicomtesses accourues se pencher sur le berceau de l'enfant-roi et qui, en retour de leurs « guili-guili », recevaient des « reu-a ! reu-a ! ».

Un jour, le baron s'énerva. Il cria :

« Monsieur mon fils, cessez de parler par onomatopées ! »

L'enfant le regarda et émit un bruit incongru.

« Qu'est-ce qu'il a dit ? demanda le baron.

– Il a roté ! » dit la baronne.

Là-dessus, Amédée reçut une deuxième lettre de l'éditeur Beaudricourt ; il annonçait que lui aussi avait adopté un enfant, et qu'il serait intéressant de confronter leurs « expériences », bien que la sienne, ajoutait-il, ne fût pas aussi spectaculaire que celle du baron.

« Je vous réitère ma proposition... »

La baronne, tout en tricotant, comme à son habitude :

« Entrez, Pauline !

– Excusez-moi, dit la nurse, de vous déranger, mais il est de mon devoir de vous prévenir que c'est la deuxième fois que le jeune baron subtilise la boîte d'allumettes.

– Mon Dieu ! Qu'en fait-il ? Est-ce qu'il les craque ?

– Non, il les frotte !

– Sur quoi ?

– Sur du papier ! Et comme le bout de chaque allumette est de couleur différente, il doit les prendre pour des crayons de couleur...

– Ah bon ! Vous m'avez fait peur... Et alors ?

– Comme cela ne colore rien, il s'entête à tailler les bouts d'allumettes avec un taille-crayon !

– Achetez-lui un taille-allumettes ! répondit distraitement la baronne.

– Ne croyez-vous pas, madame, qu'il vaudrait mieux lui offrir des crayons de couleur ? »

Et, soudain, l'esprit de la baronne dérailla.

« !! Vous n'espérez tout de même pas allumer le feu avec des crayons de couleur ? »

Pauline regarda la baronne. Elle avait l'air de parler sérieusement.

« Lorsque vous irez acheter des allumettes, achetez-lui aussi une boîte de crayons de couleur !

– Bien, madame ! De quelles couleurs ?

– Les mêmes que pour les allumettes ! Il n'y verra que du feu !

– Bien, madame ! »

Ce qui fut fait.

Dès que Jésus fut en possession de ses crayons de couleur, il commença à les sortir tous de leur boîte.

D'abord, il fit des carrés, puis des triangles, qu'il entremêla, entrecroisa, coupa, raccorda...

Le résultat fut stupéfiant.

« Que représente ce dessin ? dit le baron, qui venait d'entrer.

– C'est le portrait de madame la baronne.

– Comment a-t-il pu réaliser ce que je me permets de nommer un chef-d'œuvre ? »

C'est la nounou qui répondit :

« Monsieur, il a pris deux crayons de couleurs différentes, un dans chaque main, et il a tracé des traits en imitant le mouvement des aiguilles de madame la baronne lorsqu'elle tricote.

– Génial ! C'est un véritable Picasso ! » déclara le baron sans préciser s'il s'agissait de son fils ou de son œuvre.

Comme on peut le voir, la baronne avait l'intellect fragile. Par moments, elle divaguait.

Un exemple : elle s'inquiétait pour son fils. Elle prétendait ne pas le voir grandir.

Elle interrogeait souvent sa dame de compagnie :

« Je trouve que mon fils rapetisse de jour en jour. Est-ce une illusion ?

– C'en est une, madame, en effet !

– De plus, il n'a pas bonne mine… »

Et soudain, sans préavis, ses propos devenaient incohérents :

« J'ai l'impression que ses crayons de couleur grandissent plus vite que lui…

– Ce n'est pas possible, madame !

– Si ! J'ai observé qu'ils n'entraient plus dans leur boîte !

– Je n'ai pas remarqué, disait la dame. Pourtant, il les taille. Ce que je puis vous dire, madame, c'est que, par rapport aux allumettes, il a gagné quelques centimètres…

– Ah ! Vous me rassurez ! »

Le baron :

« Amédée, j'aimerais donner à mon fils une éducation religieuse. Pouvez-vous lui en inculquer les principes ?

– Oui, monseigneur ! Peut-être faut-il entrer tout de suite dans le vif du sujet ?

– Qu'entendez-vous par là ?

– D'abord, lui dire que Dieu existe ! Phrase primordiale si on veut qu'il y croie.

– Sage réflexion. Comment s'y prendre ? Je suggère, dit le baron, de lui offrir le livre de Frossard, *Dieu existe, je l'ai rencontré*.

– N'est-ce pas un peu prématuré ?

– Non ! Car, *a priori*, de savoir que quelqu'un a rencontré Dieu est, d'une certaine manière, la preuve qu'il existe !

– N'est-ce pas tenter le diable ?

– Il faudra bien aussi aborder le sujet, puisque personne, jusqu'à ce jour, n'a osé prétendre l'avoir rencontré… »

Le livre fut acheté et déposé dans les sandales du jeune Jésus, qui en entreprit aussitôt la lecture.

Lecture faite…

« Alors, demanda le baron Louis, qu'en a pensé le jeune Jésus ?

– Aussitôt qu'il a lu que Dieu existait, il a demandé à le rencontrer. Je lui ai fait comprendre que cela ne se faisait pas comme ça, que c'était un privilège !

Que très peu de gens pouvaient s'en prévaloir, qu'il ne s'annonçait pas !

Que, lorsqu'il apparaissait en public, il fallait être là !

Que c'est parce que l'auteur du livre était entré innocemment dans l'église, sans conviction ni arrière-pensée, croyant y trouver un de ses amis, qu'il y rencontra Dieu !

– Qu'a-t-il répondu ?

– Il m'a tenu des propos fort troublants. Il m'a dit : “La prochaine fois, monsieur le majordome, que vous entrerez dans une église, faites-le-moi savoir ! Je viendrai vous chercher.”

– Étrange propos, en effet ! » conclut le baron.

L'enfance de Clément

Hier, le baron est allé chercher son fils à la sortie du catéchisme. Jésus a interpellé son père :

« Monseigneur ! On dit toujours que le bon Dieu n'a jamais eu de femme ?

– C'est vrai, a répondu le baron. Le Seigneur a eu un fils qui s'appelait Jésus, comme toi, mais il n'a jamais eu de femme !

– Alors, pourquoi est-ce que monsieur le curé dit toujours : "Le bon Dieu et sa grande Clémence" ? »

Ce qui a fait rire son père !

« Tiens ! a dit le baron. On cherchait un prénom digne de vous. Jésus, c'était bien, mais c'est un prénom qui prête à confusion. Nous vous appellerons dorénavant Clément.

Oui, c'est ça ! Clément de La Touche, cela sonne bien ! D'autant qu'il y a déjà eu un premier Clément de La Touche qui a vécu de 1408 à 1431... Il était l'écuyer de Jeanne d'Arc et mourut au pied des remparts de la porte Saint-Denis... ébouillanté !

Vous serez le deuxième ! Clément de La Touche II, cela sonne bien. »

Chose étrange. À partir du jour où on appela Jésus Clément, il sembla trouver un équilibre mental dont tout le monde commençait à douter.

Pour l'encourager et l'aider dans son épanouissement, le baron Louis chargea Amédée d'être son précepteur.

Celui-ci accepta.

L’histoire de France

« Ma chère Eugénie, notre fils va sur ses 7 ans. Je pense qu’il serait bon de lui offrir un livre d’histoire. Qu’en pensez-vous ?

– Oui, cher ! Mais quel genre d’histoires ?

– J’avais pensé à une histoire de France…

– Laquelle ?

– L’histoire de France racontée par deux enfants !

– Deux enfants ? Vous n’y pensez pas ! dit la baronne Eugénie. Il pourrait faire un rapprochement…

– Ne dites pas de sottises !

– Ou s’identifier à l’un d’eux !

– Vous croyez ? Alors, une histoire de France traditionnelle, anonyme, inoffensive…

– Ce serait plus prudent. Il apprendrait l’histoire des rois de France (notre histoire en somme). »

À la surprise d’Amédée, l’enfant, dès les premières phrases : « Nos ancêtres les Gaulois… », voulut en connaître la fin.

« Impossible, lui expliqua le majordome. L’Histoire est encore en cours…

– Je commence par quoi ? » dit Clément.

Amédée ouvrit le livre, le feuilleta et, s’arrêtant à Saint Louis :

« Tenez ! Lisez à partir de là ! C’est le début des “Louis”. »

L'enfant se plongea dans l'histoire de ce prestigieux prénom.

Lecture faite, Amédée interrogea :

« Répétez, monsieur ! Il y a eu combien de Louis ?

– D'abord, dit l'enfant, il y en a eu cinq !

– Comment ça ?

– Cinq Louis ! »

Le majordome éclata de rire.

« Non ! Saint Louis était un saint. Il était unique. Et puis ?

– Louis XI, XII, XIII, XIV et XV !

– Il en manque trois ! »

Il recompta sur ses doigts.

« Celui qui a perdu la tête ! » souffla le précepteur.

Il porta un regard discret en direction du fauteuil.

« Ah, Louis XVI !

– C'est ça ! Et puis XVII et XVIII !

– Il n'y en a pas d'autres, des Louis ?

– Oh si ! Nombre d'autres mais ils ne sont pas numérotés ! »

Au fur et à mesure qu'Amédée, le majordome, lui racontait l'histoire de Jeanne d'Arc, Clément la couchait sur du papier, sous forme de bande dessinée…

PREMIER DESSIN :

Des moutons blancs qui broutent l'herbe (en vert).

Jeanne d'Arc assise parmi eux en train de tricoter (en blanc), prélevant directement la laine sur l'un de ses moutons.

Elle tricote une cotte de mailles, comme elle l'avait vu faire moult fois par sa mère (argenté).

DEUXIÈME DESSIN :

Jeanne d'Arc entend des voix ; les yeux au ciel (en bleu) et une main derrière le pavillon de l'oreille, elle les écoute…

TROISIÈME IMAGE :

On la voit sur un gros percheron traversant un hameau (en gris).

QUATRIÈME IMAGE :

Jeanne désigne, le bras tendu et le doigt pointé, parmi une assemblée de barons alignés en rang d'oignons, l'un d'eux qui a un faux air de Louis (son père).

Elle s'écrie (dans une bulle) : « C'est Louis ! »

« Non, rectifia Amédée, qui jetait un coup d'œil par-dessus le dos de l'enfant, biffe Louis et écris Charles ! »

CINQUIÈME IMAGE :

Jeanne, en haut d'une échelle, avec sa seule épée, nue, sur les remparts de la porte Saint-Honoré.

Amédée poursuivit :

« Notre Clément de La Touche, l'ancêtre, était au pied et la tenait ferme…

– Qui ?

– L'échelle ! C'est alors que notre Jeanne fut blessée d'un coup d'arbalète. Il voulut la recevoir dans ses bras. Il reçut au préalable sur la tête le contenu d'un chaudron plein d'huile bouillante. Il s'écroula en disant simplement : "Je suis cuit !"

– "Je suis cuit" ?

– Oui !

– Il aurait pu répondre : "Par saint Clément, je suis touché !"

– C'est vrai ! Mais dans ces moments-là on ne réfléchit pas… On ne choisit pas ses mots. »

Puis Clément poursuivit sa succession d'images :

Un bûcher.

De la paille jaune et des brindilles marron.

Dessus, Jeanne, les mains jointes, faisant sa prière.

À l'aide d'un crayon rouge, il barbouilla son dessin.

« Qu'est-ce que vous faites là, avec ce rouge ? dit Amédée.

– Je mets le feu au bûcher ! répondit Clément. À ce propos, monsieur mon majordome, vous qui connaissez le secret des choses… *(Amédée frémit.)* On dit que nous sommes "poussière" et retournerons en poussière… Ce n'est pas toujours vrai ! Voyez l'exemple de Jeanne qui, avant d'être brûlée, devait être "poussière", comme tout un chacun, mais n'a pas fini poussière, mais "cendre" !

– Eh bien, qu'y trouvez-vous à redire, monsieur ? Justement, si vous réfléchissiez un peu, lorsque l'on retourne en poussière, on y reste, tandis que de ses cendres, on peut renaître ! C'est pourquoi c'est une sainte ! »

Amédée aborda la Révolution française.

Il cita nombre de ci-devant, Robespierre et autres… qui firent couper la tête aux aristocrates, à la lueur d'une lanterne, pour éviter les "Il y a erreur sur la personne !".

Malheureusement, la lanterne n'éclairait que faiblement !

« En somme, dit le jeune baron, tous ceux qui ont fait couper la tête de quelqu'un ont perdu la leur !

– Bravo ! C'est à peu près le bilan, dit Amédée. Vous avez tout compris !

– Comment la Révolution se termina-t-elle ?

– Comme toujours en France, par des chansons ! »

Le majordome lui apprit à chanter :

Ah, ça ira ! ça ira ! ça ira !
Les aristocrates à la lanterne !

Ce qui était une maladresse, presque une provocation !

D'autant que le jeune baron ne put jamais se mettre les paroles dans la tête !

Le jeune homme, au lieu de chanter :

Ah, ça ira ! ça ira ! ça ira !

chantait :

Ah, ça rira ! ça rira ! ça rira !
Les aristocrates à la lanterne !

Les parents, affolés, retirèrent le livre.

Ils ne voulaient pas d'histoires…

Voyant qu'il ne s'intéressait que moyennement à l'histoire de France, le baron la lui enleva et lui offrit à la place celle de la Suisse, parce que pays neutre et pays d'origine de la nurse.

Contrairement à toute prévision, l'histoire de la Suisse l'enchanta, l'envoûta…

Particulièrement le chapitre sur Guillaume Tell.

Le personnage le fascinait, l'impressionnait…

« Cher Amédée, on vous surprend parfois, vous promenant dans les allées du parc, tenant en équilibre sur votre tête une coupe de champagne !

– Oui, monsieur le baron ! C'est un exercice qui m'oblige à me tenir droit en toutes circonstances.

– !! Où avez-vous appris cela ?

– C'est dans le manuel du parfait majordome.

– Je vous en félicite. Amédée, je n'ai qu'à me louer de votre travail de précepteur. Mon fils vous admire… Vous avez pris sur lui un ascendant qui est peut-être un peu trop grand… On m'a rapporté que mon fils se promène parfois dans les couloirs, avec une pomme en équilibre sur la tête…

– Je n'y suis pour rien, monsieur le baron ! C'est depuis qu'il a lu l'histoire de la Suisse. Il a été très impressionné par l'exploit de

Guillaume Tell plantant une flèche dans une pomme placée sur la tête de son enfant.

– Je comprends ! À son âge, on a besoin d'admirer des héros, et au besoin de s'identifier à eux.

Mais ce que je reproche en la circonstance, et déplore, c'est que mon fils, au lieu de choisir le rôle principal du héros, ait préféré celui, plus humble et plus risqué (plus effacé), de faire-valoir !

Il joue le rôle passif de l'enfant qui porte la pomme et qui reçoit la flèche, alors que j'eusse préféré qu'il jouât celui qui la lance !

– Moi aussi ! Mais si monsieur le baron veut bien me permettre une observation, votre fils manque d'agressivité. Il est trop choyé, couvé par ces dames... (ces dames qui l'entourent). Ce n'est pas qu'il manque de virilité, mais d'exercice physique !

– Ah ! Et que préconisez-vous ?

– J'ai pensé au tir à l'arc. Il y a à Charleville un club de tireurs à l'arc, le club des Arcs-en-ciel.

Je connais quelqu'un qui pourrait l'initier à cet art (considéré comme martial).

Il s'appelle Joseph. Il exerce le métier de jardinier mais aussi, à ses temps perdus, le tir à l'arc. `

Le tir à l'arc est son violon d'Ingres...

C'est un artiste, en son genre !

Il place la flèche sur la corde comme un violoniste son archet !

– Je crois que c'est le maître qu'il lui faut, dit le baron. Je vais en parler de ce pas à mon fils. »

L'âge d'homme

« Mon fils, vous voici arrivé à l'âge d'homme. Vous venez d'avoir 16 ans. Vous ne manquez pas de virilité, Dieu merci. Vous êtes attiré par le beau sexe et vous ne lui êtes pas indifférent, à ce que j'ai pu observer. Il faudrait, ce me semble, que vous ayez une activité… comment dire… plus musclée, afin d'évacuer votre surplus d'énergie. J'ai donc pensé à vous inscrire au club des archers de notre bonne ville de Charleville-Mézières, qui s'est souvent illustré dans des tournois… locaux. Ils ont des tireurs à l'arc admirables de précision ! Le tir à l'arc me semble une noble activité, et vous me combleriez en l'exerçant. Moi-même, je m'y suis essayé, sans succès, hélas !

– Lancer des flèches ? dit le jeune baron. Cela me tente assez ! Mettre dans le mille ! En effet, cela doit apporter des satisfactions !

– Eh bien, vous pourrez commencer quand vous voudrez ! Je leur en ai parlé, ils nous attendent. Vous serez pris en main par le meilleur d'entre eux. On l'appelle Joseph le jardinier.

– C'est un noble ?

– Non ! C'est un jardinier. Dans la vie, il cultive des fleurs. Je compte l'embaucher au château. »

Le tour du propriétaire

« Mon fils, si aujourd'hui vous n'avez rien prévu de particulier, j'aimerais que nous fassions ensemble le tour du propriétaire ! Je veux que vous connaissiez jusque dans ses moindres détails ce château, qui sera un jour le vôtre.

Commençons par les ruines ! C'est la partie à laquelle je tiens le plus ! À tel point que s'il fallait sauver quelque chose de ce château, ce serait les ruines ! Ce sont les joyaux de ce domaine ! »

Après être passés rapidement sur tout le reste, à savoir les culs-de-basse-fosse, les douves, les caves… enfin tout ce qui était resté debout, ils firent le tour du jardin, où il était marqué :

DÉFENSE DE PIÉTINER LES PLATES-BANDES !

longèrent le grand bassin et son jet d'eau, où il était stipulé :

DÉFENSE DE SE BAIGNER !

la grille d'entrée avec

DÉFENSE DE FRANCHIR ! PROPRIÉTÉ PRIVÉE !

le mur d'enceinte, sur lequel il était écrit en grosses lettres :

DÉFENSE D'U – I – E –

le reste ayant été gommé par la pluie,

le labyrinthe, où il y avait, à l'entrée, une mise en garde empreinte d'humour :

ATTENTION ! LIEU DE PERDITION !

Ils s'y engagèrent. Ils en suivirent les méandres puis passèrent la journée à chercher la sortie...

Dieu merci, grâce au majordome qui, ne les voyant pas revenir, était venu au-devant d'eux avec des torches, ils s'en sortirent.

Le voyage à Saint-Denis

« Il est temps, dit le baron Louis, de montrer à notre fils les beautés des cathédrales. Nous entreprendrons très prochainement, à l'occasion du nouvel an, un voyage à Saint-Denis, le berceau des gisants.

Nous découvrirons les tombeaux des grands rois de France.

Nous y emmènerons Joseph. En tant qu'ancien bedeau, ça peut l'intéresser. »

Le jour venu, ils s'arrêtèrent en cours de route devant la cathédrale de Reims, pas pour visiter l'intérieur, cela aurait fait en quelque sorte double emploi avec Saint-Denis, mais pour sa façade et pour son célèbre « ange qui sourit », Saint-Denis n'en possédant pas à la connaissance du baron Louis.

Ils arrivèrent à Saint-Denis sous une pluie battante.

Ils s'arrêtèrent devant le parvis et s'engouffrèrent, col relevé, dans la cathédrale où, Dieu merci, tous les célèbres gisants étaient à l'abri !

Ils firent le circuit des tombeaux, s'arrêtant devant chaque gisant.

Le baron Louis, selon ses souvenirs, commentait l'histoire du roi.

Alors qu'ils arrivaient en fin de parcours, on entendit soudain des craquements. Ils venaient de la voûte.

Le baron leva la tête. Vit-il la plaque de gypse se détacher ? Fut-il aveuglé par le nuage de poudre blanche qui précéda la chute ? Toujours est-il que le baron la reçut en plein sur la tête !

Sous la violence du choc, la tête du baron Louis de La Touche passa au travers de la plaque...

Il resta debout avec ce carcan autour du cou...

« Il est tard. Rentrons ! » dit le baron.

Stoïque, il fit quelques pas en avant, tourna plusieurs fois sur lui-même, accrochant sur son passage un angelot qui, les joues gonflées, était censé souffler dans une trompette que l'on ne retrouva jamais !

Tandis que le jeune Clément retirait rapidement son noble père de dessous les gravats, Amédée ramassa l'angelot, légèrement contusionné, et alla le déposer dans la crèche, à côté du petit Jésus...

Cet incident l'avait fortement ébranlé, secoué !

« Cela aurait pu arriver à n'importe lequel d'entre nous. Il a fallu que ce soit le baron qui trinque ! dit Joseph.

– Ah, je vous en prie, Joseph, surveillez votre langage ! » dit Amédée.

Aidés d'un jeune bénédictin, le jeune baron et le majordome tentèrent de soulever le baron.

« Voulez-vous nous aider ? dit Amédée à Joseph.

– Volontiers !

– Le même incident est arrivé à la cathédrale de Chartres ! » dit le chartreux... pardon, le bénédictin.

Ils se retrouvèrent tous les quatre, titubant, chancelant, sur le parvis de la cathédrale...

Au cours du voyage de retour, à la hauteur de Reims, le baron Louis, qui semblait souffrir beaucoup, éprouva le besoin de revoir le sourire de l'ange de la cathédrale.

« Mon père, si c'est votre souhait... » dit le jeune baron.

Ils arrêtèrent la voiture devant la façade de la cathédrale. Le baron Louis leva lentement les yeux au ciel et dit :

« Un ange qui rit... et on ne sait toujours pas pourquoi ! »

Ce furent ses dernières paroles.

De profundis...

Les obsèques

Les obsèques, pour être locales, n'en furent pas moins grandioses ! Elles eurent lieu, à la demande du défunt, dans la chapelle Saint-Louis du château, dont on avait renforcé la voûte, par précaution.

Une grande partie de la noblesse régionale s'était déplacée...

Une foule considérable se pressait sur le parvis.

À l'entrée de la chapelle, un maître de cérémonie dirigea les hommes à la droite du chœur et les femmes à sa gauche.

L'harmonium étant hors d'usage, on le remplaça par un orgue de Barbarie qui jouait en alternance avec la fanfare.

Le défunt baron avait souhaité des majorettes, mais les organisateurs firent le mort.

Le service religieux se déroula dans le plus profond recueillement.

Après l'absoute, les membres de la famille et les proches défilèrent devant le catafalque et passèrent les uns aux autres un goupillon rempli d'eau bénite avec lequel ils esquissèrent un signe de croix !!

Là, il y eut un petit incident. Joseph, tout à son chagrin, qui fut le dernier à recevoir le goupillon, voulut le passer à...

Comme personne n'était là pour le recevoir, les yeux embués de larmes, Joseph se dirigea vers la première travée de prie-Dieu, le tendit au premier venu, esquissa le signe de croix et lui dit :

« Faites passer ! » Ce qui allongea considérablement la cérémonie.

Le cercueil fut transporté directement de la chapelle au cimetière, où Amédée prononça un bref discours sur le bord de la tombe.

Chacun, après avoir jeté une fleur sur le tombeau, présenta ses condoléances à la famille et chacun regagna son domicile.

Note : on ne retrouva jamais le goupillon.

Dès le lendemain des obsèques du regretté baron Louis Charles Maximilien de La Touche, Amédée reçut un coup de téléphone.

« Allô ? Le majordome ?

– Oui !

– Ici Beaudricourt !

– Qui ?

– Beaudricourt, l'éditeur !

– Ah… Ah oui !

– Je vous avais envoyé un télégramme au moment de l'affaire qui fit grand bruit de l'enfant découvert dans la crèche à côté du petit Jésus. Vous n'avez pas donné suite…

– À l'époque, je ne pouvais rien dire…

– Pourquoi ? Il n'y a pas de honte à adopter un enfant ! Moi, j'en ai bien adopté un, dit l'éditeur, et j'en suis fier !

– La question n'est pas là. Le baron aussi en était fier, mais il ne voulait pas que l'on en parle, par respect pour madame la baronne.

– Je comprends. Ce que je voudrais savoir, c'est si ce fils… comment s'appelle-t-il déjà ?

– Clément Marie Eudes Foulques, baron de La Touche.

– Il n'était pas aux funérailles ?

– Il est timide…

– Je vous réitère ma proposition. Je voudrais publier un livre sur cet homme.

– Écoutez, monsieur, le jeune Clément n'a que 18 ans. Il occupera la place de son père lorsque les deux années de deuil réglementaires imposées seront écoulées. D'ici là, c'est moi qui assurerai l'intérim. »

Pendant les deux ans de grand deuil réglementaires, le baron termina ses études.

Il songea à personnaliser le château qui était devenu le sien.

Mais, me direz-vous, le baron Clément de La Touche, de quoi avait-il l'air ? Paradoxalement il ressemblait à son père adoptif, le baron Louis Charles Maximilien de La Touche...

Il avait le même grand front un peu fuyant que le baron Louis, qui ressemblait lui-même... oh, un faux air... à Louis XVI, le même cou fragile, le même embonpoint, en plus jeune !

Il avait de longues jambes à la Tati...

Il avait, comme lui, la démarche hésitante. Quand il avait fait un premier pas, avant de faire le deuxième, il se bloquait net. Il restait à cheval entre deux jambes. Il se demandait, avant de faire le second pas, s'il avait eu raison de faire le premier. En attendant la réponse, son grand corps se balançait d'avant en arrière, oscillait entre « J'y vais » ou « Je n'y vais pas » !

La plupart du temps, il s'en remettait à son majordome pour prendre les décisions, qu'il faisait siennes.

Et Amédée ? Amédée était le majordome sorti premier de son école...

Il était d'une probité, d'un dévouement sans faille...

Il écrivait tous les soirs les événements de la journée, qu'il transformait selon son humeur...

Amédée avait un seul défaut, disons plutôt une faiblesse : il avait une imagination débordante ! Il s'inventait des histoires.

Quant au personnel, il y avait d'abord Joseph, l'homme à tout faire qui s'occupait des nains de jardin, que le baron considérait comme ses enfants...

Joseph pratiquait par moments le tir à l'arc, avec bonheur. Il était le premier archer du club !

Il s'était aperçu que ses outils disparaissaient. C'est en tout cas la raison qu'il donnait pour le manque d'efficacité de son travail.

On lui volait ses outils !

À tel point qu'il passait son temps à rassembler ceux qui lui restaient.

Quand les lui volait-on ? Et qui les lui volait ?

Mystère !

À tel point qu'il passait son temps à les surveiller, l'arc à la main et la flèche encochée.

C'était sa principale activité...

Dès qu'il avait le dos tourné, se plaignait-il, c'était un manche de pelle qui manquait à l'appel ou des dents d'un râteau qui se déchaussaient. C'était à devenir fou.

Il a fini par dormir ses outils dans les bras !

Il y avait aussi Pauline d'Anniviers, comtesse du Valais, l'ancienne nurse qui, depuis une vingtaine d'années, avait succédé à Mathilde de Bailleul, laquelle avait fondé sa propre famille.

Pauline s'occupait essentiellement de la baronne Eugénie, dont l'esprit, depuis le décès de son époux, était devenu, disons, fragile...

La cuisinière qui s'occupait de l'intendance...

Fréquentaient aussi le château ses amis, le vicomte Stanislas de La Vérandière et son épouse la vicomtesse, leur fils Gilles, le marquis de La Pointe, l'archiduc Rodolphe Fedorowski et le général de Beaupré de La Grenaille.

Quant au baron, il faisait semblant de diriger tout ce petit monde et il le faisait bien !

C'est-à-dire qu'il le laissait faire !

Ça lui donnait confiance en lui-même.

Tout cela, entre parenthèses, lui coûtait une fortune qu'il n'avait pas !

Les fonds

Amédée, après avoir, comme tous les matins, accompli son rituel d'équilibre du verre sur la tête, alla réveiller le baron à 8 heures précises.

Il frappa, refrappa… Aucune réponse !

Pris d'une angoisse subite, il poussa la porte.

Elle n'était pas fermée.

« Monsieur le baron ? Monsieur le baron ? »

Il pénétra dans la chambre, éclairée par quelques bougies qui finissaient de se consumer.

Première surprise… Il s'attendait à trouver le baron couché en chien de fusil, selon son habitude…

Il était allongé sur le dos, raide à la manière d'un gisant, les mains jointes, son chien en peluche couché à côté de lui… Faisait-il le mort ou l'était-il ?

Le majordome s'approcha…

Le baron souleva ses paupières lourdes… lentement.

« Ah, c'est vous, Amédée ?

– Oui, monsieur le baron !

– Passez-moi ma robe de chambre, je vous prie. Alors, Amédée, quelles nouvelles ?

– Je signale respectueusement à monsieur le baron qu'il y a péril en la demeure…

– C'est-à-dire ?

– C'est-à-dire que monsieur le baron n'a plus de fonds !

– Comment ? Et le fond de caisse ?

– À sec, monsieur !

– Et les fonds de tiroirs ?

– Raclés, monsieur ! Restent les fonds de poches... Si monsieur veut me permettre de les visiter ?

– Faites, mon ami, faites ! »

Amédée s'empara du pantalon de son maître, le retourna, le secoua. Quelques malheureuses pièces tombèrent.

« Alors, fructueux ? »

Amédée, mettant les pièces dans la main du baron :

« Décevant, monsieur !

– Vous avez fouillé partout ?

– Partout !

– Jusqu'au fin fond ?

– Jusqu'au tréfonds, monsieur !

– Ah ! »

Le baron sembla réfléchir.

« Amédée, voulez-vous le fond de ma pensée ?

– Cela ne suffit pas, monsieur !

– Oui, bien sûr !

– Qu'allons-nous faire, monsieur ?

– Tenir coûte que coûte... en attendant la récolte !

– Quelle récolte, monsieur ?

– Une idée qui vient de germer dans mon esprit ! Une idée superbe et pratique d'où la poésie n'est pas exclue ! Vous connaissez l'étendue de mes terres ? Je vais y planter des lys... dont j'inonderai tous les marchés de France et de Navarre ! Qu'en pensez-vous ?

– Puisque monsieur le baron sollicite mon avis, je lui ferais observer que la fleur de lys n'est pas... comment dire... n'est plus dans le vent ! Elle n'est pas en odeur de sainteté. C'est une fleur de blason... Elle n'intéressait que la noblesse de jadis.

– Que suggérez-vous ?

– Par exemple... je ne sais pas, moi... des tournesols !

– Redites !

– Des tournesols !

– Eurêka ! J'ai trouvé ! Je vais planter des tournesols ! Génial ! Au lieu de les mettre en bouquets, je les vendrai en tableaux, comme Van Gogh ! Amédée, quelle est la valeur actuelle d'un tableau représentant des tournesols signé par Van Gogh ?

– Je ne sais pas, une fortune !

– Dites un chiffre !

– Plusieurs millions de francs !

– Sauvés ! *(Il se mit à danser une espèce de gigue.)* Ah ! Ah ! Nous sommes riches, Amédée ! Nous pouvons ravaler la façade ! Faites venir les peintres !

– *(Freinant l'ardeur de son maître :)* Monsieur ! Monsieur !

– Quoi encore ?

– Il est de mon devoir de faire remarquer à monsieur le baron que Van Gogh a vécu dans une extrême pauvreté !

– Et alors ? Moi aussi !

– Il n'a jamais vendu un tableau de son vivant !

– !! Je ne vois pas le rapport !

– Il n'y en a pas ! Aucun rapport ! Ou alors, il faudra attendre des années !

– Je me suis encore planté ! Ah... que suggérez-vous ?

– Eh bien, par exemple, des pâquerettes ! Pas besoin de s'en occuper ! Elles poussent toutes seules...

– !! Répétez ce que vous venez de dire !

– Des pâquerettes !

– Eurêka ! J'ai trouvé ! Mais oui... des pâquerettes, un champ de pâquerettes ! Que n'y ai-je pensé plus tôt ? Des bouquets de pâquerettes à la portée de toutes les bourses ! Génial ! Comme il y a le brin de muguet le 1er mai, créons le brin de pâquerettes le jour de Pâques !

– Il y a déjà les cloches…

– Entourons la pâquerette de quelques clochettes de muguet !

Faisons d'une pierre deux coups ! Amédée, achetez des sacs de graines de pâquerettes et ensemencez mon champ !

Un champ de pâquerettes ! Génial !

Ah, Amédée, le geste auguste du semeur… Je le tiens, je le sens, je sème déjà ! *(Il sème les pièces de monnaie qu'il a en main.)* Comment trouvez-vous mon geste, Amédée ?

– Large, monsieur, très large ! *(Il tend les bras, prêt à ramasser les pièces.)*

– Arrêtez ! Que faites-vous ?

– Eh bien… je fais le geste de cueillir.

– Ah, le beau geste, Amédée, l'auguste geste !

Nous allons commencer par labourer nos champs, Amédée !

Souvenez-vous des paroles du laboureur dans la fable de La Fontaine !

– Oui, monsieur ! Je crois qu'il a dit à ses enfants :

Travaillez, prenez de la peine !

C'est le fond qui manque le moins !

– Nous allons donc labourer nos champs, Amédée !

– Monsieur le baron, le laboureur avait du personnel. Il avait ses fils à qui il demandait de travailler et de prendre de la peine. Nous…

– Qui, nous ?

– Vous et moi, nous ne sommes que deux !

– Ah, quelle belle paire de bras nous allons faire à nous deux !

– Il vaudrait mieux une paire de bœufs, monsieur !

– Bravo ! Riche idée ! Allez, allez m'acheter au marché… *(il lui remet la monnaie)* une paire de bœufs blancs, tachés de roux !!

– Monsieur ne pense-t-il pas qu'il serait plus sage de transformer ses terres en pâturages ?

– Ah, la riche idée ! Les moutons ! Amédée, allez m'acheter des moutons au marché, un troupeau de moutons… en laine… et frisés… de préférence !

– Je vous demande pardon, monsieur le baron, j'aurais une autre suggestion à vous faire…

– Je vous écoute, bien que jusqu'à présent vos suggestions aient fait chou blanc ! Mais oui, voilà ce qu'il nous faut planter ! Des choux ! Savez-vous planter les choux, Amédée ?

– Je ne pensais pas aux choux, mais aux ruines ! Vendez quelques ruines !

– Jamais ! Les ruines, ça n'a pas de prix ! Voyons, de quoi s'agit-il au juste, Amédée ?

– Eh bien, il s'agit de fonds ! »

Clément *(s'éclairant)* :

« Eh bien, il n'y a qu'à demander !

Un instant, je vous prie… *(Il décroche le téléphone et compose un numéro.)*

Allô ? Les chefs-d'œuvre en péril ?

C'est le baron Clément de La Touche qui vous parle… oui…

Pouvez-vous faire quelque chose pour moi ? Je suis dans la dèche…

Vous vous en foutez ? Ah, il n'y a que les vieilles pierres qui vous intéressent ?

… Non, monsieur ! Quoique très "vieille France", je ne suis pas une ruine ! J'ai bien l'honneur ! *(Il raccroche brutalement.)*

Amédée, je viens d'encaisser une fin de non-recevoir ! »

Le baron :

« Amédée !

– Monsieur ? »

Le majordome fut surpris par la tenue du baron. Il avait revêtu son habit des grands jours : smoking, nœud papillon, etc.

« Amédée, vous sortirez la deux-chevaux !

– !! Pourquoi monsieur le baron s'entête-t-il à appeler sa Rolls-Royce… une "deux-chevaux" ?

– Parce que c'est plus facile à prononcer et moins compliqué à conduire.

– Où dois-je conduire monsieur ?

– Si vous le permettez, je conduirai moi-même !

– Peut-on savoir où monsieur compte se rendre ?

– Chez… chez mon oncle !

– !! J'ignorais que monsieur eût un oncle !

– Moi aussi ! Je viens de l'apprendre.

– C'est un oncle de quelle branche dans l'arbre de monsieur ?

– D'Amérique ! Un oncle d'Amérique ! Ma voiture, s'il vous plaît !

– Je vous l'avance, monsieur ! »

C'est ainsi que le majordome, après avoir ouvert la grille, vit s'éloigner la Rolls-Royce qui, effectivement, « balançait » comme une deux-chevaux…

« Où le baron peut-il bien se rendre ? se demandait Amédée en refermant la grille.

Son histoire d'oncle d'Amérique ne tient pas la route ! »

Il avait raison.

Monsieur le baron se rendait au… mont-de-piété pour obtenir un peu d'argent en échange de deux chandeliers en or massif qui ornaient la cheminée et qu'il avait déposés dans sa deux-chevaux.

Déception ! Les chandeliers étaient du toc…

Il pesta tout le long du trajet de retour.

Les chandeliers offerts par l'oncle refusés par « ma tante » !

Décidément, on ne pouvait pas compter sur la famille !

De retour au château, le baron se mit à tourner en rond comme un animal blessé…

« Amédée, vous allez me préparer une litière…

– Où cela, monsieur ?

– Dans les écuries !

– Près du paddock ?

– Oui ! Je vais m'y coucher, sans aucune nourriture… Je fais la grève de la faim !

– Mais, monsieur le baron va dépérir…

– Vous croyez ? Alors, quelques flocons d'avoine, seulement en cas de fringale ! »

Ainsi fut fait.

Au bout de quelques jours d'abstinence…

«Maître, il faut savoir terminer une grève», lui conseilla Amédée.

Le baron consentit à interrompre sa grève de la faim… Il était temps, il avait grossi de dix kilos !

Le majordome lui conseilla de faire un emprunt.

«Amédée, je viens d'avoir une idée ! Je vais lancer un emprunt ! Prélevez sur vos économies la somme nécessaire et portez-la sur mon compte, voulez-vous ?

– C'est ce que j'avais pensé, monsieur !

– Amédée, je n'aime pas que vos pensées devancent les miennes ! C'est une question de préséance. Vous êtes orgueilleux, Amédée, mais vous n'avez pas un mauvais fond : c'est pourquoi je n'hésite pas à y puiser…

Il va de soi qu'en ce qui concerne ces fonds, je vais vous signer un papier, pour la forme… Les bons comptes font les bons amis. Vous avez de quoi écrire ?»

Amédée tendit à Clément un papier et un porte-plume.

Clément :

«Je vous devrai une fière chandelle…

– Monsieur nous la rendra plus tard !

– !!

– Ça ne presse pas, monsieur le baron !

– Vous parlez de la chandelle, là ?

– Non, de la somme que…»

Clément *(reposant son porte-plume)* :

«Attendez ! Attendez ! Je redoute un malentendu. Vous n'espérez tout de même pas récupérer les fonds que…»

Amédée *(confiant)* :

«Mais si, monsieur !

– Attendez… c'est que cela change tout ! Non ! Si vous croyez au Père Noël !

– Je crois en monsieur le baron !

– Décidément, Amédée, vous me décevez... Vous avez une minute ? Asseyez-vous ! Je voudrais vous parler de votre maître, c'est-à-dire de moi... J'en parlerai à la troisième personne, si vous le permettez. »

Amédée s'assit.

« Je vous en prie...

– Est-ce que vous le connaissez bien ?

– Je connais monsieur !

– Très bien ?

– Enfin...

– Qu'est-ce que vous pensez de lui ?

– Ça me gêne...

– Allez, allez... Cela reste entre nous !

– Je trouve que monsieur... est un homme bon et généreux !

– Vous l'avez bien regardé ? Oui ? Écoutez, Amédée, je ne voudrais pas vous décevoir !! Mais moi, monsieur le baron, je commence à le connaître ! Je le pratique tous les jours, et j'ai bien peur que ses intentions ne soient pas aussi pures que vous sembliez...

– Taisez-vous, monsieur ! Je ne saurais souffrir que l'on dise du mal de monsieur le baron devant moi !

– Je voulais simplement vous mettre en garde... »

L'emprunt

« Inutile, monsieur ! Si monsieur le baron veut bien patienter quelques instants ; le temps de monter dans ma chambre et je vous rapporte l'argent...

– Prenez votre temps, Amédée, je ne suis pas pressé... »

Amédée sortit et fit ce qu'il venait de dire. Il redescendit et remit l'argent au baron.

« Voilà, monsieur le baron, c'est tout ce que j'ai... »

Le baron, après avoir compté :

« Ce n'est pas beaucoup, en effet... On fera avec ! Bon... Eh bien... »

Il signa un reçu et le tendit à Amédée qui le refusa.

« Non, non, ce n'est pas la peine, j'ai confiance... »

Le baron se leva et se mit à arpenter la pièce :

« Ceci étant dit et considéré comme fait, j'ai une fort mauvaise nouvelle à vous annoncer, Amédée ! Je crains bien que les fonds que vous venez de me prêter, vous deviez les considérer comme perdus !

– Comment cela, monsieur ?

– Vous avez vu la situation internationale ? Tension en Extrême-Orient... Tension extrême au Moyen-Orient... Nous sommes à la veille d'un conflit généralisé...

– De source sûre, monsieur ?

– Digne de foi !

– Je ne vois pas, en ce qui me concerne...

– Enfin, Amédée, réfléchissez ! À la faveur de l'incendie, il est probable que le reçu que je vous ai signé sera détruit par une main criminelle... Des fonds que vous m'aurez prêtés, que restera-t-il ? Nulle trace !!

– Je serai ruiné, monsieur !

– Mon pauvre Amédée !

– C'est tout ce qui me restait, monsieur !

– Allons, allons ! Ne vous laissez pas abattre ! La partie n'est pas encore perdue... Il faut défendre votre bien, Amédée !

– Je saurai faire mon devoir, monsieur !

– Bravo, Amédée ! Et sachez que, dans cette épreuve, je suis à vos côtés ! Je suis prêt à payer de ma personne !

– Merci, monsieur !

– Après tout, ce reçu, c'est moi qui l'ai signé ! Je m'en sens un peu responsable ! Je vais y penser...

Attendez, ajouta le baron en retirant de la somme reçue un billet de banque et en le glissant dans la main de son valet. Allez m'acheter des graines !

– Des graines de quoi ?

– De toutes sortes ! Des graines de soleil, de pâquerette, de coquelicot, de muguet et de ce qui vous passera par la tête ! »

Le majordome éprouva comme un malaise. Il le surmonta...

« C'est Joseph qui va être content !

– Ah... si vous passez devant un fleuriste, achetez donc un bouquet de fleurs de lys pour madame la baronne ! »

Il accompagna son majordome jusqu'à la porte.

« Et n'oubliez pas de me rendre la monnaie ! »

Derrière la porte, le majordome resta là... planté !

La fête des Rois

Le nouveau baron Clément de La Touche songea à fêter son avènement par un souper aux chandelles.

Comme il ne manquait jamais de le faire, il demanda son avis à son fidèle majordome.

« Monseigneur, dit Amédée, il me vient une idée : si, pour donner un éclat supplémentaire à votre couronnement, on le faisait coïncider avec la fête des Rois… l'Épiphanie…

– C'est justement ce à quoi je pensais ! dit le baron.

– À la fin du repas… au moment du partage de la galette, vous découvrirez la fève, vous la montrerez, et toute l'assistance se mettra à crier : "Vive le roi ! Vive le baron-roi !"

– Fabuleux !

– On vous revêtira d'un manteau en papier bleu roi fleurdelisé… Vous choisirez votre reine !

– Qui, en l'occurrence ?

– Je ne vois que la vicomtesse de La Vérandière !

– On fera avec ! Où allons-nous trouver tout ce décorum ?

– Au grenier, monsieur le baron ! Vous savez que monsieur votre père (paix à son âme !) fêtait toujours les Rois en grande pompe ! Il y a là-haut, dans les soupentes, assez de chapeaux pointus…

– Turlututu ! ne put s'empêcher de dire le baron.

– J'ai déjà fait descendre du grenier tous les accessoires des années précédentes.

– Sont-ils intacts ?

– Intacts ! Nous avions récupéré tous les confettis, enroulé soigneusement les serpentins…

– Et les langues de belle-mère ?

– Dépoussiérées ! Les robes de papier ont été repassées.

– La couronne ?

– Amidonnée !

– Bref, il ne manque que la galette…

– Nous nous fournirons, comme d'habitude, chez monsieur Hubert.

– Bravo ! »

Le baron Clément de La Touche, en grand habit, attendait en haut des marches du grand escalier l'arrivée de son cousin, le vicomte Stanislas de La Vérandière, accompagné de la vicomtesse.

Le troisième convive, en dehors du personnel du château, était Hubert, le traiteur attitré de monsieur le baron qui organisait ses « noces et banquets ».

Il était invité cordialement à partager le repas qu'il venait de livrer et qu'il était aussi prié de servir.

Était aussi convié le fils de monsieur le vicomte, monsieur Gilles.

Mais celui-là, comme l'on savait qu'il venait à bord de son avion personnel qu'il pilotait lui-même…

« Une tête brûlée ! » disait-on de lui.

On ne comptait pas trop sur sa présence, mais enfin son couvert était mis.

Le baron consulta sa montre et murmura :

« Les De La Vérandière sont en retard, comme à l'accoutumée ! Les embarras de la circulation, évidemment ! »

Le baron ne croyait pas si bien dire…

Le vicomte qui, pour aller plus vite, avait emprunté imprudemment une rue étroite mais plus directe était immobilisé derrière une benne de la voirie où deux hommes en salopette, après avoir chargé sur l'épaule le sac-poubelle d'un particulier, le déchargeaient dans la cuve de la benne qui n'en faisait qu'une bouchée !

Le vicomte attendait patiemment qu'ils aient terminé…

Quand, enfin, les deux éboueurs eurent reposé les poubelles vides sur le trottoir, ils sautèrent sur l'arrière du véhicule.

« Suivant ! » crièrent-ils au chauffeur de la benne qui s'ébranla immédiatement.

Le vicomte embraya et freina brusquement, le camion ayant stoppé un mètre plus loin. Et l'opération recommença…

Les deux hommes sautèrent à bas et reprirent leur manège.

« Où sommes-nous ? » dit la vicomtesse qui sommeillait à l'arrière.

Le vicomte pestait. On lui mettait des bâtons dans les roues de sa Mercedes. La rue était trop étroite pour lui permettre de doubler.

Reculer ? Jamais !

Le vicomte ne reculait jamais ! C'était sa devise.

C'était aussi son blason.

« Ne recule jamais ! »

Ils étaient comme ça, les De La Vérandière !

Note : Alors, quand il fallait reculer, que faisait-il ?

Demi-tour !

Après avoir klaxonné plusieurs fois, le vicomte baissa sa vitre.

« Ah non, vous n'allez pas recommencer ! »

Les deux hommes de peine lui firent signe de la fermer et lui firent comprendre par force gestes plus ou moins grossiers que pendant que lui, le pacha, se baladait, eux, ils travaillaient !

Le vicomte rongea son frein (bougon).

Il s'enfonça dans son siège et les regarda faire.

« Après tout, ils ont partiellement raison », dit le vicomte en regardant derrière lui…

La vicomtesse ronflait comme un sapeur.

L'opération à peine terminée, elle reprit trois mètres plus loin.

Nouvel arrêt « poubelle » !

« Où sommes-nous ? » murmura la vicomtesse.

Le vicomte, lui, commençait à s'intéresser à ce va-et-vient…

Ce qui le surprenait le plus, c'est que les deux hommes sifflaient en travaillant. Par moments, même, ils chantaient !

À l'arrêt suivant, le vicomte regarda sa montre.

« Sacrebleu ! Ventre-saint-gris ! »

À ce rythme-là, il n'était pas près d'arriver à son rendez-vous !

« Où sommes-nous ? répétait la vicomtesse à chaque arrêt.

– Au même endroit ! » disait le vicomte excédé.

Au lieu de rester là, impuissant, il décida de prêter main-forte aux hommes de peine.

Il détacha sa ceinture, sortit de la voiture.

« Où allez-vous ? demanda la vicomtesse.

– Bosser ! » dit le vicomte.

Il s'empara de deux sacs-poubelle qui semblaient moins pleins que les autres et les enfourna dans la benne.

« Suivant ! » cria le vicomte.

Grâce à l'aide de ce bénévole, le ramassage des ordures fut vite expédié.

Arrivé en haut de la rue, le conducteur de la benne rangea son véhicule sur le côté.

« Merci, les amis ! dit le vicomte. Grâce à vous, j'ai éprouvé un sentiment tout à fait nouveau pour moi, celui de me rendre utile. Si je peux faire quelque chose pour vous ? »

Les deux compères se regardèrent.

« Ben, dit l'un, celui qui parlait couramment français, nous sommes des sans-papiers… Si vous pouviez nous en procurer ?

– Volontiers ! Comment puis-je vous joindre ?

– Nous séjournons dans l'église Saint-Rémy. »

C'est alors que leurs voix furent couvertes par un concert de klaxons.

Le vicomte se retourna et vit une file de voitures en bas de la rue, derrière la sienne.

« Qu'est-ce qui leur prend ? dit le vicomte.

– C'est votre voiture qui gêne ! lui fit comprendre par gestes celui qui ne parlait pas français.

– !! Ah ? »

Tandis que le vicomte redescendait la rue pour regagner sa voiture, tout en ramassant çà et là quelques papiers tombés des poubelles trop pleines, il entendait la vicomtesse insulter les automobilistes impatients.

« Tas de… Pendant que vous êtes là, confortablement assis dans vos fauteuils, à l'abri derrière vos ceintures de sécurité, il y en a d'autres qui bossent, qui recueillent vos déchets, vos détritus, qui vous déchargent de vos surplus ! »

Le concert de klaxons redoubla d'intensité.

Le vicomte monta dans son véhicule, oublia ostensiblement de boucler sa ceinture (par défi) et démarra en trombe.

Arrivé en haut de la rue, il rangea sa Mercedes à côté de la voiture-benne.

Il sortit de sa voiture, fit signe à la caravane de voitures qui remontaient la rue que la voie était dégagée.

« Suivant ! »

Chaque fois qu'une des voitures libérées atteignait le haut de la rue, le conducteur, en passant devant le vicomte, lui envoyait un coup de klaxon réprobateur.

« Rendez service aux gens ! » murmura-t-il.

« Suivant ! »

La dernière voiture qui lui passa sous le nez, ce fut… mais oui, ce fut la sienne !

Au volant de laquelle il eut le temps de reconnaître les trois sans-papiers qui fuyaient avec ceux (les papiers) de la Mercedes !

Il en eut le souffle coupé.

Il n'eut que le temps de crier :

« Ordures ! »

La voiture stoppa. La portière s'ouvrit et la vicomtesse fut éjectée sans ménagement.

Le vicomte se précipita et aida la vicomtesse à reprendre pied.

« Où sommes-nous ? dit la vicomtesse en jetant un regard circulaire.

– Nous sommes... dans l'embarras !

– Ah ! »

Un taxi s'arrêta.

« Vous êtes libre ?

– Non ! C'est l'heure du déjeuner. Tu es sur un emplacement réservé aux taxis. Allez, dégage ! dit le chauffeur.

– D'abord, monsieur, je vous interdis de me tutoyer ! Je suis le vicomte de La Vérandière.

– Oh pardon, môssieur ! Voulez-vous avoir l'obligeance de retirer votre tas de ferraille ?

– Eh bien, voilà ! » dit le vicomte.

Il grimpa dans la benne, se mit au volant et libéra la place.

Aussitôt, le taxi l'occupa.

Le vicomte fit signe à la vicomtesse qui attendait sur le trottoir :

« Alors, vous montez ? »

Il lui tendit la main. La vicomtesse la saisit. Il la hissa !

Après lui avoir baisé la main, il l'installa à ses côtés.

« Veuillez prendre place, madame ! »

Pendant qu'il y était, il reprit la direction du château des Tourelles.

En cours de route, il s'aperçut que la vicomtesse pleurait.

« Séchez vos larmes, vicomtesse ! Nous avons eu de la chance. Ils auraient pu vous garder en otage !

– Je le leur ai proposé. Ils n'ont pas voulu ! »

Et elle se mit à pleurer de plus belle !

Il y eut un silence.

« Décidément, dit le vicomte, ce genre de véhicule se conduit comme une Mercedes ! »

Pendant ce temps, au château des Tourelles, on s'impatientait.

« Ah, enfin un bruit de moteur ! Ce sont eux ! dit le baron.

– !! Non, monsieur ! répondit Amédée. C'est le fils du vicomte qui vient d'atterrir.

– Ah, le fou ! s'exclama le baron.

– Il a réussi à poser son vieux coucou dans l'allée centrale du parc.

– Au risque de se briser les os et d'abîmer mes parterres de fleurs ! » ajouta le baron.

C'est à ce moment qu'un jeune homme qui ressemblait à Mermoz, non parce qu'il était vêtu d'une combinaison d'aviateur, mais parce qu'il en avait le profil et les longs cheveux blonds...

« Bonjour, monsieur le baron !

– Bonjour ! »

Gilles retira son casque et ses grosses lunettes de pilote et les lança dans la direction d'Amédée qui les rattrapa au vol.

« Ah... et puis, tenez, Amédée ! *(Il y ajouta un trousseau de clés.)* Voulez-vous avoir l'obligeance de faire le plein...

– D'essence, monsieur Gilles ?

– Non ! De champagne ! Il est comme moi, il a soif ! »

C'est ainsi qu'une demi-heure plus tard, le baron de La Touche, qui attendait toujours son hôte sur le perron, le vit arriver, tout souriant, au volant d'une benne à ordures !

Il trouva l'idée originale.

« Tiens, cria le baron, vous avez une nouvelle voiture ?

– Je vous expliquerai ! cria le vicomte.

Je ne trouve plus la pédale de frein. *(Il semblait avoir quelque peine à s'arrêter.)* Ah, ça y est ! » dit-il.

La benne se souleva et déversa tout son contenu d'ordures !

Le vicomte descendit du camion et, constatant les dégâts :

« Ah ! J'ai eu tellement de mal à les ramasser ! »

Tandis que le vicomte entreprenait de remettre les déchets dans la benne :

« Laissez ! dit le baron. Joseph, mon jardinier, va s'en charger.

Soyez les bienvenus, mes chers amis ! »

Tandis que Gilles prenait le bras de sa mère, pour l'aider à gravir les marches du grand escalier, le vicomte glissait le sien sous celui du baron.

« Vous n'avez plus votre Mercedes ?

– Non, je l'ai prêtée à trois sans-papiers, des SDF qui voulaient rentrer chez eux. Ils m'ont confié leur véhicule. Cela va me permettre d'évacuer mes surplus ! Il faut dire, mon cher, que j'ai toujours eu des problèmes de déchets. Savez-vous que je n'ai jamais possédé de poubelle ?

– Bien sûr ! répliqua le baron. Il y a les sacs, mais ça fait charbonnier ! Ça marche à quoi, ce genre de véhicule ? s'enquit-il.

– Je n'en sais fichtre rien, mais ça roule ! »

La vicomtesse, ayant entendu, se retourna.

« Ça roule, certes, mais c'est un tape-cul !

– Tss ! Tss ! Excusez-la ! *(Il dit à l'oreille du baron :)* Elle ne pense qu'à ça ! »

Ils éclatèrent de rire.

La conversation se poursuivit à l'intérieur.

« Monsieur le baron et monsieur le vicomte sont servis ! » annonça Amédée.

Les susnommés passèrent dans la grande salle à manger, suivis pour ne pas dire poussés par les habitués de la cantine.

On ferma les portes.

On les rouvrit aussitôt pour laisser passer les épouses du baron et du vicomte qui, empêtrées dans leurs longues robes, étaient restées à la traîne.

Tout se passa comme prévu.

Le baron trouva la fève dans sa part de galette.

Applaudissements.

« Vive le roi ! »

Quelqu'un, près du baron, sortit de sa manche une couronne de carton encore pliée en deux et, après en avoir écarté les bords, la déposa sur la noble tête, un peu de travers… comme le veut l'usage pour que ce soit drôle, mais pas trop afin que le roi ne se sentît pas ridicule !

Aussitôt, les bouchons de champagne sautèrent !

On remplit les verres…

Le roi leva le sien, et dès qu'il le porta à ses lèvres…

« Le roi boit ! cria l'assistance.

– Le roi reboit !

– Le roi a bu !

– Le roi a rebu ! »

Dès que le roi eut trop bu, il raconta des histoires grivoises et entonna des chansons de corps de garde !

À la fin, il y eut un concours de souffle. C'est à celui qui soufflerait le plus fort et le plus vite dans les langues de belle-mère !

Le baron prétendant avoir un souffle à dérouler les cors de chasse, on le mit au défi !

On décrocha le cor de chasse qui ornait l'un des murs.

Le baron l'emboucha et souffla !

Comme prévu, le cor de chasse se déroula avec une violence telle que son pavillon fut projeté à quelques mètres de là…

Le drame, c'est qu'il revint (tel un boomerang) !

Le baron s'en trouva coiffé et sa couronne ébranlée !

À ce moment-là, le carillon du beffroi sonna minuit, suivi de « La République nous appelle » !

Instinctivement, chacun reprit en chœur :

La victoire en chantant… nous ouvre la barrière…

Le baron emboucha à nouveau son cor et, s'en servant comme d'un porte-voix, il cria :

« Vive Jeanne d'Arc ! »

Les parts de galette volèrent dans tous les sens, comme des tartes à la crème !

Le roi roula sous la table…

« Pour qui la galette des rois ? dit le vicomte.

– Pour moi ! » répondit le baron d'une voix étouffée.

Puis ce fut le silence radio.

Amédée se précipita sous la table, en extirpa le baron, redressa sa couronne… et emporta son maître dans ses appartements.

Il voulut asseoir le baron sur son lit, mais celui-ci se laissa tomber raide sur sa couche !

La couronne se redressant sur sa tête, telle une auréole, il joignit les mains et s'immobilisa à la manière d'un gisant !

La scène était si bien jouée que le majordome crut un instant que son maître était décédé. Il se mit à genoux et se signa.

Il veilla sur son maître comme il était de son devoir.

Lorsque celui-ci entrouvrit un œil, il demanda à Amédée s'il était le veilleur de nuit.

« Non ! Je suis votre majordome, monsieur !

– Appelez-moi Louis !

– Louis ?… Louis qui ? ne put s'empêcher d'ajouter Amédée.

– Louis XIII…

– Vous devez vous tromper ! dit le majordome.

– Ah, dit le gisant, alors Louis XIV ? »

Amédée fit non de la tête.

Le baron était de moins en moins sûr d'être un Louis.

« XV ? Non ?… XVI, alors ? »

Amédée comprit que son maître n'avait plus la tête sur les épaules.

« Qui suis-je ? » dit le baron.

Là, Amédée comprit que son maître avait besoin d'un électrochoc !

« Qui suis-je ?

– Vous êtes Jeanne d'Arc !

– Ah !… Où est mon fidèle archer Joseph ? »

Là, Amédée comprit que le baron délirait fortement.

« Et vous, qui êtes-vous ? demanda-t-il à son majordome.

– Moi ?… Je suis… *(Il voulait jouer le jeu :)* Je suis Charles VII !

– Ah, je vous avais reconnu, gentil dauphin ! dit le baron. Le roi des cieux vous fait savoir par moi que vous serez sacré et couronné en la ville de Reims, et vous serez lieutenant du roi des cieux, qui est roi de France. Permettez ! » ajouta-t-il en retirant la couronne en carton de sa tête et en la posant cérémonieusement sur le crâne de son majordome.

Amédée fit quelques pas en essayant, machinalement, de faire tenir la couronne en équilibre sur sa tête... comme il l'aurait fait avec un verre.

Puis, réalisant le ridicule de la situation, Amédée ne put supporter cette passation de pouvoir...

« Je ferai respectueusement remarquer à monsieur le baron qu'il est temps de se ressaisir. Vous n'êtes pas qui vous croyez ! Vous n'êtes que le baron Clément de La Touche ! »

Il regretta aussitôt cette restriction.

« Ah ! J'ai dû perdre la mémoire ! Rappelez-moi donc qui je suis ?

– Eh bien voilà, monsieur le baron, vous êtes le fils du baron Louis Charles Maximilien de La T... »

Voyant que le baron s'était endormi, Amédée éteignit la lumière et sortit sur la pointe des talons.

C'est dire qu'il ne contrôlait plus sa marche...

Il referma la porte et regagna sa propre chambre.

Dans la nuit, Amédée, entendant des coups frappés à une porte voisine, se leva et entrouvrit discrètement sa porte. Il vit le vicomte, en robe de chambre, frapper à la porte de la vicomtesse.

« Madame ! disait-il en tambourinant de ses deux poings sur la porte. C'est votre époux...

– Quoi ? répondit une voix sourde.

– La nature réclame ses droits ! »

Il y eut un silence, puis...

« Allez vous faire foutre ! » répondit l'objet de ses désirs.

Un temps.

« Ah... bon ! » fit calmement le vicomte, résigné, et il regagna sa chambre.

Amédée étouffa un sourire et réussit l'exploit de faire tout le tour du château pour souffler les mille deux cents bougies, puis il se laissa glisser le long du mur, à bout de souffle, et moucha la dernière !

Lendemain de fête

La porte principale du château s'ouvrit.

Apparut, dans la brume du petit matin, une silhouette fantomatique...

C'était Amédée, toujours premier levé.

Il s'arrêta sur le perron, passa ses deux mains sur son costume pour le défriper. Il n'avait pas dû le retirer pour la nuit...

Il s'étira. Sa tête, un peu branlante, essayait de maintenir, non plus la coupe traditionnelle, mais un tout petit verre qui avait servi aux liqueurs.

« Bonjour, Amédée ! » cria une voix.

Amédée tourna lentement la tête.

« Ah, c'est vous ? »

C'était Joseph, le jardinier, assis sur sa brouette.

Il portait en bandoulière un carquois rempli de flèches et tenait dans les mains un arc dont il resserrait la corde.

« Retirez ce petit verre que vous tenez en équilibre ! dit-il à Amédée. Il ne vous va pas ! Il fait riquiqui !

– Riquiqui vous-même ! C'est le seul verre qui ait échappé au carnage », dit Amédée en retirant de sa poche des confettis qu'il lança machinalement. Puis il continua de se vider les poches.

Il en sortit des bouchons de champagne, des serpentins de différentes couleurs qu'il déroula...

« Vous avez l'air de répéter un numéro de clown ! » poursuivit Joseph en bandant son arc et en fixant le verre qui se maintenait toujours sur le sommet du crâne d'Amédée.

La flèche partit. Le verre éclata et Amédée aussi !

« Imbécile ! cria-t-il. Vous auriez pu me crever un œil !

– Du moment qu'il vous en reste un pour le glisser dans les trous de serrure !

– Insolent ! dit Amédée.

– Chacun son numéro ! dit Joseph en armant à nouveau son arc.

– Stop ! Stop ! cria Amédée. À ce propos, j'ai des reproches à vous faire… Monsieur le baron s'est plaint de voir que l'un de ses nains qu'il affectionne tant a eu une oreille arrachée par une de vos satanées flèches. Je vous avais pourtant sommé de ne plus les prendre pour cibles !

– Ce n'est plus sur eux que je tire. C'est sur les pommes !

– Oui ! Mais arrêtez de les poser sur les têtes de ces malheureux nains que monsieur considère comme ses enfants…

– Ses bâtards, voulez-vous dire !

– Ah, je vous en prie ! Un peu de respect pour les extravagances de notre maître !

– D'ailleurs, maintenant, les pommes, je les tire directement sur l'arbre. J'ai cessé de jouer les Guillaume Tell. Cela ne m'amuse plus ! J'ai trouvé un jeu encore plus difficile…

– Quel est-il ?

– L'idée m'en est venue en voyant tomber une pomme !

– Comme Newton ?

– Plus forte, l'idée ! La pomme, je la perce avant qu'elle ne touche le sol, pendant "son court trajet de l'arbre à la terre" !

– Ce n'est pas parce que vous faites partie du club de tir à l'arc du canton, dont vous êtes, il faut bien le dire, un des meilleurs tireurs, qu'il faut abîmer toutes nos pommes !

– Taisez-vous ! Silence ! Il y a une pomme qui va tomber », dit Joseph tout en retirant de son carquois une flèche.

Amédée s'immobilisa pour empêcher le gravier de crisser.

Le jardinier encocha la flèche et banda son arc.

Amédée, malgré lui, retint son souffle.

Effectivement, une pomme se détacha.

Aussitôt, Joseph la cueillit en pleine trajectoire !

Soudain, un des volets d'une fenêtre du troisième étage s'ouvrit bruyamment.

« Tiens ? dit Joseph. Monsieur le baron ne s'est réveillé que d'un œil ! »

Brutalement, l'autre volet, poussé de l'intérieur, s'ouvrit, se détacha et s'envola…

« Ce n'est que le premier volet d'une longue série, murmura Amédée.

– Bon, je file ! » dit Joseph, et il s'éloigna avec sa brouette.

Clément de La Touche apparut à sa fenêtre, enveloppé dans une robe de chambre écarlate.

« Bonjour, Amédée ! Quelle heure est-il ?

– Bientôt 8 heures, monsieur le baron ! »

Clément *(romantique)* :

« Le soir qui tombe a des langueurs sereines !… »

Amédée *(précisant)* :

« Du matin, monsieur le baron !

– Ah, lève-toi, soleil !

– C'est fait, monsieur le baron !

– Merci, Amédée ! »

C'est alors que les 8 heures sonnèrent au clocher de Charleville.

Le beffroi enchaîna, selon l'ordre établi, sur la musique de « La République nous appelle… Sachons vaincre ou sachons périr… ».

« Faites taire cet effroyable beffroi ! s'emporta le baron. Il nous provoque ! Il nous démoralise ! Si ces républicains veulent vaincre à tout prix, c'est à leurs risques et périls !

– Que dois-je leur dire ?

– Qu'ils jouent *La Marseillaise*, comme pour le foot !

– !! Et s'ils refusent ?

– On supprimera le match ! »

On entendit tinter une clochette…

« Qu'est-ce que cette note discordante ?

– C'est la clochette du portail ! dit Amédée.

– !! Combien de fois faudra-t-il vous dire de faire harmoniser le son de la clochette à celui de la cloche ?

– C'est que, monsieur le baron, l'accordeur n'est pas de la paroisse… »

La clochette retentit de nouveau…

« Ce doit être le facteur, dit Amédée.

– Eh bien, allez ouvrir ! »

Comme Amédée tardait à revenir, le baron se pencha à la fenêtre et lui cria :

« Eh bien, Amédée, vous lisez mon courrier ?

– *(Se défendant :)* Monsieur le baron ! Je ne lis que ce qui est écrit sur les enveloppes ! Cela suffit à en connaître le contenu.

– Ah ! Y a-t-il quelques lettres parfumées ?

– *(Après avoir respiré chaque lettre :)* Non, monsieur ! À vue de nez, que des factures !

– Remettez tout de suite ces lettres dans leur boîte ! Ne me montez que les journaux !

– Bien, monsieur ! »

« Voici les journaux, monsieur !

– Eh bien, vous en avez mis, un temps !…

– Le temps de les repasser, monsieur…

– Pardon ?

– Le temps de leur donner un petit coup de fer.

– Vous repassez les journaux comme de vulgaires chemises ?

– Oui, monsieur !

– Depuis quand ?

– Depuis toujours.

– Mais pourquoi ?

– Afin de sécher l'encre d'imprimerie, qui serait susceptible de noircir vos doigts.

– Où avez-vous appris ça ?

– À l'école des majordomes ! Il est stipulé d'ouvrir les journaux, de leur donner un petit coup de fer, puis de les rétablir dans leurs plis, avant de les remettre en main propre au maître de maison. »

Amédée vit sortir par la grande porte le vicomte de La Vérandière, flanqué de son épouse.

Ils firent signe à Amédée d'approcher leur véhicule. Ils descendirent les escaliers et attendirent.

Amédée grimpa dans la benne, mit le moteur en route et l'avança jusqu'au pied des escaliers.

Amédée sauta de la cabine et laissa la place au vicomte.

« Vous partez déjà ? cria le baron du haut de sa fenêtre.

– Oui ! Je dois remettre cette benne-là où je l'ai prise ! Je vois que vos poubelles sont pleines, Amédée, profitez-en ! » dit le vicomte.

Ce que fit Amédée, qui ajouta :

« Vous allez faire le travail des ravisseurs de votre Mercedes ?

– Oui ! Le public n'a pas à faire les frais de mes déboires.

– Vous allez vider les ordures tout seul ? s'étonna le majordome.

– Non, la vicomtesse m'aidera ! Allez, montez, madame ! »

Celle-ci se rendit directement à l'arrière.

« Elle m'a vu faire à l'aller. Moi, je conduis... »

Il embraya aussitôt.

Amédée vit s'éloigner la benne avec, debout à l'arrière, la vicomtesse qui criait :

« Suivant ! »

Amédée resta cloué sur place...

« Ces deux-là, se dit-il, malgré leur sexe opposé, doivent s'entendre comme larrons en foire ! »

Comme Amédée s'apprêtait à fermer les grilles derrière eux, il vit arriver la limousine du maire...

« Ah, monsieur le maire ! Vous êtes attendu... Entrez ! »

La visite du maire

« Bonjour, monsieur le baron !

– Bonjour, monsieur le maire ! Heureux de vous accueillir au château !

– Merci de me recevoir !

– Je vous en prie. Voulez-vous vous asseoir ?

– Merci, monsieur le baron, mais j'ai très peu de temps. Je suis venu vous parler d'un problème préoccupant. J'ai une décision urgente à prendre. Je voudrais connaître votre avis.

– Si cela peut vous aider... je vous écoute.

– Voilà ! On veut imposer à notre modeste commune un terrain d'aviation.

– Quoi ? Un aéroport ?

– C'est beaucoup dire... Disons une piste d'envol et d'atterrissage.

– Cela me semble une heureuse initiative. Un terrain d'aviation à proximité... Pourquoi pas ? Ça peut avoir des avantages.

– Vous seriez donc plutôt pour ?

– Ah, je suis tout à fait pour. Où se situerait le terrain en question ?

– C'est là le hic...

– Ah ! Il y a un hic ?

– Le hic, c'est que nous aurions besoin de disposer d'un de vos prés...

– Lequel ?

– Celui qui est le plus près du château !

– Je vous le dis tout net : c'est non !

– À cause ?

– À cause de… à cause du bruit des moteurs ! J'ai horreur du bruit des moteurs d'avion !

– Il n'y aurait aucun bruit de moteur, il s'agirait uniquement de planeurs…

– Des planeurs ? Ah, cela demande réflexion… Des planeurs ! Effectivement, cela évolue silencieusement dans le ciel d'azur…

– Vous les voyez, ces grands oiseaux blancs, planer au-dessus de vos têtes ?

– Ce serait magnifique !

– Alors, c'est oui ? »

Le baron sembla réfléchir un temps.

« Vous me prenez pour un benêt ? Pour qu'un planeur puisse prendre son envol, il faut qu'il soit tracté par un avion ! Qui dit avion dit moteur ! »

Le maire s'était approché de la fenêtre.

« Dites donc, monsieur le baron, pour quelqu'un qui n'aime pas les moteurs, il me semble voir au bout de votre allée centrale un drôle d'oiseau ! »

Le baron rejoignit le maire :

« Un oiseau ? »

Le baron se sentit piégé.

« Oui ! ça, c'est un avion qui s'est posé en catastrophe…

– Ah oui ? Ça arrive ! Voilà qui n'arriverait pas si cet avion avait un endroit officiel pour se poser en catastrophe ! Savez-vous, monsieur le baron, que si cela se savait, ce serait pour le coup une catastrophe, pour vous ! Réfléchissez bien à tout ça !

– Je vous raccompagne. »

Le baron et Amédée accompagnèrent le maire jusqu'à la grille.

« Au revoir, monsieur le baron !

– Au revoir, monsieur le maire ! »

Le baron et Amédée échangèrent un regard.

« Ah, le salaud, dit le baron, il a cru m'avoir, et… il m'a eu ! »

Pendant ce temps-là, la vicomtesse et le vicomte, sur la route, au volant de la benne, s'arrêtaient régulièrement pour ramasser une poubelle, la vider et repartir…

C'est alors qu'en passant devant l'église Saint-Rémy :

« Stop, vicomte ! cria la vicomtesse en mettant le pied à terre. Regardez la voiture qui est garée près du parvis !

– Mais… c'est notre Mercedes !

– !! Que fait-elle là ?

– Mais c'est bien sûr ! Les éboueurs m'avaient dit qu'ils occupaient une église… Ils doivent être à l'intérieur. »

Il rangea sa benne près de la Mercedes, en descendit, vérifia si les portes de la voiture étaient fermées. Elles l'étaient.

« Attendez-moi dans la benne pour qu'on ne l'emmène pas à la fourrière ! Je reviens tout de suite. »

Il pénétra dans l'église par une petite porte capitonnée qui se ferma d'elle-même.

L'église semblait vide… apparemment.

Le vicomte s'avança sur la pointe des pieds, plongea machinalement sa main dans le bénitier, fit le signe de croix…

Il entendit une porte s'ouvrir, se glissa derrière un pilier…

Il vit le curé, les bras chargés de cierges qu'il déposa dans des casiers selon leur grandeur et leur prix…

Tout à coup, le curé prêta l'oreille. On remuait des chaises…

Intrigué, il chercha l'origine de ce remue-ménage.

Il distingua, sous la chaire, une silhouette.

« Qu'est-ce que vous faites là ? »

L'homme sortit de sa cache.

« Eh bien, je casse la croûte !

– !! Dans une église ?

– Eh bien, oui !

– Regardez, il y a des miettes partout !

– Je croyais que l'on pouvait apporter son manger.

– Enfin ! Imaginez que tous mes paroissiens en fassent autant ! La maison de Dieu n'est pas un réfectoire.

– Voulez-vous partager mon pain ?

– Du pain ? Je ne peux pas ! Je dois rester à jeun. J'ai encore deux messes à dire.

– Alors, un petit coup de blanc ?

– !! Je ne dis pas non ! »

Il saisit le gobelet de blanc que lui tendait l'homme et le but.

« Le mien est meilleur, dit le curé. Attendez ! »

Il se leva, alla fermer la petite porte, y accrocha une pancarte « Fermé pour cause de restauration », puis il se rendit à la sacristie et revint avec une burette de blanc.

« Goûtez-moi ça !

– Il n'est pas baptisé, au moins ? »

Ils éclatèrent de rire.

« Mais, dites-moi, vous n'avez rien d'un misérable !

– Je n'ai pas de papiers, c'est tout !

– Vous avez un métier ?

– Oui ! Je suis éboueur, mais on nous a volé notre benne !

– Oh, le culot ! s'écria le vicomte depuis le fond de l'église.

– !! Vous êtes aussi un éboueur ? demanda le curé au vicomte.

– !! Un éboueur ? Non, monsieur le curé, je suis le vicomte de La Vérandière ! dit-il en se montrant. Je viens rapporter à cet individu son outil de travail !

– Ah, c'est gentil ! dit l'éboueur. Moi, je vous ai ramené votre conduite intérieure.

– Puis-je vous demander où sont vos deux compères ?

- Ils ont déménagé. Ils habitent l'église du Sacré-Cœur.

- Pourquoi ? Ils n'étaient pas bien dans mon église ? s'inquiéta le curé.

– Si ! Mais…

– Dites-leur que je les invite à partager le pain et le vin quand ils voudront ! Et s'ils veulent amener leurs camarades, ils seront toujours bien accueillis dans mon église ! »

L'arrivée de Marie-Claire

La sonnette retentit pour la énième fois.

« Voilà ! Voilà ! » cria Amédée en se dirigeant vers la grille.

Il aperçut derrière les barreaux une jeune fille qui s'y accrochait en se hissant sur la pointe des pieds. Elle avait l'air d'un petit oiseau en cage. Elle paraissait observer les lieux.

« Vous désirez ?

– Excusez-moi de vous déranger...

– Qui êtes-vous ?

– Je suis hôtesse à l'office du tourisme. Peut-on savoir à qui appartient ce château ?

– À monsieur le baron Clément Marie Eudes Foulque de La Touche.

– Il ne fait partie d'aucun circuit ?

– Aucun, mademoiselle ! C'est un château privé.

– Pourrions-nous le visiter ?

– Qui, nous ?

– Vous voyez ce car là-bas, qui est arrêté sur le bord de la route ? »

Amédée se pencha dans la direction indiquée.

« Ce sont des touristes ?

– Oui, des touristes étrangers ! Ils insistent pour visiter ce château...

– Mais, mademoiselle, les visites sont interdites.

– Pourquoi ?

– Parce que c'est un vieux château. Il tient à peine debout. En fait, il tombe en ruine !

– Ce sont justement les ruines qui les intéressent ! »

Amédée réfléchit un bref instant.

« Ils sont combien ?

– Une trentaine !

– Qu'est-ce que c'est ? » cria le baron du haut de son balcon.

Amédée haussa le ton :

« Ce sont des touristes étrangers qui voudraient visiter vos ruines, monsieur le baron !

– Mes ruines ? Sacrebleu ! Par saint Hubert, qu'est-ce que vous attendez pour les faire entrer ? »

Aussitôt, l'hôtesse fit signe à ses clients d'approcher.

Le groupe de touristes, qui était descendu du car, s'empressa d'accourir.

« Soyez les bienvenus ! leur cria le baron de son balcon.

– Entrez, messieurs ! Les ruines sont de ce côté-là ! Elles jouxtent la chapelle. Faites attention ! On les confond facilement avec elle !

(Appelant :) Joseph ! Joseph, voulez-vous accompagner ces messieurs sur le site ? » dit-il.

Amédée referma la grille.

« Je vous accompagne, mademoiselle. »

Les touristes se précipitèrent dans la direction indiquée en ordre dispersé.

Pendant qu'ils s'égaillaient dans les ruines, le baron invita l'hôtesse à prendre le thé…

« Amédée, voulez-vous prendre le manteau de mademoiselle… ?

– Marie-Claire ! »

Le majordome se précipita, séduit par le charme et la beauté de la jeune fille.

Pendant ce temps, du côté des ruines, il se passait des choses…

Joseph, voyant des touristes se disperser au-delà des ruines, voulut les rassembler…

Il rata une ruine, comme on rate une marche, et tomba dans un cul-de-basse-fosse…

Dieu merci, deux d'entre eux s'en aperçurent, revinrent sur leurs pas et aidèrent le pauvre Joseph, qui était très mal en point, à en sortir…

Ils le ramenèrent dans la salle d'armes au moment où mademoiselle Marie-Claire s'apprêtait à prendre congé…

« Le temps de rassembler tout mon monde ! dit-elle.

– Déjà, dit poliment le baron.

– Hé ! Il faut rentrer à l'agence… »

Le baron remit lui-même le manteau parfumé sur les épaules de Marie-Claire, en lui murmurant :

« Mademoiselle, si vous avez d'autres touristes qui soient intéressés par mes ruines… »

Soudain la porte s'ouvrit sans préavis.

Apparut alors Joseph, soutenu par les deux touristes, le visage tuméfié et les habits en lambeaux…

Marie-Claire se précipita, aidée du baron visiblement bouleversé.

Ils l'allongèrent sur le canapé.

Gilles, l'aviateur, qui s'était installé au château, entra en coup de vent.

« C'est grave ? demanda-t-il, prêt à transporter Joseph dans son avion jusqu'à quelque infirmerie.

– Je ne pense pas, dit Marie-Claire.

– On peut s'en aller ? » dirent les deux touristes.

Amédée interrogea du regard le baron qui opina de la tête.

« Oui ! répondit Amédée. Merci, messieurs !

– Mademoiselle, dit Gilles, j'ai tout vu de ma fenêtre. J'ai le regret de vous dire que vos touristes sont en réalité des immigrés clandestins… »

Marie-Claire fondit en larmes.

« Mais vous n'y êtes pour rien, mon enfant ! dit le baron.

– Ce n'est pas ça ! C'est mon premier jour à l'agence. Après ce qu'il vient de se passer, ils ne me garderont pas… »

Amédée s'approcha du baron et lui murmura quelques mots à l'oreille.

« Ah, la riche idée qui vient de me traverser l'esprit ! dit le baron. Mademoiselle, si cela vous convient, je vous prends à mon service ou plutôt au service de ma mère. Vous serez, en quelque sorte, sa dame de compagnie.

— Oh, merci ! J'accepte avec joie !

– Je vous préviens que ce n'est pas une sinécure. Ma mère est capricieuse et son esprit est... disons instable, pour ne pas dire chancelant !

Quant aux immigrés, demanda-t-il à Gilles, où sont-ils donc passés ?

– Pour l'instant, ils se sont disséminés à l'intérieur des ruines... J'ai voulu les raisonner, mais ils n'ont rien voulu savoir ! "Nous sommes des réfugiés politiques, m'ont-ils dit. Nous réclamons l'autorisation de partir en Angleterre pour recouvrer notre liberté !"

– C'est leur droit ! dit le baron. S'ils veulent occuper mes ruines, en attendant de faire... la Manche, je n'y vois pas d'inconvénient, à condition de laisser mes ruines en l'état !

– Monseigneur, objecta le majordome, il faudra leur assurer la nourriture et le gîte...

– Avec les reliefs de nos repas, ils ne risquent pas de mourir de faim. »

Ainsi fut fait.

Et si bien fait que les clandestins s'organisèrent.

Ils aménagèrent l'écurie en salle de jeux.

On y donna des concours de fléchettes.

Le baron, féru de ce jeu, se rendit souvent, clandestinement, aux écuries pour y participer...

Attardons-nous un peu sur Marie-Claire, la dernière arrivée mais pas la première venue !

Comme on a déjà pu le constater, elle ne ménageait pas sa peine.

On l'a vu, lorsque Joseph fut blessé assez sérieusement : grâce aux bons soins de Marie-Claire, ses contusions disparurent assez rapidement.

Elle était toujours là quand il le fallait, qu'il s'agît de servir les autres ou de s'investir dans une action dangereuse, à tel point qu'elle était devenue l'âme du petit groupe !

De plus, elle était belle et attirante... Elle rayonnait...

Si bien qu'aucune décision importante n'était prise sans son avis.

Même Amédée, sans en avoir l'air, en tenait compte.

Monsieur le baron aussi.

Même madame la baronne, qui considérait Marie-Claire comme sa fille... C'était sa fille ! Elle s'était mis cela dans la tête. Elle avait virtuellement deux enfants, le premier qu'elle avait adopté, et l'autre, dont elle ne se souvenait plus dans quelles conditions...

Si bien que lorsqu'elle parlait à Marie-Claire de son défunt mari, le cher baron Louis de La Touche, elle disait : « Ton père, etc. »

Marie-Claire ne démentait pas. Elle n'avait jamais connu le sien. Elle avait donc adopté ce père qui lui tombait du ciel !

Courte canne

« Bonjour, madame la baronne...
– Bonjour, ma fille !
– Comment vous portez-vous aujourd'hui ?
– Pas bien ! Depuis que mon fils m'a offert une canne, je boite.
– Tiens ?
– Voyez ! *(Elle fit quelques pas.)*
– Effectivement ! Vous permettez, madame ? »
Elle prit la canne des mains de la baronne et fit quelques pas.
« Mais vous aussi, Marie-Claire, vous claudiquez !
– !! Il n'y a là rien de surprenant. Cette canne n'est pas à votre hauteur, ni à la mienne. Elle est beaucoup trop petite ! Voyez, elle ne touche pas le sol.
– Chaque fois que je m'appuie dessus, c'est comme si je ratais une marche !
– C'est pour cela que vous boitez !
– Il faudrait la rallonger d'un pied, ou raccourcir l'autre !
– !! Ou... changer de canne, tout simplement ! Laissez-la-moi ! Je vais m'en occuper, madame !
– Merci, ma chérie ! »
La baronne s'éloigna en boitant de l'autre pied...

La violoniste (talent caché)

Cet après-midi-là, la baronne recevait ses amies, comme elle le faisait jadis.

Elle renouait avec une tradition.

Marie-Claire avait tout préparé, les petits-fours, les pâtisseries, le thé et autres breuvages…

Et même une surprise à laquelle, évidemment, personne ne s'attendait !

En fin de soirée, la vicomtesse de La Vérandière demanda le silence. Elle ne l'obtint qu'en s'installant à la harpe… et en arpégeant quelques accords puis en terminant par quelques harmoniques, comme pour juger si la harpe était bien accordée.

Le silence se fit. Marie-Claire entra, tenant un violon d'une main et l'archet de l'autre. Elle salua.

Surprise, l'assistance applaudit.

On entendit quelques bribes de phrases :

« Ah, je ne savais pas qu'elle était musicienne !

– Elle joue du violon ?

– Où a-t-elle appris cela ?

– Elle nous l'avait caché, etc.

– Chut… Chut… silence ! Taisez-vous ! »

Marie-Claire laissa courir son doigt sur les cordes du violon pour en vérifier la justesse, glissa son violon sous le menton, posa la base de son archet sur l'une des cordes et attaqua.

On entendit un son d'une pureté rare…

C'était la musique de Mozart : « Mon cœur soupire ».

La salle, charmée, se mit à fredonner…

Mon cœur soupire
La nuit, le jour ;
Qui peut me dire
Si c'est l'amour ?
Qui peut me dire
Si c'est l'amour ?

Le concert terminé, une salve d'applaudissements éclata !

Quelle découverte ! Un vrai talent !

La baronne, les larmes aux yeux, voulut se lever pour féliciter sa « fille ».

Son entourage la soutint.

C'est alors que Marie-Claire le vit. À moitié caché par une tenture, Gilles applaudissait discrètement. Il lui sourit.

Doublement heureuse, Marie-Claire se précipita vers sa mère d'adoption et ce furent des embrassades à n'en plus finir…

Marie-Claire venait de rentrer dans la petite pièce qui lui servait de loge. Tandis qu'elle rangeait son violon, on frappa.

« Entrez !

– Bravo, Marie-Claire ! C'était magnifique !

– Venant de vous, cela me fait un immense plaisir. »

C'était Gilles, l'aviateur.

« Vous avez un réel talent ! dit-il. Après ce que je viens d'entendre, vous devriez continuer !

– Non, c'est trop tard ! Et puis, je suis utile ici, et heureuse…

– Moi, mon violon d'Ingres… c'est l'avion !

– Je sais. D'ailleurs, je sais bien des choses sur vous.

– Ah oui ?

– Votre père, monsieur le vicomte, nous parle souvent de vous. Tout petit déjà, vous aviez fabriqué un avion en bois…

– Ah, vous savez cela ?

– Oui ! Avec les planches du pigeonnier…

– C'étaient des pigeons voyageurs. Je ne les aimais qu'en vol ! J'imitais leur façon de prendre l'air, de regagner le sol…

– Vous ne deviez pas monter très haut !

– Dans mon esprit, si !

– Et vous atterrissiez au ras des pâquerettes ? »

Ils se mirent à rire.

Elle apprit que Gilles faisait ce qu'on appelle de la « haute voltige ». Il participait à de nombreux meetings.

Elle en vint à souhaiter d'assister à l'un d'entre eux.

C'est alors que la « loge » fut envahie par ses admiratrices…

Gilles leur céda sa place.

« Je vous dis adieu parce que je participe tout à l'heure à une démonstration aérienne. »

Il lança, avant de disparaître :

« Un jour, je vous emmènerai ! »

Enthousiaste, Marie-Claire lui fit signe qu'elle était d'accord !

Tout le personnel voulut assister au décollage.

Marie-Claire, infiniment triste de ce départ, voulut voir de la fenêtre de sa chambre l'envol de celui qu'elle appelait son cher cousin.

Gilles grimpa dans son avion.

« Contact ! » cria-t-il à Joseph qui lança l'hélice.

Au bout de deux, trois rotations, elle se mit à tourner dans un bruit d'enfer.

Gilles fit un grand salut de la main et se plaçant face au vent, dans l'allée centrale, il fonça vers la façade du château.

Au dernier moment, à la hauteur de la fenêtre de Marie-Claire, qui instinctivement s'en était éloignée, il s'éleva à la verticale, redressa l'avion à la hauteur des têtes des gens qui se jetèrent à terre…

Gilles vola un certain temps sur le dos.

On le vit se redresser et disparaître.

C'est alors que l'on entendit un grand bruit tandis que la cloche de l'église se mettait en branle.

Il y eut un silence puis des clameurs lointaines.

Chacun comprit qu'il s'était passé quelque chose.

Amédée se souvint des paroles du baron…

« En catastrophe ! En catastrophe ! »

La nouvelle s'était répandue comme une traînée de fumée.

Dès qu'elle apprit ce qui venait d'arriver à son cousin, Marie-Claire se fit transporter sur les lieux par Amédée.

Lorsqu'elle vit Gilles à cheval sur son coq, elle ne put cacher un sourire malgré son inquiétude, au moment où celui-ci, la voyant, poussa un « Cocorico ! ».

Malgré un bras qui semblait très abîmé, elle fut en partie rassurée.

Lorsque les pompiers arrivèrent, à grands coups de sirène, ils déroulèrent par habitude tous les tuyaux et arrosèrent la pointe du clocher, puis ils hissèrent la grande échelle.

Lorsqu'ils furent au dernier échelon, il manquait encore quelques mètres pour atteindre la flèche de l'église. Ils furent obligés de se faire la courte échelle pour dégager le pilote de sa dangereuse position… toujours à cheval sur le coq.

La foule s'était amassée sur le parvis de l'église et regardait, la tête en l'air, comme si c'était une apparition.

Le curé, qui n'avait jamais vu autant de monde devant la grande porte, se surprit à crier :

« Mes chers amis, entrez ! Vous verrez mieux de l'intérieur ! »

Stupeur des autorités découvrant que le pilote, légèrement blessé, n'était autre que le fils du vicomte !

Le maire, qui s'était déplacé, jubilait…

Voyant les deux ailes de l'appareil qui pendaient de chaque côté du clocher, il eut ce mot :

« Voilà qui apporte de l'eau à mon moulin ! »

Les pompiers, aidés du personnel hospitalier, descendirent Gilles sur une civière de fortune. Il avait perdu connaissance.

Amédée et Marie-Claire suivirent l'ambulance qui l'emportait rapidement à l'hôpital le plus proche.

Elle assista de loin à l'hospitalisation de Gilles puis s'installa dans la salle d'attente.

Amédée, qui avait son travail à faire, la laissa là, dans l'angoisse, lui promettant de revenir la chercher dans une heure ou deux.

« Ne vous dérangez pas ! dit Marie-Claire. Je rentrerai toute seule. »

Elle s'informa du docteur qui s'occupait de Gilles.

Quand elle le vit sortir de la chambre où il reposait, elle se précipita.

« Docteur, comment va-t-il ?

– Je pense qu'il s'en sortira !

– Ah, merci !

– Mais qui êtes-vous, mademoiselle ? »

Elle mentit :

« Je suis… sa fiancée…

– !! Sa fiancée ? Je suis désolé, mais sa fiancée ainsi que les parents du jeune vicomte sont déjà auprès de lui !

– !! Sa fiancée ?

– C'est ce qu'ils m'ont dit ! Je préfère vous prévenir… »

Tandis qu'il s'éloignait, Marie-Claire dut s'asseoir tellement ce qu'elle venait d'apprendre la bouleversait…

Sa fiancée ?

Elle comprit qu'elle s'était trompée sur les sentiments du jeune homme.

Après tout, il ne lui avait rien promis !

Elle demanda qu'on lui appelle un taxi.

« Il y en a en attente devant la porte. »

Dans le taxi qui la ramenait, Marie-Claire pensa que son pilote chéri s'était envolé dans la nuit à bord de son avion en bois, en compagnie de son pigeon voyageur...

Lorsqu'elle arriva au château, elle avait retrouvé son calme.

Elle monta dans sa chambre et rangea son violon dans sa boîte.

Longtemps, les deux grandes ailes de l'avion tournèrent autour de la flèche du clocher. On proposa au curé de les descendre de là.

Mais le prêtre refusa, affirmant que, depuis cet incident, il y avait plus de monde aux messes !

Transport

La baronne tricotait et Marie-Claire lisait.
Le calme régnait… apparemment…

Ces dames ne se doutaient pas que, derrière la porte, il se tramait quelque chose…

Le baron et son majordome discutaient à voix basse…

« Je pense, sans vous offenser, qu'il est préférable que je lui annonce…

– Non, Amédée ! C'est à moi de le faire.

– Saurez-vous trouver les mots ?

– Pour qui me prenez-vous ? C'est ma mère ! Je laisserai parler mon cœur…

– Excusez-moi, monsieur le baron ! »

Amédée ouvrit la porte. Le baron entra.

Marie-Claire se leva aussitôt.

« Restez assises, mesdames ! Bonjour, ma mère ! »

Il l'embrassa. Tandis qu'Amédée refermait la porte derrière eux…

« Ma mère, j'ai une grande nouvelle à vous annoncer… Nous avons décidé… de vous offrir… Dites-le-lui, Amédée !

– Madame la baronne, le baron a l'intention de vous offrir un moyen de transport… »

Elle leva les yeux, regarda son fils, posa son tricot sur ses genoux.

« Une trottinette, peut-être ?

– Mieux que ça, n'est-ce pas, Amédée ?

– Oui, madame la baronne ! Disons... C'est une petite voiture dernier cri !

– Un fauteuil ? demanda-t-elle.

– !! Plus roulant qu'un fauteuil, qui vous immobilise ! dit le baron.

– Saurai-je la conduire toute seule ?

– Euh... non ! Quelqu'un vous... pilotera !

– Me poussera, voulez-vous dire !

– Euh... oui ! Oh, un simple petit coup de pouce... ça part tout seul, ces engins-là !

– Ne vous fatiguez pas, mon fils !

– Ah, mais ce n'est pas moi qui pousserai ! dit le baron. Hein, Marie-Claire ?

– Si vous disiez carrément à madame votre mère de quoi il s'agit !

– Je le sais, ma fille, et je suis ravie ! Mes jambes ne me portent plus. Cette petite voiture me permettra de me déplacer à nouveau... Puis-je la voir ?

– Amédée, dit le baron, voulez-vous avancer le véhicule de madame ? »

Le majordome ouvrit les deux battants de la porte, ressortit et revint en poussant un fauteuil roulant, puis referma la porte derrière lui.

« Oh, qu'elle est belle ! s'exclama la baronne. C'est exactement ce que je souhaitais. Puis-je l'essayer ?

– Elle est à vous, mère ! » dit le baron.

Le majordome, avec l'aide de Marie-Claire, hissa la baronne sur le siège. Elle s'y sentit bien.

Marie-Claire lui fit faire le tour de la pièce.

« C'est une décapotable ! fit-elle observer.

– Oui ! La capote s'ouvre et se ferme comme un parapluie !

– Et la marche arrière ?

– Il suffit de tirer ! dit Marie-Claire. Voyez ! »

Elle fit quelques pas en arrière.

« Ah ! C'est automatique !

– Oui !

– Et… pour monter les escaliers ? »

Le baron et son majordome échangèrent un regard…

Amédée était en train de donner des ordres à la cuisinière pour le déjeuner lorsque Marie-Claire le rejoignit.

« Qu'y a-t-il, chère Marie-Claire ?

– C'est à propos de la baronne… Je n'ose pas en parler au baron, mais l'esprit de sa mère décline de jour en jour…

– Ah ?

– Pour la changer de son tricot, j'ai voulu lui faire visiter le château… Eh bien, elle l'a confondu avec Versailles !

– !! Je ne vois pas où est le mal !

– C'est qu'elle croit que son jardinier est Le Nôtre.

– C'est le nôtre. Je ne vois pas où est l'étrange ?

– Non, Amédée ! Elle a cru que le jardin, les allées tracées par Joseph étaient de l'époque de Louis XIV.

– C'est plutôt flatteur.

– Oui, mais elle a pris notre château pour celui de Versailles.

– Et alors ? Notre château peut supporter la comparaison.

– Oui ! Mais en plus, il a fallu lui montrer le Petit Trianon, les écuries, la chambre du roi… Maintenant, elle veut voir les cuisines… Il vaudrait mieux ne pas vous montrer…

– Je comprends.

– J'ai réussi à éviter les ruines, en lui promettant que, dans un prochain voyage, on irait visiter celles de Pompéi, bien supérieures !

– Taisez-vous, Marie-Claire ! Vous allez faire de la peine au baron. Tout cela, dit Amédée, pour me dire quoi ?

– Qu'en une phrase, pardonnez-moi l'expression, madame la baronne perd la raison ! »

Le baron ouvrit tout grand les deux battants de la porte et s'effaça pour laisser passer la voiture poussée par Marie-Claire.

« Entrez, mesdames ! »

Marie-Claire heurta légèrement le bas de la porte...

« Où sommes-nous, ici ? demanda la baronne.

– De retour au château ! répondit Marie-Claire.

– Ah... le voyage m'a semblé court...

– C'est que vous avez dormi pendant tout le trajet...

– J'aime ces voyages au long cours en deux-roues... ça roule aussi bien qu'un quatre-quatre et cela consomme moins de carburant !

– Comment se porte ma mère ? dit le baron.

– Difficilement, je suis fourbue !

– Ah ! Qu'avez-vous fait aujourd'hui ?

– Je me suis promenée dans ma voiture. Le jardinier, Joseph, a eu la gentillesse de me faire faire le tour des parterres de fleurs. Elles sont magnifiques. Je suis encore tout imprégnée de leurs parfums...

– Ah ! Avez-vous vu mes nains ?

– Vos mains ? »

Marie-Claire glissa à l'oreille de la baronne :

« Non, ses nains de jardin !

– Ah, dit la baronne, ses fils adoptifs ?

– Oui ! dit le baron. Comment les avez-vous trouvés ?

– Grandis ! Je crains qu'il faille rallonger les gants que j'ai tricotés pour eux !

– !!

– Marie-Claire, apportez-moi mes aiguilles, je vous prie... Cela dit, ma chère fille, je vous trouve distraite en ce moment. Cela fait plusieurs meubles que nous heurtons sans avoir la priorité ! »

La mort de la baronne

Marie-Claire fit irruption dans la pièce.

« Monsieur le baron ! Monsieur le baron !

– Qu'y a-t-il, Marie-Claire ? Eh bien, parlez !

– C'est affreux ! C'est affreux ! Madame la baronne...

– Eh bien quoi ?

– Elle a voulu se lever de son fauteuil et elle s'est pris les pieds dans la couverture qu'elle était en train de tricoter... Elle ne bouge plus ! Venez vite ! »

Le baron suivit Marie-Claire.

Arrivés sur les lieux, il vit la forme d'un corps allongé, recouvert d'une couverture...

Il se précipita et souleva un coin de la courtepointe...

Il la lâcha aussitôt...

« Mon Dieu ! »

Le baron demanda de l'aide.

L'ensemble du personnel se précipita.

On transporta la baronne dans sa chambre.

Alerté, le médecin accourut à son tour.

Il ne put que constater le décès.

Il lui retira, non sans peine, les deux aiguilles à tricoter qu'elle tenait encore serrées dans ses mains.

Amédée, machinalement, regarda sa montre.

Les aiguilles de la montre marquaient la même heure que les aiguilles de feu madame la baronne !

Il en fut fort troublé mais garda cette « étrangeté » pour lui…

Le baron se pencha, souleva délicatement la baronne et déposa un baiser sur son front.

« Maman ! » murmura-t-il en larmes.

Amédée remarqua que c'était la première fois que le baron Clément de La Touche appelait sa mère (adoptive) « maman »…

Le défilé

C'est aujourd'hui que l'on enterre la baronne.

Ça tombe mal.

C'est aujourd'hui aussi que les gens du pays ont décidé de défiler en masse dans les rues pour revendiquer le droit de défiler !

« Il ne se passe jamais rien dans ce bled ! dit l'un.

Nous restons cloîtrés dans nos maisons ! dit un autre. Quand nous sortons dans la rue, c'est pour faire nos courses ou simplement nous promener... Aucune réjouissance officielle, aucune ducasse ! Aucun festival, aucun carnaval !

– Nous voulons un carnaval, comme Nice a le sien et comme Venise et Rio de Janeiro ! Même la mode a son défilé ! Et le trône sa foire ! »

Mais, pour cela, il fallait une date.

Ils voulaient une date, leur date...

Le 14 juillet, c'est une date ! Mais elle était déjà prise...

Le 11 novembre ? Aussi !

Le 1er mai ? C'est la fête du travail, une fête qui ne les concerne pas...

C'est précisément en ce jour de deuil que les habitants ont choisi de défiler.

La manifestation partit de la place du Marché, fit le tour de l'église.

C'est alors qu'il se produisit un événement qui compromit le succès de la fête...

Arrivé au croisement des deux rues principales, le défilé vit surgir, sur sa droite, le cortège funèbre de la baronne Eugénie de La Touche.

Au premier rang, se trouvait le baron Clément.

Suivaient Amédée, Joseph, Marie-Claire et les familiers du château.

Le délégué syndical, qui s'était autorisé à prendre la tête de la manifestation et scandait la marche au rythme du tambour à l'aide d'un brigadier de théâtre, fit signe de laisser le passage comme il l'avait vu faire maintes et maintes fois par les agents de la circulation.

« Cédez ! Cédez ! » criait-il au croque-mort, ainsi qu'il l'avait lu souvent sur les panneaux de signalisation.

« Cédez le passage ! Priorité au carnaval ! criaient les manifestants.

– Priorité au défunt ! répliqua Amédée. Aujourd'hui, c'est jour de deuil !

– Cédez ! criait le délégué syndical.

– Ne cédez pas ! disait le baron.

– Cé-dez ! Cé-dez ! » scandait la foule.

Personne ne voulait céder !

Appelés en renfort, les gendarmes s'interposèrent.

Lorsqu'ils virent qu'un groupuscule portait un brassard identique, noir de surcroît, ils crurent qu'il s'agissait d'un nouveau parti politique…

« Dispersez-vous ! » cria le brigadier-chef.

Les gendarmes sortirent des matraques de sous les manteaux et se mirent à taper sur tout ce qui bougeait…

Lorsque la maréchaussée découvrit dans la voiture un cercueil :

« Qu'enfermez-vous là-dedans ? Dans cette caisse ?

La baronne Eugénie, ma mère… dit le baron Clément de La Touche.

– La baronne ? Facile ! dit l'un des gendarmes qui se mit en devoir de soulever le couvercle.

– Qu'est-ce que vous vous permettez de faire ?! s'écria le baron.

– La routine ! répliqua l'interpellé. On tire sur tout ce qui bouge… *(Voyant une femme allongée :)* Oh ! Mais c'est la baronne ! Allez, sortez de là, madame, je vous ai vue !

– Vous voulez tirer sur quelqu'un qui ne bouge plus ? La baronne est décédée ! dit Amédée.

– Cé-dez ! Cé-dez ! » continuait la foule.

Le chef, appelé à la rescousse, constata :

« Elle est morte... »

Le bruit se répandit comme une traînée de poudre...

« Il y a déjà un mort ! »

Pris de panique, le cortège se disloqua...

Le tricot hanté…

Le baron ne s'était jamais tout à fait remis de la mort de sa mère. Elle avait laissé des séquelles.

Parfois, il prétendait voir les deux aiguilles à tricoter qui soutenaient la courtepointe inachevée accrochée au mur parmi les trophées (entre la tête de cerf et la gueule de loup) se battre en duel («croiser le fer», disait-il)…

«Allons, monsieur le baron, ce n'est qu'une impression… lui disait Amédée.

– Non ! répondait-il. J'entends les cliquetis ! »

L'étrange, c'est que la cotte de mailles (en laine) s'allongeait jusqu'au point de toucher le sol…

L'illusion devenait collective !

La délégation

Dans son bureau, le baron était en train de faire une réussite. On frappa.

« Entrez ! »

C'était Amédée.

« Excusez-moi de vous déranger, monsieur le baron, c'est une délégation.

– !! Que veulent-ils ?

– Vous parler.

– J'imagine. À propos de quoi ?

– Du terrain d'aviation !

– J'ai déjà donné ma réponse. C'est non !

– Ils insistent.

– C'est bien ce que je leur reproche. Faites-les entrer !

– Bien, monsieur ! »

On entendit la voix lointaine d'Amédée :

« Messieurs, monsieur le baron vous attend. »

Ils entrèrent.

« Merci de nous recevoir, monsieur le baron !

– Pour être franc, ce n'est pas de gaieté de cœur…

– Nous le savons, mais nous insistons.

– C'est toujours à propos du terrain d'aviation ?

– Oui ! N'oubliez pas que, au moment où nous vous avons demandé de céder votre champ de pâquerettes, vous nous l'avez refusé… De toute façon, nos planeurs prendront votre champ, en douceur, rassurez-vous ! Ce sera une simple formalité. Il n'y aura pas de sang versé.

– Alors, répondit le baron, nous sortirons nos chiens de chasse, nos cors de chasse et nous chasserons vos cerfs-volants jusqu'à l'hallali ! »

Devant un pareil trait, les émissaires de la ville ne purent s'empêcher d'applaudir…

« Ce ne sont pas vos traits d'esprit qui nous empêcheront d'occuper le terrain ! » dit l'un d'eux.

Amédée *(intervenant)* :

« Je me permets de vous signaler, monsieur le baron, que la chasse n'est pas encore ouverte. Ce serait illégal !

– Eh bien, nous entrerons dans l'illégalité ! Comme l'a écrit Courteline : "Il suffit neuf fois sur dix à un honnête homme échoué dans les toiles d'araignée du Code de se conduire comme un malfaiteur pour être immédiatement dans la légalité !"

Amédée, veuillez raccompagner ces messieurs ! »

Le baron sortit une carte du jeu, l'aligna sur les autres.

C'était un as de trèfle.

« Tiens ? La prochaine fois, on plantera du trèfle ! »

Devant l'entêtement du baron à refuser de céder son terrain, la ville voulut le réquisitionner…

Le baron « campant » sur ses positions, la commune déclara tout simplement la guerre au baron !

Conseil de guerre

Le baron Clément réunit dans la salle d'armes tous ses nouveaux combattants dont un ancien, Joseph, qui avait été brancardier dans d'autres conflits... simplement parce qu'en tant que jardinier, il avait l'habitude des brancards (de sa brouette).

Il y avait là tous les archers du club des Arcs-en-ciel.

« Messieurs, dit Amédée, formez un arc de cercle ! Le baron a quelque chose à vous communiquer. »

Le baron, ému, s'éclaircit la voix :

« Mesdames et messieurs... *(Se rendant compte de l'absence de femme :)* C'est à vous, messieurs, que je m'adresse ! La guerre est déclarée...

– Qui a eu l'audace de faire cette déclaration ? dit quelqu'un.

– Le maire de notre commune.

– Et pourquoi ?

– Amédée, dites-leur pourquoi !

– Parce qu'il voulait réquisitionner notre champ de pâquerettes pour en faire un terrain d'atterrissage pour des planeurs ! évidemment, monsieur le baron a refusé... »

Le baron reprit la parole :

« Amédée, faites donner la sirène !

– Mais, maître, vous allez alarmer tout le canton !

– C'est ce que je veux ! Nous allons faire une démonstration de force !

Ah, les gens manquent de défilés ? Eh bien, ils vont en avoir un ! En tête, les lanceurs de fléchettes, précédés de leurs cibles mouvantes portées par des gens qui les auront accrochées dans le dos...

– Il y a des risques...

– Il faut en prendre... C'est la guerre !

Secundo, le gros de l'armée des archers, qui feront semblant de bander leurs arcs... Cela pourrait être du plus bel effet dissuasif !

Tertio, la grosse artillerie, les porteurs de lance-pierres qui lanceront en l'air des œufs pourris, pour ne blesser personne...

– Il y aura des retombées...

– Obligatoirement ! C'est la guerre !

– Et si l'ennemi n'est pas impressionné ?

– Nous allons opposer une résistance à toute épreuve...

– Avec quoi, monsieur ? Nous n'avons pas la maîtrise des airs !

– Non ! Mais nous avons l'arme absolue : le mépris ! Nous allons faire comme si nous n'étions pas là, de sorte que s'ils nous cherchent, ils ne nous trouveront pas ! »

Départ pour le front

« Monsieur le baron, tenez-vous prêt, tout équipé, dans la salle d'armes, sur le pied de guerre !

Je passerai vous chercher et nous nous rendrons ensemble là où ont lieu les hostilités !

Je vous y guiderai parce que c'est assez compliqué.

On risque de se perdre. Le terrain n'est pas balisé.

– Bien, répondit le baron, je serai sur le qui-vive ! »

Ils employaient tous les deux un langage militaire.

Un peu plus tard, lorsque le valet arriva dans la salle d'armes, croyant y trouver son maître mais n'y voyant personne, il appela :

« Monsieur le baron ! »

Une voix sourde et étouffée parvint aux oreilles d'Amédée, puis un bruit de casseroles…

C'était l'armure qui venait de choir, à l'intérieur de laquelle il y avait le baron… de pied en cap !

La guerre silencieuse

L'attaque était imminente.

De quoi s'agissait-il ?

D'une guerre sournoise, sans bruit ! Sans coups ni de semonce, ni de canon, ni d'armes à feu…

C'était une guerre de plein air, par beau temps.

Pour les planeurs, c'était une guerre ciblée.

Pour les archers, une guerre fléchée !

Il ne fallait pas rater la cible !

Du haut de leurs planeurs, il s'agissait de repérer, parmi tous les champs appartenant au baron, le champ de pâquerettes qu'il fallait envahir par surprise.

Les pilotes, qui s'attendaient à voir une armée de paysans défendre leur champ avec des fourches, voyant le champ libre, décidèrent d'atterrir en douceur.

Ce qu'ils ne savaient pas, c'est que dans le champ voisin, le champ « Van Gogh » où ondulaient les soleils, se dissimulait une armée d'archers qui attendaient, l'arc au pied et la flèche à la main, prêts à en découdre. Une fleur de tournesol plantée à la pointe de leur arc comme une fleur au fusil rendait cette armée invisible.

C'était une astuce, une ruse de guerre…

Aussitôt, l'escadrille des planeurs fonça en vol plané sur le terrain, au ras des pâquerettes.

Aussitôt, une pluie de flèches s'abattit sur l'assaillant, trouant les ailes de part en part.

On n'entendait que les arcs bander et les flèches siffler.

Une grande partie des planeurs se posèrent en catastrophe, comme des oiseaux blessés.

D'autres atterrirent dans le champ de roseaux, qui plièrent mais ne rompirent pas !

Il n'y eut qu'un seul blessé, le baron, transpercé par une flèche perdue tirée par un archer qui manquait d'adresse !

Comme il avait été convenu entre les parties adverses que le combat cesserait au premier sang versé, on arrêta les hostilités.

« Nous renonçons à votre terrain, baron !

– Si vous me l'aviez demandé gentiment… » balbutia le baron, tandis qu'on l'emmenait vers l'hôpital le plus proche.

La bataille terminée, le terrain fut aussitôt envahi par la presse et les photographes du monde entier, pour filmer ou rapporter le résultat de cette guerre silencieuse qui avait fait tant de bruit et un seul blessé !

L'hospitalisation

Le baron gisait sur son lit d'hôpital, recouvert d'un drap... Allongé sur le dos, les mains jointes, dans la position d'un gisant, était-il mort ou le faisait-il ?

Du moins devait-il en avoir l'illusion.

Il se sentait figé pour l'éternité, comme un roi de France ou une reine de Navarre au-dessus de leur tombeau.

Pourquoi au-dessus ?

Parce que ce lit n'était pas à la mesure du baron...

C'était du prêt-à-coucher.

Les infirmiers avaient bien tenté l'impossible...

Mais quand ils étaient arrivés à faire rentrer les pieds derrière les barreaux du lit, c'était la tête qui ressortait !

Le baron entrouvrit les yeux.

La première chose qu'il vit devant lui, ce fut une poire !

Une poire qui ne tenait que par un fil...

Il faillit la cueillir... comme une pomme !

Dès qu'il la prit en main, une sonnerie retentit au loin.

Aussitôt une porte s'ouvrit et un visage apparut.

« Vous avez appelé ?

– Oui ! Quelle heure est-il ?

– Il est 8 heures, monsieur !

– Le soir qui tombe a des langueurs sereines...

– Du matin, monsieur !

– Ah ! Lève-toi, soleil ! » tonitrua le baron.

« Il délire… » pensa l'infirmière.

Elle s'approcha et retira la poire de la main du baron.

« Ah ! C'est vous, chérie ? » dit-il.

Il se poussa sur le côté du lit pour lui faire de la place.

Elle fit semblant de ne pas s'en apercevoir, mettant le geste sur le compte de la fièvre…

« Que désirez-vous ? dit-elle.

– Un grand lit, pour deux personnes !

– Nous n'avons pas de grands lits !

– Alors, deux petits lits pour une personne !

– Je demanderai qu'on vous les installe. »

Elle enchaîna :

« On va vous faire une transfusion sanguine…

– C'est-à-dire ?

– C'est-à-dire que l'on va remplacer une partie de votre sang par du sang neuf !

– !! Pas si vite ! Le sang neuf, d'où vient-il ?

– Comment ?

– Oui ! D'où sort-il ? Quelles sont ses origines ?

– !! Je ne sais pas, moi… C'est le sang de tout le monde…

– Sa couleur ?

– Rouge !

– Désolé, mademoiselle ! Mais le sang qui coule dans mes veines est bleu !

– Alors, pour la transfusion ?

– Il me faut du bleu ! »

Une des infirmières dit à l'autre :

« Tu sais où est le bleu ?

– Non ! Nous n'avons que du rouge ! »

Le baron :

« Du gros rouge ! de l'ordinaire ! du tout-venant ? Non, madame !

– Du sang, c'est du sang !

– Palsambleu, mademoiselle ! Ne mélangez pas les torchons avec les serviettes... Ne mêlez pas le sang d'un noble avec celui d'un roturier ! »

Les infirmières se consultèrent.

« Alors, dit l'une, il faut trouver des donneurs de sang bleu ! »

L'autre ironisa :

« Monsieur préfère du bleu ciel ou du bleu marine ?

– Du bleu roi ! Si vous voulez, je peux lancer un appel à mes nobles amis...

– Les croyez-vous prêts à se saigner aux quatre veines pour vos beaux yeux ?

– Par saint Clément, oui !

– Alors, faites-les venir ! »

L'infirmière posa sur le lit du baron un téléphone portable et sortit, ainsi que sa collègue !

Recherche de sang bleu

Il composa aussitôt un numéro…

«Allô? Allô, marquis de La Pointe? Dites-moi… Si ma mémoire est bonne, nous sommes frères de lait… Eh bien, soyons-le de sang! Oui, il m'en faudrait un demi-litre! Non, pas de lait, de sang! Frais, cela va de soi! Ah! *(Déçu :)* Ça ne fait rien. Adieu, mon cousin!

– Alors? dit l'infirmière en passant la tête.

– Il a commencé par marchander… J'ai horreur de ça!»

Clément de La Touche composa un autre numéro.

«Allô? L'archiduc? Salut, archi! Dites-moi, très cher, j'aurais besoin d'une pinte de bon sang! Mais non, je ne plaisante pas! Pouvez-vous me passer un peu du vôtre pour renouveler le mien? Oui, du bleu! Ici, ils n'ont que du gros rouge! Oui, du gros qui tache! Vous ne pouvez pas? Mais si, je vous crois! Bon sang ne saurait mentir!»

Il raccrocha.

L'infirmière :

«Le sang bleu se fait rare, ce me semble…»

Clément de La Touche composa fébrilement un autre numéro.

«Allô? Le général de Beaupré de La Grenaille? Dites-moi, mon général, seriez-vous disposé à donner un quart de votre sang pour une noble cause? Quoi? Non seulement un quart mais des gamelles et des bidons? Je n'en demande pas tant. Comment? Qu'un sang impur abreuve nos sillons ? Mais non ! Ce n'est pas pour la France, c'est pour moi ! Ah, vous avez déjà donné ? Je ne m'en souviens pas… Ah, vous en avez assez versé comme cela ? Oui ! Eh bien, bon repos, général ! »

En dernier ressort, le baron téléphona à son ami le vicomte de La Vérandière qui lui répondit :

« Si c'est pour vous, baron, j'accours ! »

Il avait à peine raccroché que l'infirmière frappa et, sans attendre la réponse, entra…

« Palsambleu, ça y est, mademoiselle ! J'ai un donneur ! dit le baron.

– Ah, tant mieux !… Monsieur, il y a là un prêtre qui désire s'entretenir avec vous.

– Déjà ?!

– Il dit que c'est urgent.

– !! »

Le baron reprit sa pose de gisant.

« Qu'il entre ! »

Le prêtre poussa la porte que l'infirmière avait laissée entrebâillée.

« Excusez-moi ! Bonjour, monsieur ! J'espère que je n'arrive pas trop tard !

– Trop tôt à mon gré ! dit le gisant.

– Redressez-vous ! Je ne suis pas venu vous donner les derniers sacrements… »

La révélation du curé

« Ah bon ! »
Le baron s'assit à nouveau sur son lit.

« C'est à propos de la transfusion sanguine…

(S'adressant à l'infirmière :) Monsieur le baron n'a pas encore été transfusé, j'espère ?

– Non ! Il y avait un problème…

– Mademoiselle, voulez-vous nous laisser seuls, monsieur le baron et moi, je vous prie ? »

L'infirmière, sans répondre, disparut.

« Monsieur le baron, je viens vous apporter la bonne nouvelle…

– Ne me dites pas que le sang du Christ est bleu ? »

Le curé se mit à rire.

« Je vois que vous avez encore la force de plaisanter…

– C'est la seule force qui me reste, mon père !

– Mon fils, je suis venu vous révéler un secret… Celui de votre naissance ! Voilà, en un mot comme en cent, votre sang n'est pas bleu !

– Comment ? »

Le baron avala sa salive et devint blême…

« Comment ? D'où tenez-vous ça ? Aurais-je été déjà transfusé ?

– D'une certaine manière, oui ! Vous êtes un enfant trouvé…

– Moi, fils du baron Louis Charles Maximilien de La Touche, je serais un enfant trouvé !

Faites venir mon majordome ! cria le baron.

(Au curé :) Vous allez répéter devant lui ce que vous venez de me dire ! »

Le curé *(effrayé)* :

« Je ne fais que dire la vérité. »

Amédée entra.

« Amédée, vous qui avez été témoin de toute mon enfance, qui avez été mon précepteur et connaissez tout de moi, dites à cet abbé que ses accusations sont fausses !

– Eh bien oui, dit le curé, vous savez bien, monsieur Amédée, que c'est un enfant trouvé ! »

Le baron se leva de son lit et se précipita à la gorge du prélat.

« Répétez ! criait le baron *(hors de lui)*, suppôt de Satan ! »

Le curé se signa.

« Il est devenu fou ! » cria l'infirmière.

Elle ouvrit la porte donnant sur le couloir.

« Infirmiers ! Infirmiers, vite ! »

Elle referma la porte, se saisit d'une seringue, s'approcha du baron et lui administra un calmant.

Le baron, sous l'effet de la piqûre, se calma...

« Reu-a ! Reu-a ! » dit-il d'une voix d'enfant.

Il prit sur une petite table une poignée de seringues, visa la feuille de température qui était accrochée au pied de son lit et lança les seringues comme des fléchettes...

Il retira les seringues de la feuille et les tendit à Amédée :

« À vous ! »

Amédée prit les seringues et les reposa sur la table.

Deux infirmiers arrivèrent et se saisirent du baron.

Aussitôt placé sur un brancard, il se redressa...

On l'y maintint allongé et on l'enferma dans l'ambulance.

Comme il se débattait tel un beau diable, on lui passa la camisole de force.

L'ambulance démarra.

Les choses se passèrent si vite qu'Amédée et Joseph, qui auraient voulu accompagner le baron, restèrent sur le trottoir !

Pendant le trajet, Clément de La Touche s'intéressa à la camisole et l'examina sous toutes les coutures...

Il conclut par :

« Il y a un truc, hein ? »

Ce qui déclencha un fou rire chez les gardes !

Comme il se sentait en sécurité dans sa camisole, il se mit à regarder défiler le paysage.

« Où m'emmenez-vous, là ?

– Dans une maison de repos ! » lui répondirent-ils.

Chose étrange, plus on s'approchait de l'asile psychiatrique, plus l'environnement semblait contaminé par un vent de folie...

Les nuages formaient des spirales, des tourbillons, comme dans un tableau de Van Gogh !

L'asile

Les herbes devenaient folles...
Les feuilles des arbres se hérissaient...

Enfin, ils arrivèrent.

Le baron avait réussi à se défaire de la camisole de force.

Il avait trouvé le truc.

Gardiens et infirmiers voulurent le connaître.

Il dut remettre et retirer la camisole plusieurs fois.

Tout le personnel voulant « trouver le truc », on rassembla toutes les camisoles disponibles, et chacun s'y essaya...

Personne n'ayant trouvé la solution, le service fut entravé et certains terminèrent la journée les bras croisés.

Le baron, voyant qu'on voulait l'enfermer, cria :

« Je ne suis pas fou ! »

Aussitôt, spontanément, d'autres voix firent écho à la sienne...

« Moi non plus ! »

« Moi non plus ! »

Les « moi non plus » se répercutaient jusqu'au fin fond des couloirs et à l'intérieur du bureau du directeur qui criait plus fort que les autres :

« Moi non plus ! »

Ce matin-là, et pour la première fois, le baron fut autorisé à prendre l'air, à faire un tour dans le parc, sous surveillance, bien entendu.

Pendant sa promenade, il vit sur un banc un type qui soliloquait...

Le baron s'approcha.

« J'entends que vous parlez tout seul… Peut-être avez-vous besoin d'un interlocuteur ?

– Oh ! Ici, monsieur, il n'y a pas d'interlocuteur valable.

– Si, moi ! Je peux vous donner la réplique.

– Vous ne connaissez pas mon texte !

– De quoi s'agit-il ?

– De questions qui n'ont pas de réponse et que je continue de me poser !

Attention ! Mes questions ne sont pas absurdes. C'est le fait de continuer de me les poser, sachant qu'elles n'ont pas de réponse, qui est absurde ! Exemple : qu'est-ce que l'imaginaire ?

– L'imaginaire ? C'est un monde que l'on recrée à partir d'images du réel déformées !

– Donc, c'est un monde différent.

– Évidemment !

– Eh bien, moi, monsieur, j'ai essayé de les faire cohabiter…

– Et vous y avez réussi ?

– Non, monsieur ! Je me suis court-circuité… J'ai pété les plombs et je me suis retrouvé ici ! »

Une voix dans le haut-parleur de la cour :

« On demande monsieur le baron chez le directeur !

– Ah ! Excusez-moi ! C'est pour moi. Salut l'ami ! » dit le baron en s'éloignant.

« Encore un, dit l'homme du soliloque, qui se prend pour un baron et qui prétend qu'il n'est pas fou ! »

Arrivé dans le bureau du directeur…

« Puis-je vous faire confiance ? dit celui-ci au baron.

– Certainement, monsieur le directeur !

– Voilà ! Je projette de m'évader de cet établissement déraisonnable…

– !! Cela ne doit pas vous être difficile !

– Ne croyez pas ça ! On me surveille par tous les trous de serrure ! Alors, voulez-vous faire la belle avec moi ?

– Bien sûr !

– J'ai tout prévu… Nous fuirons à cheval !

– Vous disposez de chevaux, ici ?

– Évidemment, non ! Mais nous avons deux fous à lier qui se prennent pour des chevaux… des pur-sang ! Ce sont deux cavaliers hors pair. Ils ont déjà opéré deux sorties. Le plus étrange, c'est qu'après chaque cavale, ils ont regagné leur paddock !

– Mais pourquoi ?

– L'avoine, monsieur, l'avoine !

– Ils l'ont mangée ?

– Non ! Mais ils l'ont prise ! Ils aiment être fouettés !

– C'est pour quand, cette petite sauterie ?

– C'est pour cette nuit ! »

La cavale

Effectivement, sur le coup de minuit, le directeur et le baron se rendirent au paddock…

Les deux fous étaient là, piaffant d'impatience, harnachés de pied en cap !

Ils les prirent sur leur dos et partirent à bride abattue dans la direction du champ de courses.

La grande cavale avait commencé…

Ils n'allèrent pas loin.

Dès le premier obstacle, le directeur fut désarçonné !

« Je boite ! dit son cheval. Je rentre à l'infirmerie !

– Je vous ramène, lui dit le directeur, responsable de ses pensionnaires. Grimpez sur mon dos ! »

Tandis qu'ils s'éloignaient, le baron remonta sur son percheron…

C'est ainsi que son cheval se définissait… et ils se dirigèrent tous deux vers un petit bois.

Tout à coup, il entendit un hurlement de chien.

Il vit à l'orée, attaché à un arbre, un fou qui se prenait pour un chien et que son propriétaire avait abandonné là.

« Ah, le salaud ! » pensa le baron.

Il descendit de son cheval et dénoua la corde qui reliait le chien-fou à l'arbre. Dans le lointain, on entendit le bruit d'une cloche…

« Qu'est-ce que c'est ? dit le baron. On signale notre évasion ?

– Non ! C'est la cloche qui annonce l'heure du repas ! »

Aussitôt, à la grande stupeur du baron, le chien bondit sur le cheval en lui criant :

« Nom d'un chien, c'est l'heure de ma pâtée !

– Et de ma ration d'avoine ! »

Le baron regretta presque de ne pas avoir semé d'avoine dans son champ !

Les deux fous prirent la direction de l'hôpital psychiatrique ventre à terre.

Le baron s'apprêta à continuer sa cavale à pied.

C'est alors qu'il entendit une sonnerie.

Il en chercha l'origine. Cela émanait de lui.

C'était le portable de l'infirmière, qu'il avait oublié de lui remettre.

Il appuya sur le bouton. Une voix de femme appelait :

« Allô ? Allô ? Passez-moi le baron, s'il vous plaît !

– Allô ! C'est moi, le baron ! J'écoute...

– C'est mademoiselle Sophie, l'infirmière en chef ! Nous avons eu du mal à vous trouver. Il paraît que vous êtes arrivé à vous défaire de votre camisole de force ?

– Aisément, oui !

– Ici, on ne parle que de votre exploit et de votre évasion spectaculaire. Nous sommes fiers de vous. Revenez-nous vite ! D'abord, parce qu'il est urgent d'opérer la transfusion sanguine... et de soigner votre blessure.

– Est-ce que le curé est toujours là ? Passez-le-moi !

C'est vous, mon père ? Pardonnez-moi, mais j'étais hors de moi. Dites, mon père, en admettant que je sois un enfant trouvé, quelles en seraient les conséquences ?

– C'est qu'au lieu d'être bleu votre sang serait rouge.

– Amédée est-il là ? Passez-le-moi !

– Où êtes-vous, baron ?

– Je ne peux pas vous dire exactement... Je suis dans la nature...

– Restez à l'écoute, monsieur le baron ! Vous nous guiderez... »

Ainsi fut fait.

Retour à l'hôpital

De retour à l'hôpital où le baron fut accueilli en héros… Oublié, l'incident !

« Préparez-vous pour la transfusion ! dit l'infirmière en chef.

Amédée, dit le baron, pendant ce temps, voulez-vous faire encore quelque chose pour moi ?

– J'ai déjà fait beaucoup, monsieur le baron…

– Vous pouvez faire plus encore… J'aimerais que vous entrepreniez des recherches…

– À propos ?

– À propos de mes origines !

– Vous êtes le baron Clément de La Touche, un point c'est tout !

– Non, Amédée ! Pas à moi ! Vous avez entendu ce qu'a dit le curé ! Je suis un enfant trouvé…

– Que vous dirais-je de plus ?

– Je voudrais que vous retrouviez les gens qui m'ont découvert.

– Pourquoi voulez-vous savoir ce qu'ils sont devenus ?

– Parce que l'un d'eux a peut-être trouvé un mot, ou une carte d'identité, épinglé sur mes langes.

– Non, monsieur ! Désolé, il n'y avait rien !

– !! Qu'en savez-vous ?

– Parce que… parce que… oh, je peux vous le dire, maintenant… Je connais l'un d'eux.

– Qui était-ce ?

– C'était moi !

– Bonté divine ! Et l'autre, vous le connaissez aussi ?

– On lui donnerait le bon Dieu sans confession.

– Ne me dites pas que…

– Si ! Joseph ! Nous nous sentions responsables. Nous avons veillé sur vous jour et nuit, même de loin, et finalement, nous sommes entrés à votre service… »

La confession

« Voulez-vous vous confesser ? demanda le prêtre.

– Je n'ai pas la foi, cher curé !

– Il n'est pas besoin de croire pour battre sa coulpe. Avez-vous quelque chose à vous reprocher en dehors de… votre coup de sang ?

– Je ne saurais vous répondre. Il faut demander cela à mon majordome. Lui est croyant… Il s'occupe aussi de mon âme… Il doit la repasser de temps en temps, comme mes chemises !

– Comme le temps presse, dites les paroles d'usage : “Pardonnez-moi, mon père, parce que j'ai péché !”, au cas où…

– Père, je vous demande pardon !

– Je vous donne l'absolution, mon fils ! Pour votre pénitence… vous direz deux “Notre Père” et deux “Ave”.

– Mon père, je ne les ai plus en mémoire…

– De quoi vous souvenez-vous ?

– Des fables de La Fontaine !

– Bon ! Eh bien, vous direz deux “Laboureur et ses enfants” et un “Corbeau et le renard”. Dieu reconnaîtra les siens. Allez en paix ! »

L'infirmière entra avec deux brancardiers dont l'un était, naturellement, Joseph !

L'anesthésiste fit une piqûre au baron…

Celui-ci ânonnait « Le laboureur et ses enfants ».

Travaillez... prenez de la peine...
C'est le fond... qui manque le moins...

Au mot «fond», le baron eut un sursaut...

«Le "fond", mais oui, nous y voilà !

C'est le fond... qui manque le moins ! »

Puis il sombra dans un sommeil profond.

On l'emporta...

Dans le couloir, l'infirmière croisa le vicomte de La Vérandière qui brandissait une fiole bleue.

«J'apporte le sang bleu !

– Ce n'est plus nécessaire, lui dit l'infirmière, nous avons trouvé un compromis...

– Ah ! Alors, mon sang bleu, qu'est-ce que j'en fais ?

– Versez-le dans le lavabo ! Et cessez de prendre les gens pour des imbéciles, voulez-vous ?! » dit l'infirmière en chef.

L'après-transfusion

On ramena le baron dans son grand lit.

Il s'y coucha aussitôt, aidé en cela par l'infirmière en chef, mademoiselle Sophie, qui le borda. Puis, elle lui souhaita le bonsoir en déposant un baiser pudique sur son front.

Le baron semblait nerveux. Il était secoué de spasmes…

« Je me demande s'il est prudent de le laisser seul ? dit l'infirmière. Je ferais mieux de rester près de lui à surveiller sa tension…

– Je vous le conseille, en effet, dit Amédée à l'infirmière. Le grand lit du baron étant fait de deux lits jumeaux, pour une fois, on va les séparer. Je vais vous installer dans un des jumeaux de lit que je vais éloigner du premier.

– Il sera à l'étroit…

– Pensez-vous ! Dès qu'il est sur le dos, il joint les mains et il ne bouge plus ! Bon, allons-y ! »

Ainsi fut fait.

L'infirmière s'allongea.

Le majordome la recouvrit d'une couverture, déposa le chandelier sur le guéridon et ajouta une boîte d'allumettes…

« Si vous avez besoin de quoi que ce soit, vous n'aurez qu'à m'appeler. Je suis dans la chambre à côté. »

Amédée sorti, l'infirmière souffla les bougies.

Le silence s'installa.

Elle ne tarda pas à sombrer dans un sommeil réparateur.

La première heure se passa sans incident notable.

Et puis, elle fut réveillée par des frottements, des grincements suivis de pas feutrés…

Elle s'empara de la boîte d'allumettes dont elle avait repéré l'emplacement et alluma la bougie.

Elle vit une ombre se mouvoir sur le mur.

D'un bond, elle se leva et se rendit près du lit du baron.

Stupeur ! Le lit était vide.

Elle leva le chandelier pour éclairer la pièce.

Le baron dormait dans son lit jumeau (à elle) !

Elle poussa un léger cri, déposa le chandelier sur la table de nuit du baron et, apeurée, se cacha sous les draps.

Entre-temps, le baron éveillé par tous ces mouvements furtifs, ouvrit un œil.

« Que faites-vous dans mon lit, chef ? dit-il à l'infirmière.

– !! Et vous dans le mien ?

– Le vôtre ! C'est aussi le mien en partie ! Qu'à cela ne tienne ! Restez dans le mien, vous y serez mieux ! Moi, je garde le vôtre. »

Elle acquiesça et souffla la bougie…

Et puis, soudain, dans le silence de la nuit, la voix du baron :

« Poussez-vous un peu ! Vous prenez toute la place !

– Moi ? Je suis déjà sur le bord… Je vais tomber ! »

Soudain, la porte s'ouvrit.

Amédée, en pyjama, une bougie à la main qu'il tenait penchée, contrairement à son habitude…

« Que se passe-t-il ? »

Il vit alors dans les lits jumeaux réunis le baron et l'infirmière en chef qui s'empêchaient mutuellement de tomber… qui se poussaient et s'attiraient…

« Lumière ! » crièrent-ils.

Le majordome souffla la bougie.

Le lendemain

La porte de la chambre du baron était toujours flanquée d'Amédée et de Joseph qui veillaient, c'est-à-dire qui dormaient...

Amédée dans un fauteuil...

Joseph allongé par terre...

La porte s'ouvrit vigoureusement et apparut Clément, tout habillé, suivi de l'infirmière.

Amédée et Joseph se réveillèrent en sursaut et se précipitèrent sur le baron.

Amédée :

« Comment ça s'est passé ? »

L'infirmière :

« Très bien ! »

Le baron :

« Alors, Amédée, à propos de mes origines, avez-vous appris quelque chose ?

– Oui ! Ah oui ! J'ai tous les détails... Vous allez être surpris, monsieur le baron... Hein, Joseph ?

– Ah ça ! Pour être surpris, vous allez l'être !

– Alors, dites !

– Tenez-vous bien ! Vous êtes...

(S'adressant à Joseph :) Si je commets une erreur, vous rectifiez !

– !!

– Vous êtes… le fils de… Brigitte Bardot et de Laurence Olivier ! »

Il y eut un silence…

« Comment ? Vous m'auriez appris que j'étais un "fin de race" ou un bâtard… mais un "sans titre de noblesse" !

– Quoi, sans titre ? s'écria Amédée.

– Quoi, sans titre de noblesse ! répéta Joseph. Bardot, une reine de beauté !

– Oui, mais Laurence Olivier, un acteur !

– Attention ! Un acteur anobli par la reine d'Angleterre !

– Tout de même ! Apprendre que mon père était anglais… vis-à-vis de Jeanne d'Arc, ça me gêne ! »

Amédée :

« Monsieur le baron, vos parents étaient des stars !

– Alors, je n'ai pas à en rougir ?

– En aucune façon ! dit Amédée. D'ailleurs, pour nous, quelles que soient vos origines, vous êtes et demeurerez le baron Clément de La Touche ! Un point c'est tout !

D'où vous venez ? Avec tout le respect que l'on vous doit, on n'en sait rien et on s'en fout !

Votre famille, que vous le vouliez ou non, c'est nous !

Depuis que nous vous avons découvert dans ce berceau de paille, à côté du petit Jésus, nous ne vous avons jamais perdu de vue, ni de près ni de loin ! Nous n'avons pas de lettres de noblesse… certes !

Vous avez voulu que l'on vous appelle "monsieur le baron", mais si vous voulez que ça fasse grande maison, appelez-moi "monsieur le marquis" et Joseph, "l'archiduc" ! Nous ne nous en formaliserons pas, n'est-ce pas, Joseph ?

– Ah, mes nobles amis ! Mes très chers amis !

Je profite de ce moment très émouvant pour vous annoncer une grande nouvelle ! Je vais convoler en justes noces avec l'infirmière en chef, qui m'a soigné avec amour… et m'a évité la maison de fous !

Mes nobles amis, consentez-vous à ce que je prenne pour épouse mademoiselle Sophie, ici présente ?

– Oui ! répondirent en chœur les deux “compères”.

– Oh ! Oh ! dit Sophie. J’ai tout de même mon mot à dire…

– Eh bien, dites-le !

– Eh bien, c’est non ! » dit-elle.

Et elle le répéta :

« Non ! Non… et non ! »

Il y eut un silence pesant.

Elle poursuivit sur un ton méprisant :

« Vous ne m’avez pas bien regardée, baron d’opérette ?

Si vous aviez pris la peine de vous renseigner sur mes origines, vous sauriez que dans ma famille il y a des évêques, des archevêques, un nonce apostolique et des éminences de toutes sortes… jusqu’à ma sœur qui est mère supérieure dans un couvent !…

Je ne vais pas condescendre à épouser un saltimbanque !

Un jongleur, un enfant de la balle !

Ne comptez pas sur moi pour vous passer les accessoires !

Messieurs, j’ai bien l’honneur ! »

La stupeur se lisait sur les trois visages.

Sortie de l'hôpital

Le jour du départ étant arrivé, le baron fut prié de passer au bureau régler quelques formalités…

« Ah ! Pour le sang transfusé, qui dois-je remercier ?

– !! Tout le monde !

– Comment ? Ils se sont mis à plusieurs ?

– Eh oui, monsieur le baron, c'est le sang du peuple !

– Ah, les braves gens ! »

Il remercia chacun séparément.

« Merci pour votre sang !

– Je vous en prie.

– Merci, docteur, pour votre sang ! »

Il embrassa chaque infirmière…

« Merci pour votre sang !

– C'est peu de chose, etc. »

Il tendit la main au portier.

« Merci…

(Le portier lui tendit la sienne.)… pour votre sang ! »

Le portier, déçu, retira sa main.

En sortant dans la rue, il poursuivit :

« À vous aussi, madame, toute ma gratitude !

– !! Oh, c'est si peu de chose…

– Merci, monsieur l'agent, pour votre sang !

– À votre service ! »

Quelqu'un l'interpella :

« Monsieur le baron !

– Oui ? Merci à vous, monsieur !

– Ah non ! C'est à moi de vous remercier…

– !! Mais de quoi ?

– Eh bien, mais pour le sang que vous avez versé ! Vous avez été le seul d'ailleurs ! Vous avez risqué votre noble vie. Vous vous êtes sacrifié. Dès que l'ennemi a vu votre sang bleu couler…

– !! *(L'interrompant :)* Rouge, monsieur !

– Comment ?

– Il était rouge !… Je ne l'ai su qu'après…

– Vous n'en avez que plus de mérite. Vous avez donné votre sang pour une noble cause…

– Ah ? *(Le baron sembla réfléchir.)* Mais alors, ce n'est pas à moi de vous remercier, c'est à vous de le faire !

– C'est ce que je fais, monsieur ! »

Amédée ouvrit la portière de la voiture.

« Venez, monsieur le baron ! »

Le baron s'y engouffra. À peine assis :

« Mais alors, Amédée, je me demande…

– Quoi, monsieur ?

– Si je n'ai pas donné plus de sang que je n'en ai reçu ?

– Oh non, monsieur le baron ! Une transfusion, c'est un donné pour un rendu !

– Alors nous sommes quittes ! »

Amédée embraya.

Retour au château

À l'arrivée au château, Marie-Claire et Joseph attendaient le baron au bas des marches...

La première chose que fit Marie-Claire, ce fut de lui offrir des fleurs.

La première chose que dit Joseph :

« Qu'allons-nous faire, monsieur le baron, du terrain ?

– Quel terrain ?

– Le terrain que nous avons récupéré, le champ de bataille, quand on l'aura débarrassé des carcasses de planeurs et que l'on aura retiré les flèches.

– Ah, la riche idée ! s'écria le baron. Un champ de flèches, Joseph ! Les planeurs ne pourront plus atterrir ! Ha ! Ha ! »

La première chose que dit Marie-Claire :

« N'accaparez pas le baron ! Il faut d'abord qu'il se repose !

– Pas avant d'aller constater l'état de mes ruines !

– À propos de ruines, monsieur le baron, dit Amédée, maintenant que la guerre est finie...

– Sachez, monsieur mon valet, qu'une guerre n'est jamais terminée. Elle renaît de ses cendres... Tant que l'on s'entêtera à reconstruire sur les ruines d'"après-guerre" des immeubles d'"avant-guerre", et souvent à l'identique, on préparera le terrain pour la suivante.

Regardez les Grecs et les Romains ! Ils ont eu la sagesse de garder leurs ruines intactes…

– Et s'il y avait un deuxième conflit local ?

– Nous délocaliserions le champ de bataille chez l'ennemi potentiel ! »

Ce soir-là, le baron regagna sa chambre, déçu et attristé par le refus de l'infirmière… et en quels termes !

Il s'assit sur son lit…

Il n'avait pas le courage de se déshabiller…

Il se sentait abandonné de tous.

Le baron n'en pouvait plus de passer pour un noble, alors qu'il se savait de basse extraction.

Le sang qui coulait dans ses veines était le sang de tout le monde.

Mais qui était-il vraiment ?

Il ne le savait pas lui-même !

En tout cas, il en avait assez de passer pour un autre, d'autant que cet autre ne faisait qu'essuyer des revers…

Blessé dans une guerre ridicule… transfusé, repoussé par celle qu'il croyait aimer et dont il pensait être aimé… enfermé comme fou !

Il entendit sonner les douze coups de minuit, suivis inexorablement par le carillon du beffroi…

Le carillon donnait déjà la première heure d'un jour nouveau.

La deuxième puis la troisième heure tintèrent.

Le baron se leva et sortit. Dehors, l'air était doux…

Il erra longtemps parmi les vestiges de son château.

Il avait l'aspect d'un revenant dans ce décor éclairé par le grandiose rond lumineux de la pleine lune…

Il aurait voulu rentrer avant que ne sonne sa dernière heure.

Il ne s'en sentit plus la force.

Assis parmi les ruines, il voulut passer en revue sa vie et, subitement, il eut la révélation qu'il « n'existait pas », qu'il n'avait jamais existé…

Il eut le temps de penser que c'était idiot, cet ultime retour en arrière, au lieu de se laisser glisser au fond du trou, pour savoir s'il y avait quelque chose au-delà du fond…

C'était pourtant l'important, le seul espoir qui lui restait…

Il eut l'impression qu'il n'était pas né dans un ventre, mais dans un cerveau…

Quelqu'un qui lui avait fait jouer « sa » comédie, à lui !

Pour qui se prenait-il, celui-là ? Pour un créateur ?

Que lui restait-il, le rideau tombé ?

Que faisait-il là, dans ce décor de ruines ?

Il sentait qu'il était temps de tirer sa révérence, de sortir par le fond.

Il crut entendre le vent lui souffler :

« Il y a péril en la demeure, monsieur le baron de comédie… Vous n'avez plus de fond… de teint ! Vous êtes tout blême ! »

Un nuage passa devant la lune, l'éclipsa…

Disparition

Un bruit se répand : « Le baron a disparu. »
Cela fait vingt-quatre heures qu'on le cherche. Il est introuvable.

Ni dans sa chambre… malade ? ni dans ses appartements !

« Peut-être est-il sorti ?

– Il n'a prévenu personne ? »

Une fugue, peut-être ?

On fouille partout…

Et soudain, sous le gravier, une dalle…

On hésite.

A-t-on le droit ? On le prend.

On souleva la lourde pierre et on découvrit les premières marches d'un escalier, les autres étant ensevelies sous le sable mêlé de gravats.

L'escalier s'arrêtait devant un énorme bloc de pierre qui devait boucher une entrée.

On réussit à faire pivoter la pierre et… ô stupeur…

La porte s'ouvrait sur une petite salle en forme de crypte et au milieu, trônant, un caveau sur lequel reposait un gisant… les mains jointes… tel que ceux que l'on peut toujours voir en la cathédrale de Saint-Denis.

Stanislas de La Vérandière approcha la flamme de sa bougie, et ce qu'il vit le stupéfia.

Il fit signe à tout le personnel qui s'était entassé dans l'étroit escalier de pierre d'approcher, ce qui fut fait sur la pointe des pieds, tant le silence qui régnait était impressionnant.

«Regardez... qui est là!»

Ils entourèrent le tombeau.

Il y eut un «Oh!» d'étonnement.

«Chut!» cria quelqu'un.

Il y avait pourtant de quoi être surpris!

«Mais c'est lui!

– C'est Clément de La Touche!

– Regardez l'inscription!»

Chacun put lire :

CI-GÎT CLÉMENT DE LA TOUCHE
1408-1431

«Je crois plutôt que c'est le tombeau de l'ancêtre des barons de La Touche, dit le vicomte de La Vérandière. Un point c'est tout! C'est un sanctuaire.

– Évidemment! dit quelqu'un. Il n'y a aucun mystère là-dessous! Laissons-le reposer! Allez, remontons! Notre baron est ailleurs. Continuons de le chercher!»

Ils se retirèrent.

Le lendemain de la disparition

Le lendemain, Amédée se jeta sur les journaux et les gazettes pour voir si on parlait de la disparition du baron…

Rien ! Même pas une allusion !

Rien ! Tout au plus était signalée l'hospitalisation pour longue maladie de l'ancienne dame de compagnie de la baronne Eugénie, Mathilde de Bailleul !

Il y était dit qu'il y avait de cela vingt-cinq ans, elle avait quitté les De La Touche parce qu'elle attendait un enfant… et qu'elle s'était mariée avec l'éditeur Beaudricourt…

« Tiens, tiens ! Le monde est local !… »

... et que celui-ci, avant de décéder, avait adopté l'enfant de sa femme et en avait fait son héritier… etc.

Décidément, on adoptait à tour de bras, cette saison…

Quant à la disparition du baron, silence radio !

Amédée mit fin à son roman, en faisant disparaître son héros, le baron Clément de La Touche…

Ou bien… est-ce la disparition du personnage de Clément qui mit fin à son livre ?

Bref ! Le majordome envoya son manuscrit à Charles-Henri Beaudricourt, le fils de son éditeur, qui le lui avait commandé.

Première visite de l'éditeur

Puis, la vie reprit, monotone, jusqu'au jour où… on sonna à la porte.

« Ne vous dérangez pas ! cria Amédée à Joseph en train de rassembler ses outils, j'y vais !… »

« Monsieur ?

– Je suis le fils adoptif de feu monsieur Beaudricourt chez qui vous avez déposé un manuscrit intitulé *Le Baron Clément de La Touche*.

– En effet !

– Je vous le rapporte. *(Il le lui tend.)*

– Je vous remercie… Il vous a plu ?

– Oui ! Mais en même temps surpris !

– De quoi ?

– Je me mets à la place du lecteur… Je voudrais savoir si votre histoire de Clément de La Touche est une histoire vraie ou carrément imaginaire ?

– !! C'est une histoire vraie, tout ce qu'il y a de plus vraie !

– Ah ! Vous me rassurez !… Je suis d'autant plus à l'aise pour vous dire qu'à la lecture de votre manuscrit, il m'est arrivé une chose extraordinaire ! Je suis tombé amoureux de l'héroïne…

– !! Vous voulez parler de Marie-Claire ?

– C'est ça ! C'est inouï, n'est-ce pas ?

– !! Cela arrive parfois !

– Mais amoureux fou ! À tel point que je ne m'appartiens plus... Je vous demanderai donc, si vous n'y voyez pas d'inconvénient, de me donner ses coordonnées...

– !! C'est que... dit-il embarrassé, je ne les ai pas en tête... mais je vous les enverrai...

– Je vous remercie...

– Dites, à propos de mon manuscrit...

– Bien ! Très bien ! Sauf que finir sur la disparition du baron, je trouve que l'on reste...

– Sur sa faim ?...

– C'est exactement ça ! Au revoir, monsieur !

– Au revoir ! »

Dès le lendemain, Amédée se remit au travail...

Retrouver le baron ?...

C'était vite dit !

Où pouvait-il être ?

C'était la première fois qu'un de ses personnages disparaissait sans le prévenir.

Et quel personnage !

Le principal héros de son roman, le personnage central...

Il avait beau faire appel à son imagination, il ne trouvait pas... Le personnage lui échappait...

Il ne voyait pas où son baron avait pu se rendre !

Que l'éditeur tombât follement amoureux, repensa-t-il, compliquait singulièrement son travail de prolongation...

Lettres de l'éditeur

Peu de temps après, Amédée reçut une lettre de son éditeur.

« Cher Monsieur,

L'état de santé de ma mère s'étant subitement aggravé, j'ai dû m'en occuper, ce qui explique que j'aie suspendu ou retardé momentanément mes activités.

Mais je ne vous oublie pas pour autant.

À bientôt !

Avec mes salutations.

Charles-Henri Beaudricourt.

PS : j'attends toujours les coordonnées de mademoiselle Marie-Claire. »

Cette histoire de coordonnées mettait Amédée singulièrement dans l'embarras.

Pendant plus d'un mois, Amédée resta sans nouvelles.

Et puis, enfin, il reçut une deuxième lettre de son jeune éditeur...

« Monsieur ! Ma mère, qui vient de décéder, m'a fait part d'un douloureux secret qu'elle avait gardé pour elle, afin de ne pas ternir l'honneur des De La Touche.

J'ai besoin de vous en parler... C'est d'une très grande importance et cela vous concerne en quelque sorte directement.

Je suis retenu dans ma maison d'édition. Pouvez-vous y passer ? »

Amédée appela tout de suite Beaudricourt :

« Je pourrais être chez vous, disons… en début d'après-midi. Cela vous convient-il ? Bon ! À tout à l'heure ! »

Mise au point

« Bonjour, monsieur Beaudricourt ! Je vous présente mes condoléances. Comment allez-vous ?

– Pas bien ! Je suis furieux...

– Après qui ?

– Vous ! J'ai quelques questions à vous poser ! Parlons de votre manuscrit ! Vous m'avez bien assuré que c'était une histoire vraie ?

– Oui !

– Eh bien, c'est faux ! C'est un roman inventé de toutes pièces... de A à Z...

– !! Comment pouvez-vous affirmer une chose pareille ?

– Parce que le fils du baron de La Touche... c'est moi !

– !! Ce n'est pas possible ! La baronne Eugénie de La Touche n'a jamais eu d'enfant, parce qu'elle ne pouvait pas en avoir !

– C'est vrai ! Mais sa dame de compagnie de l'époque, Mathilde de Bailleul, ma mère, pouvait, elle, en avoir et elle mit au monde un enfant dont le père, mon père, était le baron Louis ! »

Amédée sentit l'épée de Damoclès qu'il avait au-dessus de sa tête descendre d'un cran. Il en eut le souffle coupé...

S'étant repris :

« D'où tenez-vous ça ?

– De ma mère, la dame de compagnie de la baronne, mais aussi celle du baron Louis dont elle a gardé, de son propre aveu, un excellent souvenir !

– Vous ?

– Moi !

– !! Alors, pourquoi ne pas vous être fait connaître… reconnaître plus tôt ?

– Parce que je l'ai longtemps ignoré. Ma mère, qui vient de décéder, s'est libérée de son lourd secret. Si elle ne l'a pas fait plus tôt, m'a-t-elle dit, c'est qu'elle ne voulait pas ternir l'honneur des De La Touche…

Ce n'est qu'en sentant venir sa mort prochaine que ma mère m'a tout raconté…

– Elle délirait peut-être ?

– Tout d'abord, je l'ai pensé… Comme je passais devant l'église Saint-Rémy, j'ai voulu me renseigner à propos d'un enfant trouvé un soir de Noël, à côté du petit Jésus de la crèche…

“Ah oui ! me répondit le curé. J'ai eu vent de cette histoire, mais ce n'est pas ici, monsieur. Vous vous êtes trompé d'église. C'est dans l'église du Sacré-Cœur.”

J'eus tout de suite des soupçons. Je m'y rendis…

“Effectivement, me dit le curé de l'église du Sacré-Cœur, c'est ici !”

Je lui racontai mon histoire.

“Ce serait vous, l'enfant qu'une mère désespérée avait abandonné dans la crèche puis repris ?

– Oui ! Je voudrais savoir ce qui s'est passé exactement.”

Il me raconta… toute l'histoire…

Il s'en souvenait comme si c'était hier !

Voilà ! me dit-il. Après avoir trouvé l'enfant, nous convînmes avec celui qui incarnait le rôle du Père Noël et qui devint le majordome du baron Louis, Dieu ait son âme !… de le faire adopter par la baronne Eugénie, qui accepta.

Amédée, le Père Noël, fut chargé de le transporter discrètement dans sa hotte. Alors qu'il s'apprêtait à quitter la sacristie, la porte s'ouvrit et une femme, la tête recouverte d'un châle noir, tenant dans ses bras l'enfant enrobé de paille, entra et, nous voyant, voulut rebrousser chemin.

Le Père Noël s'interposa... brutalement.

Il se précipita et voulut se saisir de l'enfant...

"Remettez cet enfant où vous l'avez pris, madame !

– Mais je suis sa mère ! dit-elle.

– Plus maintenant ! Cet enfant appartient depuis quelques instants à la baronne Eugénie qui vient de l'adopter..."

Je me suis interposé :

"Mais enfin, Amédée, vous perdez la raison !"

Le ton monta. Le bedeau poussa la porte de la sacristie.

"Parlez moins fort ! On vous entend dans toute l'église !"

Il referma la porte derrière lui...

"La suite ? dis-je au curé. C'est la suite qui m'intéresse ! Que s'est-il passé ? Car tout a dû se jouer là !"

Le curé n'a pas voulu me le dire !

– Moi, je vais vous le dire ! dit Amédée. Je ne veux plus garder cela pour moi !...

– Que s'est-il passé et dit derrière cette porte... qui a changé mon destin ? dit l'éditeur.

– Je vais vous le dire en vous en demandant pardon !

Tout ce que le curé a révélé est juste.

Après qu'il m'eut dit que je perdais la raison, je rétorquai :

"Non, monsieur le curé ! Avez-vous songé à la détresse de la baronne apprenant que son enfant vient d'être kidnappé ?

– Comme vous y allez ! Enfin, Amédée, vous renversez les rôles... me dit le curé. Cet enfant est le sien !"

Le curé dit à votre mère :

"Allez, madame, et que Dieu vous bénisse ainsi que votre enfant !"

Il se tourna vers moi et me dit :

"Je vais appeler madame la baronne et lui expliquer le renversement de situation. Elle comprendra."

– C'est tout ce passage que vous avez passé sous silence dans votre roman ! dit Charles-Henri Beaudricourt. Car vous vous êtes servi de mon nom pour écrire ce roman !

– Oui ! C'est ainsi, poursuivit Amédée, que j'ai fait comme si la mère n'était pas intervenue… J'ai imaginé que je portais l'enfant à la baronne ! Et j'ai inventé toute cette histoire !

– Et vous avez l'audace de me demander d'éditer l'histoire de ce Clément de La Touche qui a usurpé mon titre !

– C'est vrai. J'ai honte ! Redonnez-moi le manuscrit, je vais le faire disparaître !

– Certainement pas ! dit Beaudricourt. Car il y a dans votre histoire certaines situations que j'aurais aimé vivre ! Par moments même, j'ai cru me reconnaître. Je vais même vous scandaliser. En lisant votre manuscrit, il y a des moments où… j'ai regretté que ma mère… Dieu ait son âme… soit venue… me rechercher ! Lorsque je lis dans votre manuscrit le comportement qu'avait le baron Louis, les soins qu'il apportait à l'éducation de son fils adoptif… Les aurait-il eus pour moi ? Ce que je souhaite, puisque ma "doublure" a disparu de son plein gré, c'est lui succéder… vivre sa vie !

– Ce n'est qu'une vie imaginée !

– Je voudrais qu'elle devienne réalité ! ajouta l'éditeur. Moi qui ai toujours vécu sans histoire, j'en découvre une toute faite ! Et puis cela confirme mon amour insensé pour Marie-Claire… J'ai beau me raisonner… Dites-moi, puis-je espérer entrer en contact avec elle ?

– Physiquement, c'est impossible ! Vous n'êtes pas du même monde…

– !! Vous êtes du sien aussi !

– Je regrette, monsieur, mais mon imaginaire n'appartient qu'à moi !

– Alors faites-moi entrer dans votre bouquin !

– !! Vous rendez-vous compte de ce que vous me demandez ?

Il faut que je retrouve mes personnages, que je les réengage…

– !! Vous engagez des personnages dans votre imaginaire ?

– Oui, monsieur l'éditeur ! L'imaginaire a pris une telle consistance… que les personnages de mon roman se sont syndiqués.

– !! C'est nouveau, cela ?

– Oui, c'est récent ! Savez-vous que les personnages de ce roman sont rémunérés ?

– En qualité de quoi ?

– En qualité d'intermittents virtuels !

– De quoi ?

– D'intermittents virtuels !

– Ils ont peut-être droit aussi à une retraite, pendant que vous y êtes ?

– Justement, non ! Il faut le savoir, ça ! Lorsqu'ils sont épuisés, ils sont détruits ! Vous en savez quelque chose, vous, l'éditeur !

D'ailleurs, depuis la disparition du baron, mes intermittents sont livrés à eux-mêmes. Ils sont désorientés... Ils attendent des directives...

– Comment pensez-vous m'incorporer dans votre histoire ?

– Vous le découvrirez lorsque le livre sortira.

– Pas avant ?

– Non !

– Pourquoi ?

– S'il vous prenait l'envie de dévoiler la fin avant que les gens n'aient pris connaissance du début, ils n'y comprendraient rien ! »

Enfin le grand jour arriva. L'éditeur reçut le manuscrit enfin terminé. Ce n'est qu'en corrigeant les épreuves que Beaudricourt connut son destin. Il commença la lecture du livre au moment où il y entrait, comme un comédien ne lit que le texte le concernant...

« Il y avait une barrière infranchissable entre une histoire issue de mon imaginaire et la réalité, avait écrit le majordome. L'étrangeté résidait dans le fait que j'étais obligé de faire appel à Beaudricourt fils, l'éditeur, personnage bien implanté dans le réel...

Je relevai le défi...

Je partis du principe que madame Beaudricourt était la seule à connaître l'existence du baron Charles-Henri de La Touche.

Pendant vingt ans, elle l'a imaginé à ses côtés...

D'une certaine façon, elle a fait ce que j'ai fait avec le baron Clément de La Touche, mais en sens inverse…

Je demandai à Beaudricourt si la révélation de sa mère avait changé sa vie.

"Non ! me dit-il.

– Alors, lui répondis-je, le baron Charles-Henri est des nôtres ! C'est un intermittent virtuel !

– Mais il est 'moi aussi' ! me dit-il.

– Je ne vous le fais pas dire ! Eh bien, c'est votre 'moi aussi' le baron Charles-Henri de La Touche (qui est vous aussi), que je vais présenter à Marie-Claire. S'il avait le bonheur et la chance de lui plaire, alors nous tenons notre histoire d'amour… notre trait d'union entre deux mondes, le réel et l'imaginaire !" »

Le majordome trouva un compromis, le plus fabuleux des compromis, pour parvenir à faire s'interpénétrer deux mondes totalement différents, quasiment hermétiques.

Il fut réalisé de la façon suivante.

La demande en mariage fut faite par fax et la réponse par le truchement d'Internet !

Ils échangèrent leur « oui » par référendum et leur « non » par duplex !

L'éditeur baron Charles-Henri et Marie-Claire, hôtesse devenue baronne, sont « inséparables »… virtuellement.

Quant à l'éditeur Beaudricourt, il ne sort jamais sans son livre sous le bras.

Marie-Claire ne s'endort jamais sans avoir relu la « fin » de son roman d'amour *Sans titre de noblesse*, devenu son livre de chevet.

Ils furent heureux comme il n'est pas possible et, ne pouvant avoir d'enfant, n'étant pas du même monde, le baron Charles-Henri Ludovic de La Touche eut l'élégance d'en adopter un pour assurer… la descendance… comme le firent ses « pairs ».

Il confia l'éducation de son fils à son fidèle majordome Amédée.

Celui-ci, malgré son grand âge, lui écrivait régulièrement poste restante, pour lui faire part des progrès de son fils, le baron Jésus Louis Clément de La Touche, dont la mère se portait bien !

La seule crainte (son angoisse métaphysique) de l'éditeur,
c'était que son amour
finisse
au
pilon !

UNE CHENILLE NOMMÉE VANESSA

Avant-propos

« À demain ! » dit le docteur Berthier à son assistante en la raccompagnant jusque sur le palier...

Et avant de refermer la porte :

« Faites attention en descendant les marches de l'escalier ! Remarquez, si vous en ratez une, ne vous en faites pas, il y en a d'autres ! »

La première fois, cela avait fait rire son assistante. Maintenant, elle se contentait de faire attention à ne pas en rater une !

Après avoir refermé la porte, accroché la chaîne de sécurité, il regagna son cabinet et sortit du tiroir de son bureau un dossier.

Il balaya rapidement du plat de la main tout ce qui pouvait encombrer le dessus de sa table de travail, déposa le manuscrit entre l'encrier et le porte-plume, comme une assiette entre deux couverts.

Manifestement, il était friand des mots comme des mets.

Il faut dire que le docteur Berthier se piquait d'écrire. C'était sa drogue, son opium.

Qu'écrivait-il ? Oh, pas des romans !

Il consignait par écrit l'histoire des malades qu'il traitait.

Entre deux saignées, entre une prise de tension... un « Toussez ! Toussez ! Plus fort !... Faites "Ah !" », il notait... il notait tout.

Chaque cas examiné était ensuite rapporté.

Attention, les cas des vrais malades, ceux qui souffraient dans leur chair !

Pas les pseudo, les malades imaginaires !

Non, ceux-là, il les laissait aux psychiatres.

À l'inverse, il constituait volontiers des dossiers sur les psychiatres qu'il considérait comme d'authentiques malades qui arrivaient à se soigner eux-mêmes (parfois même à se guérir), grâce aux confidences de leurs clients.

Bref ! Pour chaque cas, il constituait un dossier. Le contenu de celui-ci, il le connaissait dans les détails. Il en était, évidemment, l'un des protagonistes. Les deux autres participants étaient son ami, le vétérinaire, et surtout l'étrange et pathétique Élodie, sa patiente.

Pourquoi relisait-il ce rapport pour la énième fois ?

Parce qu'il en ignorait la fin !

Le traitement était en cours, en suspens...

Le dénouement dépendait du comportement de l'héroïne, imprévisible, incertain...

Il relut les quinze premiers chapitres à haute voix, comme s'il redictait son texte.

Il aimait s'entendre lire !

1

La consultation

Après avoir examiné sa cliente, le docteur Berthier lui remit l'ordonnance qu'il venait de rédiger. Il se leva, ramassa d'un geste prompt le montant de la consultation que la patiente venait de déposer discrètement sur le rebord de son bureau.

« Je vous raccompagne. »

Ils s'acheminèrent vers la sortie.

« Vous avez une bien belle collection de papillons ! dit la patiente en désignant les nombreuses planches multicolores qui ornaient les murs du couloir.

– Je vous remercie, dit le médecin. Mais attention, madame ! Ce ne sont pas des papillons… comment dire "apprêtés", de ceux que l'on achète tout crucifiés. Non ! Ce sont des spécimens pris sur le vif… attrapés au filet… pris en flagrant délit de vol… »

Il avait volontiers de ces envolées.

« … épinglés et mis en forme par mes soins !

– Des trophées de chasse, en somme ?

– En quelque sorte, oui ! Voilà… au revoir, madame ! Attention en descendant les marches de l'escalier ! Remarquez, si vous ratez une marche, ne vous en faites pas…

– Je sais, dit-elle. Il y en a d'autres ! »

« Ouais, pensa-t-il. Il faudra que je trouve autre chose ! »

La porte refermée, il appela :

« Suivant ! »

Il jeta un rapide coup d'œil dans la salle d'attente.

Plus personne ? Parfait !

Il appela son assistante.

« Nathalie ? Ma canne et mon chapeau !
– Les voilà, monsieur !
– Je vais en profiter pour rendre visite à quelques-uns de mes malades...
– Ah, docteur, je voulais vous dire...
– Oui ?
– Ma petite chienne vient de mettre bas plusieurs petits chiots adorables...
– Mes compliments ! C'est des quoi, vos chiots ?
– Des chiens de chasse. Je ne peux malheureusement pas tous les garder... Si vous désirez un petit chien ou une petite chienne, je me ferai un plaisir de vous l'offrir !
– Non merci, Nathalie, dit-il en s'éloignant. Lorsque je vais à la chasse aux papillons, je n'emmène pas de chien. Vous êtes gentille d'y avoir pensé... Attendez ! *(Il revint sur ses pas.)* Vous avez dit : une petite chienne ?
– Oui ! »
Il resta un instant pensif puis, brusquement :
« Appelez-moi tout de suite au téléphone mademoiselle Élodie ! Dites-lui que je passerai la voir... disons... en fin d'après-midi...
– Bien, monsieur ! »

2

Élodie

Bien que vivant modestement, mademoiselle Élodie devait posséder une certaine fortune, à en juger par le vaste appartement parisien qu'elle occupait, et dont les fenêtres et le balcon donnaient sur la Seine.

Depuis la disparition de sa petite chienne Vanessa, qu'elle adorait, elle vivait recluse, inconsolable, ne sortant que pour faire quelques courses essentielles et n'ouvrant sa porte qu'à de rares personnes telles que monsieur Paul, le vétérinaire, et naturellement son médecin…

« Qui est là ?

– Le docteur Berthier !

– Ah… une seconde ! »

Le médecin attendit patiemment derrière la porte qu'Élodie vînt lui ouvrir.

« Bonsoir, mademoiselle ! Je ne vous dérange pas ?…

– Non ! Non ! »

Elle prit le temps d'ajuster sa robe de chambre, de resserrer le nœud de la cordelière…

« Entrez !

– Tenez ! Je vous ai apporté ces quelques fleurs…

– Oh, que c'est gentil !

– Comment allez-vous ?

– Pas très bien. »

Il se débarrassa de sa canne et de son chapeau.

« On va voir ça. »

Il glissa son bras sous celui d'Élodie et l'aida à regagner sa couche.

« Allongez-vous ! »

Il s'assit sur le bord du lit, ouvrit sa trousse, en sortit les instruments conventionnels, prit sa tension, plutôt pour la forme parce qu'il se doutait bien du résultat, l'ausculta, etc.

« Eh bien, mais c'est parfait ! Écoutez, mademoiselle ! Il faut que je vous le dise : ce dont vous souffrez, c'est de solitude. Depuis la disparition de votre petite chienne... »

Elle ne put réprimer une larme.

« Vanessa ! Elle me manque terriblement !

– Précisément, mademoiselle, c'est de cela que je voudrais vous parler. J'ai une proposition à vous faire... Il se trouve que la chienne de mon assistante vient d'avoir plusieurs petits, d'adorables chiots. À ce qu'il paraît, elle m'a proposé...

– Non ! dit-elle.

– ... Attendez !

– Non ! Personne ne peut remplacer Vanessa !

– Pourtant, mademoiselle, ce serait...

– Non !

– Bien, je n'insiste pas. »

Il replaça les instruments dans leur trousse, reprit sa canne, remit son chapeau.

« Je repasserai vous voir de temps en temps. Au revoir, mademoiselle ! »

Et, avant de sortir :

« Réfléchissez tout de même à ma proposition ! »

3

La chenille

Sitôt la porte fermée, Élodie se leva, prit un vase, le remplit d'eau puis, après avoir libéré le bouquet de sa gangue de cellophane, elle disposa harmonieusement les fleurs dans le récipient et revint le placer sur sa table de chevet, à côté du portrait de sa petite chienne Vanessa.

Après avoir respiré profondément l'odeur des fleurs, elle s'étendit sur son lit, ferma les yeux en essayant de repenser à ces moments heureux où elle s'endormait en serrant dans ses bras sa petite chienne.

C'est alors qu'elle sentit sur le dos de sa main quelque chose qui lui effleurait la peau, une légère caresse. Troublée, elle ouvrit les yeux. C'était une chenille. Amusée, elle suivit un instant les mouvements ondulatoires de ce petit corps allongé et velu, et craignant qu'il ne se perdît dans les plis, les méandres du drap, elle le saisit délicatement entre le pouce et l'index et le déposa sur l'une des feuilles qui servaient de parure au bouquet.

Puis Élodie alla se lover dans le creux de son lit et, pour la première fois, au lieu de rêver de petite chienne, elle rêva de chenille.

4

Première nouvelle

Quelques jours plus tard, nouvelle visite du docteur Berthier : «Bonjour, mademoiselle !... C'est encore moi. Comment allez-vous ?

– Moi, bien, docteur, c'est ma chenille...

– Votre chenille ? Quelle chenille ?

– Celle qui se trouvait parmi les fleurs...

– Ah ? Première nouvelle !... Et qu'est-ce qu'elle a, votre chenille ?

– Regardez, dit-elle. Elle semble parfois se tordre de douleur. »

Il l'observa.

«Mademoiselle, votre chenille ne se tord pas de douleur. Elle ondule tout simplement.

– Elle n'en souffre pas ?

– Du tout ! C'est sa façon à elle de se mouvoir.

– Vous me rassurez.

– Par contre, je la trouve un peu maigriotte. Avec quoi la nourrissez-vous ?

– Je lui donne de la pâtée pour chien... »

Il crut d'abord qu'elle plaisantait. Mais non !

«Que faudrait-il donc lui donner, docteur ?

– Chère mademoiselle, ce n'est pas de ma compétence. Vous devriez consulter le vétérinaire qui soignait votre petite chienne.

– Monsieur Paul ?

– Oui ! C'est un de mes amis. Si vous voulez, je vais lui demander de passer.

– S'il vous plaît ! »

5

Le vétérinaire

Dès le lendemain…

« Bonjour, mademoiselle, dit le vétérinaire. Heureux de vous revoir !

– Moi aussi !

– Il paraît que l'on a de la compagnie. Une chenille, m'a-t-on dit ?

– Oui ! Elle est adorable.

– Où est-elle, cette petite merveille ?

– Où te caches-tu ?

– Elle doit trotter par là ! »

Ils la cherchèrent du regard.

« Attention ! cria-t-elle. Elle est à vos pieds ! »

Il s'immobilisa. Il avait failli marcher dessus.

« Ah, te voilà toi ! »

Il se baissa, tendit un doigt que la chenille agrippa… Il l'observa un instant…

« À propos de chenille, savez-vous, mademoiselle, que le mot "chenille" vient du latin "*canicula*" qui signifie "petite chienne" ?

– Non !

– D'après la tête de la larve comparée à celle d'un chien.

– Montrez ! » dit-elle vivement intéressée.

Elle prit sur sa table de chevet la photo de sa petite chienne Vanessa, compara longuement les deux visages…

« Voyez, dit le vétérinaire, mêmes yeux… même duvet au-dessus de la bouche…

– Mon Dieu, mais c'est vrai ! Vanessa », murmura-t-elle.

La chenille remua la queue.

Il n'en fallait pas plus pour qu'Élodie fût convaincue que la chenille était la réincarnation de sa petite chienne défunte...

« Vanessa ! Elle s'appelle Vanessa ! »

Le vétérinaire sentit confusément qu'il venait de commettre une bourde. Il essaya de se rattraper :

« La différence est... dans les pattes. La chenille a dix paires de pattes, alors que la petite chienne, *"canicula"*, n'en possède que deux paires ! »

Machinalement, elle s'était mise à les compter.

« C'est juste », dit-elle.

Il eut envie de lui rappeler l'offre du docteur Berthier à propos des chiots de son assistante.

Il jugea que le moment était inopportun.

« Bon ! Eh bien, je vous laisse en bonne compagnie...

– Et pour la nourriture de Vanessa ?

– Hein ? Ah oui ! Eh bien, mais la même chose que pour une chenille...

– C'est-à-dire ?

– De la verdure, uniquement de la verdure ! »

Et il ajouta :

« Et surtout pas d'os ! Au revoir, mademoiselle, je repasserai plus tard. »

À partir de cet instant, la chenille mena une vie de chien... ne !

6

Réincarnation

De temps en temps, à intervalles réguliers, monsieur Paul passait chez Élodie prendre des nouvelles de sa chenille. Il était devenu un familier de la maison. À chaque visite, il constatait l'évolution de la chenille, évolution trop rapide. Elle grossissait de jour en jour, presque à vue d'œil… jusqu'à atteindre la taille de la petite chienne.

Les marques de la toise, au pied du mur, le confirmaient. Bientôt, sa maîtresse put placer autour du cou de la chenille le collier de la défunte petite chienne. Et, ce qui sembla plus alarmant aux yeux du vétérinaire, c'est que la chenille avait passé le temps de la métamorphose.

Elle tardait à devenir ce que deviennent fatalement les chenilles : des papillons.

Un jour, il pensa qu'il était de son devoir d'en avertir Élodie…

Il aborda le sujet avec beaucoup de ménagements :

« Avez-vous observé chez votre petite Vanessa des états d'âme ?… Des velléités… comment dire… de prendre l'air ?

– Oui ! Souvent, elle demande à sortir…

– Non ! J'entends par “prendre l'air”… Cherche-t-elle à quitter le sol ? À s'élever ?

– Je ne vous suis pas.

– Fait-elle mine de prendre son envol ? Regarde-t-elle le plafond rêveusement ?

– Vous m'en demandez beaucoup… J'ai l'impression que ma Vanessa est comme toutes les chenilles… Elle joue !

– Vous ne comprenez pas ou vous ne voulez pas comprendre !

Excusez-moi ! Je vais être brutal. Il faudrait... Il faudra que vous vous sépariez d'elle quelque jour !

– Qu'est-ce que vous dites ?

– Enfin, mademoiselle, vous avez entendu parler de la métamorphose des chenilles en papillons ?

– Vanessa n'est pas un papillon.

– Elle le deviendra inéluctablement. C'est sa nature. Un jour d'automne, votre chenille s'isolera... tissera un cocon de soie... à l'intérieur duquel elle s'enfermera... se transformera en un merveilleux papillon... malgré tout l'amour qu'elle vous porte...

– Et que je lui porte !

– Précisément ! Vous la choyez trop, vous la gâtez. Elle est trop bien chez vous ! Elle retarde sa métamorphose... Peut-être même la refuse-t-elle ? Si vous aimez votre petite chenille, mademoiselle, ne la privez pas de la joie immense de voler de ses propres ailes !

– Vous n'oubliez qu'une chose, monsieur Paul, dit Élodie, c'est que Vanessa n'est pas une chenille ordinaire... C'est une réincarnation, celle de ma petite chienne Vanessa !

– Mademoiselle ! Mademoiselle ! »

Il ne savait plus que dire.

Pourtant, il était bien obligé d'admettre, au fond de lui-même, qu'une chenille de cette grosseur-là... de mémoire de vétérinaire, il n'en avait jamais vu ! Et qu'en y regardant bien... Mêmes yeux ! Même duvet au-dessus de la bouche...

« Nom d'un chien, murmura-t-il, je finirais par y croire ! »

Après tout, la transformation d'une chenille en papillon n'est pas plus explicable que la réincarnation d'une chienne dans le corps d'une chenille !

7

Du fil à retordre

Il faut dire que cette chenille donnait au vétérinaire du fil à retordre, pour ne pas dire de l'inquiétude. Souvent, Élodie lui téléphonait, affolée...

« Venez vite ! Ma chenille n'ondule plus. »

Il accourait... Effectivement, elle était raide... Monsieur Paul lui extirpait le petit os qu'elle avait avalé. Il lui avait pourtant bien dit et redit à cette étourdie d'Élodie :

« Surtout pas d'os ! »

Une autre fois, elle avait « grignoté » une épingle à cheveux en forme de U.

« Pour l'amour du ciel, lui recommandait-il, éloignez d'elle tout trombone... Son absorption lui serait fatale. Elle ne sortirait pas vivante de ce labyrinthe. »

8

Le nœud papillon

L'idée lui était venue en voyant un nœud papillon à la devanture d'un magasin…

«Si, à la place d'un collier de chien, s'était dit monsieur Paul, Vanessa avait un nœud papillon autour du cou, les deux "ailes" au-dessus d'elle, cela pourrait avoir une influence sur son psychisme, déclencher le mécanisme… le processus de métamorphose… l'inciter à…»

C'était une expérience à tenter.

Il se rendit chez Élodie, son petit cadeau à la main. Arrivé sur le palier, il vérifia sa tenue, recentra le nœud de sa cravate et, après avoir adopté une certaine attitude, se décida à frapper. Derrière la porte, la voix d'Élodie :

«Qui est-ce ?

– Monsieur Paul.»

Elle ouvrit aussitôt.

«Entrez !

– Tenez ! Un cadeau pour Vanessa !

– Peut-on savoir ?

– C'est un collier.»

Tandis qu'elle ouvrait la boîte :

«Pourquoi, celui qu'elle porte ne vous plaît pas ?

– Si ! Mais il est devenu trop étroit. Il lui serre le cou.

– Vous croyez ?

– Tandis que celui-là…»

Il sortit le nœud papillon de sa boîte.

«Encore faut-il qu'il lui plaise…

– On va le savoir tout de suite. »

Il retira non sans peine le collier de l'ancienne petite chienne et le remplaça par le nœud papillon dont il resserra subrepticement l'encolure…

« Il lui va bien, admit Élodie.

– Et comme ça ? dit le vétérinaire en tournant les deux ailes du nœud papillon vers le plafond.

– On dirait un petit ange avec ses deux ailes dans le dos.

– Je ne vous le fais pas dire ! »

Tandis qu'elle continuait de parler d'ailes, monsieur Paul ne quittait pas la chenille des yeux, épiait ses réactions. Tout à coup, il crut voir les deux « ailes » du nœud papillon s'agiter ! Mais oui ! Elles se fermaient… puis s'ouvraient, se refermaient pour s'ouvrir à nouveau…

« Ça marche ! » s'écria-t-il intérieurement.

« Je vous laisse », dit-il à Élodie.

Il sortit sur le palier, remit de l'ordre dans sa tenue, resserra le nœud de sa cravate, prit dans chacune de ses mains un des pans de son veston, écarta les bras et s'élança dans l'escalier.

Il jubilait…

La concierge a prétendu qu'elle l'avait vu voler ! Un vol plané peut-être ?

Une marche, c'est si vite raté !

9

Les robes

De temps en temps, à intervalles réguliers, le docteur Berthier passait chez mademoiselle Élodie prendre de ses nouvelles, d'autant qu'il éprouvait une attirance particulière pour cette encore jeune femme secrète, impénétrable, qui pourtant ne manquait pas de séduction.

Il aurait voulu tout connaître d'elle.

« Parlez-moi de vous. Je sais si peu de choses sur vous ! »

Toujours, elle s'était dérobée. Ils avaient parlé d'autre chose... Et autre chose, c'était inévitablement le même sujet :

« Et comment se porte notre chenille ?

– À merveille ! »

Un jour, pourtant... Il attendait derrière la porte qu'elle voulût bien lui ouvrir... Il avait beau frapper et refrapper... elle ne répondait pas. Il commençait à trouver le temps long quand, enfin, elle ouvrit.

« Je ne vous attendais pas si tôt... »

Quand il vit qu'elle était en peignoir de bain...

« Je peux repasser un peu plus tard... si vous voulez...

– Non ! Non ! Entrez !... Installez-vous ! »

Comme il cherchait un endroit où poser son chapeau et sa canne :

« Me permettez-vous une question indiscrète ? *(Sans attendre la réponse :)* Vous avez été mariée ?

– Qu'est-ce qui vous fait dire ça ? »

Il désigna une des nombreuses photos qui ornaient le manteau de la cheminée...

« Cette photo ! »

On y voyait mademoiselle Élodie en robe de mariée, rayonnante de bonheur… Elle sourit.

« Ah oui !… Non ! Cette photo, comme toutes les autres que vous voyez là, a été prise à l'époque où j'étais mannequin.

– Vous avez été mannequin… mannequin chez un grand couturier ?

– Oui ! J'ai présenté longtemps les nouveaux modèles, les dernières créations de robes.

– Mes compliments ! »

Vivement intéressé, il passait d'une photo à une autre, s'attardant longuement sur chacune d'entre elles…

« C'est vous là ?

– Oui !

– Et là ?

– Aussi ! »

Une chose intriguait Berthier.

Chaque portrait représentait bien le visage d'Élodie mais… comment dire… brouillé.

Il y avait, comme en surimpression et légèrement décalés, les traits d'une autre personne, difficiles à déceler mais qui n'échappaient pas à une observation soutenue, comme si l'appareil photo avait bougé pendant la pose. Et puis, il y avait dans les différentes attitudes qu'avait prises Élodie devant l'objectif quelque chose de théâtral, comme si elle jouait un rôle.

Il lui en fit la remarque…

« C'est vrai ce que vous dites… J'aurais voulu… être comédienne… C'est pourquoi ce métier de présentatrice de mode me plaisait tellement. J'entrais sur le podium comme sur une scène. J'ai toujours assimilé une présentation de mode à une représentation théâtrale… où le costume avait plus d'importance que le texte… certes ! Mais précisément, l'absence de texte me permettait d'en imaginer un… et même de créer un personnage… Pendant le temps que je revêtais une robe nouvelle et que je la présentais, je devenais une autre femme… Je m'inventais une vie d'autant plus intense que je la savais de courte durée, éphémère.

– Vous avez “incarné” toutes ces robes ?

– Oui ! Et bien d’autres encore ! Regardez dans mon armoire ! »

Il s’y rendit, ouvrit toutes grandes les portes. Il y avait là, suspendues à des cintres, une multitude de robes de toutes formes et de toutes couleurs, serrées les unes contre les autres…

Au toucher de ces dessous féminins, il se sentit troublé jusqu’au plus profond de ses habits, enivré par cette débauche de couleurs, ce mélange de parfums…

« C’est à l’intérieur de toutes ces robes, ajouta-t-elle, que j’ai vécu les vies de toutes les autres femmes qui sont en moi ! »

Le docteur eut la certitude que, parmi toutes les femmes qu’elle prétendait être, il y en avait une qui n’avait plus tout à fait sa tête à elle, et que, précisément, c’était celle qu’il avait en face de lui !

« Avant de refermer les portes, voulez-vous, dit Élodie, me sortir une des robes de cette armoire ?

– Laquelle ?

– Celle qui vous plaira ! »

En écartant les robes, il avait l’impression d’en être le vendeur.

« Pardon, mesdames ! » se surprit-il à chuchoter. Il en choisit une un peu au hasard.

« Essayez celle-là ! »

C’était une robe du soir en soie, longue et élégante.

« Je pense qu’elle doit vous aller puisque vous l’avez déjà portée…

– On va le savoir tout de suite. Voulez-vous m’aider à la passer ? »

Elle commença à défaire le cordon de son peignoir, lentement… sembla-t-il au docteur… comme au ralenti. Plus elle tardait à dénouer le cordon, plus la gorge du docteur se nouait…

Elle n’allait tout de même pas faire ça ? Eh bien si ! Elle le fit !

Le peignoir tomba… presque sans bruit… Le docteur Berthier eut comme un éblouissement. Pourtant, des femmes qui s’étaient dévêtues devant lui, il en avait vu et revu et même corrigé dans l’exercice légal de la médecine. Mais un corps aussi bien fait, aussi harmonieux… aussi pulpeux, aussi palpable…

Dans un geste de défense que seule une excessive pudeur pouvait justifier, des deux mains il plaqua la robe contre sa propre poitrine !

«En tout cas, elle vous va bien, dit Élodie amusée par cette réaction. Alors, vous me la passez, cette robe ?»

Pris d'un tremblement qu'il aurait voulu maîtriser, il aida Élodie à enfiler sa robe... Dès que ce fut fait, le ton de sa voix changea, son allure aussi...

Il se souvint de certaines paroles qu'elle avait prononcées.

«Pendant le temps que je revêtais une nouvelle robe, que je la présentais... je devenais une autre femme...»

Et voilà que le docteur Berthier se sentait lui aussi tout autre, très maître de lui, jusqu'à retrouver un sens critique.

«Comment me trouvez-vous ? dit-elle.

– Bien ! Bien !... Cependant, il y a quelque chose qui me chiffonne...

– Ah ?

– Attendez !»

Il prit un peu de recul.

«Tournez-vous ! Marchez un peu... Oui, je vois !»

Il sortit de sa poche une boîte d'épingles...

Comme tout bon chasseur de papillons, il en avait toujours sur lui.

Il tourna autour d'elle, rectifiant par-ci, modifiant par-là, ajoutant un ourlet, supprimant un pli.

«Où avez-vous appris cela ?

– Nulle part ! J'improvise...»

Elle le regarda avec d'autres yeux.

«Je ne sais rien de vous. Parlez-moi de vous !»

Il lui parla de sa collection de papillons, photos à l'appui. Il lui montra toute une série de clichés... On le voyait en tenue de chasseur de lépidoptères, portant avec «humour» son filet à papillons comme un fusil de chasse et le pied sur chaque «bête» abattue...

«Et sur l'autre photo... là ? C'est vous aussi ?

– C'est moi !

– C'est le même papillon...

– Oui, mais le costume est différent ! »

Ils s'amusaient comme des fous. Pouvait-on parler de coup de foudre entre mademoiselle Élodie et le docteur Berthier ? Ou même de coup de cœur ? Disons… une attirance mutuelle entre deux êtres. Cela avait tout de même l'apparence d'une idylle.

10

Le rêve

Dans la nuit qui suivit, le docteur Berthier rêva d'Élodie. Il était allé chasser le papillon dans le jardin des Tuileries. Il poursuivait de son filet un paon de jour qui voltigeait de bosquet en bosquet. Il était sur le point de l'attraper lorsqu'il s'aperçut qu'il avait oublié de se vêtir, une fois de plus !

Il était coutumier du fait.

Ce n'était pas la première fois que, dans ses rêves, il se retrouvait tout nu dans un lieu public… place de la Concorde, par exemple, mais, cette nuit-là, la poursuite du papillon l'avait entraîné vers les jardins…

Et toujours la même interrogation :

« Pourquoi diable n'ai-je pas songé à me couvrir ? »

Il en était surpris mais sans plus ! Non ! La seule crainte qu'il éprouvait, c'était d'être reconnu par une de ses patientes… Question de prestige !

Et voilà que, justement, il se trouvait face à Élodie qui se promenait tenant Vanessa au bout d'une laisse !

Il fut surpris et effrayé par la chenille qui avait atteint la taille et la grosseur d'un pitbull. Il fit celui qui ne les avait pas vues, mais la chenille-pitbull, reconnaissant le docteur, lui sauta à la gorge en lui prodiguant force caresses.

Il faillit tomber à la renverse.

« Couché ! Couché ! » cria le docteur.

Le mot fit se retourner Élodie. Elle feignit la surprise.

« Docteur, c'est vous ? Mais… vous êtes tout nu ?! »

Il répondit naïvement :

« Cela se voit ?

– Vous allez prendre froid, dit-elle. Vanessa ! Vanessa ! Approche ! »

Elle ôta le « tricot » de son pitbull de chenille et le tendit au docteur :

« Il vous couvrira au moins le haut ! »

Alors qu'apparemment c'était le « bas » qui blessait !

Elle l'aida à l'endosser. La chenille se mit à japper. À l'aide de ses deux mains, le docteur essaya d'allonger le tricot, de l'étirer au maximum pour protéger son sexe, se souvenant que lorsqu'un pitbull avait mordu dans quelque chose… pour le lui faire lâcher… En fait, ce qui irritait le plus le docteur Berthier, c'étaient les poils (de chien) laissés dans le tricot par la chenille-pitbull !

11

Le paquet-cadeau

Le lendemain matin, on frappa à la porte d'Élodie.

« C'est vous, docteur ?

– Non ! C'est la concierge ! Un paquet pour vous. »

Elle entrouvrit la porte.

« Merci ! »

Il y avait un petit mot d'accompagnement :

Chère Élodie

Mille mercis pour la soirée passée chez vous. Je suis encore sous le charme. Mon idée première était de vous offrir des fleurs... Et puis j'ai pensé qu'une robe... pour compléter votre collection... Elle n'attend que vous pour prendre corps. Connaissant vos mensurations, je pense qu'elle vous ira. Vous plaira-t-elle ?

Je pense à vous. Affectueusement,

Docteur Berthier.

Elle s'empressa d'ouvrir le paquet-cadeau. C'était une modeste robe de couleur mauve mais de belle facture.

« Je pense qu'elle vous ira. »

Et comment qu'elle lui allait !

Pour la première fois, elle ne se sentit pas gênée aux entournures.

Elle relut la fin du petit mot : « Je pense à vous. »

12

Les estampes japonaises

… Bien sûr qu'il pensait à elle et peut-être plus qu'il ne l'aurait voulu… jusqu'à songer à l'inviter chez lui ! Puisqu'elle avait bien voulu consentir à lui montrer sa collection de robes, en tout bien… pourquoi refuserait-elle de venir admirer sa collection de papillons, en tout honneur !

Un seul obstacle et de taille : Vanessa !

Élodie ne manquerait pas de l'amener avec elle. Comment la chenille réagirait-elle devant ce « carnage », ce mur de la honte… ces centaines de papillons cloués au mur, les ailes en croix, figés à jamais dans un ultime envol…

Ce ne serait pas bon pour son moral. Non ! Il fallait faire disparaître ces « atrocités » le temps d'une visite. Les remplacer, par exemple… mais oui, par les estampes japonaises qui ornaient les murs de la salle d'attente !

Comme il s'apprêtait à le faire, il apprit fortuitement de la bouche du vétérinaire qu'Élodie ne supportait pas les estampes japonaises…

« Comment le savez-vous ? lui demanda Berthier.

– Je l'ai invitée à venir chez moi contempler les miennes… Elle a décliné l'offre. »

13

Scène du balcon

Un jour qu'il se promenait dans le quartier où habitait Élodie, le docteur vit devant son immeuble un attroupement. Dans le brouhaha et le tohu-bohu de la rue, les gens, tête levée, poussaient des « oh ! » et des « ah ! »...

Le public exultait.

Le docteur s'arrêta, stupéfait.

Au deuxième étage, allant et venant sur son balcon, Élodie ! Oui, mademoiselle Élodie... présentait une robe et quelle robe ! Celle que le docteur lui avait offerte, précisément, la robe mauve !

Une phrase lui revint en mémoire qu'Élodie avait prononcée à propos de son métier de mannequin :

« J'ai toujours assimilé une présentation de mode à une représentation théâtrale. »

Elle en apportait la démonstration flagrante. C'était exactement ça. Elle se donnait en spectacle. C'était Roxane dans la scène du balcon avec à ses pieds une multitude de « Cyrano » dont on ne voyait poindre que les nez.

Grotesque ! Et grandiose en même temps !

Le premier moment de stupeur passé, le docteur Berthier s'élança, fendit la foule qui ne cessait de grossir.

« Pardon ! Pardon ! »

Il s'engouffra dans l'immeuble. L'ascenseur étant « hors service » selon l'usage, il empoigna la rampe de l'escalier et en gravit les marches quatre à quatre.

Il pestait !

Lui faire ça, à lui !

Elle, une femme de cette classe, descendre aussi bas ! Et d'aussi haut ! Elle, Élodie, s'exhiber de la sorte ! Elle, allant et venant sur ce balcon comme ces femmes de bas étage qui arpentent les trottoirs en se déhanchant ! Et encore, elles, elles le faisaient à hauteur d'homme ! Alors qu'à Élodie il lui fallait un promontoire ! Ah, elle allait l'entendre !

Il était arrivé sur le palier.

Sans même reprendre son souffle, il tambourina.

« Ouvrez, Élodie ! Ouvrez ! Cessez cette pantalonnade indigne de vous ! »

Et sans attendre qu'elle ouvre…

« … Vous êtes malade, Élodie ! Il faut vous soigner. C'est votre médecin qui vous le dit ! »

Point de réponse. Il se remit à tambouriner.

« Ouvrez ! »

Il réalisa alors que, vraisemblablement, du balcon où elle devait se trouver encore… avec les bruits de la rue… elle ne pouvait pas entendre ses appels.

Il redescendit, dévala les marches quatre à quatre…

« Concierge ? Avez-vous le double des clefs de mademoiselle Élodie ?

– Non ! Mais j'ai un passe-partout.

– Passez-le-moi ! »

Comme elle hésitait…

« Une urgence !

– N'oubliez pas de me le rendre ! »

De retour, il glissa le passe dans la serrure, poussa la porte avec une telle violence qu'il faillit la défoncer… juste au moment où Élodie sortait à reculons de son balcon sous les applaudissements.

« Élodie ! » cria-t-il.

Elle se retourna.

Il se précipita vers elle.

« Je tenais à être le premier à vous féliciter ! »

Il était comme ça, Berthier. Il avait toujours eu l'esprit d'escalier, seulement au lieu de l'avoir comme tout le monde en descendant les marches, il l'avait en les montant ! Ce qu'il voulait dire à cette extravagante demoiselle, il venait de se le dire à lui-même avec beaucoup de franchise ! Il n'allait pas recommencer. Il la serra contre lui.

« Ah, Élodie ! Vous avez tellement su mettre en valeur cette modeste robe que, s'il fallait que je vous l'offre aujourd'hui, je me demande si j'en aurais les moyens. »

De la rue montait une rumeur ambiguë.

Elle lui prit la main.

« Venez ! Ils vous réclament...

– Non ! Non ! »

Toujours cette hantise d'être reconnu par ses patients.

« Si ! Si ! »

Elle l'entraîna sur le balcon.

« Je vous présente le... le promoteur ! »

Il fut accueilli par diverses réactions.

De retour dans l'appartement, ils n'entendirent pas le léger bruit que fit le frottement d'une clef que l'on retire d'une serrure.

C'était la concierge qui venait récupérer son passe.

À l'intérieur, c'était l'euphorie...

« Champagne pour tout le monde ! » cria le docteur.

La concierge, qui se demandait qui était tout ce monde, eut la curiosité de regarder par le trou de la serrure. Quand elle vit qu'ils n'étaient que deux, qu'eux deux, elle murmura :

« C'est vraiment un monde à part, ce Tout-Paris ! »

14

Disparition de la chenille

« J'ai bien reçu votre message, mademoiselle… Quoi ? Votre chenille aurait disparu ?

– Oui ! Depuis plus de quarante-huit heures !

– Elle est partie comme ça, soudainement, sans même vous laisser un mot… Pardon ! Excusez-moi… Mais avec vous, on ne trouve pas toujours les mots qui conviendraient.

– Elle n'a donné aucun signe de vie… Je vous en prie, monsieur Paul, il faut faire quelque chose, lancer un avis de recherche…

– Oh là, mademoiselle, comme vous y allez !

– Faire paraître une petite annonce… chienne perdue avec son collier…

– Mademoiselle, mademoiselle, reprenez vos esprits ! Il s'agit d'une chenille…

– On me l'a peut-être volée.

– Franchement, mademoiselle, sans vouloir vous faire de peine, qui pourrait voler à un particulier une chenille ? Alors que les feuilles des arbres en sont pleines. Il suffit d'y grimper.

– Je vous en prie, faites quelque chose !

– Écoutez… Je vais me renseigner, interroger le voisinage. Les chenilles de cette envergure ne courent pas les rues. Elle est peut-être sortie faire un tour. Elle vous reviendra. Allez ! Ne vous inquiétez pas ! On la retrouvera votre Vanessa !

– Dieu vous entende ! »

15

La recherche éperdue

Le vétérinaire avait beau se montrer rassurant, la soudaine disparition de Vanessa le préoccupait beaucoup, l'affectait. Il se sentait en partie responsable. Combien de fois avait-il proposé à Élodie de promener sa chenille pour qu'elle prît un peu l'air.

« Simplement le tour du pâté de maisons ! »

Elle avait toujours refusé.

La chenille restant introuvable, le vétérinaire appela le docteur Berthier au téléphone.

« Allô, docteur ?

– Oui ?

– C'est Paul !

– Ah ! Comment allez-vous ?

– Cela pourrait aller mieux...

– A-t-on retrouvé la chenille ?

– Non !

– Elle ne s'est tout de même pas volatilisée, cette chenille ! Où peut-elle être ?

– Je ne cesse de me poser la question... C'est devenu une obsession. Cette nuit même, j'ai fait un cauchemar étrange. Je la cherchais partout et nulle part. J'interrogeais une foule de gens :

"Vous n'auriez pas vu une chenille ?"

Je la décrivais...

"Non !..."

Personne ne l'avait vue !...

"Ah si !" dit enfin quelqu'un en me montrant du doigt une énorme baudruche en papier de soie qui s'étirait comme un immense accordéon sur une dizaine de mètres…

“La voilà !”

Ah, c'était bien elle… Je la reconnaissais au nœud papillon que je lui avais offert et qu'elle portait sur le visage comme un masque de carnaval… ce qui lui donnait l'aspect d'un dragon.

Elle s'amusait à faire peur aux gens en crachant des flammes…

Je l'appelais :

“Vanessa ! Vanessa !”

Je réussis à saisir l'extrémité de la corde qui lui servait de laisse et je tirais vers moi :

“Allez, viens ! Il faut rentrer !”

Mais plus je tirais sur la corde, plus mon dragon de chenille opposait une résistance… Si bien que, très vite, je le vis quitter le sol et s'élever dans les airs…

Le dragon rampant s'était métamorphosé en dragon volant ! En d'autres temps, je m'en serais réjoui, mais étant donné les circonstances…

Plus je tirais sur la corde, plus mon dragon de chenille prenait de la hauteur, à la manière d'un cerf-volant. Comme lui, il drainait à son extrémité un serpentin orné de papillotes de mille couleurs.

Ma chenille atteignit vite une telle altitude que, vue d'en bas, je la voyais toute petite. Elle semblait enfin avoir retrouvé une taille normale. Puis je la perdis de vue…

Je restais là, avec la corde dans les mains, à scruter le ciel jusqu'à ce que la nuit tombe. Je crus alors voir briller des milliers d'étoiles. Ce n'étaient que des papillons qui dansaient devant mes yeux. »

Il y eut un silence.

« Revenons à la réalité des choses ! dit Berthier. Comment Élodie réagit-elle à la disparition de sa chenille ?

– Mal ! Elle ne sort plus et n'ouvre plus sa porte à personne, même à moi. Il n'y a que vous qui puissiez faire quelque chose.

– Je vais y réfléchir, dit le docteur. Je vous rappelle. »

Que pouvait-il faire ? Il devait bien y avoir une solution. Après réflexion, il pensa l'avoir trouvée.

Il rappela le vétérinaire.

« Quand retournez-vous chez mademoiselle Élodie ?

– Je pensais m'y rendre en début d'après-midi.

– Parfait ! Je vous y rejoindrai. Auparavant, vous allez passer chez mon assistante. Vous lui demanderez si, à propos de la petite chienne, son offre tient toujours. Si oui, voilà ce que vous allez faire… »

… Fin de la lecture…

Les chapitres s'arrêtaient là…

Sur ces quelques points de suspension…

Le docteur Berthier marqua une pause.

Il se leva, fit quelques pas dans le couloir, resta un instant à contempler ses tableaux de chasse… se rendit dans la salle d'attente, s'y assit, alluma une cigarette. Il repensa au fabuleux destin de cette chenille nommée Vanessa. Née dans les fleurs comme les enfants naissent dans les choux ! Ou plutôt chenille trouvée, recueillie, adoptée et… chérie par la plus attirante, la plus secrète, la plus impénétrable mais aussi la plus séduisante… « Élodie d'amour ! »

Il regagna son bureau, écrasa le reste de sa cigarette dans le cendrier, rapprocha son encrier, y trempa sa plume et, de son écriture de médecin quasiment illisible, il rédigea le seizième et dernier chapitre.

16

La métamorphose

Le lendemain, à l'heure dite, c'est le docteur qui se présenta le premier devant la porte d'Élodie. Devant l'absence totale de bruit, machinalement, il tourna le bouton de la porte…

Elle n'était pas fermée.

Il la poussa.

« Vous êtes là ? »

La pièce était plongée dans l'obscurité…

Il s'avança prudemment, évitant de se heurter aux meubles dont il se souvenait vaguement de l'emplacement. Un mélange de parfums, de fleurs fanées et de feuilles séchées flottait dans la chambre. Guidé par les rais de lumière que les persiennes laissaient filtrer, il parvint jusqu'à la fenêtre, l'ouvrit, repoussa des deux mains les persiennes qui claquèrent contre la façade.

Une lumière vive, éclatante, pénétra dans la chambre.

Ce qu'il vit le stupéfia.

Sur le lit reposait mademoiselle Élodie, comme momifiée, enveloppée dans sa robe de mariée, le visage poudré, fardé à l'excès…

Autour d'elle, ses plus belles robes disposées à plat, en éventail comme les pétales d'une fleur.

Il s'approcha… Elle paraissait dormir. Il resta quelques instants, immobile, à la contempler.

Tout à coup, les portes de l'armoire s'ouvrirent violemment.

Surgit, toutes ailes déployées, un gigantesque papillon.

Le docteur comprit tout de suite… Voilà où la chenille Vanessa avait choisi de se retirer pour accomplir sa métamorphose !

Et le papillon, tenant les promesses de la chenille, se mit à voltiger dans la pièce trop exiguë pour ses ailes de géant…

Après s'être heurté aux lustres et autres objets, il alla se poser sur le rebord de la fenêtre, ouvrant lentement ses ailes et les ramenant l'une contre l'autre, dans un bruit de battement de cœur. Puis, étalant une dernière fois ses ailes superbes, il prit son vol et disparut…

Est-ce son envol qui créa un appel d'air ? Un vent tournant s'engouffra dans la pièce, soulevant la corolle de robes multicolores qui entouraient mademoiselle Élodie.

Emporté par ce tourbillon, Berthier se mit à tournoyer, perdit son équilibre et fut projeté sur le sol. Il voyait au-dessus de lui la sarabande des robes multicolores… Puis les robes, tels des ectoplasmes, prirent la direction de la fenêtre, comme aspirées, et une à une disparurent dans le sillage du papillon.

Le docteur mit un certain temps avant de recouvrer ses esprits. Puis il se redressa, alla fermer la fenêtre et s'approcha du lit.

Mademoiselle Élodie n'avait pas bougé.

« Élodie ? dit-il d'une voix douce. Élodie ?… »

Elle ouvrit les yeux.

« Ah… c'est vous ?

– Ça va ? »

Il l'aida à se redresser.

« Que s'est-il passé ? murmura-t-elle.

– Oh… un défilé de mode qui a mal tourné ! »

Elle sembla chercher quelqu'un… une présence.

« Avez-vous des nouvelles de ma Vanessa ? »

Tandis qu'embarrassé le docteur retardait sa réponse, le vétérinaire fit irruption dans la pièce.

« La voilà ! » cria-t-il en tenant au bout de son bras la petite chienne complaisamment offerte par l'assistante de Berthier.

« On vient de la retrouver ! »

Le docteur fit l'étonné.

« Où était-elle ?

– Là où personne ne s'attendait à la trouver.
– Où ?
– Eh bien… là… dans l'escalier, en haut des marches ! Elle attendait qu'on lui ouvre… »
Élodie prit la petite chienne dans ses bras, la regarda longuement…
« Vous êtes sûr que c'est elle ? »
Elle saisit sur sa table de chevet la photo de la chenille, compara les deux visages…
« Voyez ! dit le vétérinaire. Mêmes yeux, même duvet au-dessus de la bouche… »
Comme Élodie commençait à compter les pattes, le vétérinaire détourna son attention :
« Le collier ! Elle n'a plus son collier !
– Attendez », dit le docteur Berthier.
Il se dirigea vers l'armoire vidée d'une partie de ses robes. Au bout d'une laisse, accroché à un cintre, le nœud papillon offert par monsieur Paul à la chenille.
Il le tendit à Élodie :
« Le voilà ! »
Il le passa lui-même autour du cou de la petite chienne en resserrant subrepticement l'encolure.
Personne ne vit, sauf peut-être le vétérinaire, que le nœud papillon battait légèrement de l'aile.
La petite chienne remua la queue.
Il n'en fallait pas plus pour qu'Élodie fût convaincue que c'était bien sa chenille.

Arrière-propos

À peine avait-il écrit le mot « FIN » et refermé le dossier que la sonnerie du téléphone retentit. Le docteur décrocha.

« Allô ? Qui est à l'appareil ? Ah, c'est vous, Paul ?

– Oui ! dit le vétérinaire. C'est à propos des robes...

– Quelles robes ?

– Les robes d'Élodie, celles qui se sont jetées par la fenêtre !

– Ah, ce coup de vent de théâtre ? Cette dérobade ?

– Oui ! C'est-à-dire toutes ces robes qui ont disparu de l'armoire d'Élodie. Lorsqu'elle va s'en apercevoir, elle ne manquera pas de se poser des questions...

– Eh oui ! Eh oui ! Je n'y avais pas pensé. Vous avez une idée ?

– Possédez-vous toujours vos estampes japonaises ?

– Toujours !

– Moi, je suis prêt à vendre les miennes. Si vous vouliez consentir à vous séparer des vôtres, avec l'argent ainsi obtenu, nous pourrions reconstituer sa garde-robe.

– Excellente idée ! Vous vous en occupez, Paul ? Merci ! »

Il raccrocha et s'apprêta à partir chasser le papillon. On lui avait signalé la présence d'un lépidoptère géant, d'une variété peu courante, que l'on nomme Vanessa.

Il dévala les marches quatre à quatre et en rata une ! Dieu merci, c'était la dernière !

RÊVES DE CHERCHEURS

2 JUILLET 2004

Dans les couloirs d'un CNRS (Centre national de la recherche scientifique), un physicien, spécialisé dans l'étude de l'infiniment petit, rencontre pendant la pause un autre chercheur, un astrophysicien spécialisé dans l'infiniment grand.

Il lui raconte l'étrange rêve qu'il a fait dans la nuit.

« J'ai rêvé que j'étais chez moi… Mon épouse était en train de passer un chiffon sur mes livres pour en retirer la poussière, lorsque j'en ai pris une dans l'œil.

– Une poussière ? demanda l'astrophysicien.

– Oui, dans l'œil ! Une poussière dans l'œil !

Je suis arrivé à l'extirper… non sans mal !

Je la tenais entre le pouce et l'index…

Une pensée m'est venue : "Homme, tu n'es que poussière et retourneras en poussière !"

Ainsi donc, je ne serais que ça, me dis-je en faisant rouler le grain de poussière entre mes doigts !

Elle était ronde comme une petite noix, un globe terrestre miniaturisé à l'extrême… Qu'y avait-il à l'intérieur de cette poussière ?

Je me suis mis à fredonner l'air de Charles Trenet :

Qu'y avait-il à l'intérieur d'une noix ?… On y voit… etc.

Une poussière n'est pas une noix. Elle ne se casse pas.

Il n'existe pas de casse-poussière !

Je sortis mon macro-microscope électronique…

"Voyons voir ce qu'elle a dans le ventre ?" me dis-je.

Je pénétrai la matière (poussière) jusque dans ses profondeurs les plus intimes..

J'observai au passage la ronde incessante des électrons, jusqu'à en avoir le tournis. J'atteignis le noyau fait de protons et de neutrons…

Pouvais-je aller plus loin (au-delà) ?

Mon instinct et ma curiosité sans limite m'incitaient à pousser plus avant mes investigations.

Le visible ne devait pas s'arrêter là, comme ça ! Pile !

Il devait y avoir une face cachée du visible… un mur du visible à franchir.

On devait pouvoir le franchir comme on avait franchi le mur du son.

Je mis quelques gouttes de collyre dans mon œil afin d'en dilater la pupille, de lui donner encore plus d'acuité…

Tout à coup, il y eut deux éclats de lumière éblouissants, l'équivalent sur le plan de la vue du bang sonore pour l'ouïe.

Une membrane se déchira. J'avais franchi le mur du visible.

Et qu'y avait-il au-delà du visible ? Oh, paradoxe, il y avait l'un !

L'“un” visible ! Et ce “un” visible et divisible était la lumière à l'état pur, c'est-à-dire Dieu ! Dieu, l'invisible, visible !

“Ah, s'écria-t-il *(gronda-t-il !)*. Te voilà enfin, poussière !

Depuis le temps que j'attendais ton retour !

– !! Comment, Seigneur, vous me connaissez ?

– Je ne connais que toi ! Tu es le premier homme, 'Adam' que j'ai façonné à partir des poussières de la terre et Ève à partir d'une de tes côtes. À propos, comment va-t-elle ?

– Qui ?

– Ève !

– Mal ! Elle ne vous a jamais pardonné de nous avoir chassés du paradis pour avoir goûté au fruit défendu de l'arbre de la science, qui, tout à fait entre nous, était piqué des vers ! Bref ! Que vous nous en ayez voulu pendant huit jours, soit ! Mais cela dure encore… ! Vous avez la rancune tenace…

– Et vous aussi, qui m'en voulez toujours, dit le Seigneur ! Pourtant, aussitôt après vous avoir chassés du paradis, pris de remords, j'ai créé un autre Adam et une nouvelle Ève en tous points semblables qui ont, hélas, commis le même péché.

Je les ai mis à la porte !

Ainsi ai-je chassé des milliers, que dis-je, des milliards d'Adam et Ève que j'ai reproduits à l'identique.

Car, sache que le clonage, je l'ai pratiqué avant tes chercheurs qui n'ont fait que découvrir ce que j'ai inventé avant eux.

Tous ces êtres que j'ai faits 'poussières' et que je devrais me voir revenir tels que… c'est-à-dire 'poussières'… je les attends toujours !

Vous avez cessé de croire en ma parole.

– Mon Dieu, comment pouvez-vous dire cela ? Nous vous avons rendu grâce je ne sais combien de fois ! Nous vous avons imploré, demandé votre protection ! Combien de fois avons-nous prié : 'Notre Père qui êtes aux Cieux… Que votre nom…'

– La voilà, l'erreur ! s'écria Dieu avec une telle force que la terre en trembla. Erreur fatale !

Vous m'avez situé au plus haut des cieux, alors que je résidais au plus profond de la terre !

Vous vous tourniez vers le ciel, comment pouvais-je vous entendre ? Alors qu'il aurait fallu vous prosterner !

Enfin… !

Écoute, maintenant que tu m'as trouvé, les portes du paradis te sont grandes ouvertes…

– Je Vous remercie, Seigneur, mais je ne suis que de passage…

Je ne peux pas rester. Je n'ai pas encore terminé mon temps de poussière ici-bas. De plus, je dois ramener cette poussière-ci à l'air libre.

– De quelle poussière me parles-tu ?

– D'une poussière que j'ai prise dans l'œil, d'une poussière matérielle, résiduelle…

– !! Ah ! (de la poussière) celle que l'on ramasse à la pelle ?

– C'est cela !

– Attention ! Attention… Lorsque j'ai dit : 'Homme, tu n'es que poussière et retourneras en poussière', je ne parlais pas de (je n'englobais pas) la poussière résiduelle de la terre avec laquelle je t'ai façonné, cher Adam ! Toi, tu es ma poussière ! Celle dont tu me parles est la poussière de ta poussière. Les poussières de tes poussières ne sont pas mes poussières !

– Détrompez-vous, elles sont les vôtres aussi !

Que vous le vouliez ou non, vous êtes présent partout.

C'est en elle que je vous ai découvert, mais elle-même ne le sait pas ! Car ma poussière ne croit que ce qu'elle voit. Or, elle ne vous voit pas puisque vous êtes en elle ! Vous, l'infiniment grand, vous êtes dans l'infiniment petit."

Avant de quitter les lieux... saints... je jetai un coup d'œil à l'intérieur (du paradis).

"Pardonnez-moi, Seigneur, mais je crois apercevoir là-bas, sous la ramure, un couple d'Adam et Ève qui n'ont pas l'air tout jeunes.

– Hélas, ne m'en parle pas !

– Que leur est-il arrivé ?

– Rien ! Ils n'aiment pas les pommes, c'est tout ! Alors ils dévorent tous les autres fruits de la passion, *ad vitam aeternam* !

Je ne peux plus les supporter. Si le diable n'était pas si haut dans le ciel, je les y enverrais !

– Que me dites-vous là, dis-je, le diable... le diable est au ciel ?

– Oui ! Il en a pris possession. Il occupe l'espace.

Il est partout dans cet Univers toujours en expansion, sans limites...

C'est pourquoi nous nous sommes terrés dans l'infiniment petit !

Maintenant que tu sais où je réside, dis à tes fossoyeurs qu'ils creusent les tombes un peu plus profondément afin que les poussières qui doivent me revenir aient moins de trajet à faire pour parvenir jusqu'à moi !

– Je n'y manquerai pas !"

Il ne me restait plus qu'à repartir avec ma poussière sous le bras !

"Très Haut, je vous salue... très bas !"

Et, avant de refaire surface, je lui ai lancé en manière de boutade :

“Faites attention de ne pas prendre une de nos poussières dans l’œil ! Ça fait mal !”

Là-dessus, je me suis réveillé…

Et que vis-je ?

Mon épouse qui avait ouvert la fenêtre et qui était sur le point de secouer son chiffon à poussières…

“Arrête ! lui criai-je. Et remets toutes ces poussières là où elles étaient… !”»

L’astrophysicien interrompit le physicien.

«Tout ce que vous venez de me raconter est très étrange, d’autant que j’ai fait le même rêve que vous, à quelques nuances près !

J’étais chez moi, assis dans un fauteuil, face à la cheminée. Je somnolais. J’avais du mal à garder les yeux ouverts. Pourtant, ce que je lisais était intéressant. Il s’agissait d’une brochure sur le cosmos où il est question d’une mystérieuse énergie sombre…

(une force inconnue qui s’opposait à la gravité)…

… de rayonnement cosmologique… etc.

J’entendais mon épouse qui, à l’aide d’un tisonnier, était en train de raviver le feu dans la cheminée.

Elle remuait les braises, ce qui avait pour effet de soulever un nuage de cendres… lorsque j’en ai pris une dans l’œil !

– Une poussière ? demanda le physicien.

– Non, une cendre !

– C’est moins gros qu’une poussière ! fit remarquer le physicien.

– Oui ! Mais c’est tout aussi gênant !

Je suis arrivé à l’extraire, non sans peine…

Contrairement à la poussière, la cendre était plate, comme on le disait de la Terre avant de s’apercevoir qu’elle était ronde.

J’ai pris la cendre entre le pouce et l’index.

“Ainsi donc, je ne serais que ça ?” me dis-je.

– Comment ? Comment ? intervint l’autre chercheur. Vous ne seriez pas né “poussière” comme tout le monde ?

– Si ! Mais comme je ne désire pas y retourner après mon trépas, au lieu de me faire enterrer, j'ai demandé à être incinéré…

– Pourquoi ?

– Parce que, lorsqu'on est né "poussière", on y retourne fatalement, alors que de ses cendres, tel le Phénix, on peut en renaître…

"Voyons voir ce qu'elle a dans le ventre !" me dis-je.

Je plaçai ma cendre sur le gros bout de mon télescope le plus performant… une macro-micro-onde électronique améliorée 2004, c'est-à-dire en langage clair, une longue-vue ou lorgnette.

Je collai mon œil meurtri sur le petit bout de ma lorgnette…

Juste renversement des choses !

C'était au tour de mon œil de pénétrer virtuellement à l'intérieur de la cendre !

Et qu'y a-t-il à l'intérieur d'une cendre ?

– Une noix ! cria le physicien.

– Oh, que c'est drôle ! ironisa l'"astro" qui ne goûtait pas la plaisanterie.

Je vous ai laissé rêver sans m'immiscer dans votre délire, alors laissez-moi délirer sans intervenir, voulez-vous ?

– Excusez-moi ! Qu'y avait-il à l'intérieur de votre cendre ?

– Il y avait des couches de petites cendres superposées comme des crêpes que l'on veut garder au chaud !

J'ai tout de suite réalisé qu'une cendre était la mémoire de ce qui fut !

– Une boîte noire, en quelque sorte ?

– Si l'on veut !… J'examinai séparément chacune de ces cendres.

La première renfermait les débris d'électrons, de protons et neutrons, libérés de leur force nucléaire… dans des explosions atomiques.

– Des déchets radioactifs ?

– C'est ça !… La seconde était pleine des reliefs de bouillons de culture appelés en langage populaire : soupe, soupe originelle…

– Originel, comme le péché ? se hasarda le physicien.

(– Imbécile, laissa glisser l'"astro" entre ses dents !)

La troisième cendre émettait des ondes radio, une sorte de bip-bip, sans doute écho attardé du big-bang !

L'avant-dernière contenait une explication détaillée de l'équation : E = mc2.

– Sacré Einstein qui prétendait avoir trouvé cela tout seul ! dit le physicien. Vous y avez compris quelque chose ?

– Pour un astrophysicien, c'était clair comme de l'eau de roche.

Il me restait la dernière à découvrir. Elle était pleine de cendres. C'étaient celles d'une étoile qui devait se trouver aux confins de l'Univers, à des milliards d'années-lumière et dont le rayonnement commençait à peine à nous parvenir...

L'étoile du bout du monde, celle que je rêvais d'atteindre, l'inaccessible étoile...

Et soudain, je vis briller un point lumineux...

!! Le feu couvait sous la cendre !

Stupeur ! Il provenait d'un mégot de cigare mal éteint.

Je poussai un cri de joie, l'équivalent d'un "eurêka" !

Cela signifiait quoi ?

– Que, sur cette étoile du bout du monde, la vie existait !

Une autre vie que la nôtre ! Et que l'on y fumait le cigare et que...

– Et que ?

– Le parfum qui se mêlait à la fumée était un parfum... de femme !

J'étais troublé jusqu'au plus profond de mon être.

Ainsi donc, l'inaccessible étoile était habitée et les femmes y fumaient le cigare !

Il me restait à le prouver... comme toute découverte importante au CNRS et Dieu sait si celle-ci l'était !

Il fallait, pour l'homologuer, des preuves matérielles, tangibles !

Bien sûr, il y avait ce bout de cigare fumant (teinté de rouge à lèvres).

Était-ce suffisant ?

Et puis, ce mégot ne finirait-il pas par s'éteindre ?

Non ! Il fallait que j'entreprenne ce voyage au bout du monde, à des milliards d'années-lumière !

Comment m'y rendre ?

C'était un problème d'espace-temps.

J'envisageai plusieurs possibilités...

Des plus simples aux plus folles...

Telle que introduire mon œil dans le petit bout de la longue-vue, puis souffler dedans, comme dans une sarbacane...

L'œil, sous la puissance de mon souffle, devait partir comme une fusée... Dès que l'œil serait placé en orbite...

Je réalisai l'absurdité, (l'inanité) de mon raisonnement...

Il serait aussitôt repéré.

J'aurais tous les télescopes de la planète braqués sur mon œil !

Non ! Très vite, j'abandonnai ce projet jugé trop surréaliste...

Il fallait quelque chose de plus simple.

J'eus alors une sorte d'illumination.

Et si, en matière d'espace, le temps ne faisait rien à l'affaire ?

Si je séparais les deux, l'espace du temps ?

C'était audacieux.

Mais oui ! Séparer le temps de l'espace... Il fallait y penser !

L'espace était infini...

Et moi, j'avais le temps devant moi !

Il me suffisait de le prendre.

Je traversai à mon rythme des milliers de planètes, évitant les trous noirs géants, les naines blanches, les météorites, les comètes et autres étoiles filantes qui traversaient l'azur m'obligeant à chaque fois de faire un vœu, toujours le même : atteindre cette inaccessible étoile avant que mon bout de cigare ne s'éteigne et, si possible, avancer plus vite que l'expansion de l'Univers, afin de pouvoir éventuellement le prendre à revers ! Après tout, le bout du monde ne signifiait pas la fin du monde. J'atteignis ainsi mon étoile dans les temps, sans avoir rencontré âme qui vive !

Devant moi, le cosmos avait soudain changé de nature...

Le sol était recouvert d'escarbilles qui vous brûlaient les pieds !

Je voulus aller de l'avant mais je butai contre un mur de… glace.

J'étais entouré d'une matière sombre qui réfléchissait tout ce qui se présentait à elle, cette fameuse matière qui intriguait si fort les astrophysiciens.

Cette matière qui, apparemment, ressemblait à l'amalgame métallique composé d'étain et de mercure que l'on applique derrière une vitre pour en faire un miroir.

Partout où je posai mon regard, je me voyais comme dans une glace…

Je me voyais, voyant…

(en langage clair) Je me voyais me voyant…

!! Quelle était donc cette matière grise qui me réfléchissait sous tous les angles ?

Eh oui !… C'était… bien sûr…

C'était… La matière à réflexion…

Aussi loin que je regardais devant moi, je me réfléchissais.

Ainsi donc, j'étais venu pour y rencontrer de la vie…

Et je me retrouvais face à la mienne !

À devenir fou !

Je voulus prendre du recul et je me sentis basculer, aspiré dans une sorte de gouffre.

Je compris que j'étais tombé dans ce que l'on appelle un trou noir.

Qu'est-ce qu'un trou noir ?

Tous les physiciens vous le diront :

c'est un trou… sans rien autour !

Du moins, apparemment.

Il y fait tellement noir, dans ce trou, qu'on n'en voit pas les parois.

Je cherchai, en appuyant les mains à plat l'une après l'autre horizontalement, une brèche, une faille… comme une personne qui découvre, en passant d'un barreau à l'autre, qu'elle est enfermée !

Je me sentis aspiré vers le bas, dans une spirale infernale, l'impression de tomber à l'intérieur d'une cheminée pleine de suie…

“Quand cela va-t-il s’arrêter ? pensais-je.

Pourvu qu’il y ait un fond !”

Il y en avait un ! Dieu merci !

J’atterris sur un lit de braise, au pied d’une porte fermée…

J’entendis derrière une espèce de ronflement…

– Ah, vous aussi, vous ronflez en dormant ? dit distraitement le physicien.

– Écoutez, cher ami, je vous ai laissé rêver sans m’immiscer dans votre récit, alors laissez-moi aller au bout de mon rêve, voulez-vous ?

– Pardon !

– Je frappai. “Qui que vous soyez, au nom du Ciel, ouvrez-moi !”

La porte s’ouvrit et que vis-je ?

– Vous !

– Non ! Le diable en personne !

La première chose qu’il me dit fut :

“As-tu rapporté mon bout de cigare ?

– Oui !” lui dis-je en le lui tendant.

Il le compara aussitôt avec le mégot qu’il avait aux lèvres.

“Ils correspondent !” dit-il, comme s’il s’agissait des deux parties d’un même billet de banque.

“Est-ce que tu fumes ?

– Oui !” répondis-je.

Il me le rendit…

J’eus l’imprudence de lui demander :

“Vous avez du feu ?

– Oui !” Il m’en donna.

Aussitôt, boum !, mon bout de cigare explose et moi avec !

Lorsque je rouvris les yeux, je vis à mes pieds un petit tas de cendres et mon épouse qui s’apprêtait à le glisser dans un ramasse-poussière.

“Arrête ! m’écriai-je.

Paix à mes cendres !” »

La sonnerie signalant la fin de la pause retentit.

« Quand je pense, dit le physicien à son collègue l'astrophysicien, que si au lieu d'une cendre dans l'œil, vous aviez pris une paille… ?

– Oui !" dit l'astrophysicien. Et vous, une poutre !

On imagine les conséquences !

– Ah, on n'est pas au bout de nos rêves ! Allez, à plus !

– À plus ! »

Ils se séparèrent.

Table

RÊVONS DE MOTS

LES 40es DÉLIRANTS

SANS TITRE DE NOBLESSE

Les papiers utilisés dans cet ouvrage
sont issus de forêts responsablement gérées.

Mis en pages par DV Arts Graphiques à La Rochelle
Imprimé en France par CPI Brodard & Taupin à La Flèche
Dépôt légal : avril 2016
N° d'édition : 4447 – N° d'impression : 3018465
ISBN 978-2-7491-4447-4